石油高等院校研究生规划教材

# 酸化增产技术原理

牟建业　编著

石油工业出版社

## 内容提要

本书以酸处理去除地层污染、增加油气井产能为主线，系统介绍了储层伤害与表皮分析、酸化化学与酸岩反应动力学、砂岩基质酸化、碳酸盐岩基质酸化、酸压、酸化效果评价等内容。为了便于学习理解和掌握基本理论和方法，设计了一定数量的例题和习题。

本书可作为油气田开发工程专业研究生教材，也可作为科研工作者、油田现场增产改造工程师的参考书。

#### 图书在版编目（CIP）数据

酸化增产技术原理/牟建业编著. —北京：石油工业出版社，2023.4

石油高等院校研究生规划教材

ISBN 978-7-5183-5753-6

Ⅰ.①酸… Ⅱ.①牟… Ⅲ.①油层酸化-高等学校-教材 Ⅳ.①TE357.2

中国版本图书馆 CIP 数据核字（2022）第 253473 号

---

出版发行：石油工业出版社

（北京市朝阳区安华里2区1号楼　100011）

网　　址：www.petropub.com

编辑部：（010）64523579

图书营销中心：（010）64523633　（010）64523731

经　　销：全国新华书店

排　　版：三河市聚拓图文制作有限公司

印　　刷：北京九州迅驰传媒文化有限公司

2023年4月第1版　2023年4月第1次印刷

710毫米×1000毫米　开本：1/16　印张：22.5

字数：428千字

定价：139.00元

（如发现印装质量问题，我社图书营销中心负责调换）

版权所有，翻印必究

# 前　言

酸化和水力压裂是储层改造的两大技术，低渗、致密砂岩和页岩储层改造采用水力压裂，中高渗砂岩储层及各种渗透率级别的碳酸盐岩储层用到酸化改造技术。酸化措施在油气藏开发中使用广泛，中高渗砂岩储层采用基质酸化解堵（去除地层污染）、恢复产能；碳酸盐岩储层基本都用到酸化措施，低渗碳酸盐岩常采用酸压进行大型增产改造，中高渗碳酸盐岩储层采用基质酸化措施解堵、增产。全世界范围内碳酸盐岩油气资源非常丰富，有超过50%的油气储量和产量来自碳酸盐岩储层。碳酸盐岩储层全世界范围内分布相对较集中，主要分布在中东地区，中东地区80%以上的产量来自碳酸盐岩储层。中东、北美、俄罗斯等许多大型、特大型油气田为碳酸盐岩储层，世界最大的油田为沙特阿拉伯的加瓦尔碳酸盐岩油田。我国碳酸盐岩油气资源较丰富，分布于四川、塔里木、鄂尔多斯、渤海湾等盆地。

目前，石油工程专业本科课程"采油工程"教材里有一部分讲述酸处理措施，油气田开发工程专业硕士研究生有一门对应课程"酸化增产技术"，但国内外缺少系统性介绍酸化方面的书籍。笔者从事酸化方面的教学和科研工作多年，遂编写本书，作为学生教材及科研工作者、现场工程师的参考书。

本书基于笔者多年的酸化教学和科研成果以及国内外石油工程领域公开发表的成果编著而成，编写过程中努力贯彻系统、全面、基础理论联系实际及反映新技术的理念，涵盖了酸化诞生以来的重要研究成果；围绕油气井解堵、增产目标，系统讲述酸化基本原理、模拟模型、液体体系、施工工艺、优化设计方法，并与实际储层和现场应用紧密结合，指导施工设计和现场实施。

本书出版过程中得到了中国石油大学（北京）、中国石化西北油田分公司、中国石化勘探开发研究院、中国石化工程技术研究院、中国石化华北油气分公司、中国石油勘探开发研究院等单位的大力支持，张士诚教授、蒋廷学教授给予悉心的指导，博士研究生李柏杨、李越、高步栋和硕士研究生卢盼盼在绘图、校稿方面做了大量工作，还有一些未提及名字的人士提供了支持和帮助，在此一并表示感谢。

由于笔者水平有限，本书难免有不少疏漏之处，请各位同仁指正，力求不断完善。

牟建业

2022 年 10 月

# 目 录

第1章 绪论 ························································································ 1
1.1 酸化概述 ··················································································· 1
1.2 酸化发展历史 ············································································· 1
1.3 酸化分类 ··················································································· 4
习题 ······························································································ 4
参考文献 ························································································ 4

第2章 储层伤害与表皮分析 ································································ 6
2.1 储层伤害 ··················································································· 6
 2.1.1 储层伤害类型 ····································································· 6
 2.1.2 储层伤害预防 ··································································· 10
 2.1.3 储层伤害确定方法 ····························································· 10
2.2 表皮分析 ················································································· 12
 2.2.1 表皮系数定义 ··································································· 12
 2.2.2 表皮系数组成及计算 ·························································· 12
 2.2.3 污染表皮系数对产能的影响 ················································· 27
习题 ···························································································· 29
参考文献 ······················································································ 29

第3章 酸化化学与酸岩反应动力学 ···················································· 31
3.1 矿物成分 ················································································· 31
 3.1.1 砂岩储层 ········································································· 31
 3.1.2 碳酸盐岩储层 ··································································· 31
3.2 酸化化学 ················································································· 35
 3.2.1 酸岩反应 ········································································· 35
 3.2.2 酸岩化学当量 ··································································· 37
3.3 酸岩反应过程 ··········································································· 39
3.4 酸岩反应动力学 ········································································ 40
 3.4.1 反应动力学方程 ································································ 40
 3.4.2 盐酸及弱酸与碳酸盐岩的反应动力学 ···································· 41

  3.4.3 氢氟酸与砂岩矿物的反应动力学 ·········································· 42
 3.5 酸岩反应动力学参数测试 ···················································· 44
  3.5.1 直接测量法 ······························································ 44
  3.5.2 间接测量法 ······························································ 48
 3.6 传质过程 ············································································ 50
  3.6.1 传质速度 ··································································· 50
  3.6.2 氢离子扩散系数 ······················································· 50
  3.6.3 氢离子传质系数 ······················································· 55
习题 ······························································································· 55
参考文献 ························································································ 56

## 第4章 砂岩基质酸化 ··························································· 58
 4.1 基本原理 ············································································ 58
  4.1.1 砂岩基质酸化机理及适用条件 ································· 58
  4.1.2 矿物组成及酸岩反应 ··············································· 60
  4.1.3 理论增产倍数 ··························································· 60
 4.2 砂岩基质酸化施工步骤 ······················································ 61
 4.3 酸液体系及添加剂 ····························································· 63
  4.3.1 前置酸 ······································································ 63
  4.3.2 主体酸体系 ······························································ 65
  4.3.3 酸液体系选择 ··························································· 68
  4.3.4 酸液添加剂 ······························································ 76
 4.4 砂岩酸化模型 ····································································· 84
  4.4.1 一酸两矿物模型 ······················································· 86
  4.4.2 两酸三矿物模型 ······················································· 93
 4.5 活酸作用距离 ····································································· 110
 4.6 砂岩酸化设计 ····································································· 112
  4.6.1 酸化设计内容 ··························································· 112
  4.6.2 前置酸 ······································································ 113
  4.6.3 主体酸 ······································································ 114
  4.6.4 顶替液 ······································································ 115
  4.6.5 排量 ·········································································· 115
 4.7 酸化中产生的沉淀及防止沉淀方法 ··································· 116
  4.7.1 酸化沉淀对产能的影响 ··········································· 116
  4.7.2 可能产生的沉淀 ······················································· 118
  4.7.3 防止沉淀方法 ··························································· 119

4.8 砂岩基质酸化工艺 …………………………………………………………… 119
4.9 提高酸化效果的方法 ………………………………………………………… 121
4.10 酸液分布与转向 ……………………………………………………………… 121
 4.10.1 转向原理 ………………………………………………………………… 121
 4.10.2 机械转向技术 …………………………………………………………… 122
 4.10.3 化学暂堵转向技术 ……………………………………………………… 123
习题 …………………………………………………………………………………… 129
参考文献 ……………………………………………………………………………… 129

## 第5章 碳酸盐岩基质酸化 …………………………………………………………… 134
5.1 基本原理 ……………………………………………………………………… 134
 5.1.1 碳酸盐岩基质酸化机理及适用条件 …………………………………… 134
 5.1.2 矿物组成及酸岩反应 …………………………………………………… 135
 5.1.3 理论增产倍数 …………………………………………………………… 135
5.2 酸蚀蚓孔现象 ………………………………………………………………… 136
 5.2.1 岩心酸化驱替实验 ……………………………………………………… 136
 5.2.2 酸蚀蚓孔观测方式 ……………………………………………………… 139
 5.2.3 酸蚀蚓孔分形特征 ……………………………………………………… 142
 5.2.4 酸蚀蚓孔形态 …………………………………………………………… 142
 5.2.5 酸蚀蚓孔扩展速度描述 ………………………………………………… 143
 5.2.6 酸蚀蚓孔形成机理 ……………………………………………………… 144
 5.2.7 酸蚀蚓孔长度影响因素 ………………………………………………… 149
5.3 酸化增产效果评价 …………………………………………………………… 149
 5.3.1 解析方式-表皮系数 ……………………………………………………… 149
 5.3.2 数值模拟 ………………………………………………………………… 151
5.4 酸蚀蚓孔扩展模型 …………………………………………………………… 153
 5.4.1 经验模型 ………………………………………………………………… 154
 5.4.2 理论模型 ………………………………………………………………… 158
5.5 酸蚀蚓孔扩展数值模拟及扩展规律 ………………………………………… 159
 5.5.1 线性驱替模拟 …………………………………………………………… 160
 5.5.2 径向驱替模拟 …………………………………………………………… 176
5.6 活酸作用距离 ………………………………………………………………… 189
 5.6.1 解析方法 ………………………………………………………………… 189
 5.6.2 数值模拟 ………………………………………………………………… 192
5.7 碳酸盐岩基质酸化设计 ……………………………………………………… 196
 5.7.1 注入过程 ………………………………………………………………… 196

  5.7.2 酸液体系 …… 197
  5.7.3 酸液用量及注入速度 …… 199
 5.8 均匀布酸 …… 201
  5.8.1 均匀布酸必要性 …… 201
  5.8.2 均匀布酸技术 …… 203
  5.8.3 VES自转向酸均匀布酸技术 …… 204
 习题 …… 226
 参考文献 …… 227

第6章 酸压 …… 230
 6.1 酸压基本原理 …… 230
  6.1.1 酸压机理及适用条件 …… 230
  6.1.2 理论增产倍数 …… 233
 6.2 酸蚀裂缝导流能力 …… 235
  6.2.1 酸蚀裂缝导流能力实验 …… 235
  6.2.2 岩板粗糙度计算 …… 243
  6.2.3 酸蚀裂缝导流能力计算经验公式 …… 248
  6.2.4 酸蚀裂缝导流能力影响因素 …… 251
 6.3 酸液滤失及降滤失措施 …… 255
  6.3.1 酸液滤失计算 …… 255
  6.3.2 酸液滤失实验 …… 260
  6.3.3 降低酸液滤失措施 …… 261
 6.4 酸液体系 …… 267
  6.4.1 酸液体系分类 …… 267
  6.4.2 酸液体系评价 …… 271
 6.5 酸压工艺 …… 277
 6.6 酸压模拟 …… 279
  6.6.1 控制方程 …… 280
  6.6.2 裂缝描述 …… 282
  6.6.3 数值求解 …… 285
  6.6.4 数值模拟 …… 286
 6.7 活酸作用距离 …… 294
  6.7.1 活酸作用距离影响因素 …… 294
  6.7.2 酸浓度分布、活酸作用距离预测 …… 295
  6.7.3 酸蚀缝宽分布 …… 299
 6.8 分段（层）酸压 …… 301

## 6.8.1 水平井分段酸压 …… 301
## 6.8.2 直井分层酸压 …… 302
### 6.9 暂堵转向压裂（酸压） …… 303
#### 6.9.1 暂堵转向压裂技术需求 …… 303
#### 6.9.2 暂堵转向压裂物理模拟 …… 306
#### 6.9.3 暂堵转向材料性能评价 …… 312
#### 6.9.4 暂堵转向压裂现场应用 …… 318
### 6.10 酸压设计 …… 320
### 习题 …… 324
### 参考文献 …… 325

## 第7章 酸化效果评价 …… 328
### 7.1 基质酸化效果评价 …… 328
#### 7.1.1 基质酸化效果评价方法 …… 328
#### 7.1.2 基质酸化施工数据解释 …… 331
### 7.2 酸压效果评价 …… 337
#### 7.2.1 动态裂缝尺寸 …… 338
#### 7.2.2 有效酸蚀缝长和导流能力 …… 340
#### 7.2.3 施工曲线定性分析 …… 342
#### 7.2.4 施工摩阻分析 …… 343
#### 7.2.5 压降曲线分析 …… 344
#### 7.2.6 分段改造评价 …… 345
### 习题 …… 347
### 参考文献 …… 348

# 第1章 绪论

## 1.1 酸化概述

储层改造措施包括酸化和水力压裂。酸化（或酸处理技术）是油气藏改造中用到酸液的措施的总称，是油气井增产、注入井增注的又一项有效的技术措施。其原理是通过酸液溶蚀岩石胶结物、孔隙或裂缝中的污染物、裂缝表面上的矿物来恢复或提高近井地带渗透性能，或形成连通地层与井筒间的高导流裂缝。酸化包括酸洗、基质酸化和酸压（压裂酸化），其中基质酸化具有解堵、增产的作用，是中、高渗砂岩储层解除地层污染、恢复产能的常用手段。中高渗碳酸盐岩储层使用基质酸化解除污染、增加产能；低渗、致密碳酸盐岩储层主要采用酸压进行大型增产改造。

## 1.2 酸化发展历史

酸化是一项起源较早、目前仍在使用的油气井处理措施。首次酸化措施可以追溯到 1895 年，远早于使用广泛的水力压裂（1947 年）。早期的酸化措施为基质酸化，当时人们采取酸处理措施源于如下简单原理，酸液能溶蚀矿物，矿物溶蚀后增加孔隙度、渗透率，从而增加产能。盐酸与碳酸盐岩间化学反应较简单，反应无沉淀风险。早期的酸化是由于用盐酸处理碳酸盐岩油井获得成功后人们认识到酸化措施的作用发展而来，酸化中，施加一定压力将盐酸挤入地层，由于设备能力限制，施工压力低于地层破裂压力；随设备能力提升，施工压力可高于地层破裂压力，便形成了酸压。酸化增产技术从出现到现在经历了以下几个阶段：

（1）酸化出现、试验阶段（1895 年到 20 世纪 30 年代）。1895 年美国 Standard 公司用盐酸处理碳酸盐岩油井获得成功后出现了酸化技术，由于早期对酸化原理不清楚，没有较好的缓蚀剂防止酸液对管材的腐蚀，20 世纪 30 年代以前酸化未被广泛应用。

1895 年 Standard 公司用盐酸对俄亥俄 Lima 地区太阳炼油厂的一口油井进行处理，获得了成功（Putnam，1933），酸化技术由此出现。

1896 年 3 月 17 日 Standard 公司太阳炼油厂的首席化学家 Herman Frasch 得到第一个酸化专利，使用盐酸进行酸化。该专利提到了现代酸化技术的一些基本要素：化学试剂（盐酸）溶蚀岩石，增加渗透性能；加压将酸注入地层；用顶替液将酸顶入地层，增加活酸作用距离；用碱中和返排残酸中未消耗的酸液，避免腐蚀设备；用上釉、铅衬或内衬橡胶管柱注酸；用橡胶封隔器封隔环空。

1897 年太阳炼油厂的总经理 John van Dyke 获得了另一个相似专利——采用硫酸。后来硫酸没用于酸化，这是因为虽然硫酸能溶蚀碳酸盐岩，同时也会生成沉淀污染地层，所以被弃用（Fitzgerald，1953）。

在油气井处理措施中，盐酸的另一重要用途是除垢。1928 年 Gulf Oil 公司的子公司 Gypsy Oil 公司在 Oklahoma 地区用盐酸对砂岩油藏的管柱进行了除垢处理，并取得了成功。Blain Wescott 博士建议添加缓蚀剂，当时缓蚀剂在钢厂使用较多（Chapman，1933）。

1933 年以前，酸化为采用盐酸对碳酸盐岩储层进行酸化和井筒除垢，1933 年后出现了氢氟酸砂岩储层酸化，由于没有较好的缓蚀剂保护管材，20 世纪 30 年代以前酸化未被广泛应用。

（2）酸化技术商业化应用开始阶段（20 世纪 30 年代到 60 年代）。随着缓蚀剂的开发，对酸化原理逐渐理解，砂岩土酸酸化出现，酸化技术逐渐走向商业化。

20 世纪 30 年代 Pure Oil 公司和 Dow Chemical 公司合作开发了缓蚀剂，酸化措施又重获青睐。Pure Oil 公司在 Michigan 有油井，Dow Chemical 公司在该地区有盐井，Pure Oil 公司希望 Dow Chemical 公司提供井的施工资料以帮助进行油井处理，Dow Chemical 公司当时对石油业务无兴趣，便分享了资料。基于 Dow Chemical 公司在砂岩盐井的酸化处理经验，1932 年 2 月 Pure Oil 公司对自己的油井进行了酸化处理，试验井为 Fox No.6，酸化中添加了缓蚀剂。

由于酸化业务快速增加，Dow Chemical 公司以处理盐井业务的 Well Service Group 部门在 1932 年 11 月 19 日成立了子公司 Dowell，取名于 Dow Chemical 和 Well Service Group。随后出现了一些酸化措施公司，如 Oil Maker's Co.，Chemical Process Co.，Williams Brothers Treating Corp.，Halibruton 等（Williams 等，1979）。

1933 年 3 月 16 日，Standard Oil Co. of Indiana 的 Jesse Russell Wilson（1935）申请了用氢氟酸对砂岩进行酸化的专利。为避免氢氟酸在地面的危险，氢氟酸在井筒或地层中生成。Wilson 意识到氢氟酸对砂岩硅质矿物的溶解能力，认为氢氟酸是解除地层污染的有效方法。砂粒、硅质矿物或其他杂质在随流体流向井底过程中会沉淀下来，从而堵塞地层，大幅增加渗流阻力；Wilson 想到通过氢氟酸溶解这些物质可恢复渗流能力。他推荐采用过量盐酸来防止四氟化硅与水反应生成胶态或不溶物沉淀（氟硅酸），建议采用前置酸防止沉淀；采用氟化钠和盐酸反应就地生成氢氟酸，30 多年后大家才意识到钠盐在氢氟酸酸化中形成沉淀。

1933年早期，McPherson在不知道Wilson关于砂岩氢氟酸酸化工作的情况下，建议Halliburton用氢氟酸对砂岩进行酸化，而后McPherson受雇于Halliburton化学实验室。1933年5月3日，采用氢氟酸和盐酸混合物进行了酸化处理现场施工，采用了橡胶服装、手套、面罩防护。由于效果不理想，直到20世纪50年代中期Halliburton才重新进行酸化商业应用（Williams等，1979）。

氢氟酸和盐酸混合物首次商业化应用始于1940年（Dowell）（Morian，1940；Flood，1940），用于溶解钻井形成的滤饼，在墨西哥湾地区取得较大成功，促使其在石油工业广泛使用。

(3) 酸化技术理论研究开始及发展阶段（20世纪60年代到90年代）。随酸化技术现场大规模应用，酸化逐渐走向理论研究，从理论上阐述了酸岩反应动力学，分析了酸化对储层的有利和不利影响，逐渐出现酸化模拟模型、设计计算方法、评价方法、酸液体系等。

1965年Smith和Hendrickson发表论文讨论了氢氟酸反应动力学和在应用中可能遇到的各种情况的影响，理论上解释了氢氟酸与砂岩矿物间的反应和二次沉淀机理。

20世纪60年代国际石油工程师协会（Society of Petroleum Engineers，SPE）出版专著详细论述了酸化原理，之后更多学者对酸化进行了系统、理论研究。

1979年Williams等出版SPE专题系列 *Acidizing Fundamentals*，对基质酸化和酸压进行了较为系统的讲述。

1992年，Robert S. Schechter出版专著 *Oil Well Stimulation*，详细论述了酸化原理、模型、计算方法等。

20世纪80年代后，碳酸盐岩储层酸化方面研究增多，特别是在酸蚀蚓孔建模方面；90年代后，均匀布酸方面研究增多。2000年以后，酸化模型逐渐完善，优化设计逐渐定量化。

(4) 深度酸化改造阶段（20世纪90年代以后）。随着基质酸化改造距离需求增加，20世纪90年代后深穿透酸液体系研究、应用增多；随水平井酸化增多，均匀布酸要求也越来越高，变黏酸、连续油管均匀布酸技术应用增多，2001年出现了清洁自转向酸。

随储层渗透率越来越低，深度酸压需求增加，20世纪90年代后出现了高黏酸、缓速酸、变黏酸、自生酸等深穿透酸液体系，以及降低酸液滤失和酸岩反应速度为目标的深穿透酸压工艺；随储层越来越深、闭合应力更高，出现了高导流酸压工艺。

约2006年以后，随着非常规储层开发，增加缝控体积是开发致密储层的有效手段的理念受到认可，相应地，体积酸压改造方面的研究和应用增多。

## 1.3 酸化分类

酸化按照工艺不同分为酸洗、基质酸化和酸压（压裂酸化）。酸洗是将少量酸液注入井筒内，清除井筒及射孔孔眼中酸溶性颗粒及结垢等，疏通射孔孔眼。该工艺相对较简单，有些书籍未将其作为一种酸化措施纳入分类。依据施工压力（井底压力与储层破裂压力间的关系）和改造范围，常常将酸化分为基质酸化和酸压两种。

基质酸化是在低于地层破裂压力下注入酸液，依靠酸液溶蚀作用恢复或提高近井带储层的渗透性能。基质酸化施工规模较小，只改造近井地带，改造范围较小。有时注入井底压力略高于天然裂缝开启压力，用酸液疏通天然裂缝，施工规模小，作用于近井地带，也属于基质酸化范畴。由于矿物组分及含量差异，砂岩和碳酸盐岩储层基质酸化形成的物理现象迥异，其原理也不同，基质酸化对于两种类型储层所起到的作用也有所差异。砂岩储层基质酸化的目的是去除地层污染、恢复油气井产能，能恢复到伤害前的产能已经比较理想了（二次沉淀影响）；而碳酸盐岩储层基质酸化不仅具有去除污染的作用，还能起到增产作用。

酸压是在高于地层破裂压力下注入酸液，在地层内形成裂缝，酸液在裂缝内流动过程中，对裂缝壁面非均匀溶蚀，形成粗糙酸蚀裂缝表面而获得高导流能力的裂缝，改善油气井渗流状况，增加油气井产能。酸压施工规模较大，改造范围可以扩大到远井地带。

由于砂岩储层基质酸化、碳酸盐岩储层基质酸化、酸压的原理及适应条件各异，其原理在每一项措施中详细阐述。

## 习 题

1. 酸化发展历史可分为哪几个阶段？
2. 酸化如何分类？

## 参考文献

Chapman M E, 1933. Some of the Theoretical and Practical Aspects of the Acidizing Treatments of Limestone Wells. Oil and Gas J, 10.

Fitzgerald P E, 1953. A Review of the Chemical Treatment of Wells. J Pet Tech, 9: 11-13.

Flood H L, 1940. Current Developments in the Use of Acids and Other Chemicals in Oil Production Problems. Pet Eng, 46.

Frasch H, 1896. Increasing the Flow of Oil Wells. US Patent No. 556669, March 17.

Hawkins M F Jr, 1956. A Note on the Skin Effect. Trans AIME, 207: 356-357.

Morian S C, 1940. Removal of Drilling Mud from Formation by Use of Acid. Pet Eng, 5: 117.

Putnam S W, 1933. Development of Acid Treatment of Oil Wells Involves Careful Study of Problems of Each. Oil and Gas J, 2: 8.

Schechter R S, 1992. Oil Well Stimulation. Englewood Cliffs: Prentices Hall.

Smith C F, Hendrickson A R, 1965. Hydrofluoric Acid Stimulation of Sandstone Reservoirs. J Pet Tech, 17 (2): 215-222.

Williams B B, Gidley J L, Schechter R S, 1979. Acidizing Fundamentals. Richardson: Society of Petroleum Engineers.

Wilson J R, 1935. Well Treatment. US Patent No. 1990960, February 12.

# 第 2 章　储层伤害与表皮分析

基质酸化的主要目的是解除地层污染（储层伤害）。伤害类型、伤害深度是酸化设计所需的基础信息；表皮系数是储层伤害程度量化、酸化效果评价方法之一。本章进行储层伤害和表皮分析介绍。

## 2.1　储层伤害

所有降低油气井产能的现象称为储层伤害，这种产能降低是由于储层本身变化造成，而不是由于像完井使储层部分打开造成的产能降低。造成产能降低最直观、最容易理解的因素就是储层孔隙度、渗透率降低；有时储层孔隙度、渗透率没有改变，产能也可能降低，例如饱和度变化、润湿性改变造成的有效渗透率降低（对油井而言，油相渗透率为有效渗透率；对气井而言，气相渗透率为有效渗透率），外来液体改变油气饱和度，外来化学物质可能改变储层润湿性。

当储层打开后，就面临伤害的可能性。从钻井、完井、井下作业、储层改造，到生产过程，储层都面临伤害风险。有的作业会将外来固体颗粒引入地层，有的作业将液体引入地层中，有的过程在储层内部生成固体颗粒，有的过程使储层内部颗粒运移造成伤害。储层伤害可发生于储层各个部位，既可能发生于较浅的近井带，比如钻井与完井造成的近井带伤害、生产造成的射孔孔眼结垢、出砂造成的孔眼堵塞，也可能发生于较深部位，比如注水造成的伤害、生产造成的伤害。伤害位置对产能的影响差异较大，由于径向汇聚流作用，大部分压降消耗于近井地带，近井带伤害对产能影响较大，远井带伤害影响相对较小。伤害位置对酸化措施造成的难易程度也不一样，近井带伤害相对较容易解除，因为近距离范围内酸溶效果较好；远井带伤害较难解除，因为活酸作用距离有限。

上面提到的伤害主要指无机伤害。虽然地层伤害主要是无机伤害，但有时候地层伤害为有机伤害，比如胶质、沥青质沉淀，析蜡等。储层伤害类型、来源不同，其解除方法也不同，比如有机沉淀无法用酸化解除，只能用有机溶剂解除。进行增产措施设计之前，确定伤害类型这一步必不可少。

### 2.1.1　储层伤害类型

从伤害机理角度讲，储层伤害类型分为三种：固体颗粒堵塞伤害、液体影响、机械压实或地层塑性变形。

#### 2.1.1.1 固体颗粒堵塞伤害

孔隙介质中侵入固体颗粒，孔隙度降低，渗透率也会随之降低，从而降低油气井产能。按照固体颗粒来源，固体颗粒分为外来固体颗粒和储层内部固体颗粒两类。

1. 外来固体颗粒

外来颗粒包括钻完井过程中侵入的颗粒和注水过程中引入的颗粒。钻井液、完井液中包含固体颗粒，在井筒与储层压差下，固体颗粒会随流体进入地层。特别是钻井过程中，钻井液固体含量较高，各种粒径固体颗粒都有；为钻井安全，井筒内压力比储层压力高，固体颗粒容易进入储层，在井壁上沉淀，形成滤饼。钻井是储层伤害主要来源之一，钻井造成的伤害较严重，但作用距离一般不深。

注水过程中，注入水中含有部分微粒，随注入水进入地层。由于微粒含量低、粒径小，微粒往往进入地层深部，注水造成的伤害缓慢发生，在较长时间里逐渐显现。另外，注入水中如含有细菌，细菌进入地层，若条件适宜，细菌大量繁殖，细菌及代谢物造成储层堵塞。细菌堵塞伤害部分直接来源于外部，部分是在储层内生成的细菌及细菌代谢的产物。细菌可能造成严重污染，原因在于细菌能快速生长。细菌污染包括两方面：一是细菌本身堵塞孔隙，二是细菌生物活动产生沉淀堵塞孔隙。通常需要用杀菌剂处理注入水消除细菌。虽然细菌污染有害，也可人为利用来封堵高渗透贼层来提高采收率（Zajic等，1983）。

2. 储层内部固体颗粒

1) 地层微粒运移

地层含有黏土矿物，四种常见黏土矿物为高岭石、伊利石、蒙脱石和绿泥石。黏土矿物颗粒很细，生产过程中，黏土矿物容易从孔道表面脱落，随液体运移，在喉道处堆积，严重降低渗透率。高岭石是造成运移伤害的主要黏土矿物。运移的微粒在一定条件下会沉淀下来，比如流体流速降低，小孔道卡堵。微粒在喉道处沉淀下来，能严重降低渗透率（Schechter，1992）。

2) 不溶物沉淀

沉淀类型包括盐类无机沉淀和来源于原油的有机沉淀。温度、压力、注入液体组成等因素改变可能导致沉淀产生。

无机沉淀产生原因有：

（1）通常二价阳离子与某些离子接触容易产生沉淀，例如钙离子、钡离子与碳酸根或硫酸根接触生成沉淀。

（2）盐成分改变，打破初始化学平衡，从而产生沉淀：

$$Ca^{2+} + 2HCO_3^- \rightleftharpoons CaCO_3 \downarrow + H_2O + CO_2 \uparrow \tag{2.1}$$

如果注入液高含钙（如 $CaCl_2$），则反应向右，生成 $CaCO_3$ 沉淀。如果压力降低，释放 $CO_2$（如降低 $CO_2$ 浓度），则产生 $CaCO_3$ 沉淀。

外来液体含某些离子，如 $Ca^{2+}$，与地层水接触，会生成 $CaCO_3$ 沉淀，还有其他类型沉淀，如 $CaSO_4$、$Fe(OH)_2$ 等。生产造成储层流体组成发生改变，打破原有平衡，也可能生成沉淀，如 $Ca(HCO_3)_2$ 析出生成 $CaCO_3$ 沉淀。Tyler 等（1984）发现 Prudhoe Bay 油田储层碳酸氢钙含量较高，其产生的碳酸钙沉淀是储层污染的常见来源。

有机沉淀最常见的是石蜡（Wax）和沥青质（Asphaltene）。石蜡为长链碳氢化合物，沉淀原因有：降温、压力降低、气体析出、改变原油组分。石蜡在原油中的溶解度取决于原油化学组成和温度，常沉淀于温度比原油温度低的地方（Sutton，1974），如近井地带、射孔孔眼、油管或地表管线。常通过注入化学药剂来缓解石蜡沉淀，或通过有机溶剂来溶解沉淀的石蜡。沥青质为高分子量芳香烃（Aromatic）和环烷烃（Napthenic）混合物，胶质状分散于原油，其沉淀原因有：原油化学组分改变，降低了树脂浓度，产生沥青质沉淀。树脂能使沥青稳定于胶质状，树脂浓度降低产生絮凝作用，形成大颗粒（Schechter，1992）。

### 2.1.1.2 液体影响

液体不直接降低储层孔隙度、渗透率，但液体间接降低油气井产能。液体通过以下方式对储层造成伤害：

1. 改变润湿性和相渗

外来液体中含有某些化学物质，如表面活性剂，可能会改变储层润湿性，从而降低有效渗透率，比如将储层从水湿变为油湿，油相渗透率降低。外来液体降低油或气饱和度，也降低油或气有效渗透率。对于致密气藏，外来液体会引起水锁问题，渗透率越低，引起的水锁问题越严重，因为毛细管压力越高。

2. 黏土膨胀、分散

外来液体一般矿化度较低，地层矿化度较高，低矿化度液体进入地层后造成黏土膨胀，黏土膨胀降低孔隙度、渗透率，从而降低产能。蒙脱石是造成黏土膨胀伤害的主要矿物，黏土膨胀可达 60%。液体通过改变地层流体盐度，使一些黏土矿物（如高岭石）从矿物表面脱落分散，分散的矿物颗粒随流动的液体运移，随后在孔喉处堵塞，降低渗透率。

常说的盐敏、水敏就是外来液体的矿化度较低造成的伤害，对盐度改变的敏感性受以下因素影响：

(1) 阳离子类型：一价阳离子较敏感（敏感性 $Na^+ > K^+ > NH_4^+$）。

(2) pH 值：pH 值越高越敏感。

(3) 盐度改变速度。

降低水敏措施有：

(1) 足够一价离子浓度,至少2%（质量分数）的 KCl。
(2) 足够二价离子比例,至少10%的阳离子为二价离子。

3. 乳化

乳化为两种互不相溶的液体在机械搅拌下形成分散、稳定的液滴,引入表面活性剂或微粒使小液滴稳定。乳化液表观黏度远高于油,通常为非牛顿流体,需要克服屈服应力才能流动。

4. 结垢

外来液体进入地层,改变地层物理、化学条件,从而产生不溶于水的化学物质,形成沉淀（垢）,其原因有：

(1) 条件改变（如压力、温度、溶解气、黏度、成核位置、金属离子含量等改变）,打破溶液平衡,形成沉淀。

(2) 与地层水不配伍。外来液体与地层水不配伍会形成沉淀（垢）,比如外来液体中的某些离子与地层水中的某些离子结合形成沉淀,常见垢有碳酸钙、硫酸钙、硫酸钡等。沉淀可能出现的位置有油管、射孔或地层,地层较深处的垢较难清除。

### 2.1.1.3 机械压实或地层塑性变形

1. 射孔附近粉碎或压实

射孔产生的高压冲击孔眼附近,压实孔眼周围,降低渗透率（图 2.1）。由于孔眼周围汇聚流作用,对生产造成较大不利影响。射孔常见污染深度 $1/4 \sim 1/2$ in,污染带渗透率常为原始渗透率的 $7\% \sim 20\%$。

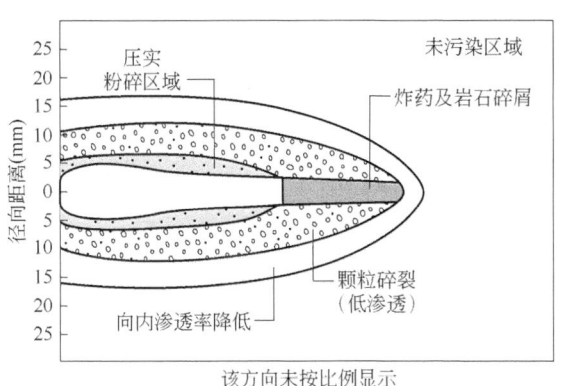

图 2.1 射孔污染示意图（据 Krueger, 1986）

2. 地层塑性变形

地层强度较低,或油藏压力过低时,地层骨架无法承受过大应力,井筒附近地层发生塑性变形或坍塌,从而造成伤害。酸化会降低地层强度,为防止酸化后地层塑性变形,避免过量用酸破坏地层强度；同时,井底附近压力最低,应避免井底压力过低造成地层塑性变形。

## 2.1.2 储层伤害预防

储层伤害可能难以去除,且作业费用昂贵,最好的办法是预防,将钻井、完井和生产作为一个整体预防污染。针对前面讲述的三种污染类型,其预防措施如下。

(1) 减轻固体颗粒伤害预防方法:

① 优化固体颗粒尺寸,使固体颗粒在井壁上桥塞形成滤饼而阻止颗粒进入储层。

② 杀菌,消除注入液体中的细菌,防止细菌污染。

③ 控制注水质量,降低注入水中固体颗粒含量。

④ 控制流速在临界流速以下,避免微粒运移。

⑤ 优化射孔,使射孔穿透污染带,去除污染的影响。

(2) 液体伤害预防:

① 使用降滤失剂降低液体滤失,比如采用酸溶性无机固体(碳酸钙)降低液体滤失,而后能用酸液解除降滤失剂;采用油溶性颗粒降低滤失,生产时遇油溶解,去除降滤失剂。

② 改善滤液与地层水配伍,改善注入液体矿化度、离子组成,使之与地层水配伍;避免乳化、润湿反转的表面活性剂进入地层。

(3) 机械压实伤害预防:

① 避免压力激动、井底流压过低。

② 避免破坏地层强度。

③ 射孔优化。

## 2.1.3 储层伤害确定方法

储层伤害信息(伤害类型、伤害深度、伤害程度)是判断油气井产能降低程度、进行酸化设计的基础信息,因此,酸化设计前需要确定储层伤害信息。首先确定伤害类型,通过理论分析,确定是有机沉淀伤害还是无机伤害,这决定是选择有机溶剂解除伤害还是酸化解除伤害。个别油藏伤害为有机沉淀伤害,多数油藏伤害是酸化可解除的无机伤害。伤害深度、伤害程度这两种信息较难准确获取,从井壁向外,伤害逐渐减轻,伤害渗透率逐渐升至地层渗透率,有时用伤害表皮系数综合反映这两个信息。获取伤害信息的方式主要有三种:现场测试(试井)、数值模拟、实验测试。

现场测试(试井):通过试井分析可获得油气井总表皮系数,将表皮系数细分,去除其他类型表皮系数,可获得伤害表皮系数。

## 第2章 储层伤害与表皮分析

数值模拟方法是指通过建立数学模型、数值模型来模拟伤害过程，从而确定伤害信息。Pang 和 Sharma（1997）建立了注水井伤害模拟模型，分析了注入指数随注入量的变化规律。

实验测试是指用岩心进行伤害实验，该方法可获得伤害程度（伤害后渗透率），无法获得伤害深度信息。比如用钻完井液进行伤害实验，测试伤害前后渗透率，计算伤害程度。伤害实验中一般给定驱替压差，污染一定时间，测试渗透率随污染变化。钻井液污染实验现象及结果如表2.1、图2.2所示，岩心端面形成了钻井液滤饼。岩心伤害率用式(2.2)计算。实验岩心较短，污染实验反映井壁附近较浅范围内的污染情况，80%~90%为典型的钻井液伤害率。

$$I_\text{d} = \frac{K_1 - K_2}{K_1} \times 100\% \qquad (2.2)$$

式中，$I_\text{d}$ 为伤害率；$K_1$ 为伤害前渗透率；$K_2$ 为伤害后渗透率。

表2.1 钻井液污染实验结果

| 岩心编号 | 1 | 2 |
|---|---|---|
| 初始渗透率（mD） | 19.40 | 31.67 |
| 钻井液污染24h | 出口出液先清澈，之后微浊，呈淡黄色，有少许棕红色岩粉细粒，出液量达13mL后出液很少，岩心端部形成滤饼 | 出口一直出液，出液呈淡黄褐色，24h内出液大约16.1mL，岩心端部形成滤饼 |
| 污染后渗透率（mD） | 正向：2.44 | 正向：3.70 |
| | 反向：3.79 | 反向：5.35 |
| 钻井液伤害率（%） | 80.5 | 83.1 |
| 钻井液再污染24h | 出口出液微量，岩心端部形成滤饼 | 出口出液少量，岩心端部形成滤饼 |
| 污染后渗透率（mD） | 正向：1.81 | 正向：2.09 |
| | 反向：2.03 | 反向：3.10 |
| 钻井液伤害率（%） | 89.5 | 90.2 |

(a) 1号岩心

(b) 2号岩心

图2.2 钻井液污染岩心照片

## 2.2 表皮分析

### 2.2.1 表皮系数定义

在推导单井产量计算公式时，针对的是较理想的情况，假设：(1) 储层为单层、均质、圆形泄油面积；(2) 单相达西流动；(3) 地层无污染；(4) 储层全部打开，裸眼完井；(5) 井垂直。在这些假设条件下得到稳态产量 $q$ 计算公式为

$$q = \frac{2\pi Kh}{B\mu} \frac{p_e - p_{wf}}{\ln \frac{r_e}{r_w}} \qquad (2.3)$$

式中，$K$ 为渗透率；$h$ 为储层厚度；$B$ 为地层油体积系数；$\mu$ 为地层原油黏度；$p_e$ 为边界压力；$p_{wf}$ 为井底流压；$r_e$ 为油藏半径；$r_w$ 为井筒半径。各物理量单位为 SI 单位。

实际油气井条件无法满足公式推导时的理想条件，引入一个数学参数——表皮系数 $S$，$S$ 反映偏离理想条件引起的附加压降。总的压降分为两部分，一部分为理想条件下径向流动引起的压降，另一部分为偏离理想条件引起的附件压降（对应 $S$）。$S$ 为一个数学参数，没有对应的真实物理意义。引入 $S$ 后，产量计算公式为

$$q = \frac{2\pi Kh}{B\mu} \frac{p_e - p_{wf}}{\ln \frac{r_e}{r_w} + S} \qquad (2.4)$$

表皮系数 $S$ 对产能的影响取决于 $S$ 与 $\ln \frac{r_e}{r_w}$ 的相对大小。依据表皮系数的数值，油气井可分为三类：

(1) $S=0$，完善井。

(2) $S>0$，不完善井，如地层污染、部分完井、未改造的井等，井有正的表皮系数。

(3) $S<0$，超完善井，经改造的井有负的表皮系数。

### 2.2.2 表皮系数组成及计算

表皮系数包括四类：(1) 污染表皮系数 $S_d$；(2) 部分完井与井斜表皮系数 $S_{c+\theta}$；(3) 完井表皮系数 $S_p$；(4) 拟表皮系数（所有与相和流速有关的表皮）$\sum S_{pseudo}$。总表皮系数为几种表皮系数之和：

$$S = S_d + S_{c+\theta} + S_p + \sum S_{pseudo} \qquad (2.5)$$

推导表皮系数公式有三种方式：(1) 计算相对于理想条件下的附加压降

$\Delta p$,依据表皮系数定义 $\Delta p = \dfrac{q\mu}{2\pi Kh}S$ 计算表皮系数,比如污染表皮系数采用该方法;(2)推导复杂条件下的产量计算公式,并与通用的产量计算公式即式(2.4)对比,反求表皮系数,比如井斜表皮系数、部分完井表皮系数采用该方式;(3)基于附加压降 $\Delta p$ 的经验法,比如射孔完井、筛管完井、砾石充填完井条件下,难以获得压降解析解,往往建立表皮系数计算经验模型。

#### 2.2.2.1 污染表皮系数

1. 直井

图 2.3 表示一口井有近井带污染,$K_s$、$r_s$ 分别为污染带渗透率和污染带半径;图 2.4 表示污染前后压力分布。

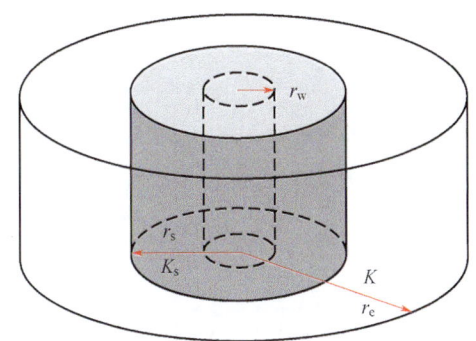

图 2.3 近井带污染示意图

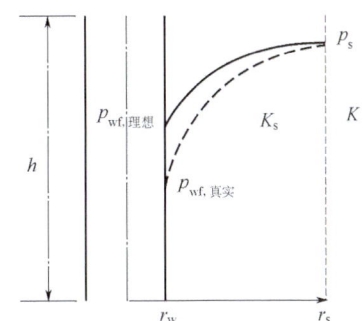

图 2.4 污染带压降示意图

理想条件下(无污染):

$$p_s - p_{wf,理想} = \dfrac{q\mu}{2\pi Kh}\ln\dfrac{r_s}{r_w} \qquad (2.6)$$

真实条件下:

$$p_s - p_{wf,真实} = \dfrac{q\mu}{2\pi K_s h}\ln\dfrac{r_s}{r_w} \qquad (2.7)$$

污染造成的附加压降为

$$p_{wf,理想} - p_{wf,真实} = \dfrac{q\mu}{2\pi K_s h}\ln\dfrac{r_s}{r_w} - \dfrac{q\mu}{2\pi Kh}\ln\dfrac{r_s}{r_w} \qquad (2.8)$$

污染表皮系数定义为近井地带由于污染造成的稳态附加压降:

$$\Delta p_s = \dfrac{q\mu}{2\pi Kh}S_d = p_{wf,理想} - p_{wf,真实} \qquad (2.9)$$

$$\dfrac{q\mu}{2\pi Kh}S_d = \dfrac{q\mu}{2\pi K_s h}\ln\dfrac{r_s}{r_w} - \dfrac{q\mu}{2\pi Kh}\ln\dfrac{r_s}{r_w} \qquad (2.10)$$

求解得表皮系数为

$$S_d = \left(\frac{K}{K_s} - 1\right) \ln \frac{r_s}{r_w} \tag{2.11}$$

式中，$K$ 为地层渗透率；$K_s$ 为污染带渗透率；$r_s$ 为污染半径；$r_w$ 为井筒半径；$p_s$ 为污染带外沿压力；$p_{wf,理想}$ 为理想条件下井底流压；$p_{wf,真实}$ 为真实条件下井底流压；$h$ 为地层厚度；$\mu$ 为地层原油黏度；$q$ 为产量。

式(2.11) 为 Hawkin 公式（1956），该公式中有两个影响因素：$F_d = K_s/K$（污染程度）和 $r_s$。图 2.5 显示了污染程度 $F_d$ 和污染半径 $r_s$ 对污染表皮系数的影响。污染发生在近井带，从井壁向外延伸，径向汇聚流作用影响主要体现在近井带，污染程度 $F_d$ 对表皮系数影响比污染半径更显著。渗透率下降一半，污染深度达到 1m 时，其污染表皮系数只有 4.8；如污染渗透率为原始渗透率的 10%，40cm 污染半径造成污染表皮系数达到 13.9。当地层污染特别严重、污染深度较深时，污染表皮系数可达到几十。

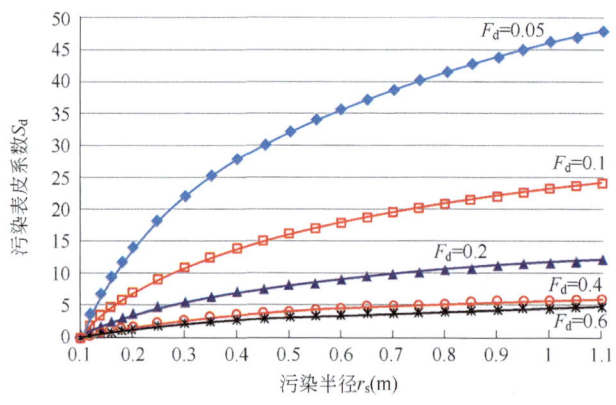

图 2.5　污染半径、污染程度对污染表皮系数的影响

污染对产能的影响如下，假设 $r_e = 300$m，$r_w = 0.1$m，$r_s = 0.5$m，$F_d = K_s/K = 0.1$，比较污染造成的压降与总压降。对于稳态流，总压降为

$$p_e - p_{wf} = \frac{q\mu}{2\pi Kh} \ln\left(\frac{r_e}{r_w} + S\right) \tag{2.12}$$

污染造成的压降为

$$\Delta p_s = \frac{q\mu}{2\pi Kh} S \tag{2.13}$$

污染造成的压降与总压降之比为

$$\frac{\Delta p_s}{p_e - p_{wf}} = \frac{\dfrac{q\mu}{2\pi Kh} S}{\dfrac{q\mu}{2\pi Kh}\left(\ln\dfrac{r_e}{r_w} + S\right)} = \frac{S}{\ln\dfrac{r_e}{r_w} + S} \tag{2.14}$$

对于上述参数，$S=14.5$，则 $\dfrac{\Delta p_s}{p_e-p_{wf}}=64.4\%$，说明污染造成的附加压降占总压降的 64.4%，主要压降消耗在污染上，说明严重的地层污染对生产影响非常大。

$r_w=0.1\text{m}$ 为常见尺寸，$r_e=200\sim800\text{m}$ 包含了典型的泄油半径，$\ln(r_e/r_w)=7.5\sim9$，当没有 $r_e$ 信息时，可取典型值 8 或 8.5，从而可快速估算表皮系数对产能的影响。

2. 水平井

水平井段较长，各段污染时间差异较大，跟端与钻井液接触时间较长，污染最严重，从跟端到趾端，污染逐渐减轻，近似呈锥形（图 2.6）。另外，垂向渗透率与水平渗透率差异越大，渗透率越高，污染越深，污染界面呈椭圆形（图 2.7）。

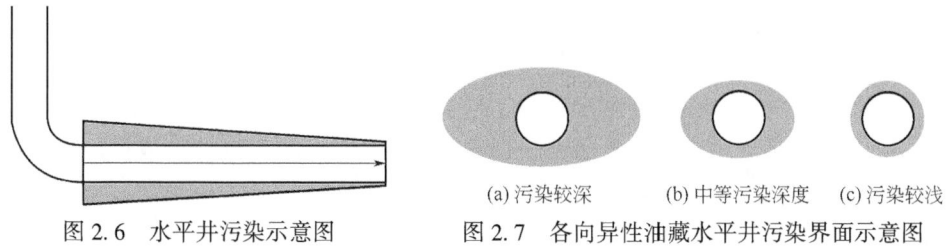

图 2.6　水平井污染示意图　　图 2.7　各向异性油藏水平井污染界面示意图

Furui 等（2003）推导了水平井污染表皮系数计算公式，假设污染截面垂直于井筒，类似于 Peaceman（1983）提出的渗透率各向异性油藏井筒周围等压线分布形态。由于污染取决于流速或滤失量，其假设污染分布类似于压力场分布。Hawkin 公式外延到各向异性油藏，局部污染表皮系数 $S_d(x)$ 可表示为

$$S_d(x)=\left[\dfrac{K}{K_s(x)}-1\right]\ln\left\{\dfrac{1}{I_{ani}+1}\left\{\dfrac{r_{sH}(x)}{r_w}+\sqrt{\left[\dfrac{r_{sH}(x)}{r_w}\right]^2+I_{ani}-1}\right\}\right\} \quad (2.15)$$

其中

$$I_{ani}=\sqrt{K_H/K_V}$$

式中，$K_s(x)$ 为污染渗透率；$K_V$ 为垂向渗透率；$K_H$ 为水平渗透率；$I_{ani}$ 为渗透率各向异性系数；$r_{sH}(x)$ 为污染椭圆水平方向半长；$r_w$ 为井筒半径。

通过沿井筒长度方向上的积分，可得水平井总体表皮系数为

$$S_h=\dfrac{L}{\int_0^L\left[\dfrac{I_{ani}h}{r_w(I_{ani}+1)}+S_d(x)\right]^{-1}\mathrm{d}x}-\ln\dfrac{I_{ani}h}{r_w(I_{ani}+1)} \quad (2.16)$$

式中，$L$ 为水平井筒长度；$h$ 为地层厚度。

为了计算水平井总体表皮系数，须知道局部表皮系数分布，虽然总体上从跟端到趾端污染时间逐渐降低，污染深度逐渐降低，但具体分布较随机，难以准确

预测，分布有两种极限情况：

（1）从跟端到趾端，污染深度线性分布，呈锥形分布（Rick 和 Economides，1991）。污染发生较慢、污染深度与接触时间呈线性关系的水平井满足这种情况。

$$r_{\rm sH}(x) = r_{\rm sH,max}(1 - x/L) \tag{2.17}$$

将式（2.17）代入式（2.16）进行积分得到总体表皮系数。

（2）污染均匀分布。当钻井液或完井液在较短时间内污染地层到较严重程度，阻止了后续液体进一步污染，则可假设污染沿井筒均匀分布，固体颗粒污染可属于这种类型。$r_{\rm sH}(x)$ 和 $S_d(x)$ 为常数，结合式（2.15）和式（2.16）可得

$$S_{\rm h} = \left(\frac{K_{\rm H}}{K_{\rm sH}} - 1\right) \ln\left\{\frac{1}{I_{\rm ani}+1}\left[\frac{r_{\rm sH}}{r_{\rm w}} + \sqrt{\left(\frac{r_{\rm sH}}{r_{\rm w}}\right)^2 + I_{\rm ani} - 1}\right]\right\} \tag{2.18}$$

#### 2.2.2.2 部分完井与井斜表皮系数

生产时，储层往往不会完全打开，只射开部分层段，比如有气顶或有底水或含水夹层，这类储层需要部分打开，控制气、水生产。部分完井条件下，打开厚度小于储层厚度，会产生垂向汇聚流效应，引起附加压降，特别是垂向渗透率较低时，产生的附加压降更明显，该附加压降用部分完井表皮系数表示，该表皮系数的大小取决于打开厚度和位置（打开部分相对于油层中部位置）。

部分完井表皮系数研究始于 Muskat（1946）时期，当时，井往往钻开储层上部，生产时，储层底部的油气流线弯曲汇聚于井中。Muskat 通过求解三维压力扩散方程获得产量计算公式，再与标准的产量计算公式对比，获得部分完井表皮系数公式。该公式只能用于上部油藏打开或打开位置恰好位于储层中部位置的情况，对于打开部分在任意位置的情况则不适用。

后来，一些学者建立了部分完井表皮系数计算模型，三个典型的模型是 Cinco-Ley 等人的模型（1975）、Odeh 模型（1980）和 Papatzacos 模型（1987），Cinco-Ley 等人的模型同时也计算井斜表皮系数。这里介绍 Papatzacos 模型。Papatzacos 采用坐标变换考虑长椭球形流，通过镜像反映法去除上下边封闭界，通过线源解求解无限大油藏中生产时间足够长、稳态条件下的压降，获得真实的产量计算公式，再与标准的产量公式对比，获得部分完井表皮系数公式。图 2.8 为直井储层部分打开示意图，打开位置用打开部分最上面位置距离储层顶部的距离 $h_1$ 表示。

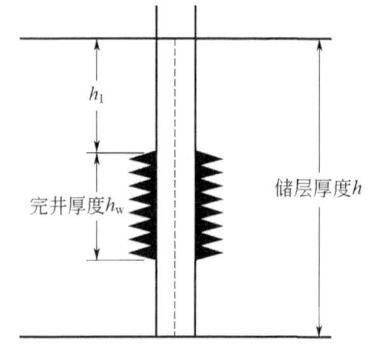

图 2.8 直井储层部分打开示意图

定义无因次变量 $h_{wD}=h_w/h$，$r_D=\dfrac{r_w}{h}\sqrt{\dfrac{K_V}{K_H}}$，$h_{1D}=h_1/h$，则部分完井表皮系数为

$$S_c=\left(\dfrac{1}{h_{wD}}-1\right)\ln\dfrac{\pi}{2r_D}+\dfrac{1}{h_{wD}}\ln\left(\dfrac{h_{wD}}{2+h_{wD}}\sqrt{\dfrac{A-1}{B-1}}\right) \quad (2.19)$$

其中

$$A=\dfrac{1}{h_{wD}+h_{wD}/4} \quad (2.20)$$

$$B=\dfrac{1}{h_{wD}+3h_{wD}/4} \quad (2.21)$$

图 2.9 为储层打开 30%时的部分完井表皮系数，打开位置对表皮系数有影响，位置越靠近储层中部，表皮系数越低；位置越偏离中部，表皮系数越高。渗透率各向异性（$I_{ani}$）对表皮系数影响显著，部分完井存在垂向汇聚流作用，流线在垂向上弯曲，垂向渗透率越低（$I_{ani}$ 越大），影响越严重。

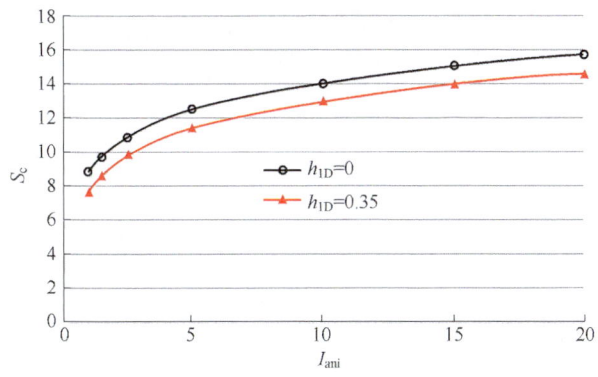

图 2.9　渗透率各向异性系数对部分完井表皮系数的影响（$h_{wD}=0.3$）

图 2.10 表示完井位置在油层中部时，打开程度对表皮系数的影响。打开程度对表皮系数影响显著，特别是打开程度较低时，表皮系数较高。当 $h_{wD}$ 高于

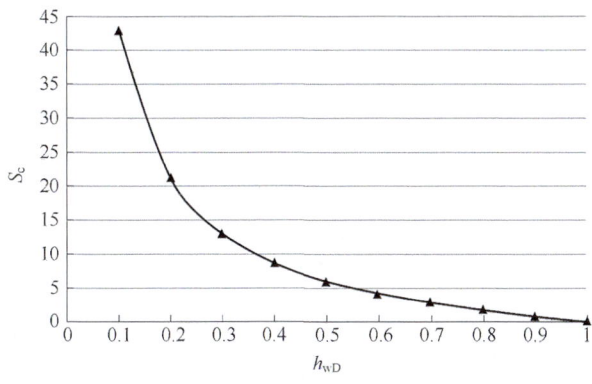

图 2.10　打开程度对部分完井表皮系数的影响（$I_{ani}=3.16$）

0.7后,表皮系数较低。该规律适用于垂向上均质分布储层,而储层垂向上非均质分布,储层打开程度不会这么高,而不会造成较高的部分完井表皮系数。储层垂向上由很多小层构成,各小层渗透率差异较大,实际中往往根据测井解释打开高渗透层,生产时,低渗透层流体流向高渗透层,再由高渗透层流向井底。因此,实际中打开部分为储层的一小部分时,不会造成很高的表皮系数。有些油田做过这样的试验,刚开始打开高渗透层,而后补射低渗透层位,产量并未明显增加,就属于这种情况。

Besson(1990)推导了井斜表皮系数计算公式,渗透率各向同性油藏井斜表皮系数为

$$S_\theta = \ln\frac{4r_w\cos\theta}{h} + \cos\theta\ln\frac{h}{4r_w\sqrt{\cos\theta}} \tag{2.22}$$

渗透率各向异性油藏井斜表皮系数为

$$S_\theta = \ln\left(\frac{1}{I_{ani}\gamma}\frac{4r_w\cos\theta}{h}\right) + \frac{\cos\theta}{\gamma}\ln\left(\frac{2I_{ani}\sqrt{\gamma}}{1+1/\gamma}\frac{h}{4r_w\sqrt{\cos\theta}}\right) \tag{2.23}$$

其中

$$\gamma = \sqrt{\frac{1}{I_{ani}^2} + \cos^2\theta\left(1-\frac{1}{I_{ani}^2}\right)} \tag{2.24}$$

式中,$\theta$为井筒与垂向的夹角;$h$为储层厚度;$I_{ani}$为渗透率各向异性系数;$r_w$为井筒半径。

图2.11为井斜表皮系数与井斜角、渗透率各向异性系数的关系,虽然井斜会产生负的表皮系数,但在较小的井斜角和典型的各向异性系数下,井斜表皮系数绝对值较小。

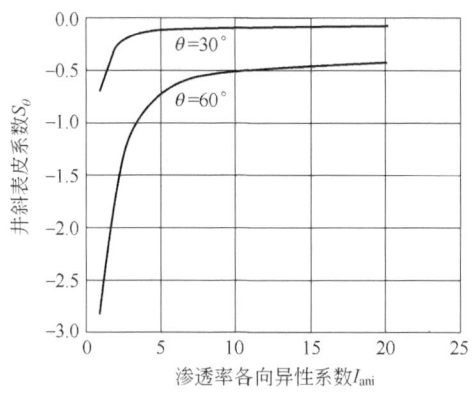

图2.11 井斜角、渗透率各向异性系数对井斜表皮系数的影响

### 2.2.2.3 完井表皮系数

常说的完井指的是储层部位井筒结构,主要有这几种完井方式:裸眼完井、

套管射孔完井、割缝筛管或打孔管完井、砾石充填完井，这里所说的完井表皮系数指的是后三种完井条件下的表皮系数。

### 1. 套管射孔完井

套管射孔完井是一种常见的完井方式，它有以下优点：(1) 能有效地封隔地层，防止各层间窜流；(2) 能有效支撑地层，防止井筒变形垮塌；(3) 能分隔不同压力和不同特点的油气层，可进行分层作业；(4) 可控制产液位置，控制水锥或气锥。

套管射孔完井中，在射孔井段，只是很少一部分套管打开，提供液体从地层流入井筒内的通道。流体从地层流入射孔孔眼内，再从射孔孔眼流入井筒内，相较于裸眼径向流动，套管射孔完井中流线发生弯曲。射孔孔眼深度一般几十厘米，比如30cm，延长了井筒半径，射孔也改变了流态，使得渗流阻力与裸眼完井时不同，即与理想条件下的渗流相比引起了附加渗流阻力，该附加阻力在产量计算公式里用射孔表皮系数 $S_p$ 表示。注意，该表皮系数对应射孔段的表皮系数，未射孔段影响通过部分完井表皮系数表示。

图2.12为射孔示意图。射孔参数包括：射孔长度 $l_{perf}$、射孔密度（单位长度上射孔数目）、射孔间距 $h_{perf}$、射孔相位角 $\theta$、射孔孔径 $r_{perf}$，各参数意义显示于图中。射孔密度与射孔间距互为倒数，英制单位中，射孔密度用SPF (shot per foot，即每英尺长度上的射孔数) 表示，常见射孔密度比如3SPF、4SPF。常见射孔相位角为60°、90°、120°、180°、360°（或0°）。

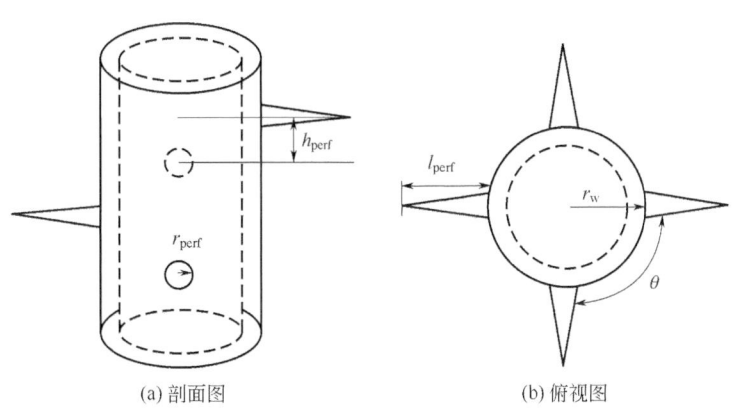

(a) 剖面图　　　　(b) 俯视图

图2.12　射孔完井示意图

射孔后，井筒周围流动较为复杂，既有垂向上向孔眼的汇聚流动，也有平面上向孔眼的汇聚流动，直接计算压降较难，需要通过数值计算，计算射孔后的压降，与理想条件下的压降比较，得到附加压降，通过表皮系数的定义得到由射孔参数组成的射孔表皮系数公式。基于该思想，Karakas 和 Tariq (1988) 推导了射孔表皮系数的半解析公式。他们将射孔后的流动分解为三部分，如图2.13所示。

图 2.13(a) 表示垂向上的汇聚流作用,图 2.13(b) 表示平面上的汇聚流作用,图 2.13(c) 表示射孔相位角很小时井筒的阻碍作用。相应地,射孔表皮系数分解为三项之和,即 $S_p = S_H + S_V + S_{wb}$,其中 $S_H$、$S_V$、$S_{wb}$ 分别表示平面汇聚流影响、垂向汇聚流影响和井筒阻碍作用。该方式将三维问题简化为二维问题,分别推导每项表皮系数的表达式更容易。

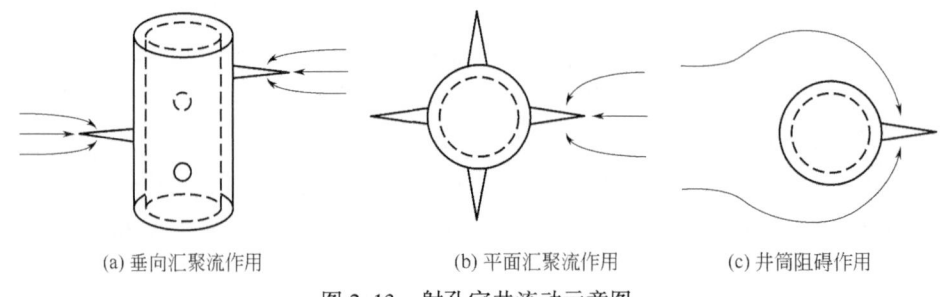

(a) 垂向汇聚流作用    (b) 平面汇聚流作用    (c) 井筒阻碍作用

图 2.13 射孔完井流动示意图

对于平面汇聚流影响,射孔相当于增大了井筒半径,将射孔参数转换为等效井筒半径,便可通过理论公式(2.25)计算表皮系数。射孔相位角不同,其等效井筒半径也不同,等效井筒半径用式(2.26)计算,$a_\theta$ 与相位角有关,其值列于表 2.2 中。由于射孔往往增加等效井筒半径,该表皮系数一般为负值;当射孔长度较小、相位角较小时,该表皮系数可能为正。

$$S_H = \ln \frac{r_w}{r'_w(\theta)} \tag{2.25}$$

$$r'_w(\theta) = \begin{cases} \dfrac{l_{perf}}{4}, & \theta = 0° \\ a_\theta(r_w + l_{perf}), & \theta \neq 0° \end{cases} \tag{2.26}$$

对于垂向汇聚流影响,Karakas 和 Tariq (1988) 通过大量模拟构造出如下经验公式,并通过数据回归获得公式中的参数值:

$$S_V = 10^a h_D^{b-1} r_D^b \tag{2.27}$$

$$a = a_1 \ln r_D + a_2 \tag{2.28}$$

$$b = b_1 r_D + b_2 \tag{2.29}$$

$$h_D = \frac{h_{perf}}{l_{perf}} \sqrt{\frac{K_H}{K_V}} \tag{2.30}$$

$$r_D = \frac{r_{perf}}{2h_{perf}} \left(1 + \sqrt{\frac{K_V}{K_H}}\right) \tag{2.31}$$

式中,$K_H$ 为水平渗透率;$K_V$ 为垂向渗透率;$h_{perf}$ 为射孔间距;$l_{perf}$ 为射孔长度；$a_1$、$a_2$、$b_1$、$b_2$ 取值见表 2.2。

表 2.2 射孔表皮系数计算模型中参数取值

| 射孔相位角 | $a_\theta$ | $a_1$ | $a_2$ | $b_1$ | $b_2$ | $c_1$ | $c_2$ |
|---|---|---|---|---|---|---|---|
| 0°（360°） | 0.250 | -2.091 | 0.0453 | 5.1313 | 1.8672 | $1.6\times10^{-1}$ | 2.675 |
| 180° | 0.500 | -2.025 | 0.0943 | 3.0373 | 1.8115 | $2.6\times10^{-2}$ | 4.532 |
| 120° | 0.648 | -2.018 | 0.0634 | 1.6136 | 1.7770 | $6.6\times10^{-3}$ | 5.320 |
| 90° | 0.726 | -1.905 | 0.1038 | 1.5674 | 1.6935 | $1.9\times10^{-3}$ | 6.155 |
| 60° | 0.813 | -1.898 | 0.1023 | 1.3654 | 1.6490 | $3.0\times10^{-4}$ | 7.509 |
| 45° | 0.860 | -1.788 | 0.2398 | 1.1915 | 1.6392 | $4.6\times10^{-5}$ | 8.791 |

垂向汇聚流影响取决于射孔长度、射孔间距、垂向渗透率与水平渗透率之比。垂向渗透率越低，弯曲流线造成的附加压降越大。射孔半径影响相对较小，射孔中的压降可忽略，射孔孔径大小对附加压降的影响较小。$S_V$ 为正值，是 $S_p$ 的主要组成部分，射孔表皮系数主要来自垂向上的汇聚流影响。

井筒阻碍作用引起的表皮系数为

$$S_{wb} = c_1 e^{c_2 r_{wD}} \tag{2.32}$$

$$r_{wD} = \frac{r_w}{l_{perf} + r_w} \tag{2.33}$$

$c_1$ 和 $c_2$ 取值见表 2.2。当射孔相位角为 0°（360°）时，井筒阻碍作用明显；其余角度阻碍作用较弱，系数 $c_1$ 较小，计算出的 $S_{wb}$ 较小，该项对 $S_p$ 的贡献较小。

表 2.3 为典型参数下的射孔表皮系数，该模型可用于优化射孔参数。在优化的射孔参数下，射孔表皮系数较低，不对产能有明显影响，又可降低成本。

表 2.3 射孔参数对射孔表皮系数的影响

| 射孔密度（SPF） | $K_H/K_V=10$ | $K_H/K_V=5$ | $K_H/K_V=1$ |
|---|---|---|---|
| 0.5 | 20.8 | 15.3 | 7.1 |
| 1 | 9.6 | 6.9 | 3.0 |
| 2 | 4.1 | 2.8 | 0.9 |
| 3 | 2.3 | 1.5 | 0.3 |
| 4 | 1.5 | 0.9 | 0 |

地层往往存在污染，污染与射孔同时存在时，存在复合效应，污染会放大射孔表皮效应，用如下方式计算表皮系数：

(1) 射孔深度小于污染深度时,计算公式为

$$(S_d)_p = \left(\frac{K}{K_s}-1\right)\left(\ln\frac{r_s}{r_w}+S_p\right)+S_p = (S_d)_o+\frac{K}{K_s}S_p \tag{2.34}$$

式中,$(S_d)_o$ 为污染表皮系数;$K_s$ 为污染渗透率;$r_s$ 为污染半径。

(2) 射孔深度大于污染深度时,计算修正的射孔长度和井筒半径,用修正的射孔长度和半径作为新的参数,用前面的计算公式重新计算射孔表皮系数。

$$(S_d)_p = S_p' \tag{2.35}$$

$$l_{perf}' = l_{perf} - \left(1-\frac{K_s}{K}\right)(r_s-r_w) \tag{2.36}$$

$$r_w' = r_s - \frac{K_s}{K}(r_s-r_w) \tag{2.37}$$

式中,$l_{perf}'$ 为修正的射孔长度;$r_w'$ 为修正的射孔半径。

2. 割缝筛管或打孔管完井

割缝筛管或打孔管常用于水平井或多分支井完井,筛管放于井筒中,不固井,能起到支撑井壁、一定程度上遮挡地层砂的作用。如果井筒非常稳固,不变形,不坍塌,对生产来讲,其跟裸眼完井类似,用裸眼完井相关公式计算表皮系数即可。如井筒变形严重,井筒与筛管贴合紧密,由于管柱很小一部分面积用于割缝或打孔,产生的汇聚流作用对生产影响较大,形成较高的表皮系数。Furui 等(2005)建立了计算这种完井方式表皮系数计算模型,筛管割缝形状、流态分别如图2.14、图2.15所示,

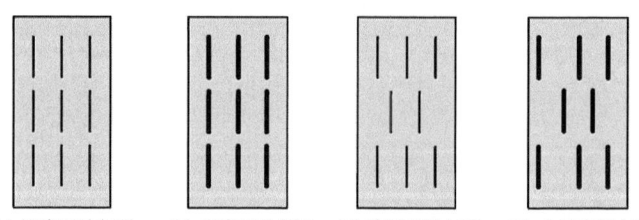

(a) 单缝正对布置　(b) 多缝正对布置　(c) 单缝交错布置　(d) 多缝交错布置

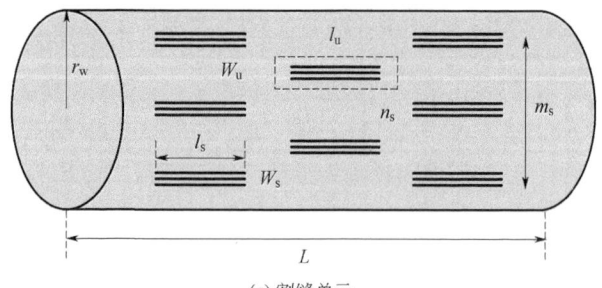

(e) 割缝单元

图 2.14　筛管割缝形状(据 Furui,2005)

$r_w$—井筒半径;$l_s$—割缝长度;$l_u$—单个割缝单元对应的管长;$W_u$—单个割缝单元的宽度;
$W_s$—单个割缝的宽度;$n_s$—单个割缝单元上的割缝数目;$m_s$—圆周上的割缝单元数目

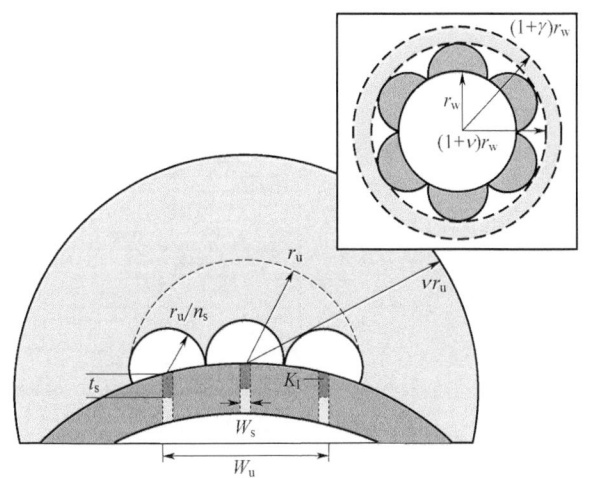

图 2.15 割缝筛管周围流动形态（据 Furui，2005）

图中流动包括割缝槽里线性流、多个割缝引起的径向流、单个缝槽引起的径向流

$r_w$—井筒半径；$r_u$—单个割缝单元对应的径向流半径；$K_l$—割缝里的渗透率；$t_s$—割缝里的填充厚度；

当 $m_s \neq 1$ 时，$\nu = \sin(\pi/m_s)$；$\gamma = l_{sD}/(2\lambda)$，$l_{sD} = l_s/r_w$，$\lambda = l_s/l_u$

采用数值模拟的方法来模拟各种筛管完井条件下产生的附加压降，建立相应的模型，通过数模结果来回归相关参数数值。由于使用参数较多，模型较复杂，这里不详细介绍该模型。图 2.16 对比了各种完井条件下表皮系数，射孔完井表皮系数最低，裸眼完井居中，筛管完井最高；对于射孔完井，射孔相当于外延了井壁，如射孔穿越了污染带，能产生负表皮系数。筛管完井产生的表皮系数显著高于另外两种完井方式。由于其假设管柱与井壁紧密贴合，完全没有渗透性，割缝产生了强烈的汇聚流作用；实际条件下，筛管与井壁不可能完全紧密贴合，有一点渗流能力就会大大降低这种汇聚流影响。

3. 砾石充填完井

砾石充填完井常用于胶结差的疏松地层，以防止出砂。砾石充填完井有两种常用方式：裸眼砾石充填完井和套管射孔砾石充填完井，如图 2.17 所示。

裸眼砾石充填完井中，筛管下入裸眼中，筛管与井筒间的环空填充砾石，液体通过砾石、筛管割缝进入筛管。如砾石充填层渗透性较好（未被堵塞时），对流动影响很小，类似于裸眼完井。砾石充填层还能阻挡地层砂，防止地层砂进入井筒中。生产较长时间后，地层砂逐渐进入并堵塞砾石间的孔隙，砾石充填层渗透性变差，对生产影响明显。当砾石充填层堵塞严重时，可通过酸化解除堵塞。如图 2.18 所示，地层、污染带、砾石充填层为串联流动，表

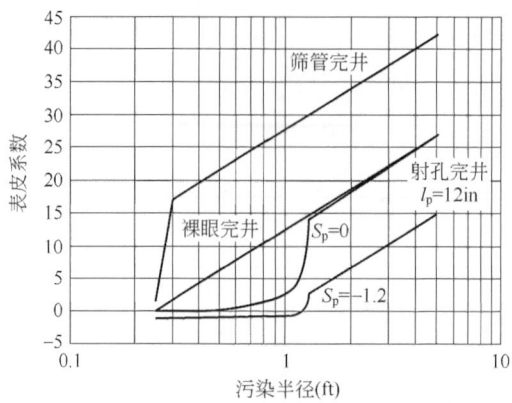

图 2.16  裸眼完井、射孔完井、筛管完井表皮系数（据 Furui，2005）

$S_p$—射孔表皮系数；$l_p$—射孔长度

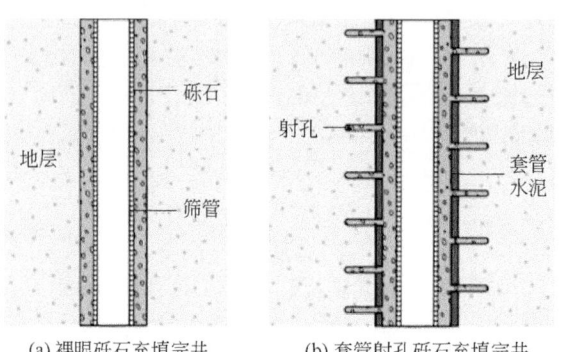

(a) 裸眼砾石充填完井　　(b) 套管射孔砾石充填完井

图 2.17  砾石充填完井示意图（据 Furui，2005）

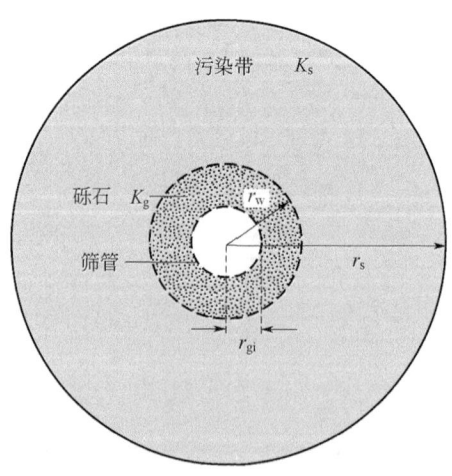

图 2.18  裸眼砾石充填完井示意图（据 Furui，2004）

皮系数 $S_{g,o}$ 为

$$S_{g,o} = \frac{K}{K_g}\ln\frac{r_w}{r_{gi}} + \left(\frac{K}{K_s}-1\right)\ln\frac{r_s}{r_w} \tag{2.38}$$

式中，$K_g$ 为砾石充填层渗透率；$K_s$ 为污染渗透率；$K$ 为地层渗透率；$r_s$ 为污染半径；$r_w$ 为井筒半径；$r_{gi}$ 为砾石充填内沿半径。

由式(2.38) 可见，当 $K_g$ 很高时，砾石充填层的影响可忽略。

套管射孔砾石充填完井中，筛管下入套管中，套管与筛管间的环空、射孔孔眼中填充砾石，液体通过射孔孔眼和环空间的砾石充填层进入井筒中。当砾石填充层渗透性较好时（未被堵塞），对流动影响很小，类似于套管射孔完井，用砾石充填的目的是阻挡地层砂，防止砂进入井筒中。生产较长时间后，地层砂逐渐进入并堵塞砾石间的孔隙，砾石层渗透性变差，对生产影响明显。当砾石层堵塞严重时，可通过酸化解除堵塞。图 2.19 为套管射孔砾石充填中各部分示意图，由于地层砂被外面的射孔孔眼中的砾石充填层阻挡，不易进入环空砾石层。该类型完井引起的附加压降分为三部分：（1）套管和筛管间环空砾石充填部分，该部分渗透率 $K_g$ 很高时，这部分压降较小，可以忽略；（2）套管和水泥环内的射孔孔眼砾石充填层中流体流动形成的附加压降；（3）套管外流体流入射孔孔眼的汇聚流形成的压降。后两部分造成的附加压降显著，表皮系数由后两部分组成：

$$S_{CG} = S_{CG,ic} + S_{CG,oc} \tag{2.39}$$

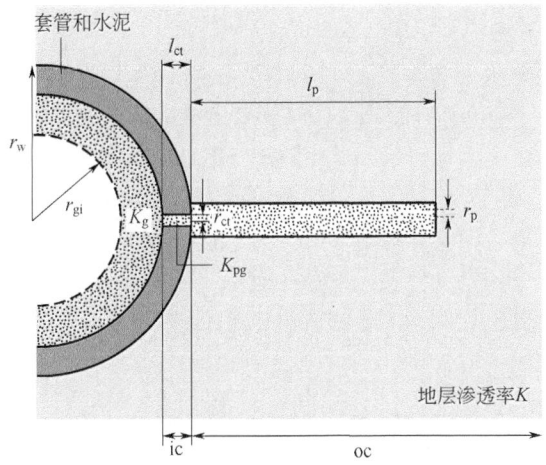

图 2.19　套管射孔砾石充填完井示意图（据 Furui，2004）

$K_g$—砾石充填层渗透率；$r_{gi}$—砾石充填内沿半径；$K_{pg}$—射孔孔眼内砾石充填层渗透率；$r_w$—井筒半径；$r_p$—射孔孔眼半径；$l_p$—射孔长度；$r_{ct}$—套管和水泥环内射孔孔眼半径；$l_{ct}$—套管和水泥环内射孔孔眼长度；ic—套管和水泥环内部分；oc—水泥环外地层中部分

其中
$$S_{\text{CG,ic}} = \frac{2h_{\text{pD}}}{r_{\text{tD}}^2} \frac{l_{\text{tD}}}{K_{\text{gD}}} \tag{2.40}$$

$$r_{\text{tD}} = r_t / r_w \tag{2.41}$$

$$h_{\text{pD}} = h_p / r_w \tag{2.42}$$

$$l_{\text{tD}} = l_t / r_w \tag{2.43}$$

$$K_{\text{gD}} = K_g / K \tag{2.44}$$

式中，$S_{\text{CG,ic}}$ 为套管和水泥环内的射孔孔眼砾石充填对应的表皮系数；$S_{\text{CG,oc}}$ 为套管外汇聚流对应的表皮系数；$r_t$ 为套管、水泥环中射孔孔眼半径；$l_t$ 为套管、水泥环中射孔孔眼长度；$h_p$ 为射孔间距，即射孔密度的倒数；$K_g$ 为孔眼中砾石充填层的渗透率。

射孔孔眼砾石充填在地层中的部分，液体在其中的流动类似于射孔完井或打孔筛管完井（打孔筛管紧贴井壁），取决于射孔孔眼长度和孔眼中砾石充填的渗透率。如果射孔很短或渗透率很低，类似于打孔筛管完井；如果射孔孔眼较长且砾石充填层渗透率高，类似于射孔完井。这部分表皮系数用上述两种情况下的表皮系数进行加权平均表示：

$$S_{\text{CG,oc}} = (1 - K_{\text{pgD}}^{-0.5}) S_p + K_{\text{pgD}}^{-0.5} S_{\text{pl}} \tag{2.45}$$

其中
$$K_{\text{pgD}} = K_{\text{pg}} / K$$

式中，$S_p$ 用射孔完井表皮系数模型计算（Karakas 和 Tariq，1988）；$S_{\text{pl}}$ 为打孔筛管表皮系数；$K_{\text{pg}}$ 为射孔孔眼砾石充填层渗透率。

式(2.45)中，

$$S_{\text{pl}} = \frac{3h_{\text{pD}}}{2r_{\text{pD}}} + \ln \frac{v^2}{h_{\text{pD}}^2 (1+v)} - 0.61 \tag{2.46}$$

$$v = \begin{cases} 1.5, & \theta = 360°, 0° \\ \sin\left(\dfrac{\pi}{360/\theta}\right), & \theta \neq 360°, 0° \end{cases} \tag{2.47}$$

其中
$$r_{\text{pD}} = r_p / r_w$$

式中，$r_p$ 为地层中射孔孔眼半径；$\theta$ 为射孔相位角。

### 2.2.2.4 拟表皮系数

拟表皮系数是指与流速、多相流相关的表皮系数，比如高速非达西流会引起附加压降，多相流动相对于单相流动而言，会引起附加压降。称为拟表皮系数的原因是在于，当流速降低后，当多相流变为单相流后，这些影响自动消除。

与流速相关的拟表皮效应对于高产气井而言往往不能忽略，与流速相关的拟表皮系数定义为

$$S_{\text{rate-dependent}} = Dq \tag{2.48}$$

式中，$D$ 为非达西流系数；$q$ 为流量。

$D$ 可通过试井方式获得。稳态试井中，通过改变产量，获得与产量对应的表皮系数，从而获得 $D$。试井中获得的表皮系数为总表皮系数，总表皮系数可分为与流速无关的表皮系数和与流速有关的表皮系数：

$$S' = S + S_{\text{rate-dependent}} = S + Dq \tag{2.49}$$

通过一系列产量试井，绘制图 2.20，便可得到 $D$。如果产量单位为 $\text{m}^3/\text{d}$，则 $D$ 在 $10^{-5}$ 级别。

与多相流相关的拟表皮系数较难量化，多相流与相渗有关，相渗又与流体饱和度有关，多相流产能预测多用油藏数值模拟，这里只是定性分析与多相流相关的拟表皮系数。对于油藏，当 $p_{\text{wf}} < p_{\text{b}}$ 时，析出气体，降低有效渗透率，Hawkins 公式中用有效渗透率计算表皮系数；当压力升高，高于饱和压力后，气体溶解，该表皮系数消失。对于反凝析气藏，如凝析油形成，

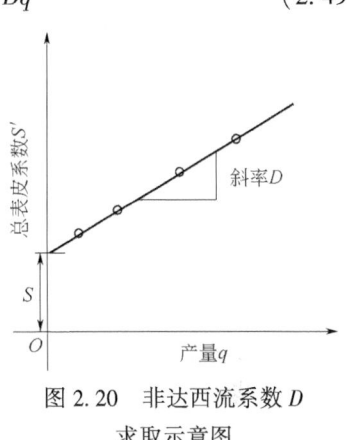

图 2.20 非达西流系数 $D$ 求取示意图

降低气相渗透率；压力升高，如凝析油不重新进入气相，则造成不利影响，通过吞吐方式注入天然气，使凝析油重新进入气相，或驱替凝析油到油藏远端，或使用其他溶剂（如乙醇）溶解原油，以降低凝析油影响。

### 2.2.3 污染表皮系数对产能的影响

上节分析了表皮系数组成及计算公式，其中，能通过酸化措施去除的表皮只有污染表皮系数，本节只讨论污染表皮系数对产能的影响及污染表皮去除后的增产作用。

#### 2.2.3.1 污染后产能

假设一口井，井筒半径 0.1m，泄油半径 300m，储层污染半径 0.6m，污染后渗透率为原渗透率的 10%，则污染表皮系数为

$$S_{\text{d}} = \left(\frac{K}{K_{\text{s}}} - 1\right) \ln \frac{r_{\text{s}}}{r_{\text{w}}} = (10-1) \ln \frac{0.6}{0.1} = 16.13 \tag{2.50}$$

基于稳态流产量计算公式评价污染后、污染前的产能比，假设没有其他类型表皮系数，其比值 $J_{\text{d}}/J_0$ 为

$$\frac{J_{\text{d}}}{J_0} = \frac{\ln(r_{\text{e}}/r_{\text{w}})}{\ln(r_{\text{e}}/r_{\text{w}}) + S_{\text{d}}} = \frac{F_{\text{d}} \ln(r_{\text{e}}/r_{\text{w}})}{\ln(r_{\text{s}}/r_{\text{w}}) + F_{\text{d}} \ln(r_{\text{e}}/r_{\text{s}})} \tag{2.51}$$

其中

$$F_{\text{d}} = K_{\text{s}}/K$$

对于上述井有

$$\frac{J_d}{J_0} = \frac{0.1 \times \ln \dfrac{300}{0.1}}{\ln \dfrac{0.6}{0.1} + 0.1 \times \ln \dfrac{300}{0.6}} = 33.18\% \tag{2.52}$$

即污染后产能降为原来的 33.18%。

图 2.21 显示了各种污染程度（$F_d$）、污染半径下，污染后、污染前产能比，与污染半径相比，污染程度对产能影响更显著。由于井筒周围径向汇聚流作用，近井带污染对产能影响显著。渗透率下降 50%，产能约为原始产能的 80%；渗透率下降到 5%，几十厘米的污染深度可降低产能 80%。

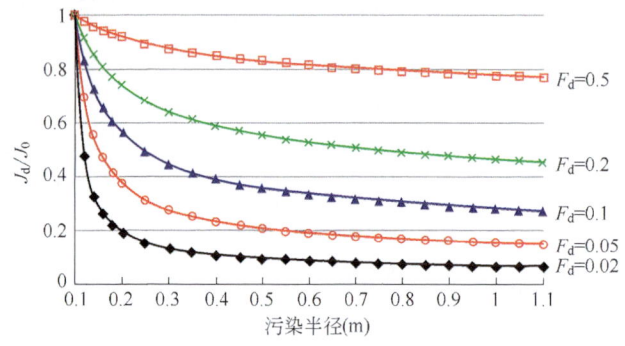

图 2.21 污染对产能的影响

总压降可写为

$$\Delta p = \Delta p_s + \Delta p_r \tag{2.53}$$

其中

$$\Delta p_s = \frac{q\mu}{2\pi Kh} S$$

式中，$\Delta p_r$ 为理想条件下径向流压降；$\Delta p_s$ 为污染引起的附加压降。

污染引起的附加压降与总压降之比为

$$\frac{\Delta p_s}{\Delta p} = \frac{\dfrac{q\mu}{2\pi Kh} S_d}{\dfrac{q\mu}{2\pi Kh}\left(\ln \dfrac{r_e}{r_w} + S_d\right)} = \frac{S_d}{\ln \dfrac{r_e}{r_w} + S_d} = \frac{16.13}{8.01 + 16.13} = 66.83\% \tag{2.54}$$

式（2.54）表明，66.83% 的总压降由近井带污染消耗。虽然污染深度较小，但严重的近井带污染可大幅度降低产能，使大部分压降消耗于近井污染带。

### 2.2.3.2 酸化去除污染表皮系数对产能的影响

如果砂岩通过基质酸化将上述井污染去除（表皮系数降为 0），酸化后、前

产能比 $J_a/J_d$ 为

$$\frac{J_a}{J_d} = \frac{\ln(r_s/r_w) + F_d\ln(r_e/r_s)}{F_d\ln(r_e/r_w)} \tag{2.55}$$

对于上述井，产能比为

$$\frac{J_a}{J_d} = \frac{\ln(0.6/0.1) + 0.1\times\ln(300/0.6)}{0.1\times\ln(300/0.1)} = 3.01 \tag{2.56}$$

酸化后产能变为酸化前的 3.01 倍，说明酸化能较大幅度增加产能。

各种污染程度、污染半径下，酸化后、酸化前产能比如图 4.3 所示，污染特别严重的井，若酸化去除污染，能大幅提高井产能。

对于无污染的井，也采取酸化进行改造，增产效果如图 4.4 所示。砂岩基质酸化作用距离一般较小，几十厘米为常见距离，图 4.4 表明，即使渗透率增加几十倍，增产幅度很小，况且砂岩酸化由于二次沉淀影响很难将渗透率提高这么多。

## 习　　题

1. 砂岩储层中一口井受到钻完井污染，信息如下：层厚 $h=10\text{m}$, $r_w=0.1\text{m}$，泄油半径 $r_e=300\text{m}$，地层渗透率 $K=50\text{mD}$。通过实验测得污染带渗透率为 5mD，通过试井测得污染表皮系数为 14。请计算污染半径 $r_s$，并计算污染使该井产能降低多少。如该井通过酸化措施去除污染影响，酸化后产能增加多少？

2. 采用 Karakas-Tariq 模型计算一直井射孔表皮系数：射孔深度 20cm，相位角 90°，射孔密度 16 孔/m，孔径 10mm，水平渗透率 40mD，垂向渗透率 4mD。要使射孔表皮系数较小，对射孔参数有什么要求？

## 参考文献

Besson J, 1990. Performance of Slanted and Horizontal Wells on an Anisotropic Medium. SPE paper 20965 presented at the European Petroleum Conference, October 21-24.

Cinco-Ley H, Ramey H J, Miller F G, 1975. Pseudo-skin Factors for Partially-Penetrating Directionally-Drilled Wells. Paper SPE 5589 presented at the Fall Meeting of the Society of Petroleum Engineers of AIME, September 28-October 1.

Frick T P, Economides M J, 1993. Horizontal Well Damage Characterization and Removal. SPE Prod & Oper, 8 (1): 15-22.

Furui K, Zhu D, Hill A D, 2003. A Rigorous Formation Damage Skin Factor and Reservoir Inflow

Model for a Horizontal Well. SPE Prod & Oper, 18 (3): 151-157.

Furui K, 2004. A Comprehensive Skin Factor Model for Well Completions Based on Finite Element Simulation. Austin: University of Texas.

Furui K, Zhu D, Hill A D, 2005. A Comprehensive Skin Factor Model of Horizontal Well Completion Performance. SPE Prod & Oper, 20 (3): 207-220.

Hawkin M F Jr, 1956. A Note on the Skin Effect. Trans AIME, 207: 356-357.

Karakas M, Tariq S, 1988. Semi-Analytical Production Models for Perforated Completions. SPE paper 18247 presented at the 1988 SPE Annual Technical Conference and Exhibition, Houston, Oct. 2-5.

Krueger R F, 1986. An Overview of Formation Damage and Well Productivity in Oilfield Operations. J Pet Technology, 38 (2): 131-152.

Muskat M, 1946. The Flow of Homogeneous Fluids Through Porous Media. Ann Arbor: J. W. Edwards, Inc.

Odeh A S, 1980. An Equation for Calculating Skin Factor Due to Restricted Entry. JPT, 32 (6): 964-965.

Papatzacos Paul, 1987. Approximate Partial Penetration Pseudoskin for Infinite-Conductivity Wells. SPE Res Eng, 2 (2): 227-234.

Pang S T, Sharma M M, 1997. A Model for Predicting Injectivity Decline in Water-Injection Wells. SPE Formation Evaluation, 12 (3): 194-201.

Peaceman D W, 1983. Interpretation of Well-Block Pressure in Numerical Reservoir Simulation with Nonsquare Grid Blocks and Anisotropic Permeability. SPE J, 23 (3): 531-543.

Schechter R S, 1992. Oil Well Stimulation. Englewood Cliffs: Prentices Hall.

Sutton G D, Roberts L D, 1974. Paraffin Precipitation During Fracture Stimulation. J Pet Tech, 26 (9): 997-1004.

Tyler T N, Metzger R R, Twyford L R, 1985. Analysis and Treatment of Formation Damage at Prudhoe Bay, Alaska. Journal of Petroleum Technology, 37 (6): 1010-1018.

Zajic J E, Cooper D G, Jack T R, et al, 1983. Microbial Enhanced Oil Recovery. Tulsa: PennWell Publishing Co.

# 第 3 章　酸化化学与酸岩反应动力学

酸化过程是酸液与地层矿物或污染物间发生化学反应的过程。酸岩反应是酸化措施的基础，储层矿物成分决定所需的酸液类型及发生的化学反应，酸液溶蚀作用对孔、渗的改变，或对裂缝表面形态的改变是酸化的核心。所以，理解酸化基本原理从了解酸岩反应开始。本章主要介绍矿物成分、酸化化学基础、酸岩反应过程、酸岩反应动力学等内容，这些是酸液类型选择、酸液用量计算、活酸作用距离预测、酸化模拟和酸化设计的基础。

## 3.1 矿物成分

酸化是通过酸液与地层矿物及污染物间的化学反应来达到去除污染、提高产能的目的。了解酸岩间的化学反应，首先需要明确地层矿物组成及含量。不同类型储层，矿物成分差异较大。从成因上分，储层有砂岩、碳酸盐岩、页岩、火山岩、砾岩等。从化学成分角度分类，储层分为碳酸盐岩储层、砂岩储层和其他类型储层（矿物成分与砂岩储层类似，主要是矿物含量差异），如此分类的原因在于，碳酸盐岩用 $H^+$ 溶蚀，其他类型矿物需用氢氟酸（HF）溶蚀，所用酸液类型有本质区别。

### 3.1.1 砂岩储层

砂岩储层矿物成分复杂多样，以石英、长石、云母、黏土、碳酸盐岩、硫酸盐、氯化物、金属氧化物为主，如表 3.1 所示。砂岩储层通常石英含量较高，有的高达到 80%以上，低的也达到 50%以上。其他非碳酸盐岩类型储层矿物成分类似于砂岩储层，只是含量上差异较大，比如页岩储层黏土、长石含量较高，石英含量较低。表 3.2 和表 3.3 为砂岩地层的矿物成分及含量实例。

### 3.1.2 碳酸盐岩储层

碳酸盐岩储层是重要的储层类型之一，随着世界各国石油及天然气勘探开发工作的不断深化，碳酸盐岩油气田的储量和产量急剧增长。据统计，碳酸盐岩储层油气储量和产量超过世界油气的一半。碳酸盐岩的储集空间分为孔隙、裂缝和溶洞三种类型，根据三种储集空间的主次可把碳酸盐岩储层分为孔隙型、孔隙—

表 3.1 砂岩主要矿物（据 McLeod 和 Norman，2000）

| 类型 | 矿物 | 化学组成 | 表面积 | 溶解性 盐酸（HCl） | 溶解性 氢氟酸（HF） |
|---|---|---|---|---|---|
| 石英 | 石英 Quartz | $SiO_2$ | 低 | 不溶 | 低 |
| 长石 | 微斜长石 Microcline | $KAlSi_3O_8$ | 低至中等 | 不溶 | 低至中等 |
| 长石 | 正长石 Orthoclase | $KAlSi_3O_8$ | 低至中等 | 不溶 | 低至中等 |
| 长石 | 钠长石 Albite | $NaAlSi_3O_8$ | 低至中等 | 不溶 | 低至中等 |
| 长石 | 斜长石 Plagioclase | $(Na, Ca)Al(Si, Al)Si_2O_8$ | 低至中等 | 不溶 | 低至中等 |
| 云母 | 黑云母 Biotite | $K(Mg, Fe^{2+})_3(Al, Fe^{3+})Si_3O_{10}(OH)_2$ | 低 | 不溶 | 低至中等 |
| 云母 | 白云母 Muscovite | $KAl_2Si_3O_{10}(OH)_2$ | 低 | 不溶 | 低至中等 |
| 黏土 | 高岭石 Kaolinite | $Al_4Si_4O_{10}(OH)_8$ | 高 | 不溶 | 高溶解 |
| 黏土 | 伊利石 Illite | $k_{0\sim 2}Al_4(Al, Si)_8O_{20}(OH)_4$ | 高 | 不溶 | 高溶解 |
| 黏土 | 蒙脱石 Smectite | $Al_4Si_8O_{20}(OH)_4$ | 高 | 不溶 | 高溶解 |
| 黏土 | 绿泥石 Chlorite | $(Mg, Fe^{2+}, Fe^{3+})AlSi_3O_{10}(OH)_8$ | 低至中等 | 低至中等 | 高溶解 |
| 碳酸盐岩 | 方解石 Calcite | $CaCO_3$ | 低至中等 | 高溶解 | 高溶解，生成 $CaF_2$ 沉淀 |
| 碳酸盐岩 | 白云石 Dolomite | $CaMg(CO_3)_2$ | 低至中等 | 高溶解 | 高溶解，生成 $CaF_2$ 沉淀 |
| 碳酸盐岩 | 铁白云石 Ankerite | $Ca(Fe, Mg, Mn)(CO_3)_2$ | 低至中等 | 高溶解 | 高溶解，生成 $CaF_2$ 沉淀 |
| 碳酸盐岩 | 菱铁矿 Siderite | $FeCO_3$ | 低至中等 | 高溶解 | 高溶解 |
| 硫酸盐 | 石膏 Gypsum | $CaSO_4 \cdot 2H_2O$ | 低至中等 | 不溶 | 低 |
| 硫酸盐 | 硬石膏 Anhydrite | $CaSO_4$ | 低至中等 | 不溶 | 低 |
| 氯化物 | 石盐 Halite | $NaCl$ | 低至中等 | — | — |
| 金属氧化物 | 氧化铁 Iron oxides | $FeO$，$Fe_2O_3$，$Fe_3O_4$ | 低至中等 | 高溶解 | 高溶解 |

表 3.2 砂岩储层矿物成分及含量实例

| 岩心编号 | 矿物种类和含量（%） | | | | | | | | 黏土矿物总量（%） |
|---|---|---|---|---|---|---|---|---|---|
| | 石英 | 钾长石 | 斜长石 | 方解石 | 白云石 | 石膏 | 黄铁矿 | 萤石 | |
| 1 | 93.1 | — | — | 0.3 | — | — | — | — | 6.6 |
| 2 | 87.9 | — | — | 3.9 | — | — | — | — | 8.2 |
| 3 | 63.8 | — | 2.6 | 1 | 6.5 | — | — | — | 26.1 |
| 4 | 56.7 | 3.3 | 6.1 | 4.7 | 3.9 | 0.3 | 1.4 | — | 23.6 |
| 5 | 61.3 | — | 7.4 | — | — | — | — | 1.3 | 30.0 |

表 3.3 表 3.2 中黏土矿物相对含量

| 岩心编号 | 黏土矿物相对含量（%） | | | |
|---|---|---|---|---|
| | 伊蒙混层 | 伊利石 | 高岭石 | 绿泥石 |
| 1 | 71 | — | 14 | 15 |
| 2 | 77 | — | 9 | 14 |
| 3 | 85 | — | — | 15 |
| 4 | 62 | — | — | 38 |
| 5 | 39 | — | — | 61 |

裂缝型、裂缝型和缝洞型。如中东碳酸盐岩储层为孔隙型，华北潜山碳酸盐岩储层为裂缝型，塔里木盆地碳酸盐岩储层为缝洞型。

碳酸盐岩组成示意图如图 3.1 所示，碳酸盐含量超过 50% 的岩石为碳酸盐岩，按照白云岩、石灰岩含量划分，岩性可能为白云岩、（不纯）白云岩、灰质白云岩、（不纯）灰质白云岩、石灰岩、（不纯）石灰岩、白云质灰岩、（不纯）白云质灰岩。杂质为黏土、石英、长石等；石灰岩化学成分为 $CaCO_3$，白云岩化学成分为 $CaMg(CO_3)_2$。碳酸盐岩储层有的较纯，石灰岩或白云岩含量达到 80%~90%，有的甚至超过 95%；有的岩性较复杂，石灰岩、白云岩以及非碳酸盐岩含量均含较高。较纯的碳酸盐岩储层一般主要由一种碳酸盐岩矿物组成，如塔里木奥陶系石灰岩储层 $CaCO_3$ 含量超 90%，普光气田 $CaMg(CO_3)_2$ 含量超 90%。表 3.4 为较纯石灰岩储层矿物成分及含量实例，表 3.5 为较纯白云岩储层矿物成分及含量实例，表 3.6 为岩性较复杂的碳酸盐岩储层矿物成分及含量实例。

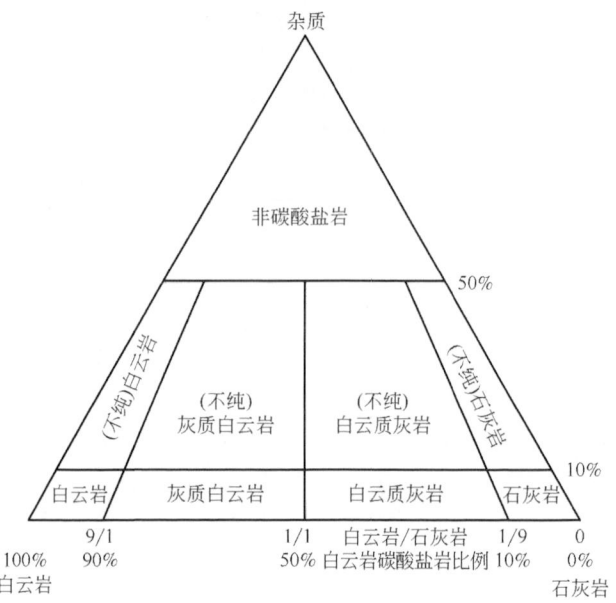

图 3.1 碳酸盐岩组分示意图（据 Ham，1962）

表 3.4 较纯石灰岩储层矿物组成实例

| 岩心编号 | 石英（%） | 方解石（%） | 白云石（%） | 重晶石（%） |
|---|---|---|---|---|
| 1 | 1 | 97 | 2 | — |
| 2 | 0.5 | 78.1 | 21.4 | — |
| 3 | 0.5 | 93.4 | 6.1 | — |
| 4 | 0.8 | 98.4 | — | 0.8 |
| 5 | 3.2 | 96 | 0.8 | — |

表 3.5 较纯白云岩储层矿物组成实例

| 岩心编号 | 方解石（%） | 白云石（%） | 硬石膏（%） | 黏土矿物含量（%） |
|---|---|---|---|---|
| 1 | — | 99.7 | — | 0.3 |
| 2 | — | 96.0 | — | 4 |
| 3 | — | 92.8 | 7.1 | 0.1 |
| 4 | — | 85.5 | 13.5 | 1.0 |
| 5 | — | 94.1 | 5.3 | 0.6 |

表 3.6 岩性较复杂的碳酸盐岩储层矿物组成实例

| 岩心编号 | 矿物种类及含量（%） | | | | | | | | 黏土矿物含量（%） |
|---|---|---|---|---|---|---|---|---|---|
| | 石英 | 钾长石 | 钠长石 | 方解石 | 白云石 | 硬石膏 | 赤铁矿 | 黄铁矿 | |
| 1 | 5.5 | — | — | 31.0 | 58.4 | — | — | — | 5.1 |

续表

| 岩心编号 | 矿物种类及含量（%） | | | | | | | | 黏土矿物含量（%） |
|---|---|---|---|---|---|---|---|---|---|
| | 石英 | 钾长石 | 钠长石 | 方解石 | 白云石 | 硬石膏 | 赤铁矿 | 黄铁矿 | |
| 2 | 6.3 | — | — | 32.6 | 51 | — | — | — | 10.1 |
| 3 | 5.7 | — | — | 40.3 | 43.5 | — | 0.8 | — | 9.7 |
| 4 | 9.9 | — | — | 6.2 | 76.2 | — | 1.1 | — | 6.6 |
| 5 | 7.1 | — | — | 10.3 | 72.6 | — | 1.5 | — | 8.5 |

## 3.2 酸化化学

酸岩间的化学反应取决于矿物和酸液类型，并决定了反应生成物。酸岩化学当量决定矿物和酸液间量的关系，是酸液体系选择和酸液用量设计的基础。

### 3.2.1 酸岩反应

#### 3.2.1.1 碳酸盐岩储层

碳酸盐岩储层的矿物成分主要为碳酸钙和碳酸钙镁，都易溶于盐酸，常用盐酸按需求配制成各种酸液体系。对于高温地层基质酸化，有时也用有机酸（甲酸、乙酸等）。碳酸盐岩与酸液反应如下：

$$2H^+ + CaCO_3 = Ca^{2+} + CO_2\uparrow + H_2O \tag{3.1}$$

$$4H^+ + CaMg(CO_3)_2 = Ca^{2+} + Mg^{2+} + 2CO_2\uparrow + 2H_2O \tag{3.2}$$

$$2H^+ + FeCO_3 = Fe^{2+} + CO_2\uparrow + H_2O \tag{3.3}$$

盐酸与碳酸盐岩发生反应时，所生成的氯化钙、氯化镁全部溶于残酸，生成的二氧化碳一少部分溶于残酸中（二氧化碳在水中溶解度如表3.7所示），其余为自由气状态。依据二氧化碳相态图，其临界温度和临界压力分别为31.1℃和7.36MPa。在油藏条件下，自由气状态的二氧化碳为超临界或液态，生成的二氧化碳有助于残酸返排。

表3.7 二氧化碳在水中溶解度（据Perry，1950）

| 压力（kPa） | 溶解度（kmol/t） | | |
|---|---|---|---|
| | 95℉（35℃） | 167℉（75℃） | 212℉（100℃） |
| 2533 | 0.58 | 0.31 | 0.24 |
| 5068 | 1.00 | 0.57 | 0.46 |
| 7602 | 1.25 | 0.77 | 0.64 |

续表

| 压力（kPa） | 溶解度（kmol/t） | | |
|---|---|---|---|
| | 95℉（35℃） | 167℉（75℃） | 212℉（100℃） |
| 10136 | 1.31 | 0.92 | 0.79 |
| 12670 | 1.37 | 1.10 | 1.02 |
| 15203 | 1.43 | 1.20 | 1.15 |
| 20271 | — | 1.32 | 1.33 |
| 30407 | 1.60 | 1.43 | 1.45 |
| 40543 | 1.70 | — | — |
| 50678 | — | 1.69 | 1.73 |

绿泥石 [$(Mg, Fe^{2+}, Fe^{3+})AlSi_3O_{10}(OH)_8$] 不完全溶于盐酸，其他矿物成分和污染物不与 $H^+$ 反应。酸化后生成蚓孔，污染物或杂质脱落，由于含量较少，蚓孔尺寸在毫米级别，对生产无明显影响。反应无沉淀风险，碳酸盐岩储层酸化相对较安全。

### 3.2.1.2 砂岩储层

从砂岩矿物组成和溶解度可以看出，砂岩酸化仅仅用盐酸溶解碳酸盐岩达不到去除污染的目的（碳酸盐岩含量达 20% 以上时，只使用盐酸可达到去除污染的目的）。砂岩酸化必须用到氢氟酸（HF），或生成 HF 的物质，因为只有 HF 才能溶解这些矿物。砂岩储层也会含一定量碳酸盐岩，基质酸化中通常用 HCl 等前置酸将碳酸盐岩溶掉，并将 $Ca^{2+}$、$Mg^{2+}$ 驱走，避免与 HF 接触生成沉淀，同时也可提高 HF 溶解石英、长石、黏土等矿物的效率。HF 与黏土、长石反应较快，与石英反应较慢，HF 主要溶蚀黏土、长石。HF 与 HCl 或有机酸混合注入，$H^+$ 可溶解前置酸未溶蚀完的碳酸盐岩，维持低 pH 值，防止沉淀。

氢氟酸与石英的反应为

$$4HF + SiO_2 \rightleftharpoons SiF_4 + 2H_2O \tag{3.4}$$

氢氟酸与长石、黏土的反应为

$$NaAlSi_3O_8 + 14HF + 2H^+ \rightleftharpoons Na^+ + AlF_2^+ + 3SiF_4 + 8H_2O \tag{3.5}$$

$$KAlSi_3O_8 + 14HF + 2H^+ \rightleftharpoons K^+ + AlF_2^+ + 3SiF_4 + 8H_2O \tag{3.6}$$

$$Al_4Si_4O_{10}(OH)_8 + 24HF + 4H^+ \rightleftharpoons 4AlF_2^+ + 4SiF_4 + 18H_2O \tag{3.7}$$

$$Al_4Si_8O_{20}(OH)_4 + 40HF + 4H^+ \rightleftharpoons 4AlF_2^+ + 8SiF_4 + 24H_2O \tag{3.8}$$

式中，$SiO_2$ 为石英；$NaAlSi_3O_8$ 为钠长石；$KAlSi_3O_8$ 为钾长石；$Al_4Si_4(OH)_8$ 为高岭石；$Al_4Si_8O_{20}(OH)_4$ 为蒙脱石。

砂岩与氢氟酸反应复杂，除了以上典型的一级反应，还有第二级、第三级反

应。第二级反应为（Hartman 等，2006）

$$SiF_4 + 2HF \rightleftharpoons H_2SiF_6 \tag{3.9}$$

$$2SiF_6^{2-} + 16H_2O + Al_4Si_4O_{10}(OH)_8 \rightleftharpoons 6HF + 3AlF_2^+ + 10OH^- + Al^{3+} + 6SiO_2 \cdot 2H_2O \tag{3.10}$$

50℃以下时，氟硅酸（$H_2SiF_6$）与硅铝酸盐反应较慢；50℃以上时，反应速度达到 HF 与黏土、长石反应速度同一个级别。

第三级反应为 $AlF_2^+$ 转化为其他氟铝化合物，形成沉淀（Gdanski，1996）。$SiF_6^{2-}$ 与 $Na^+$、$K^+$ 结合生成 $Na_2SiF_6$、$K_2SiF_6$ 沉淀，$SiO_2 \cdot 2H_2O$ 为硅胶沉淀。砂岩酸化一方面酸液溶蚀矿物增加孔隙度、渗透率，另一方面，第二级、第三级反应中生成沉淀，又降低孔隙度、渗透率。防止或减轻二次沉淀是砂岩酸化中必须考虑的问题，沉淀常造成砂岩酸化有时难以保证改造效果。

## 3.2.2 酸岩化学当量

酸岩化学当量是酸液消耗量与溶蚀矿物量间的关系，可用不同物理量表达，比如物质的量、质量、体积；化学反应式描述的是酸和矿物间物质的量关系，比如 2mol 盐酸溶蚀 1mol 碳酸钙。实际应用中，用物质的量表示不方便，常用质量或体积表示。用质量或体积表示时，又定义为溶解力（质量溶解力和体积溶解力），是酸岩化学当量的另一种表达形式。

质量溶解力 $\beta$ 定义为消耗的矿物质量与酸液质量之比，即单位质量的酸液能溶蚀的矿物质量：

$$\beta = \frac{矿物质量}{酸质量} = \frac{\nu_{矿物} M_{矿物}}{\nu_{酸} M_{酸}} \tag{3.11}$$

式中，$\nu_{矿物}$、$\nu_{酸}$ 为化学反应式中矿物和酸的系数；$M_{矿物}$、$M_{酸}$ 为矿物和酸的摩尔质量。

体积溶解力 $X$ 定义为消耗的矿物体积与酸液体积之比，即单位体积的酸液能溶蚀的矿物体积：

$$X = \frac{矿物体积}{酸体积} = \beta \frac{\rho_{酸}}{\rho_{矿物}} \tag{3.12}$$

式中，$\rho_{酸}$、$\rho_{矿物}$ 为酸和矿物的密度。

例如，质量分数为 100% 的 HCl 与 $CaCO_3$ 间的反应，其质量溶解力为

$$\beta_{100} = \frac{1 \times 100.1}{2 \times 36.5} = 1.37 \tag{3.13}$$

质量分数为 15% 的 HCl 的质量溶解力为

$$\beta_{15} = 0.15\beta_{100} = 0.21 \tag{3.14}$$

质量分数为 15% 的 HCl 的体积溶解力为

$$X_{15} = \beta_{15} \frac{\rho_{酸}}{\rho_{矿物}} = 0.21 \times \frac{1070}{2710} = 0.083 \qquad (3.15)$$

酸液对碳酸盐岩的溶解力如表 3.8 所示，氢氟酸对石英和钠长石的溶解力如表 3.9 所示。

表 3.8　酸液对碳酸盐岩的溶解力（据 Schechter，1992）

| 矿物 | 酸液 | $\beta_{100}$ | $X$ | | | |
|---|---|---|---|---|---|---|
| | | | 5% | 10% | 15% | 30% |
| 石灰岩 $CaCO_3$ $\rho_{CaCO_3} = 2.71g/cm^3$ | 盐酸（HCl） | 1.37 | 0.026 | 0.053 | 0.082 | 0.175 |
| | 甲酸（HCOOH） | 1.09 | 0.020 | 0.041 | 0.062 | 0.129 |
| | 乙酸（$CH_3COOH$） | 0.83 | 0.016 | 0.031 | 0.047 | 0.096 |
| 白云岩 $CaMg(CO_3)_2$ $\rho_{CaMg(CO_3)_2} = 2.87g/cm^3$ | 盐酸 | 1.27 | 0.023 | 0.046 | 0.071 | 0.152 |
| | 甲酸 | 1.00 | 0.018 | 0.036 | 0.054 | 0.112 |
| | 乙酸 | 0.77 | 0.014 | 0.027 | 0.041 | 0.083 |

表 3.9　氢氟酸对石英和钠长石的溶解力（据 Schechter，1992）

| 酸浓度（质量分数） | 石英（$SiO_2$） | | 钠长石（$NaAlSi_3O_8$） | |
|---|---|---|---|---|
| | $\beta$ | $X$ | $\beta$ | $X$ |
| 2% | 0.015 | 0.006 | 0.019 | 0.008 |
| 3% | 0.023 | 0.010 | 0.028 | 0.011 |
| 4% | 0.030 | 0.018 | 0.037 | 0.015 |
| 6% | 0.045 | 0.019 | 0.056 | 0.023 |
| 8% | 0.060 | 0.025 | 0.075 | 0.030 |

下面为砂岩基质酸化中采用溶解力设计前置酸用量实例。某砂岩储层孔隙度为 0.2，方解石体积含量为 10%，井筒半径为 10cm。注入质量分数为 15% 的 HCl 去除井筒周围 30cm 范围内的方解石，计算 HCl 用量（$m^3/m$）。方解石体积：

$$V_{CaCO_3} = \pi(r_{HCl}^2 - r_w^2)(1-\phi)X_{CaCO_3} \qquad (3.16)$$

$$V_{CaCO_3} = \pi(0.4^2 - 0.1^2) \times (1-0.2) \times 10\% = 0.0377(m^3/m) \qquad (3.17)$$

溶解方解石需要的酸量：

$$V_{HCl,dissolve} = \frac{V_{CaCO_3}}{X_{15}} = \frac{0.0377}{0.082} = 0.46(m^3/m) \qquad (3.18)$$

30cm 范围内方解石溶解后的孔隙空间为

$$V_p = \pi(r_{HCl}^2 - r_w^2)[\phi + X_{CaCO_3}(1-\phi)]$$

$$= \pi(0.4^2 - 0.1^2) \times [0.2 + 10\% \times (1-0.2)] = 0.132(m^3/m) \qquad (3.19)$$

总酸量为溶解方解石酸量加上填充孔隙的酸量：

$$V_{\text{HCl}} = V_{\text{HCl,dissolve}} + V_p = 0.46 + 0.132 = 0.592 \, (\text{m}^3/\text{m}) \tag{3.20}$$

## 3.3 酸岩反应过程

酸岩反应为发生在岩石表面的化学反应，酸液为液体，岩石为固体，酸、岩接触后才能发生化学反应，由于酸液与岩石接触仅发生在岩石表面，所以化学反应只发生在岩石表面。酸岩反应过程由以下三个步骤组成：

（1）酸液通过对流、扩散方式运移到岩石表面。

（2）酸液在岩石表面与岩石发生化学反应。

（3）反应生成物通过对流、扩散方式离开表面，让出表面使鲜酸能达到岩石表面继续反应。

该过程称为酸岩复相反应，如图3.2所示。酸岩反应分为两个过程：传质过程[（1）和（3）]和表面反应过程[（2）]，传质方式包括扩散和对流两种方式。对于表面反应速度远快于传质速度的反应，比如石灰岩与盐酸的反应，氢离子一接触岩石表面就完成反应。氢离子反应后，在近表面的液层里堆积生成物，这一堆积生成物的微薄液层，称为扩散边界层（图3.2）。扩散边界层与酸液内部性质不同，酸液内部浓度差异较小，扩散边界层内部垂直于岩石表面方向存在较大的浓度梯度（图3.3），该浓度梯度使酸液向岩石表面运动，称为扩散作用。氢离子通过扩散边界层到达岩石表面的速度，称为传质速度。传质速度不仅与流体物性、温度、浓度梯度相关，还与流动状态相关；在流动条件下，酸液传质作用包括扩散和对流；其他条件相同时，流速越快，扩散边界层越薄，传质越快。酸液到达岩石表面后与岩石发生化学反应，该过程为表面反应过程。

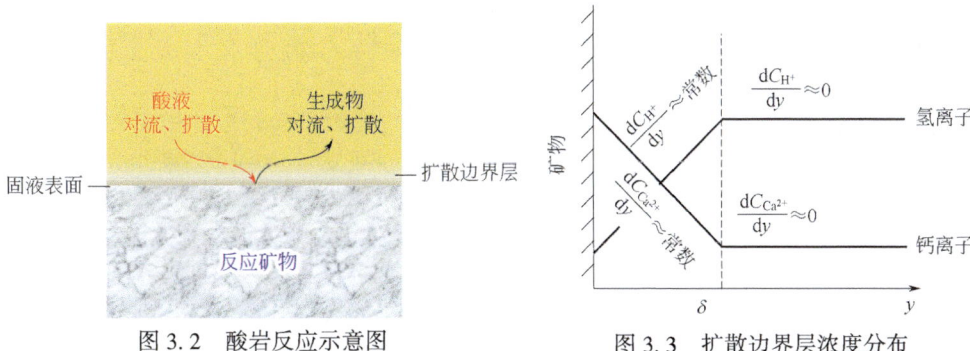

图3.2 酸岩反应示意图　　　　图3.3 扩散边界层浓度分布

$C_{\text{H}^+}$—氢离子浓度；$C_{\text{Ca}^{2+}}$—钙离子浓度；

$\delta$—边界层厚度

酸岩反应两个过程的速度不同（消耗时间不同），对总体反应速度的影响也不同。当某一过程速度比另一过程速度慢很多时，速度慢的过程控制整个反应过程（速度快的过程消耗的时间微不足道），它决定着总体反应速度的快慢。依据两个过程的快慢，反应分为三类：

（1）传质控制的反应（表面反应速度远远快于传质速度），盐酸与石灰岩的反应、中高温条件下盐酸与白云岩的反应属于该类。往方解石上滴盐酸，能观察到剧烈的冒泡现象，表面反应速度较快。

（2）表面反应控制的反应（传质速度远远快于表面反应速度），砂岩与氢氟酸的反应属于该类。砂岩岩块放入土酸中，短时间观察不出明显变化，表面反应速度较慢。

（3）两个过程共同控制的反应，两个过程的速度对总体反应速度影响均较大，低温条件下盐酸与白云岩的反应属于该类。

传质和表面反应两个过程的相对快慢可用 Theile 模数的倒数表示：

$$P = \frac{u_D}{u_s} = \frac{传质速度}{表面反应速度} \tag{3.21}$$

$P \to \infty$ 表示表面反应过程控制的反应；$P \to 0$ 表示传质过程控制的反应；$P \to 1$ 表示两个过程共同控制的反应。

酸化中常用到的几个酸液概念介绍如下：

（1）鲜酸：未与岩石发生反应的酸液。

（2）活酸：鲜酸部分被矿物消耗，但还具有一定反应活性（一定酸浓度），具有溶蚀能力的酸液。

（3）残酸：活酸被矿物消耗完（常用酸浓度降到初始浓度的10%），失去反应活性的酸液。

## 3.4　酸岩反应动力学

酸岩反应速度决定酸液消耗时间及活酸作用距离，酸岩反应动力学描述酸岩反应速度，是进行酸岩反应速度计算、酸化模拟、活酸作用距离预测的基础。

### 3.4.1　反应动力学方程

常说的酸液总体消耗速度表示为 $R = V \dfrac{dC}{dt}$，即单位时间内酸浓度的改变，$V$ 为酸液体积，$C$ 为酸浓度。酸岩反应中，酸液总体消耗速度取决于矿物表面积、矿物类型、酸液浓度、酸液类型、温度、传质速度（如搅拌、液体流动会增加传质速度）。酸岩复相反应分为两个过程，传质过程（传质速度计算参见 3.6 节）和表面反应，两个过程的速度需分开计算。酸岩反应动力学描述的是酸液接触岩石表面后的化学反应速度，数值上，酸岩反应速度为单位时间内单位岩石面积上消耗的酸液量，也可以用单位时间内单位岩石面积上的岩溶量来表示。表面反应速度依赖于与酸液接触的矿物表面积，因此，反应速度又以单位面积表示。通常，酸液 A 与矿物 B 的表面反应速度表示为

$$-R_A = -r_A S_B \tag{3.22}$$

式中，$R_A$ 为酸液 A 的反应速度，mol/s；$r_A$ 为单位面积上酸液 A 的反应速度，$\mathrm{mol/(s \cdot m^2)}$；$S_B$ 为矿物 B 的表面积，$\mathrm{m^2}$；酸岩反应消耗酸液，所以加一个负号。

反应速度 $r_A$ 依赖于反应物浓度，然而，固体矿物浓度的影响可忽略，因为固体矿物的浓度不随酸岩反应而改变，考虑反应物浓度影响后表面反应速度方程为

$$-r_A = E_f C_A^\alpha \tag{3.23}$$

式中，$E_f$ 为反应速度常数，$\dfrac{\mathrm{mol}}{\mathrm{m^2 \cdot s(mol/m^3)^\alpha}}$；$C_A$ 为岩石表面酸液 A 的浓度，$\mathrm{mol/m^3}$；$\alpha$ 为反应级数。

注意 $C_A$ 为表面浓度，因为酸岩反应发生在矿物表面，对于表面反应控制的反应，传质速度快，表面浓度与酸液内部浓度接近；对于传质控制的反应，传质速度相对较慢，表面浓度远低于酸液内部浓度。反应速度与矿物表面积 $S_B$ 线性相关；反应级数 $\alpha$ 表示酸岩反应对酸浓度的依赖程度，$\alpha$ 为 1 说明线性相关；$E_f$ 是与反应材料、温度相关的函数，有时依赖于酸液 A 以外的物质的浓度。

## 3.4.2 盐酸及弱酸与碳酸盐岩的反应动力学

盐酸是强酸，完全离解，反应物为 $H^+$，其反应速度可写成（Lund 等，1973，1975；Schechter，1992）

$$r_{HCl} = E_f C_{HCl}^\alpha \tag{3.24}$$

Arrhenius（1889）根据实验结果建立了 Arrhenius 定理（阿伦尼乌斯定理），揭示了反应速率与温度间的关系：

$$E_f = E_f^0 \exp\left(-\dfrac{\Delta E}{RT}\right) \tag{3.25}$$

式中，$E_f^0$ 为与温度无关的反应速度常数（频率因子），m/s；$R$ 为普适气体常数；$T$ 为温度，K；$\Delta E$ 为活化能，$\Delta E = RT^2 \dfrac{\partial \ln E_f}{\partial T}$。

阿伦尼乌斯认为，只有"活化分子"之间的碰撞才能发生反应，活化能是活化分子平均能量与反应物分子平均能量之差。

上述方程中，$E_f^0$、$\Delta E$ 和 $\alpha$ 为反应动力学参数，盐酸与碳酸盐岩的反应动力学参数如表 3.10 所示。

表 3.10 盐酸与碳酸盐岩矿物的反应动力学参数（据 Lund 等，1973，1975）

| 矿物 | $\alpha$ | $E_f^0 \left[\dfrac{\text{kmol}}{\text{m}^2 \cdot \text{s} \cdot (\text{kmol/m}^3)^\alpha}\right]$ | $\dfrac{\Delta E}{R}$ (K) |
| --- | --- | --- | --- |
| 石灰岩 $CaCO_3$ | 0.63 | $7.314 \times 10^7$ | $7.55 \times 10^3$ |
| 白云岩 $CaMg(CO_3)_2$ | $\dfrac{6.32 \times 10^{-4} T}{1 - 1.92 \times 10^{-3} T}$ | $4.88 \times 10^5$ | $7.9 \times 10^3$ |

盐酸与石灰岩反应速度很快，反应速度很快时，反应速度较难测量，其参数是通过低温条件下测量再外延得到，油藏温度条件下不一定精确，但有益的是，表面反应速度很快时，传质速度控制总体反应速度。

弱酸不完全离解，因此贡献 $H^+$ 有限（$H^+$ 仍为反应物），基于弱酸的离解平衡，通过 HCl 的反应动力学得到弱酸的反应动力学方程为（Schechter，1992）

$$-r_{弱酸} = E_f K_d^{\alpha/2} C_{弱酸}^{\alpha/2} \qquad (3.26)$$

式中，$E_f$ 为 HCl 与矿物的反应速度常数；$K_d$ 为弱酸离解常数。

### 3.4.3 氢氟酸与砂岩矿物的反应动力学

砂岩酸化中，HF 通常与 HCl 一起注入，实际上 HF 与砂岩的所有矿物成分都反应，HF 与石英（Bergman，1963；Hill 等，1981）、长石（Fogler 等，1975）、黏土（Kline 和 Fogler，1981）的反应动力学方程可表示为

$$-r_{矿物} = E_f [1 + K(C_{HCl})^\beta] C_{HF}^\alpha \qquad (3.27)$$

$E_f$ 的定义跟前面一样 [式(3.25)]。除了 $E_f^0$、$\Delta E$ 和 $\alpha$ 外，上述方程还有另外两个反应动力学参数 $K$ 和 $\beta$，描述的是 HCl 对酸岩反应速度的影响。HF 与砂岩矿物的反应动力学参数如表 3.11 所示，表中 $K$ 的数值表明，HCl 只对钾长石和钠长石与 HF 的反应有影响，对其他矿物无影响。反应级数 $\alpha$ 除钾长石外都为 1，反应速度基本都线性依赖于酸浓度。表 3.11 与表 3.10 中的 $E_f^0$ 差异较大，反映出盐酸与碳酸盐岩的表面反应速度远远高于土酸与砂岩矿物的表面反应速度。

表 3.11 氢氟酸与砂岩矿物的反应动力学参数

| 矿物 | $\alpha$ | $\beta$ | $K\,[(\text{kmol/m}^3)^{-\beta}]$ | $E_f^0 \left[\dfrac{\text{kmol}}{\text{m}^2 \cdot \text{s} \cdot (\text{kmol/m}^3)^\alpha}\right]$ | $\dfrac{\Delta E}{R}$(K) |
| --- | --- | --- | --- | --- | --- |
| 石英 $SiO_2$[①] | 1.0 | — | 0 | $2.32 \times 10^{-8}$ | 1150 |

续表

| 矿物 | $\alpha$ | $\beta$ | $K\,[(\text{kmol/m}^3)^{-\beta}]$ | $E_f^0\left[\dfrac{\text{kmol}}{\text{m}^2\cdot\text{s}\cdot(\text{kmol/m}^3)^\alpha}\right]$ | $\dfrac{\Delta E}{R}(\text{K})$ |
|---|---|---|---|---|---|
| 钾长石 $KAlSi_3O_8$ | 1.2 | 0.4 | $5.66\times10^{-2}\exp(956/T)$ | $1.27\times10^{-1}$ | 4680 |
| 钠长石 $NaAlSi_3O_8$ | 1.0 | 1.0 | $6.24\times10^{-2}\exp(554/T)$ | $9.50\times10^{-3}$ | 3930 |
| 高岭石 $Al_4Si_4O_{10}(OH)_8$ | 1.0 | — | 0 | 0.33 | 6540[②] |
| 蒙脱石 $Al_4Si_8O_{20}(OH)_4$ | 1.0 | — | 0 | 0.88 | 6540[②] |
| 伊利石 $K_{0\sim2}Al_4(Al,Si)_8O_{20}(OH)_4$ | 1.0 | — | 0 | $2.75\times10^{-2}$ | 6540[②] |
| 白云母 $KAl_2Si_3O_{10}(OH)_2$ | 1.0 | — | 0 | 0.49 | 6540[②] |

① 基于6mol HF 溶解1mol 石英；② Schechter 提供的大约值（1992）。

基于氢氟酸与砂岩矿物反应动力学参数，可计算酸化中氢氟酸被各种矿物消耗比例。例如，某砂岩矿物组成为：石英、钠长石和高岭石的质量分数分别为85%、10%、5%，比表面分别为$20\text{m}^2/\text{kg}$、$20\text{m}^2/\text{kg}$和$8000\text{m}^2/\text{kg}$。酸液组成为3%（质量分数）HF 和12%（质量分数）HCl，酸密度为$1075\text{kg/m}^3$，温度为50℃。假设化学反应式系数为：6mol HF 溶解1mol 石英，20mol HF 溶解1mol 钠长石，24mol HF 溶解1mol 高岭石。计算 HF 被三种矿物消耗的比例。

氢氟酸被各种矿物消耗速度为

$$-R_{\text{HF},\text{矿物}} = \dfrac{\nu_{\text{HF}}}{\nu_{\text{矿物}}} r_{\text{矿物}} S^*_{\text{矿物}} \quad (3.28)$$

三种矿物比表面为

$$\begin{cases} S^*_{\text{石英}} = 20\text{m}^2/\text{kg}\times85\% = 17\text{m}^2/\text{kg} \\ S^*_{\text{钠长石}} = 20\text{m}^2/\text{kg}\times10\% = 2\text{m}^2/\text{kg} \\ S^*_{\text{高岭石}} = 8000\text{m}^2/\text{kg}\times5\% = 400\text{m}^2/\text{kg} \end{cases} \quad (3.29)$$

盐酸浓度为

$$C_{\text{HCl}} = 12\%(\text{质量分数}) = 3.53(\text{kmol/m}^3) \quad (3.30)$$

温度为

$$T = 50+273.2 = 323.2(\text{K}) \quad (3.31)$$

表3.12 显示了三种矿物消耗 HF 的比例，高岭石单位面积上的反应速度与钠长石在同一数量级，但由于比表面比石英大很多，总体反应速度比石英快很多，HF 主要由高岭石和钠长石消耗，石英消耗比例很低。

表 3.12　三种矿物消耗氢氟酸的比例

| 矿物 | $E_f$ | $-r_{矿物}$ | $-R_{矿物}$ | 矿物消耗氢氟酸的比例（%） |
|---|---|---|---|---|
| 石英 | $6.61\times10^{-10}$ | $6.61\times10^{-10}C_{HF}$ | $6.74\times10^{-8}C_{HF}$ | 0.7 |
| 钠长石 | $4.98\times10^{-8}$ | $1.11\times10^{-7}C_{HF}$ | $4.42\times10^{-6}C_{HF}$ | 45.8 |
| 高岭石 | $5.38\times10^{-10}$ | $5.38\times10^{-10}C_{HF}$ | $5.16\times10^{-6}C_{HF}$ | 53.5 |

## 3.5　酸岩反应动力学参数测试

$H^+$与碳酸盐岩的反应动力学方程中有三个动力学参数 $E_f^0$、$\Delta E$ 和 $\alpha$，氢氟酸与砂岩矿物反应方程还有另外两个参数 $K$ 和 $\beta$，下面介绍如何获取这些参数。测量这些参数有两种途径：

（1）直接测量法：实验室采用仪器进行测量，并通过数据拟合来获得反应动力学参数。

（2）间接测量法：用带反应的流动模型拟合岩板酸液驱替实验结果。该方法既需要完善的数学模型，又需要实验结果来拟合，使用较少。

### 3.5.1　直接测量法

实验室测定反应动力学参数有如下要求：

（1）矿物表面积恒定或测定表面积随时间变化，通常采用矿物表面积恒定方式，测定表面积随时间变化较难控制。

（2）相对于表面反应速度，传质速度要快。

要求（1）给出反应面积，从而得到单位面积上的反应速度。计算中需要得到矿物表面酸浓度，矿物表面酸浓度与酸液平均浓度或总体浓度不同，无法直接测量表面浓度，只能测量酸液总体浓度或平均浓度。要求（2）通过增加传质速度来使表面浓度接近酸液总体浓度，从而用总体浓度来近似表面浓度。当反应受表面反应速度控制时，表面浓度接近酸液总体浓度；当总体反应受传质控制时，需要通过计算获得表面浓度。

常用以下两种直接方法测定反应动力学参数：

（1）旋转圆盘仪（rotating disk）。该方法目前使用较普遍，通过旋转岩心来增加传质速度。图 3.4 显示了旋转圆盘仪转子示意图及转子包裹岩心图，标准岩心连接于转子上，热缩管裹紧岩心，露出一端面接触酸液，从而保证实验中酸岩接触面积恒定。酸液存储于酸罐中，转子及岩心浸入酸液中，通过旋转产生的离心力使酸液沿径向流动，降低圆盘表面不流动边界层厚度（常称为扩散边界层），从而增加传质速度。

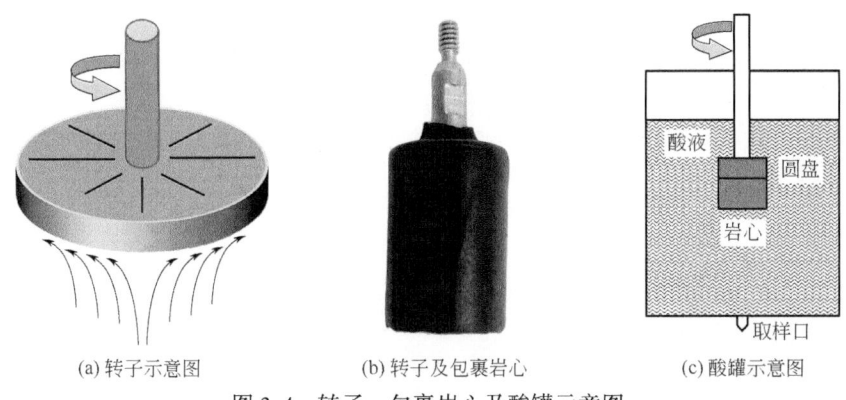

(a) 转子示意图　　　(b) 转子及包裹岩心　　　(c) 酸罐示意图

图 3.4　转子、包裹岩心及酸罐示意图

酸罐内径至少两倍于圆盘直径（Gregory 和 Riddiford，1956），转速对反应速度的影响如图 3.5 所示，当转速增加到一定值后，反应速度趋平，实验要求转速在平直段。酸罐底部有一取样口，测量取样酸液浓度，代表对应时刻酸罐中平均酸液浓度。该方法的缺点是，岩心沿轴线转动，从轴心向外速度不同，整个岩面上反应速度不同。另外，取样口在酸罐底部，当酸液黏度较高时，酸液搅拌不均匀，用取样浓度代替酸液整体浓度带来误差。

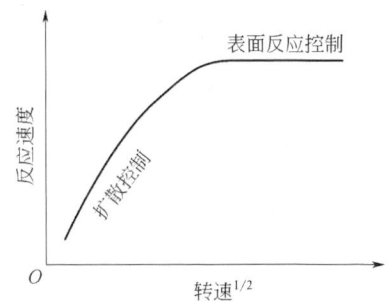

图 3.5　转速对反应速度影响示意图（据 Schechter，1992）

由于圆盘表面各点同等接触到酸液，反应速度与传质速度满足下式（Fogler 等，1973）：

$$\frac{D_A}{\delta}(C_A - C_A^s) = -r \quad (3.32)$$

式中，$C_A^s$ 为表面浓度；$C_A$ 为边界层酸液浓度；$\delta$ 为扩散边界层厚度；$r$ 为单位面积上的反应速度。

（2）搅拌酸岩反应釜。李沁（2013）设计了如图 3.6 所示的搅拌反应釜。该方法克服了旋转圆盘仪的岩面上不均匀接触酸液的缺点，酸液流动，岩面不动,岩面上的流速均匀分布,但也面临高黏酸液取样浓度难代表酸液整体浓度的问题。李沁通过该方法测试了低黏、高黏酸液的反应动力学参数、氢离子扩散系数,基于实验数据拟合建立了基于温度、黏度、酸浓度的氢离子扩散系数计算公式(普通酸和胶凝酸)。

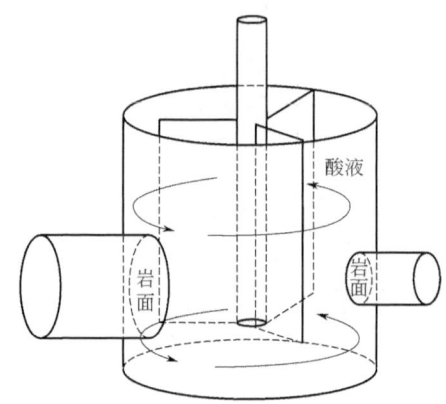

图 3.6　搅拌反应釜示意图(据李沁,2013)

下面以盐酸与碳酸盐岩的反应为例讲解如何求取反应动力学参数。

对式(3.24)和式(3.25)两边取对数得到

$$\lg(-r_{HCl}) = \lg E_f + \alpha \lg C_{HCl} \tag{3.33}$$

$$\lg E_f = \lg E_f^0 - \frac{\Delta E}{RT} \tag{3.34}$$

式中,$C_{HCl}$ 为表面浓度。

式(3.33)和式(3.34)绘制成如图 3.7 所示的图形,通过实验数据回归获得反应动力学参数。

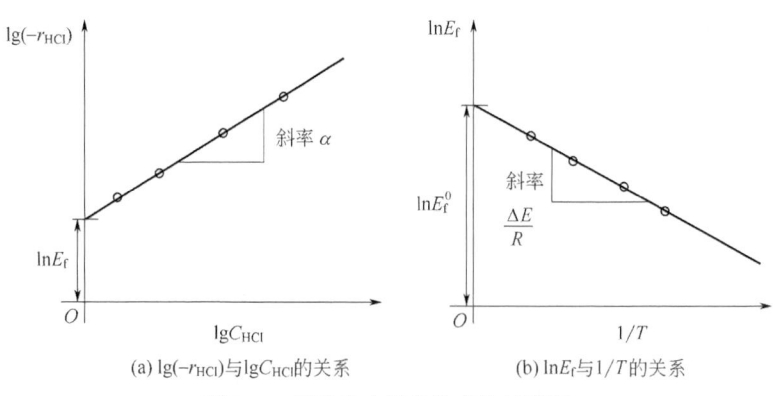

(a) $\lg(-r_{HCl})$ 与 $\lg C_{HCl}$ 的关系　　(b) $\ln E_f$ 与 $1/T$ 的关系

图 3.7　反应动力学参数求取示意图

反应动力学参数实验测试具体步骤如下：

（1）制备直径为2.54cm、长几厘米的岩心，用热缩管将岩心固定于转子上，仅漏出一个端面供反应。

（2）配制一定体积（300~500mL）酸液盛于酸罐中，加热到指定温度，加热过程中，转子提到最上面，岩心未浸入酸液中。

（3）加热到指定温度后，设定转子转速，放下转子，将岩心浸入酸液中开始计时反应，间隔一定时间从取样口取出一定量酸液样品（时间不能太短，否则酸浓度变化太小），取四个测量点以上。

（4）换一个温度重复以上实验，至少三个温度。

（5）测量各酸液样品浓度，测量浓度代表酸罐中平均浓度。

（6）进行数据处理，获取动力学参数。

实验测得原始数据后，数据处理方法如下：

动力学方程中需要表面浓度，首先计算表面浓度，分为两种情况：

（1）表面反应速度控制的反应，直接用测量的平均浓度代替总体浓度（比如氢氟酸与砂岩矿物反应）。

（2）传质控制的反应，需要通过计算得到表面浓度。

虽然实验中转速较快，总体反应速度随转速不再升高，但不代表表面浓度等于平均浓度，碳酸盐岩与盐酸反应快，特别是高温条件下，存在一个很薄边界层，边界层内浓度变化较大，所以不能用平均浓度代替表面浓度。对于这种情况，用以下方法获取表面浓度。当反应近似处于平衡状态时，总体反应速度等于传质速度、等于表面反应速度：

$$-r_A = E_f C_A^\alpha = r_{mt} = k_{mt}(C - C_A) \tag{3.35}$$

式中，$C$ 为酸液平均浓度（或总体浓度）；$C_A$ 为表面浓度；$k_{mt}$ 为传质系数。

传质速度计算公式如下，对于牛顿流体，当 $N_{Sc}>1000$（Levich，1942，1962）时，有

$$k_{mt} = 0.6205 N_{Sc}^{-2/3} \nu^{1/2} \omega^{1/2} \tag{3.36}$$

当 $N_{Sc}>250$（Gregory 和 Riddiford，1956）时，有

$$k_{mt} = \frac{0.554 N_{Sc}^{-2/3}}{0.8934 + 0.316 N_{Sc}^{-0.86}} (\omega\nu)^{1/2} \tag{3.37}$$

当 $N_{Sc}>100$（Newman，1966）时，有

$$k_{mt} = \frac{0.62048 N_{Sc}^{-2/3}}{1 + 0.2980 N_{Sc}^{-1/3} + 0.1451 N_{Sc}^{-2/3}} (\omega\nu)^{1/2} \tag{3.38}$$

其中

$$N_{Sc} = \nu/D; \quad \nu = \mu/\rho$$

式中，$\nu$ 为运动黏度，$cm^2/s$；$D$ 为扩散系数，$cm^2/s$；$\mu$ 为动力黏度，$g/(cm \cdot s)$；

$\rho$ 为密度，$g/cm^3$；$\omega$ 为角速度，$rad/s$。

Hansford 和 Litt（1968）将传质系数扩展到非牛顿流体（$N_{Sc}>1000$）：

$$k_{mt}=\phi(n')D^{2/3}(k'/\rho)^{\frac{-1}{3(1+n')}}\alpha^{\frac{1-n'}{3(1+n')}}\omega^{\frac{1}{1+n'}} \quad (3.39)$$

式中，$n'$ 为流态指数；$k'$ 为稠度系数，$g/(cm \cdot s^{2-n})$；$\alpha$ 为圆盘半径，cm。

式（3.39）中常数如表 3.13 所示。对于牛顿流体，式（3.39）简化为式（3.36）。

求取反应速度。假设酸液体积不变，通过酸浓度随时间变化求取反应速度：

$$-\frac{V}{S}\frac{\partial C}{\partial t}=k_{mt}(C-C_A) \quad (3.40)$$

式中，$C$ 为酸液平均浓度（或总体浓度）；$V$ 为酸液体积；$S$ 为岩心端面面积；$C_A$ 为表面浓度。

传质系数 $k_{mt}$ 通过式（3.36）至式（3.39）计算，需要知道扩散系数，利用图 3.5 的直线段，通过用几个转速来测反应速度。用式（3.39）和式（3.35）得到式（3.41），利用 $F$ 和 $\frac{1}{\omega'+n'}$ 的直线关系，斜率为 $D^{2/3}$，从而获得 $D$，再计算 $k_{mt}$，最后计算表面浓度。得到表面浓度、反应速度后，用式（3.33）和式（3.34）绘制如图 3.7 所示的图形，获得反应动力学参数。

$$F=\frac{-r_A}{\phi(n')(k'/\rho)^{\frac{-1}{3(1+n')}}\alpha^{\frac{1-n'}{3(1+n')}}C}=D^{2/3}\omega^{\frac{1}{1+n'}} \quad (3.41)$$

表 3.13 式（3.39）中的常数值（据 Hansford 和 Litt，1968）

| $n'$ | 0.2 | 0.4 | 0.5 | 0.6 | 0.8 | 1.0 | 1.1 | 1.3 |
|---|---|---|---|---|---|---|---|---|
| $\phi(n')$ | 0.695 | 0.662 | 0.655 | 0.647 | 0.633 | 0.620 | 0.618 | 0.604 |

### 3.5.2 间接测量法

该方法通过建立酸液平行板流动反应数学模型，基于模型拟合实验结果来求取反应动力学参数。如图 3.8 所示，假设岩板表面光滑、层流、无滤失，酸液流速为

$$v_x(y)=\frac{3}{2}\bar{v}_A\left[1-\left(\frac{2y}{w}\right)^2\right] \quad (3.42)$$

式中，$v_x(y)$ 为酸液沿平板方向流速；$\bar{v}_A$ 为注入酸液平均流速；$y$ 为垂直于岩板方向的距离；$w$ 为平板间距。

假设流场不受岩板表面的酸岩反应影响，其稳态条件下物质平衡方程为（忽略 $x$ 方向扩散作用，相对于对流作用较弱）

$$\frac{3}{8}\frac{\bar{v}}{L}(1-Y^2)\frac{\partial C}{\partial X}=\frac{D}{w^2}\frac{\partial^2 C}{\partial Y^2} \quad (3.43)$$

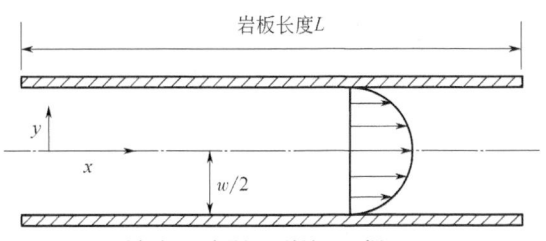

图 3.8  平行板反应器（裂缝）（据 Guin，1970）

边界条件为

$$\frac{D}{w/2}\frac{\partial C}{\partial Y}\bigg|_{Y=1}=r=-E_{\mathrm{f}}C_{\mathrm{A}}^{\alpha} \tag{3.44}$$

$$\frac{D}{w/2}\frac{\partial C}{\partial Y}\bigg|_{Y=-1}=-r=E_{\mathrm{f}}C_{\mathrm{A}}^{\alpha} \tag{3.45}$$

$$\frac{\partial C}{\partial Y}\bigg|_{Y=0}=0 \tag{3.46}$$

$$C(0,Y)=C_0 \tag{3.47}$$

其中 $X=x/L$；$Y=\dfrac{y}{w/2}$

式中，$C_0$ 为入口酸浓度；$E_{\mathrm{f}}$ 为反应速度常数；$\alpha$ 为反应级数；$D$ 为氢离子扩散系数。

定义无因次变量：

$$P=\frac{wE_{\mathrm{f}}C_0^{\alpha-1}}{D} \tag{3.48}$$

$$L^*=\frac{8DL}{3\bar{v}w^2} \tag{3.49}$$

$$R^*=1-\frac{C}{C_0} \tag{3.50}$$

式中，$L$ 为岩板长度，cm；$w$ 为裂缝宽度，cm；$D$ 为氢离子扩散系数，cm²/s；$\bar{v}$ 为平均流速，cm/s；$E_{\mathrm{f}}$ 为反应速度常数，cm/s；$P$ 为表面反应速度与扩散速度之比。

Guin（1969）获得上述方程的数值解，基于数值解可得如图 3.9 所示的图版。通过酸蚀裂缝导流能力实验数据来求反应动力学参数，实验测试出口处酸液平均浓度，计算 $R^*$ 和 $L^*$，通过图版查 $P$，再计算反应速度常数。该方法需要知道 $D$。该方法假设运移到岩板表面的酸液迅速消耗掉，即表面反应速度非常快。对于表面速度很快的反应，总体反应受传质控制，参数 $D$ 比表面反应速度更有意义，而此方法又需要已知参数 $D$。

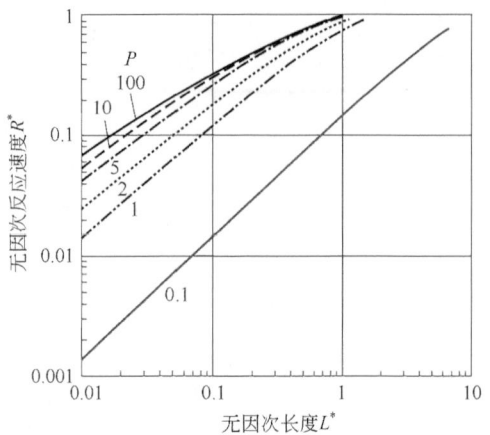

图 3.9　$R^*$ 随与 $L^*$ 关系（据 Guin，1970）

## 3.6　传质过程

### 3.6.1　传质速度

传质过程为反应物质运移到矿物表面的过程。当表面反应速度很快时，酸的传质速度决定了总体反应速度快慢；对于 HCl 与石灰岩、中高温白云岩与 HCl 的反应，传质速度决定了总体反应速度，而低温白云岩与盐酸反应受两个过程控制。传质方式有两种：扩散传质和对流传质。扩散是浓度梯度产生的传质，对流是流体流动产生的传质。

扩散传质速度为

$$J_x^A = -D_A \frac{\partial C_A}{\partial x} \tag{3.51}$$

式中，$J_x^A$ 为传质速度，$kmol/(m^2 \cdot s)$；$D_A$ 为扩散系数，$m^2/s$；$C_A$ 为酸浓度，$kmol/m^3$。

对流传质速度为

$$J^A = vC_A \tag{3.52}$$

式中，$v$ 为对流速度。

孔隙介质中，由于孔隙尺寸较小，对流、扩散两种方式均较明显。

### 3.6.2　氢离子扩散系数

对于表面反应速度控制的反应（如砂岩与氢氟酸的反应），表面浓度与酸液总体浓度近似，用总体浓度代替表面浓度即可，可忽略传质速度。这里仅针对碳酸盐岩反应讨论氢离子扩散系数。在碳酸盐岩反应中，求取表面反应动力学参数 $E_f^0$、$\Delta E$ 和 $\alpha$ 时，需要知道扩散系数，或者需要先求出氢离子扩散系数。氢离子与石灰岩的反应，或中高温条件下与白云岩的反应，总体反应速度受传质控制。传质包括对流和扩散两种方式，扩散速度由扩散系数决定。多数情况下，氢离子与碳酸盐岩反应计算传质速度更有意义，由于反应受传质控制，表面浓度较低。对流速度由流速和酸浓度决定，扩散速度由扩散系数和浓度梯度决定，因此，氢离子扩散系数是碳酸盐岩储层中酸液流动、反应计算中比表面反应动力学参数更有意义。氢离子扩散系数受温度、黏度、流速等因素影响，用有效扩散系数表示更为合适。扩散速度与氢离子扩散系数线性相关，分子热运动影响扩散速度，图 3.10 显示了温度对扩散系数的影响。

氢离子有效扩散系数与流体流动有关，图 3.11 显示了雷诺数对有效扩散系数的影响。

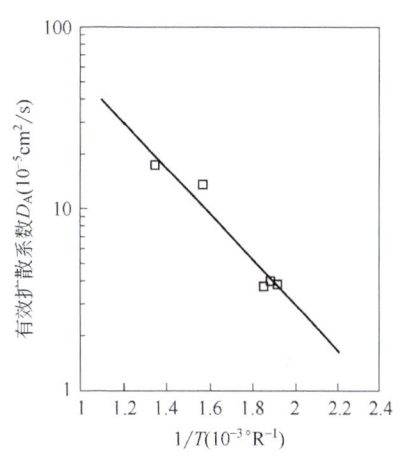

图 3.10 氢离子扩散系数随温度变化
（据 Roberts 和 Guin，1975）

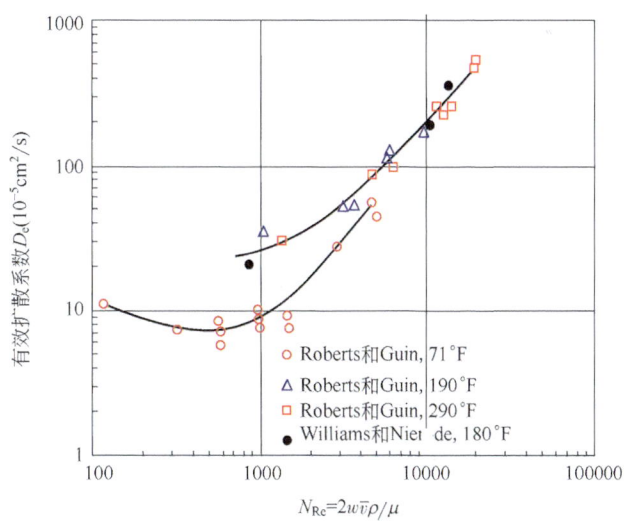

图 3.11 氢离子有效扩散系数随 $N_{Re}$ 变化（据 Roberts 和 Guin，1974）

目前主要有三种氢离子扩散系数求取方法：

（1）通过旋转圆盘仪测量氢离子扩散系数。该方法的不足之处在于，高黏酸液难以搅拌均匀，出口处酸浓度难以代表酸液平均浓度，带来测量误差；对于酸压条件，旋转圆盘仪中酸液流动、反应状态与裂缝中的酸液流动、反应不同，参见 3.5 节。

(2) 平行板流动反应模型解析解和酸蚀裂缝导流能力驱替实验结合求取氢离子扩散系数。该方法通过酸蚀裂缝酸液驱替获得酸液消耗速度（测量岩板质量变化计算岩石消耗速度，再转化为酸液消耗速度），再通过解析解求取氢离子扩散系数。该方法的优点在于，利用酸蚀裂缝导流驱替实验结果，可附带求取该参数，流动、反应状态贴合酸压实际条件，测量岩板质量变化来计算酸液消耗速度较可靠，能克服其他方法对高液黏酸液的不适应性；缺点在于，计算酸液消耗速度要求岩板矿物成分较纯，典型的实验室排量低于现场对应的排量。

(3) 通过三维模拟器来拟合酸蚀裂缝导流能力驱替实验结果获取氢离子扩散系数。该方法模拟裂缝宽度方向上的浓度梯度，从而获得氢离子扩散系数，参见 6.6.4.1 节。

下面介绍通过平行板流动反应模拟模型解析解和酸蚀裂缝导流驱替实验结合求取氢离子扩散系数。酸蚀裂缝导流能力实验参见 6.2 节，实验中测试通酸前后岩板质量变化来计算反应速度较可靠；测试出口处酸浓度或钙镁离子浓度来计算酸岩反应速度不便操作或误差较大，实验温度高，开放取样导致酸液挥发，密闭取样难操作；模型为稳定条件下的解，实验为非稳态条件，酸液浓度随时间变化。

对于 3.5.2 节中的平行板流动反应模型，当 $\alpha=1$ 时，获得如下解（Williams 等，1970）：

$$R^* = 1 - \frac{C}{C_0} = \frac{3PL^*}{2}\left\{1 + \sum_{n=1}^{\infty}\beta_n \frac{3}{n+3}\left[\frac{\Gamma(1/3)P}{3}\right]^n\left(\frac{9L^*}{2}\right)^{n/3}\right\} \quad (3.53)$$

$$\beta_1 = -\frac{3}{\Gamma(2/3)\Gamma(1/3)} \quad (3.54)$$

$$\beta_{n+1} = -\frac{-3\beta_n \Gamma[(n+3)/3]}{(n+1)\Gamma(2/3)\Gamma[(n+1)/3]} \quad (3.55)$$

$$P = \frac{wE_f C_0^{\alpha-1}}{D} \quad (3.56)$$

$$L^* = \frac{8DL}{3\bar{v}w^2} \quad (3.57)$$

式中，$L$ 为岩板长度，cm；$w$ 为裂缝宽度，cm；$D$ 为氢离子扩散系数，cm²/s；$\bar{v}$ 为平均流速，cm/s；$E_f$ 为反应速度常数，cm/s；$P$ 为表面反应速度有扩散速度之比。

图 3.12 为不同 $P$ 值下无因次反应速度与无因次距离图版，通过上述解可获

得氢离子扩散系数。先通过酸蚀裂缝导流驱替实验获得酸液消耗速度,再用上述解拟合实验结果得到的酸液消耗速度,从而获得氢离子扩散系数。

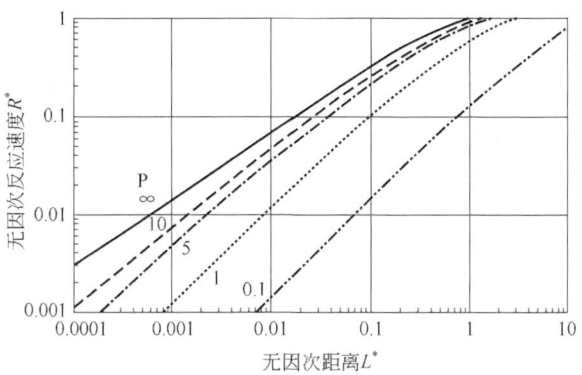

图 3.12　无因次距离与无因次反应速度之间的关系（据 Williams 等,1970）

图 3.13 为基于上述解获得的氢离子扩散系数对岩溶量的影响（60min 酸岩接触时间,石灰岩,排量 30mL/min）；排量对岩溶量有影响,图 3.14 为典型实验室排量下的岩溶量（60min 酸岩接触时间,石灰岩）。

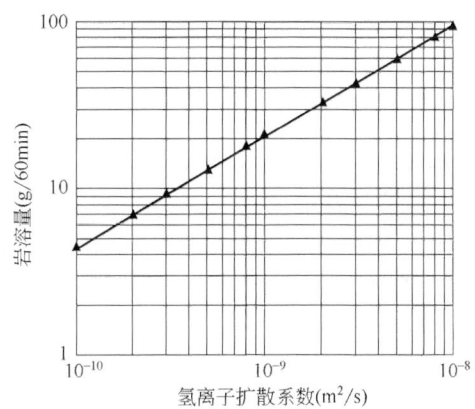

图 3.13　不同氢离子扩散系数下的岩溶量（60min 酸岩接触时间,石灰岩）

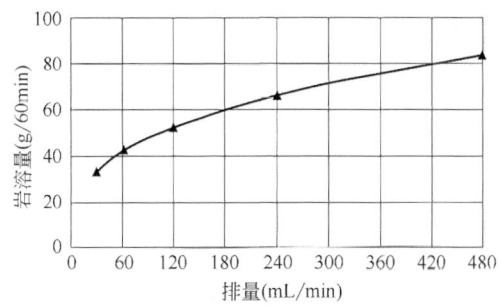

图 3.14　排量对岩溶量的影响（60min 酸岩接触时间,石灰岩）

利用 Solbrig 和 Gidaspow（1967）的边界层近似技术，Williams 等（1970）获得平行板流动反应模型的近似解，与精确解吻合较好。近似解使用方便，不需要进行积分计算。近似解为

$$R^* = \frac{3}{\Gamma(1/3)}\left[\frac{1}{2A^2}+\frac{9}{P\Gamma(1/3)}\ln\frac{P\Gamma(1/3)+3A}{3A}-\frac{3}{PA\Gamma(1/3)}\right] \quad (3.58)$$

其中

$$A = \left(\frac{2}{9L^*}\right)^{1/3} \quad (3.59)$$

下面为基于酸蚀裂缝导流能力实验获得氢离子扩散系数的实例。表 3.14 为白云岩、90℃、胶凝酸、排量 30mL/min、缝宽 6mm 条件下的酸蚀裂缝导流能力驱替结果。表 3.15 为石灰岩、140℃、交联酸、排量 30mL/min、缝宽 6mm 条件下酸蚀裂缝导流能力驱替结果。表 3.16 为石灰岩、140℃、胶凝酸、排量 30mL/min、缝宽 6mm 条件下酸蚀裂缝导流能力驱替结果。

表 3.14 酸蚀裂缝导流驱替岩溶量及氢离子扩散系数、传质系数（胶凝酸，90℃）

| 编号 | 酸岩接触时间（min） | 岩溶量（g） | 平均岩溶量（g/min） | 氢离子扩散系数（$m^2/s$） | 传质系数（m/s） |
|---|---|---|---|---|---|
| 1 | 40 | 18.62 | 0.465 | $1.76\times10^{-9}$ | $2.16\times10^{-6}$ |
| 2 | 60 | 26.41 | | | |
| 3 | 60 | 28.31 | | | |
| 4 | 80 | 38.18 | | | |

表 3.15 酸蚀裂缝导流驱替岩溶量及氢离子扩散系数、传质系数（交联酸，140℃）

| 编号 | 酸岩接触时间（min） | 岩溶量（g） | 平均岩溶量（g/min） | 氢离子扩散系数（$m^2/s$） | 传质系数（m/s） |
|---|---|---|---|---|---|
| 1 | 20 | 13.4 | 0.541 | $1.96\times10^{-9}$ | $2.32\times10^{-6}$ |
| 2 | 40 | 23.6 | | | |
| 3 | 60 | 31.7 | | | |
| 4 | 80 | 39.5 | | | |

表 3.16 酸蚀裂缝导流驱替岩溶量及氢离子扩散系数、传质系数（胶凝酸，140℃）

| 编号 | 酸岩接触时间（min） | 岩溶量（g） | 平均岩溶量（g/min） | 氢离子扩散系数（$m^2/s$） | 传质系数（m/s） |
|---|---|---|---|---|---|
| 1 | 20 | 19.8 | 0.934 | $4.45\times10^{-9}$ | $4.00\times10^{-6}$ |
| 2 | 40 | 34.5 | | | |
| 3 | 60 | 58.2 | | | |
| 4 | 80 | 74.3 | | | |

## 3.6.3 氢离子传质系数

当没有浓度梯度信息时，可用平均浓度计算传质速度：

$$J^A = k_{mt}(C_0 - C_A) \tag{3.60}$$

式中，$C_0$ 为酸液平均浓度；$C_A$ 为表面酸液浓度；$k_{mt}$ 为传质系数。

基于酸蚀裂缝导流驱替实验数据，可通过下式计算传质系数 $k_{mt}$：

$$D\frac{dC}{dy} = k_{mt}(C_0 - C_A) = r_a = \frac{m_1 - m_2}{2AtM_{carboante}} \tag{3.61}$$

式中，$C_0$ 为酸液平均浓度；$C_A$ 为裂缝表面酸液浓度；$r_a$ 为单位面积上的酸岩反应速度；$m_1$ 和 $m_2$ 分别为两块岩板酸蚀前、后质量；$A$ 为岩板面积；$t$ 为通酸时间；$M_{carboante}$ 为碳酸盐岩摩尔质量。

当表面反应速度较快时，表面浓度较低，可近似用裂缝中酸液平均浓度计算传质速度：

$$J^A = k_{mt} C_0 \tag{3.62}$$

# 习　　题

1. 浓度为31%的工业盐酸密度为1154kg/m³。用该酸液配制20%的盐酸（密度1098kg/m³），如不考虑其他添加剂，计算配制1m³需要的工业盐酸和清水用量。

2. 一砂岩矿物质量分数组成为：碳酸钙10%，石英70%，钾长石8%，高岭石12%。碳酸钙由前置酸溶蚀掉，石英、钾长石、高岭石的比表面分别为20m²/kg、20m²/kg和8000m²/kg。酸液组成为3%（质量分数）HF+12%（质量分数）HCl，酸密度1075kg/m³，温度100℃。计算石英、钾长石、高岭石的消耗速度以及HF被这三种矿物消耗的比例。

3. 简述酸岩复相反应过程。对于表面反应速度控制的反应，用旋转圆盘仪如何求取反应动力学参数。

4. 酸蚀裂缝导流能力实验中，采用标准尺寸的石灰岩岩板进行实验，胶凝酸浓度为20%，温度为90℃，缝宽为6mm，实验数据如表3.17所示，用该实验数据求取氢离子扩散系数和传质系数。

**表3.17　酸蚀裂缝导流驱替实验获得的岩溶量**

| 编号 | 酸岩接触时间（min） | 岩溶量（g） |
| --- | --- | --- |
| 1 | 40 | 28.4 |
| 2 | 60 | 39.6 |
| 3 | 80 | 54.2 |

# 参考文献

李沁, 2013. 高粘度酸液酸压反应动力学行为研究. 成都: 成都理工大学.

Bergman I, 1963. The Long-Term Dissolution of Silica Powders in Dilute Hydrofluoric Acid: an Anisotropic Mechanism of Dissolution for the Courser Quartz Powders. J Appl Chem, 3: 356-361.

Fogler H S, Lund K, McCune C C, et al, 1973. Kinetic Rate Expressions for Reactions of Selected Minerals with HCl and HF Mixture. Paper SPE 4348 presented at the Society of Petroleum Engineers-American Institute of Mining Engineers Oilfield Chemistry Symposium, Denver, Colorado, May 24-25.

Fogler H S, Lund K, McCune C C, 1996. Acidizing Part 3: The Kinetics of the Dissolution of Sodium and Potassium Feldspar, in HF/HCl Acid Mixture. Chem Eng Sci, 30 (11): 1425-1432.

Gdanski R, 1996. Kinetics of Tertiary Reaction of HF on Alumino-Silicates. Paper SPE 31076 prepared at the International Symposium on Formation Damage Control held in Lafayette, LA, February 14-15.

Gregory D R, Riddiford A C, 1956. Transport to the Surface of a Rotating Disc. Journal of the Chemical Society: 3756-3764.

Guin J A, 1970. Chemically Induced Changes in Porous Media. Austin: University of Texas.

Ham William E, 1962. Classification of Carbonate Rocks. Memoir 1, AAPG: 62-84.

Hansford G S, Litt M, 1968. Mass Transport from a Rotating Disk into Power Law Liquids. Chem Eng Sci, 23: 849-864.

Hartman R L, Lecerf B, Frenier W, et al, 2006. Acid-Sensitive Aluminosilicates: Dissolution Kinetics and Fluid Selection for Matrix-Stimulation Treatments. SPE Production & Operations, 21 (2): 194-204.

Hill A D, Lindsay D M, Silberberg I H, et al, 1981. Theoretical and Experimental Studies of Sandstone Acidizing. SPE J, 21: 30-42.

Kline W E, Fogler H S, 1981. Dissolution Kinetics: the Nature of the Particle Attack of Layered Silicates in HF. Chem Eng Sci, 36: 871-884.

Levich V G, 1942. The Theory of Concentration Overpotential. Acta Physicochim URSS, 17: 257-307.

Levich V G, 1962. Physiochemical Hydrodynamics. Englewood Cliffs: Prentice Hall.

Lund K, Fogler H S, McCune C C, 1973. Acidization I: The Dissolution of Dolomite in Hydrocloric Acid. Chem Eng Sci, 28 (3): 691-700.

Lund K, Fogler H S, McCune C C, et al, 1975. Acidization II: The Dissolution of Calcite in Hydrocloric Acid. Chem Eng Sci, 30 (8): 825-835.

McLeod H O Jr, Norman W D, 2000. Sandstone Acidizing, Ch18 in Reservoir Stimulation. 3rd ed. Chichester: John Wiley and Sons.

Newman J, 1966. Schmidt Number Correction for the Rotating Disk. J Phys Chem, 70: 1327-1328.

Perry J H, 1950. Chemical Engineers Handbook. 3rd ed. New York: McGraw-Hill.

Roberts L D, Guin J A, 1974. The Effect of Surface Kinetics in Fracture Acidizing. SPE J, 14 (4): 385-395.

Roberts L D, Guin J A, 1975. A New Method for Predicting Acid Penetration Distance. SPE J, 15 (4): 277-286.

Schechter R S, 1992. Oil Well Stimulation. Englewood Cliffs: Prentices Hall.

Solbrig C W, Gidaspow D, 1967. Convective Diffusion in a Parallel Plate Duct with One Catalytic Wall, Laminar Flow, First Order Rreaction Part I: Analytical. The Canadian Journal of Chemical Engineering, 45: 35-39.

Williams B B, Gidley J L, Guin J A, et al, 1970. Characterization of Liquid-Solid Reactions: Hydrochloric Acid-Calcium Carbonate Reaction. Ind Eng Chem Fundam, 9 (4): 589-596.

Williams B B, Gidley J L, Schechter R S, 1979. Acidizing Fundamentals. Richardson: Society of Petroleum Engineers.

# 第 4 章　砂岩基质酸化

低渗透砂岩油气藏通常采用水力压裂增产措施提高产能，对于受到污染的中高渗砂岩油气藏，常采用以解堵为目的的基质酸化措施。油气井钻完井以及后期作业很容易造成储层伤害，储层伤害能严重降低油气井产能；注水井注入一段时间后，储层因受到污染吸水能力注入降低，达不到配注要求。基质酸化是砂岩油气藏去除污染、恢复产能的主要手段。

## 4.1　基本原理

### 4.1.1　砂岩基质酸化机理及适用条件

砂岩由砂粒和粒间胶结物组成，砂粒主要是石英、长石，胶结物主要是硅酸盐类（如黏土）和碳酸盐岩类物质。砂岩的油气储集空间和渗流通道就是砂粒与砂粒之间未被胶结物完全充填的孔隙。砂岩油气藏基质酸化就是通过酸液溶解砂粒之间的胶结物和部分砂粒，或进入孔隙的酸溶性污染物，从而恢复或提高井底附近地层渗透率。

由于砂岩储层不用酸压，砂岩酸化特指砂岩基质酸化。砂岩基质酸化定义为：在低于地层破裂压力下注入酸液，依靠酸液溶蚀污染物和地层矿物，恢复或提高近井地带储层渗透率，以解除地层污染，恢复油气井产能。砂岩基质酸化规模较小，作用于近井地带几十厘米到 $1\sim2m$ 范围。对于天然裂缝较发育的储层，在略高于天然裂缝开启压力下施工，小规模改造近井地带，也属于基质酸化范畴。

砂岩基质酸化的机理是，酸液在孔隙介质中流动，酸液溶蚀所接触的地层矿物或污染物，增加储层的孔隙度、渗透率，恢复油气井产能。一方面，由于砂岩地层矿物多样，酸岩反应复杂，酸岩反应不可避免会形成沉淀，重新污染地层，难以显著提高渗透率，故较为理想的情况是将近井带渗透率恢复到污染前的水平；如果二次沉淀严重，酸化甚至降低产能。另一方面，活酸作用距离较短，即使酸化区域渗透率增加明显，但产能增幅微弱。因此，砂岩基质酸化目的是解除近井带地层污染，恢复油气井产能。图 4.1 为砂岩基质酸化示意图，从井筒向外分别为孔隙度（渗透率）增加区域、孔隙度（渗透率）降低区域（沉淀造成）、原孔隙度（渗透率）区域。图 4.2 为岩心酸化驱替后照片，虽然酸液驱替后渗透率增加明显（实验岩心较短，二次沉淀影响体现不出来），但岩心仍为孔隙介质。

# 第 4 章 砂岩基质酸化

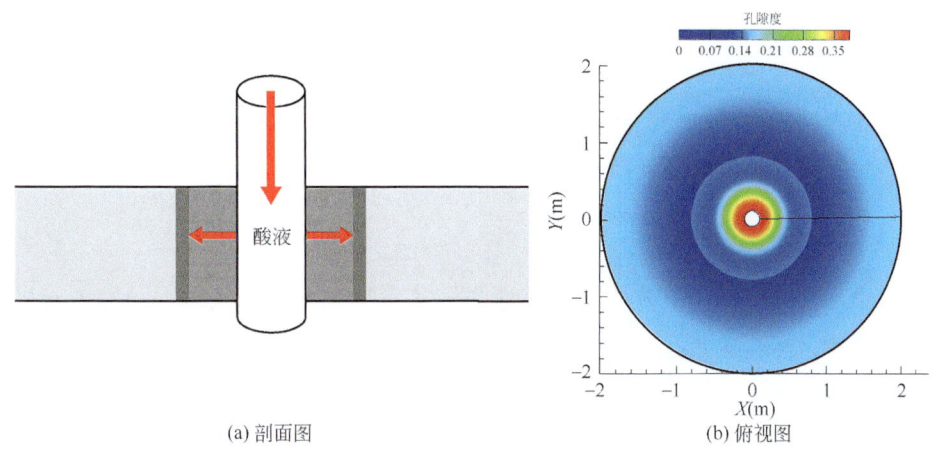

(a) 剖面图   (b) 俯视图

图 4.1 砂岩基质酸化示意图

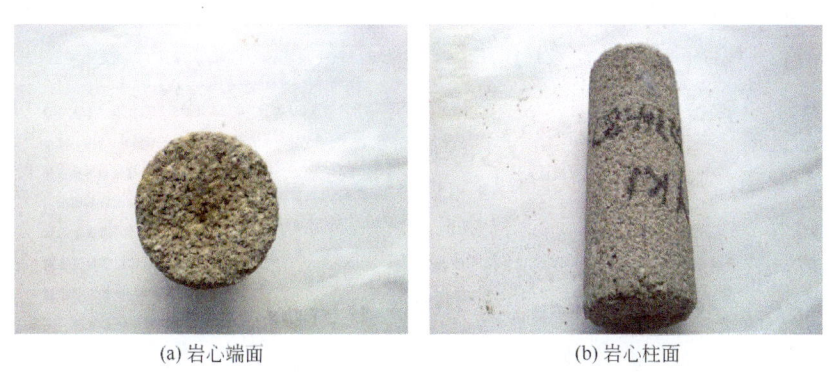

(a) 岩心端面   (b) 岩心柱面

图 4.2 砂岩岩心酸化驱替后照片

砂岩基质酸化适用条件为：(1) 地层具有酸液能解除的污染（或伤害）；(2) 中高渗储层。条件 (1) 的原因是，砂岩基质酸化的目的是去除地层污染，如无（严重）地层污染，酸化作用甚微，甚至由于酸化中的二次污染降低产能；对无污染的井进行基质酸化，即使渗透率能增加明显，由于作用范围较小，对产能贡献较小。地层污染必须能用酸液解除，如有机沉淀污染就不能用酸化解除。条件 (2) 的原因是，砂岩基质酸化最理想的结果是将产能恢复到污染前的水平，对于中高渗储层，自然产能较高，如果钻完井过程中产生地层伤害导致产能下降，通过基质酸化恢复产能后产能较高，酸化具有较好的经济效益。对于低渗储层，无污染条件下的产能也较低，即使通过基质酸化恢复了产能，产能仍较低，无经济效益，低渗储层应直接采用水力压裂进行大型增产改造以提高产能。如果低渗储层天然裂缝非常发育，天然裂缝在钻完井过程中容易受到严重污染，通过疏通天然裂缝可获得较高产能,则也可选择基质酸化,这种储层往往由于特殊情况不便进行大型改造,比如底水等。

### 4.1.2 矿物组成及酸岩反应

砂岩地层的矿物组成及酸岩反应见3.1节、3.2节。

### 4.1.3 理论增产倍数

假设油气井只有污染表皮,无其他类型表皮,用Hawkin公式[式(2.11)]计算污染表皮系数。砂岩基质酸化的目的是去除污染,将污染表皮系数降到0,增产倍数(酸化后、酸化前产能比)为

$$\frac{J_\mathrm{a}}{J_\mathrm{d}} = \frac{\ln(r_\mathrm{e}/r_\mathrm{w}) + S_\mathrm{d}}{\ln(r_\mathrm{e}/r_\mathrm{w})} \quad (4.1)$$

式中,$J_\mathrm{a}$为酸化后采油指数;$J_\mathrm{d}$为酸化前采油指数。

如一口井的参数为:$r_\mathrm{e} = 300\mathrm{m}$,$r_\mathrm{w} = 0.1\mathrm{m}$,用$F_\mathrm{d} = K_\mathrm{s}/K$表示污染程度(污染渗透率与原始渗透率之比),不同污染深度、污染半径下酸化后与酸化前产能比如图4.3所示。$F_\mathrm{d}$高于0.2时,曲线较平,增产倍数接近1,说明污染较轻时,酸化增产作用甚微;$F_\mathrm{d}$低于0.1时,曲线较陡,说明污染严重时,酸化增产效果明显。当$F_\mathrm{d} = 0.05$,污染半径为0.6m时,酸化后增产倍数理论上能达到5倍,这也解释了砂岩基质酸化适用于污染较严重的井的原因。理论上,污染严重的井,酸化能显著增加产能(相对于污染后产能),而现场实际没有理论上这么好的效果,因为这里假设酸化能恢复到理想产能,实际情况由于有二次沉淀、储层较敏感性等不利因素影响,较难完全恢复到理想产能。

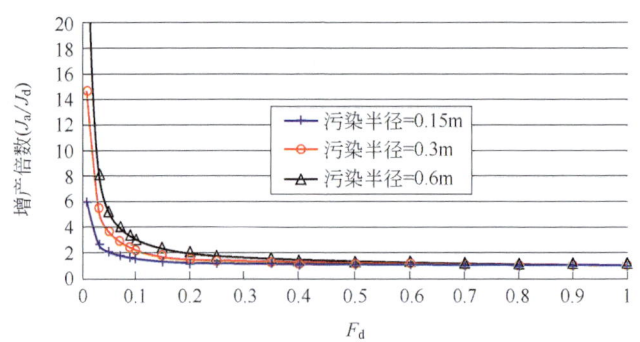

图4.3 污染对酸化后增产倍数的影响

对于没有污染的地层,如基质酸化能显著提高近井带地层渗透率,酸化形成负表皮系数,酸化后与酸化前产能比为(假设没有其他类型表皮)

$$\frac{J_a}{J_d} = \frac{\ln(r_e/r_w)}{\ln(r_e/r_w)+S} \tag{4.2}$$

仍用公式(2.11)计算表皮系数,只是酸化后渗透率高于原始地层渗透率,用 $K_a$（酸化后渗透率）和 $r_a$（酸化半径）分别替换 $K_s$ 和 $r_s$,由于酸化增加渗透率,计算得到的表皮系数 $S$ 为负值。对于酸化半径为 0.3m、0.5m、0.6m 时,酸化后渗透率增加几十倍,产能只增加 20% 多,即使渗透率增加到无限大,产能只增加 26% 左右,如图 4.4 所示。实际酸化中,由于二次沉淀等问题,渗透率很难增加这么高,注酸过多还会引起过度溶蚀、影响井壁稳定性、出砂等问题。因此,污染较轻或无污染的井,基质酸化不会有明显的增产效果。

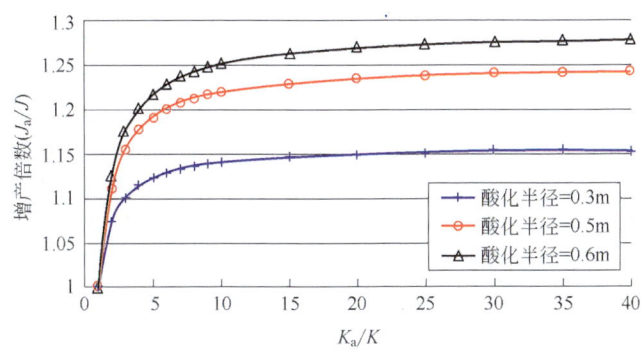

图 4.4 无污染地层酸化后渗透率、酸化半径对增产的影响

对于污染较严重的井（钻完井、生产过程中很容易产生严重污染）,通过合理的酸液体系和酸化设计,基质酸化效果明显;如产生的沉淀较多,酸化效果也可能不理想。现场统计数据表明（Economides,2000）,约 75% 的井通过酸化能显著提高产能（相对于污染后的产能）。酸化对储层也有不利影响,比如基质结构破坏、微粒释放、生成沉淀、润湿性改变等。

## 4.2 砂岩基质酸化施工步骤

砂岩基质酸化通常按以下施工步骤进行,有些步骤为可选步骤,依据目标地层实际情况确定;每个施工步骤有其独特的作用,一般都会包括三个阶段:前置酸阶段、主体酸阶段和顶替液阶段。

(1) 酸洗阶段。酸化第一步是清洗管柱,目的是去除管柱上的铁锈、垢、油污等,防止这些物质进入地层产生不利影响。酸化管柱上有油污、铁锈等杂质时,如不清洗,油污进入地层会堵塞地层;铁锈被酸溶蚀,产生的铁离子随酸进入地层产生铁离子沉淀。常用 5% HCl 加缓蚀剂和铁离子稳定剂清洗管柱,防止铁离子进入地层产生沉淀;如有油污,则需要用有机溶剂清洗。

（2）原油驱替阶段（可选）。原油与酸不配伍，特别是重质成分较多的储层，容易生成有机沉淀或酸渣，用有机溶剂溶解原油，驱替至远端。

（3）地层水驱替阶段（可选）。常用5% $NH_4Cl$ 驱替地层水，避免生成如碳酸钙和硫化钙等沉淀。驱替地层水还可防止 $Na^+$、$K^+$ 与 $H_2SiF_6$ 接触生成氟硅酸钠、氟硅酸钾沉淀。

（4）前置酸阶段。前置酸用于溶蚀地层中的碳酸盐岩，避免钙离子与HF接触生成 $CaF_2$ 沉淀。常用5%~10% HCl或有机酸作为前置酸。碳酸盐岩含量非常低时也可不用前置酸，主体酸中含有HCl或有机酸，也有防止氟化钙沉淀作用。当地层污染特别严重，前置酸无法建立注入性时，先用土酸建立注入性，再注入HCl或有机酸。如果碳酸盐岩含量较高，比如在20%以上，可单用前置酸达到恢复油气井产能的目的，无需注入主体酸。前置酸还能驱替地层水，防止 $Na^+$、$K^+$ 与 $H_2SiF_6$、HF接触生成氟硅酸钠、氟硅酸钾、氟化钾、氟化钠沉淀。如地层盐酸酸敏（含沸石、绿泥石）或高含铁矿物（磷铁矿、硫铁矿、氧化铁和氯化铁），前置酸采用有机酸（常用5%~10%乙酸），以减少沉淀伤害。

（5）主体酸阶段。主体酸用于溶蚀污染物、地层矿物，解除地层污染，恢复地层渗透率。主体酸为HF与HCl或有机酸的混合物，或者生成HF的物质，通过HF溶蚀地层矿物、污染来增加孔隙度、渗透率，从而恢复产能。主体酸不光溶蚀矿物增加渗透率，也伴生沉淀，抵消部分溶蚀效果，防止沉淀是砂岩基质酸化的重要组成部分。

（6）顶替液阶段。顶替液的目的是将管线和井筒中的酸液顶入地层，再将残酸顶离近井带，减轻二次沉淀影响。地面泵注完主体酸液时，管线和井筒中充满酸液，需将酸液顶入地层中反应。残酸中有无定形硅，无定形硅不会立即沉淀，液体停止流动后无定形硅将形成硅胶沉淀堵塞地层，沉淀越靠近井筒，影响越大，可采用过量顶替方式将残酸顶离近井地带，降低沉淀的影响。对于油井，常用 $NH_4Cl$、柴油或5%~7.5% HCl顶替，HCl用于维持低pH值，减轻二次沉淀伤害；对于气井，常用 $NH_4Cl$、氮气或5%~7.5% HCl顶替。顶替液最低用量为地面管线体积加上油管容积加上油管下面井筒体积的两倍（考虑重力分异作用的影响）(Hong和Millhone, 1977)。建议过量顶替，降低残酸二次沉淀影响，比如将残酸顶离12~15倍井筒半径。

（7）返排。酸化施工结束后，酸液逐渐失去活性，pH值逐渐升高，产生沉淀的趋势随残酸在地层中停留时间增加而增加。为减少沉淀影响，砂岩基质酸化后一般立即返排，除非特殊酸液类型需要焖井处理（如氟硼酸）。如能及时返排，pH值达到沉淀生成范围前返排出残酸，有利于降低沉淀伤害。氟硼酸体系需要焖井，需要根据温度情况确定关井时间，以确保生成足量氢氟酸溶蚀矿物、实现稳定微粒的作用。返排液是酸性的，含有注入的添加剂，需要对返排液进行处理，达到排放标准。

返排时，如井底压力大于井筒液柱压力，依靠天然能量自喷排液。如井底压力过低，需采取人工举升方式排液，常用的人工排液方法分为两大类：一是以降低液柱高度或密度的抽汲、气举法；二是以助喷为主的增注液态二氧化碳或液氮法。

① 自喷排液。对于能量较充足的地层，酸化后井底压力高于液柱压力，可采取自喷排液方式，选择合适的油嘴，适当控制回压进行放喷。

② 抽汲。采用设备抽汲井筒内液体，降低液柱高度，即降低液柱压力，促使残酸流入井底。伴随抽汲，进入井筒内的油气增多，井筒内液体密度降低，通过多次抽汲，可实现诱喷。若诱喷成功，则可自喷排液，否则应继续抽汲。抽汲排液效率较低，速度较慢，除非能很快转为自喷，否则，不能及时排除残酸会影响酸化效果。

③ 气举。气举排液是利用高压设备将气体从环空注入，气体到达管鞋后混入油管，降低液体密度和液柱压力实现返排。如气体达到管鞋的压力高于压缩机能提供的压力，需要借助气举阀启动，可采用安装有气举阀的管柱酸化后再气举排液。气举排液需要高压设备和气源。

④ 增注液态二氧化碳或氮气助排。液态二氧化碳和氮气压缩性较大，施工时酸液伴注二氧化碳或氮气，施工结束后二氧化碳或氮气升温膨胀，增加地层能量，增加井底压力，促进返排；二氧化碳或氮气密度小，进入井筒降低液柱压力，在井筒中降压膨胀进一步降低液柱压力，实现残酸快速返排。

## 4.3 酸液体系及添加剂

酸化设计难点是选择与储层匹配的酸液体系，防止二次沉淀。

### 4.3.1 前置酸

前置酸的目的是溶蚀碳酸盐岩矿物，避免氢氟酸与碳酸盐岩接触生成沉淀，充分发挥氢氟酸溶蚀黏土、长石的效率；注入主体酸之前注入前置酸，溶蚀碳酸盐岩，同时将钙镁离子驱走，避免与氟离子接触。前置酸常用盐酸或有机酸，盐酸使用较多。当地层盐酸酸敏（含沸石、绿泥石）或高含铁矿物（磷铁矿、硫铁矿、氧化铁和氯化铁）时，前置酸采用有机酸（常用5%~10%乙酸），减少沉淀伤害。

（1）盐酸。盐酸是酸化中使用最为广泛的酸液，成本低，溶蚀能力强，反应生成物无沉淀。我国的工业盐酸是以电解食盐得到的氯气和氢气为原料，用合成法得到氯化氢气体，再溶于水得到氯化氢水溶液，即盐酸。工业盐酸的质量分数为31%左右。纯盐酸是无色透明液体，当含有$Fe_3Cl$等杂质时略带黄色，有刺激性臭味，在空气中常冒白色酸雾。盐酸是一种强酸，与碳酸盐岩反应的生成物溶解度高，无沉淀风险，所以盐酸使用浓度无特别限制，一般在28%以下，常见浓度10%、15%、20%等。盐酸相对密度$\gamma_{HCl}$与质量分数有关，可采用经验公式计算盐酸相对密度：

$$\gamma_{HCl} = C/2+1 \qquad (4.3)$$

式中，$C$为盐酸质量分数，以小数表示。

配制目标浓度盐酸时，用以下公式计算所需商品酸液的用量：

$$V_1 = \frac{\gamma_2 C_2}{\gamma_1 C_1} V_2 \qquad (4.4)$$

式中，$V_1$和$V_2$为商品酸液和所需配制酸液的体积；$\gamma_1$和$\gamma_2$为商品酸液和所需配制酸液的相对密度；$C_1$和$C_2$为商品酸液和所需配制酸液的浓度。

配制酸液所需的清水量则为

$$V_{清水} = V_2 - V_1 - V_3 \qquad (4.5)$$

式中，$V_{清水}$为所需清水体积；$V_3$为除商品酸和清水以外加入酸液的其他添加剂的总体积。

式(4.3)至式(4.5)也适用于其他类型酸液配制。

(2) 有机酸。甲酸和乙酸为有机酸，甲酸又名蚁酸（HCOOH），为无色透明液体，易溶于水，熔点8.4℃，我国工业甲酸的质量分数为90%以上。乙酸又名醋酸（$CH_3COOH$），为无色透明液体，极易溶于水，熔点16.6℃，我国工业乙酸的质量分数为98%以上。因为乙酸在低温时会凝成像冰一样的固态，故俗称冰醋酸。甲酸或乙酸与碳酸盐岩反应生成的盐类在水中溶解度较小，所以酸化时浓度不能太高，防止生成甲酸（或乙酸）钙、镁盐沉淀。一般甲酸的质量分数不超过10%，乙酸的质量分数不超过15%。有机酸离解度小，具有缓速功能，但成本高。甲酸酸性强于乙酸，但远低于盐酸。

表4.1 有机酸钙盐在水中溶解度（据Rosen，1978）

| 温度（℉） | 溶解度（kg/100kg） | |
| --- | --- | --- |
| | 甲酸钙 | 乙酸钙 |
| 32 | 16.15 | 37.4 |
| 50 | — | 36.0 |
| 68 | 16.60 | 34.7 |
| 86 | — | 33.8 |
| 104 | 17.05 | 33.2 |
| 140 | 17.50 | 32.7 |

续表

| 温度（℉） | 溶解度（kg/100kg） | |
|---|---|---|
| | 甲酸钙 | 乙酸钙 |
| 176 | 17.95 | 33.5 |
| 194 | — | 31.1 |
| 211 | 18.40 | 29.7 |

## 4.3.2 主体酸体系

砂岩基质酸化中酸岩反应的特点是酸液与多种矿物反应，反应发生在多孔介质中，酸液在孔隙壁面上与矿物或污染物反应；酸液流速较慢，作用距离较短。酸液有效成分是 HF 或生成 HF 的物质，HF 与 $H^+$ 一起注入，$H^+$ 的作用是维持低 pH 值，对某些矿物的反应起到催化作用。常用体系为土酸（HF+HCl），还有其他酸液体系，如氟硼酸、$NH_4F$+HCl、多氢酸等。酸液体系中除了酸外，还有一些添加剂，添加剂是保证酸化效果的重要因素，添加剂在后面专门介绍。砂岩基质酸化设计难点是选择与地层匹配的酸液体系，防止二次沉淀。

### 4.3.2.1 土酸

土酸是砂岩基质酸化常用的酸液体系，由盐酸和氢氟酸组成，早期用于溶解在井壁上形成的钻井液滤饼或侵入地层的钻井液，钻井液中主要固体为膨润土，所以俗称为土酸，3% HF+12% HCl 为标准土酸，根据矿物成分及储层特征，氢氟酸和盐酸的浓度可调节。该体系使用较多，具有较强的溶蚀能力，逐渐趋向于降低酸液浓度，防止过度溶蚀，减轻二次沉淀，减少破坏近井带地层胶结强度。

氢氟酸是氟化氢的水溶液。氟化氢是一种无色、恶臭有毒气体。氢氟酸是一种强酸，我国工业氢氟酸的质量分数一般为40%，相对密度1.11~1.13。酸化中氢氟酸浓度一般8%以下。氢氟酸不单独使用，与盐酸或有机酸混合使用，防止氢氟酸与碳酸盐岩接触生成氟化钙、氟化镁等沉淀。

### 4.3.2.2 氟硼酸

氟硼酸（$HBF_4$）通过水解生成氢氟酸，当生成的氢氟酸消耗时，氟硼酸通过水解生成更多氢氟酸，总的溶蚀能力相当于 2% 的氢氟酸（Thomas 和 Crowe，1981）。对于土酸敏感的地层，氟硼酸可避免微粒失稳问题，起到稳定黏土的作用。氟硼酸可单独使用，也可以和氢氟酸组合使用。可用硼酸和双氟酸铵及盐酸混合物得到氟硼酸。

$$NH_4F \cdot HF+HCl \longrightarrow 2HF+NH_4Cl \tag{4.6}$$

$$H_3BO_3+3HF \longrightarrow HBF_3OH+2H_2O(快) \tag{4.7}$$

$$HBF_3OH+HF \rightleftharpoons HBF_4+H_2O(慢) \tag{4.8}$$

氟硼酸水解如下（Kunze 和 Shaughnessy，1980）

$$HBF_4+H_2O \rightleftharpoons HBF_3OH+HF(慢) \tag{4.9}$$

$$HBF_3OH+H_2O \rightleftharpoons HBF_2(OH)_2+HF(快) \tag{4.10}$$

$$HBF_2(OH)_2+H_2O \rightleftharpoons HBF(OH)_3+HF(快) \tag{4.11}$$

$$HBF(OH)_3 \rightleftharpoons H_3BO_3+HF(快) \tag{4.12}$$

氟硼酸处理的优点是通过氟硼酸盐离子、硼酸盐离子的相关反应能使黏土和微粒有效地稳定下来，使膨胀性黏土钝化，阳离子交换能力下降。另外，氟硼酸能与蒙脱石、高岭石、伊利石等矿物反应，特别是与含钾的伊利石反应生成氟硼酸钾，避免土酸处理生成氟硅酸钾沉淀，某些酸敏性储层使用氟硼酸处理效果会更好。施工中，通过酸岩反应使黏土和微粒得到稳定，氟硼酸施工后需要关井一段时间。注入过程中，酸液消耗，溶蚀黏土，增加渗透率，但没有起到稳定黏土的作用，关井一段时间则可起到稳定黏土的作用。

#### 4.3.2.3 醇土酸

醇土酸是土酸和异丙醇或甲醇（含量可达 50%）的混合物，主要用于低渗透干气藏，可降低表面张力，促进返排；另外，醇稀释作用可降低酸岩反应速度，起到缓速作用。

#### 4.3.2.4 缓速酸体系

对于高温地层，为了增加活酸作用距离，防止近井带过度溶蚀，需要对酸液体系缓速，常见的缓速酸体系介绍如下。

1. 有机土酸

有机酸为弱酸，部分离解。使用有机酸来代替土酸体系中的部分或全部盐酸，可降低酸岩反应速度、管材腐蚀速度。甲酸、乙酸、柠檬酸是常用的有机酸，该体系常用于高温地层。有机酸能维持较低 pH 值，有利于减轻沉淀。盐酸敏感的地层、高温储层也常用有机酸作前置酸。

2. 缓冲调解土酸（buffer-reguated mud acid，BRMA）

该酸液体系由有机酸、铵盐和氟化铵按一定比例组成（Richardson，1975；Lybarger，1978），通过弱酸与弱酸盐间的缓冲作用调节氢氟酸的生成速度，酸液保持较高的 pH 值，从而达到缓速的目的。在高温储层中，该体系作用效果较好，用于处理高温井也不担心腐蚀问题。

3. 氟化铝缓速土酸体系

$AlCl_3$ 加入土酸中发生如下反应：

$$AlCl_3+HF+H_2O \rightleftharpoons AlF_4^-+3HCl+H_3O^+ \tag{4.13}$$

$$AlF_4^-+3H_2O \rightleftharpoons AlF_2^++3HF+3H_2O \tag{4.14}$$

理论上该过程能缓速，但黏土表面积很大，其对反应速度的影响比酸液供应速度减缓对酸岩反应速度的影响更大；另外，该体系生成 $AlF_3$ 和氟铝酸盐沉淀的趋势增加。

4. 盐酸—氟化铵体系

该体系 20 世纪 70 年代由哈里伯顿公司提出，其利用黏土矿物的离子交换能力在黏土矿物表面生成氢氟酸。顺序注入盐酸和氟化铵，注入盐酸时，盐酸与黏土接触，通过离子交换，黏土表面有氢离子；注入氟化铵时，氟化铵与氢离子接触生成氢氟酸，并与黏土反应。该体系需要交替注入盐酸与氟化铵溶液多次。该体系的优点是可实现深部酸化，缺点是工艺复杂，溶蚀能力较弱。

5. 磷酸缓速酸体系

磷酸（$H_3PO_4$）是中强酸，又是三元酸，在水中发生三级离解，酸性强弱由第一级离解决定，强度比盐酸低。与土酸相比，磷酸与氢氟酸及添加剂组成的酸液体系具有缓速功能，能增加活酸作用距离，可用于黏土含量高、盐酸敏感的储层，但磷酸体系 pH 值较高，有生成硅酸盐沉淀的可能性。

### 4.3.2.5 自生酸

Templeton 等（1975）最早提出自生酸体系，后被 Abrams 等（1983）广泛使用。自生酸采用有机脂水化形成羧酸，羧酸和氟化铵反应形成氢氟酸。由于反应需要温度激活，且反应可逆，自生酸强度没有土酸强，所以具有缓速作用。Abrams 等（1983）研究了水解自生酸体系，分析了温度对水解速率的影响。

甲酸甲酯在 $130 \sim 180\,°F\,(55 \sim 82℃)$ 条件下与水反应：

$$HCOOCH_3 + H_2O \rightleftharpoons HCOOH + CH_3OH \tag{4.15}$$

在 $180 \sim 215\,°F\,(82 \sim 120℃)$ 下，使用氯醋酸铵：

$$NH_4^+ + ClCH_2COO^- + H_2O \rightleftharpoons HOCH_2COOH + NH_4^+ + Cl^- \tag{4.16}$$

在 $190 \sim 280\,°F\,(88 \sim 138℃)$ 下，使用乙酸甲酯：

$$CH_3COOCH_3 + H_2O \rightleftharpoons CH_3COOH + CH_3OH \tag{4.17}$$

氯化铵与上述生成的有机酸反应生成氢氟酸，如

$$HCOOH + NH_4F \rightleftharpoons NH_4^+ + HCOO^- + HF \tag{4.18}$$

该体系反应较慢，需要较长的关井时间。这种酸液体系会生成 $NH_4MgAlF_6$ 和氟铝酸盐等沉淀，需与络合剂或螯合酸配合使用。

### 4.3.2.6 多氢酸

1996 年 Di Lullo 等人提出了一种砂岩油藏酸化新型酸液体系——多氢酸体系。多氢酸体系为膦酸复合物与氟盐混合物，膦酸复合物逐步离解出氢离子与氟盐反应，缓慢生成 HF 和膦酸盐。由于膦酸复合物是逐步离解的，因此控制了与

氟盐反应生成 HF 的速度，由于膦酸复合物能提供多个氢离子，因此称为多氢酸。多氢酸可写为

$$R_2-\underset{R_3}{\overset{R_1}{C}}-\underset{O-R_5}{\overset{R-R_4}{P(=O)}} \tag{4.19}$$

其中，$R_1$、$R_2$、$R_3$ 可能是氢、烷基、芳基、膦酸酯、酰基、胺、羟基等；$R_4$、$R_5$ 可能是氢、钠、钾、铵或有机基团。

多氢酸可以逐步离解出氢离子与氟盐反应，缓慢生成 HF 和膦酸盐，离解过程如下：

$$H_5R \rightleftharpoons H^+ + H_4R^-, \quad pK_1 \approx 1 \tag{4.20}$$

$$H_4R^- \rightleftharpoons H^+ + H_3R^{2-}, \quad pK_2 \approx 2.5 \tag{4.21}$$

$$H_3R^- \rightleftharpoons H^+ + H_2R^{3-}, \quad pK_3 \approx 7 \tag{4.22}$$

$$H_2R^{3-} \rightleftharpoons H^+ + HR^{4-}, \quad pK_4 \approx 11.4 \tag{4.23}$$

$$HR^{4-} \rightleftharpoons H^+ + R^{5-}, \quad pK_5 \approx 12 \tag{4.24}$$

其中，$H_5R$ 表示多氢酸，R 代表膦酸根基团，$pK_i$ 为离解指数。从各级电子指数看，前三个氢离子容易离解出来，后两个氢离子较难离解。

多氢酸与氟盐反应为

$$H_5R + NH_4HF_2 \rightleftharpoons 2HF + NH_4RH_4 \tag{4.25}$$

$NH_4RH_4$ 为膦酸盐，氟盐提供氟离子，多氢酸逐级离解提供氢离子，控制了生成 HF 的速度。多氢酸与氟盐形成缓冲调节体系，随 HF 消耗，式(4.25) 向右推进，氢离子浓度降低，多氢酸释放氢离子。

郭文英（2006，2007）对多氢酸体系的性能、配方进行了研究，通过实验分析了多氢酸的缓速机理与抑制二次沉淀性能。祖凯（2012）对多氢酸性能和适应条件进行了详细研究。多氢酸具有如下优点：多氢酸含多个氢离子，逐级离解，具有较好的缓速功能；能维持较低 pH 值，有利于防止沉淀；多氢酸具有水湿性能，可和其他酸液体系联合使用；多氢酸对多价金属离子具有络合能力，具有防垢功能；多氢酸适合胶结疏松、黏土含量高的地层（郭文英，2006）。

### 4.3.3 酸液体系选择

砂岩基质酸化效果很大程度上取决于酸液体系选择，不合适的酸液体系解堵效果不佳，甚至可能降低产能。酸液体系选择主要受三方面因素影响：污染类型、储层物性、流体物性。首先需要明确污染类型，如是有机沉淀污染，则选择有机溶剂解除；如是酸化能解除的污染，才能选择酸化措施。各因素对酸液体系选择的影响如图 4.5 所示。

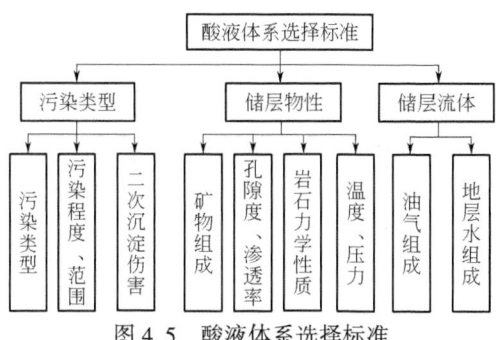

图 4.5 酸液体系选择标准

酸液体系选择除了选择酸液类型外，还包括酸液浓度选择，主要有选择方式：
(1) 依据现场经验选择酸液体系。
(2) 通过理论分析、实验室测试选择酸液体系：基于储层物性特征，采用不同类型及浓度酸液进行多种实验，基于实验测试结果选择酸液体系。

#### 4.3.3.1 现场经验法选择酸液体系

一个区块进行过较多现场酸化施工后，基于施工数据进行酸化效果统计分析，可确定适合目标储层的酸液体系，或采用大数据分析方法进行酸液体系选择，为后面酸化提供依据。对于新区块，可借鉴储层物性相近区块的酸压作业经验。基于现场作业效果总结出的规律，只要样本量足够大，现场经验具有较好的适应性。酸液体系与改造效果具有较好的相关性，合适的酸液体系改造效果会更好，不合适的酸液体系改造效果较差，但它们之间不是一一对应的因果关系，因为影响酸液效果的因素较多，酸液体系是其中一个重要因素，既要看到现场经验的适用性，又要看到其局限性。

前人基于大量现场施工数据总结了酸液体系选择原则，矿物组成、渗透率对酸液体系选择影响较大，黏土、长石为消耗氢氟酸的主要矿物，也是产生二次沉淀的主要来源，所以其含量作为一个重要因素；渗透率与矿物粒径具有一定相关性，一般而言，黏土含量越高、粒径越小，渗透率越低，渗透率越低的储层越敏感，所以渗透率作为另一个因素。表 4.2 推荐了酸液选择原则 [由 McLeod (1984) 提出，后经 Economides 等 (2000) 改进]。

表 4.2 酸液选择原则 (据 McLeod, 1984)

| 储层物性 | 矿物条件 | 用酸强度 |
|---|---|---|
| | HCl 溶蚀率>20% | 仅 HCl |
| 渗透率较高 (>50mD) | 高石英含量 (>80%)，低黏土含量 (<5%) | 12% HCl+3% HF[①] |
| | 高长石含量 (>20%) | 13.5% HCl+1.5% HF[①] |
| | 高黏土含量 (>10%) | 10% HCl+1% HF[②] |
| | 高含铁或绿泥石含量 (>15%) | 10%乙酸+1% HF[③] |
| 渗透率较低 (≤10mD) | 低黏土含量 (<10%) | 6% HCl+1% HF |
| | 高黏土含量 (>10%) | 6% HCl+0.5% HF |

①15% HCl 前置酸；②10% HCl 前置酸；③10%乙酸前置酸。

McLeod 和 Norman（2000）在 McLeod（1984，1989）的基础上改进了酸液体系选择原则，如表 4.3 和表 4.4 所示。前置酸用于溶蚀地层中的碳酸盐岩矿物，如碳酸盐岩含量非常低，可不用前置酸。通常前置酸为 5%~15% 盐酸，渗透率越高，黏土含量越低，盐酸浓度越高。有些地层含有对盐酸敏感的矿物，如绿泥石含铁，pH 值升高后容易生成铁沉淀，不选择盐酸，选择乙酸或其他有机酸；又如含沸石遇盐酸产生沉淀，选择乙酸或其他有机酸。

**表 4.3　前置酸选择原则**

| 矿物 | 渗透率（mD） | | |
| --- | --- | --- | --- |
| | >100 | 20~100 | <20 |
| 微粒含量<10%，黏土含量<10% | 15% HCl | 10% HCl | 7.5% HCl |
| 微粒含量>10%，黏土含量>10% | 10% HCl | 7.5% HCl | 5% HCl |
| 微粒含量>10%，黏土含量<10% | 10% HCl | 7.5% HCl | 5% HCl |
| 微粒含量<10%，黏土含量>10% | 10% HCl | 7.5% HCl | 5% HCl |

注：选择原则适用于各种温度。
如绿泥石/海绿石含量为 4%~6%，使用渗透率<20mD 的原则加上 5% 的乙酸。
如绿泥石/海绿石含量为 6%~8%，不用 HCl，用 10% 醋酸为前置液，土酸中加 5% 乙酸。
如绿泥石/海绿石含量>8%，不用 HCl，用 10% 乙酸和有机土酸。
如沸石含量<2%，用 10% 乙酸为前置酸，在含有 HCl 的所有液体中加 5% 乙酸。
如沸石含量为 2%~5%，前置酸不用 HCl，用 10% 乙酸为前置酸和顶替液，土酸中加 10% 醋酸。
如沸石含量>5%，所有液体不用 HCl，用 10% 乙酸为前置酸和顶替液，主体酸用 10% 柠檬酸+HF。

沸石在工业上称为"分子筛"，因为沸石的孔隙用作化学萃取和选择性矿物过滤，盐酸与沸石矿物发生复杂的化学反应，产生沉淀。沸石对盐酸和土酸敏感，含沸石的地层用有机酸则可减少沉淀。有机酸对污染物和地层矿物溶蚀能力弱，对于含沸石的储层，前置酸用有机酸，主体酸降低氢氟酸浓度，并保持低 pH 值环境，既保持溶蚀能力，又防止沉淀。

表 4.2 中，氢氟酸含量 0.5%~3%，盐酸 6%~12%。总体上讲，渗透率越高，黏土含量越低，酸浓度越高。如碳酸盐岩含量高于 20%，只用盐酸即可，因为盐酸将这 20% 的碳酸盐岩溶掉，足以恢复渗透率，且没有沉淀风险，高碳酸盐岩含量是酸化的有利因素。如绿泥石含量较高，则用乙酸代替盐酸。表 4.4 所总结的原则总体上与表 4.2 类似。

表 4.4　土酸选择原则

| 矿物 | 渗透率（mD） | | |
|---|---|---|---|
| | >100 | 20~100 | <20 |
| 微粒含量<10%，黏土含量<10% | 12% HCl+3% HF | 8% HCl+2% HF | 6% HCl+1.5% HF |
| 微粒含量>10%，黏土含量>10% | 13.5% HCl+1.5% HF | 9% HCl+1% HF | 4.5% HCl+0.5% HF |
| 微粒含量>10%，黏土含量<10% | 12% HCl+2% HF | 9% HCl+1.5% HF | 6% HCl+1% HF |
| 微粒含量<10%，黏土含量>10% | 12% HCl+2% HF | 9% HCl+1.5% HF | 6% HCl+1% HF |

注：选择原则适用于各种温度。
如绿泥石/海绿石含量为4%~6%，使用渗透率<20mD原则加上5%乙酸。
如绿泥石/海绿石含量为6%~8%，用10%乙酸作为前置酸，土酸中加5%乙酸。
如绿泥石/海绿石含量>8%，用10%乙酸和有机土酸。
如沸石含量<2%，在所有包含HCl的液体中加5%乙酸。
如沸石含量为2%~5%，用10%乙酸作为前置酸和顶替液，土酸中加10%乙酸。
如沸石含量>5%，用10%乙酸作为前置酸和顶替液，主体酸为10%柠檬酸+HF。

### 4.3.3.2　实验测试选择酸液体系

对于一个新区块，无直接经验可借鉴，虽然可借鉴物性相似区块的经验选择酸液体系，但是经验在新区块不一定完全适应。为了使酸液体系选择有据可依，需要进行一系列相关实验测试，主要实验测试包括矿物成分测定、污染实验、溶蚀实验、岩心酸化驱替实验、添加剂评价、酸液体系配伍性实验等。

1. 矿物成分测试

对于酸化设计，矿物成分是必需的基础信息，有了矿物成分，酸液体系选择大体上有了方向。现场经验法选择酸液体系里一重要参数就是矿物成分，比如碳酸盐岩含量高于20%的储层，用盐酸即可，不用氢氟酸；黏土含量高的储层，需要防二次沉淀；盐酸敏感的储层，需用有机酸。常用X射线衍射全岩分析方法测试矿物成分，表3.2、表3.3显示了矿物成分测试实例。黏土矿物又细分成高岭石、伊利石、绿泥石、蒙脱石四种，这四种矿物特性各异：高岭石容易运移；蒙脱石水化膨胀严重；绿泥石含铁，酸化容易产生沉淀。

2. 污染实验

污染实验用于研究污染机理、污染程度。钻完井液是常见污染源，一般用现场钻井液取样进行污染实验，即用取来的钻井液样品进行岩心驱替实验，测试污染前后渗透率变化。钻井液造成的污染主要有固体颗粒侵入污染和滤液污染。钻井液滤液污染包括高黏液体侵入引起的渗流能力下降、矿化度不够引起的水敏、化学物质改变润湿性、生成沉淀等。下面列举了一个污染测试实例。

钻井液污染实验中，如图4.6所示，首先用地层水矿化度盐水测岩心渗透率，然后进行污染实验。实验中通常给定驱替压差（如几兆帕，钻井过程中，井底压力比储层压力高出一定值），观测流量变化。污染一定时间后测试渗透率，通过渗透率变化计算伤害率。污染后从正反两方面测渗透率，入口端有钻井液滤饼，去掉滤饼，反向驱替渗透率会高于正向渗透率，反向渗透率更代表实际情况，污染时从井筒流入地层，生产时从地层流入井筒。伤害率 $I_d$ 定义为

$$I_d = \frac{K_0 - K_1}{K_0} \times 100\% \tag{4.26}$$

式中，$K_0$ 为污染前渗透率；$K_1$ 为污染后渗透率。

表 4.5 为钻井液污染实验结果，伤害率低的超过 70%，高的超过 90%。

(a) 钻井液

(b) 钻井液污染过的岩心

图 4.6　钻井液污染照片

表 4.5　钻井液污染实验结果

| 岩心编号 | 1 | 2 | 3 | 4 |
| --- | --- | --- | --- | --- |
| 污染前渗透率（mD） | 87.95 | 16.23 | 31.23 | 3.30 |
| 污染 24h 后渗透率（mD） | 正向：5.021<br>反向：5.059 | 正向：1.579<br>反向：2.571 | 正向：2.666<br>反向：4.228 | 正向：0.524<br>反向：0.839 |
| 伤害率（%） | 94.25 | 84.16 | 86.46 | 74.57 |

上述实验包括固体颗粒污染和滤液污染，为将两者分开，用滤纸过滤钻井液，去除较大固体颗粒，得到钻井液滤液（图 4.7）。滤液较黏，里面含粒径微小的固体颗粒。钻井液滤液污染实验中，刚开始出液较快，后面基本不出液，滤液将岩心堵死。岩心滤液伤害率较高，可超过 90%（表 4.6），说明高黏、含微小固体颗粒的滤液能造成严重伤害。大颗粒难进入岩心，或进入较浅，形成滤饼，有利于阻止滤液及固体进入岩心。

# 第 4 章　砂岩基质酸化

(a) 钻井液滤液

(b) 钻井液滤液污染过的岩心

图 4.7　钻井液滤液污染照片

表 4.6　钻井液滤液污染结果

| 岩心编号 | 1 | 2 |
| --- | --- | --- |
| 初始渗透率（mD） | 12.59 | 0.78 |
| 钻井液滤液污染 24h 后渗透率（mD） | 正向：0.16 | 正向：0.07 |
|  | 反向：0.72 | 反向：0.12 |
| 伤害率（%） | 94.28 | 84.62 |

### 3. 溶蚀实验

溶蚀实验用于分析所用酸液体系对污染物、地层矿物的溶蚀能力，酸液对污染物的溶蚀能力越强越好，溶蚀污染物有利于解除地层污染。酸液除了溶蚀污染物，也溶蚀地层矿物，即使部分污染物不能溶蚀，通过溶蚀地层矿物，增加孔隙度、渗透率也能达到恢复产能的目的。地层矿物溶蚀率不能太高，太高会造成一些负面影响，如破坏地层强度、二次沉淀、微粒运移等问题。溶蚀实验中，需加足量酸液。溶蚀率 $I_r$ 指在足量酸液、典型的现场施工酸岩接触时间下，溶蚀矿物量占总矿物量比例：

$$I_r = \frac{m_1 - m_2}{m_1} \times 100\% \tag{4.27}$$

式中，$m_1$、$m_2$ 为溶蚀前后质量。

图 4.8 为溶蚀实验照片。

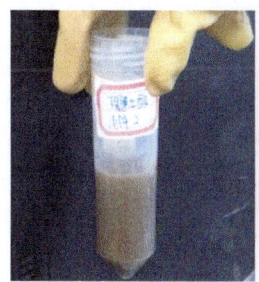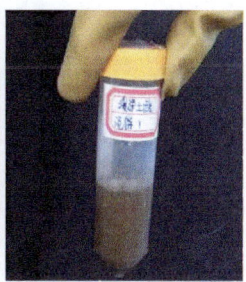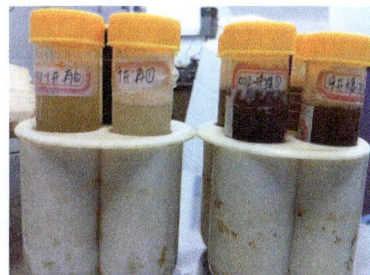

图 4.8　溶蚀实验照片

表4.7为酸液溶蚀钻井液滤饼实例，溶蚀率不高，只有60%左右，说明部分钻井液滤饼无法通过酸液溶解。

表 4.7 钻井液滤饼溶蚀结果

| 酸液体系 | 6% HCl+0.5% HF+6%氟硼酸 | | 10% HCl+1% HF+4%氟硼酸 | | 6% HCl+1% HF+6%氟硼酸 | |
|---|---|---|---|---|---|---|
| 编号 | 1 | 2 | 3 | 4 | 5 | 6 |
| 溶蚀前滤饼质量（g） | 0.406 | 0.403 | 0.404 | 0.403 | 0.417 | 0.418 |
| 溶蚀后滤饼质量（g） | 0.173 | 0.15 | 0.179 | 0.152 | 0.161 | 0.172 |
| 溶蚀率（%） | 57.39 | 62.779 | 55.69 | 62.283 | 61.391 | 58.852 |
| 平均溶蚀率（%） | 60.084 | | 58.988 | | 60.121 | |

表4.8为地层矿物溶蚀实验实例，实验中将地层岩石磨成岩粉进行实验。酸液体系一样，两份岩心的溶蚀率差异较大，由矿物组成差异造成，岩样3、4碳酸盐岩含量较高，所以溶蚀率较高。

表 4.8 缓速土酸溶蚀结果

| 酸液体系 | 缓速土酸 | | | |
|---|---|---|---|---|
| 编号 | 1 | 2 | 3 | 4 |
| 溶蚀前质量（g） | 0.944 | 0.961 | 1.001 | 1.001 |
| 溶蚀后质量（g） | 0.726 | 0.728 | 0.511 | 0.532 |
| 溶蚀率（%） | 23.09 | 24.31 | 48.97 | 46.87 |
| 平均溶蚀率（%） | 23.70 | | 47.92 | |

**4. 岩心酸化驱替实验**

酸化用于解除地层污染，所以酸化前须进行污染实验，再进行酸液驱替实验，测量渗透率随注酸变化规律。若岩心酸化驱替前未进行污染实验，酸化反映的是酸液对矿物的溶蚀作用，未体现出对污染的溶蚀作用。实验中岩心较短，一般几厘米到十几厘米，酸化驱替一般未体现出二次沉淀影响，因为残酸被驱替出岩心，除非二次沉淀发生非常快；要观察到二次沉淀影响，需用长岩心进行酸化驱替。

图4.9、图4.10显示了一组实验结果，污染后渗透率下降60%左右，横坐标为孔隙体积倍数PV（液体体积除以岩心孔隙体积）。前置酸为10% $CH_3COOH$+5% $NH_4Cl$+1%缓蚀剂+2.5%铁离子稳定剂，主体酸为10% $CH_3COOH$+5% HCl+2% HF+5% $NH_4Cl$+1%缓蚀剂+2.5%铁离子稳定剂，顶替液为5% $NH_4Cl$。注前置酸阶段，渗透率缓慢增加；注主体酸阶段，渗透率增长较快；注顶替液阶段，初期渗透率继续增加，因为岩心中还有酸液，后面曲线趋平。驱替后，岩心渗透率增加到原始渗透率的2倍多，起到恢复渗透率的作用，说明酸化效果较明显。

图 4.9　岩心酸化驱替后照片

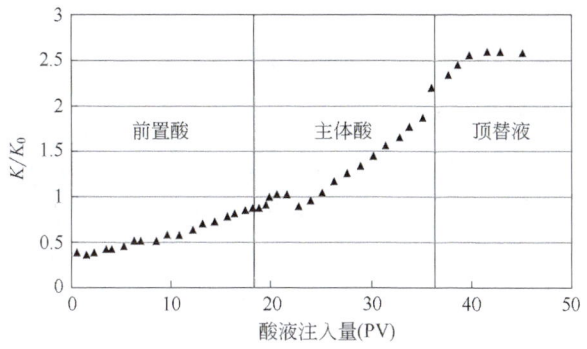

图 4.10　渗透率随酸化驱替变化曲线

前面讲到，如碳酸盐岩含量高于 20%，用盐酸即可。图 4.11、图 4.12 显示了只注盐酸的效果，该岩心矿物成分测试表面碳酸盐岩含量超 20%。污染后岩心渗透率下降 80% 左右，注盐酸阶段，渗透率急剧上升，盐酸溶蚀碳酸盐岩，且无沉淀风险，所以渗透率上升较快，注入几个 PV 盐酸后，渗透率上升到原始渗透率的 1.8 倍左右，说明碳酸盐岩含量较高时只用盐酸即可。

图 4.11　岩心酸化驱替后照片

砂岩是否可用酸压来获得较高导流能力可通过实验来验证。如图 4.13 所示，将岩心劈裂成两半，再合在一起模拟裂缝，用土酸体系进行驱替。注酸过程中，渗透率增加了几倍（图 4.14）；氯化铵顶替后，围压增加一倍，渗透率又回到初

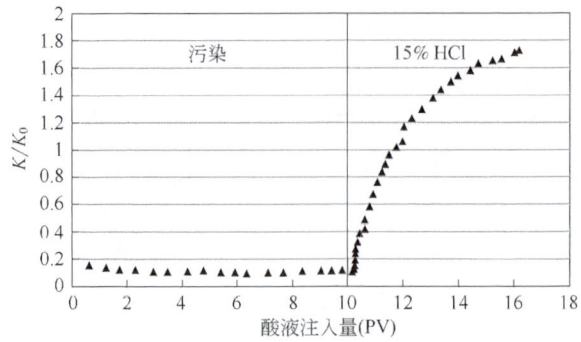

图 4.12 渗透率随驱替变化曲线

图 4.13 劈裂岩心酸液驱替后照片

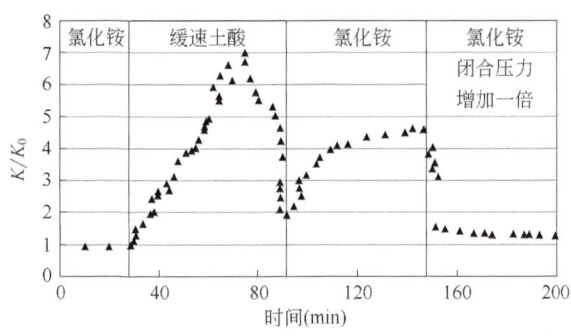

图 4.14 渗透率随酸液驱替变化曲线

始渗透率附近;实验后打开岩心,能观察到裂缝表面并无明显溶蚀沟槽,在较高闭合应力下,裂缝闭合,无法通过酸压来获得较高导流能力。但这种情况除外:储层天然裂缝较发育,通过酸液疏通天然裂缝可获得较高产能。

### 4.3.4 酸液添加剂

酸液体系中除了酸之外,还有一些添加剂,添加剂是保证酸化效果的重要组成部分。砂岩酸化添加剂种类较多,常见的有缓蚀剂、铁离子稳定剂、黏土稳定剂、表面活性剂、互溶剂、助排剂、减阻剂、转向剂等。合适的添加剂对于保证酸化效果非常重要，其用途主要包括防止管材腐蚀、防止乳化、防酸渣、防铁离子沉淀、防二次沉淀、改善返排、改善酸液分布等。前置液、顶替液中添加剂较少，主要是缓蚀剂、黏土稳定剂和分散剂，如果顶替液不是酸液，则无需加缓蚀剂。缓蚀剂用于保护管材，其他添加剂增进酸化效果。添加剂单剂优选后，需要进行配伍性测试，保证添加剂之间不互相影响。主要添加剂及用途介绍如下。

#### 4.3.4.1 缓蚀剂

缓蚀剂是酸化必须使用的添加剂，用于保护施工中用到的金属管材。另外，管材腐蚀产生铁离子，铁离子进入地层会产生沉淀伤害。酸液通过在金属表面形成局部电池而腐蚀钢材，亚铁离子从阳极进入溶液，阳极释放电子。金属表面通过金属自身形成短路电极，干燥情况下，不产生局部电流而不被腐蚀；在盐水、酸碱溶液中，局部电流起作用而导致金属腐蚀。腐蚀类型分为均匀腐蚀和点蚀。没有缓蚀剂时，钢材表面腐蚀较均匀；添加缓蚀剂时，由于缓蚀剂性能变差、缓蚀剂用量不足或金属含杂质，金属表面容易发生坑蚀。为有效抑制腐蚀，需在阳极或阴极或两极降低反应速度。

酸液对钢材的腐蚀快慢用腐蚀速度表示，即单位时间内，与酸液接触的单位面积金属的失重量，单位为 $g/(m^2 \cdot h)$。温度、酸浓度、氢离子离解程度影响氢离子活度，氢离子活度直接影响腐蚀程度，强酸离解程度比弱酸高，腐蚀性也更强，比如盐酸比有机酸腐蚀性更强；温度越高，酸浓度越高，腐蚀速度越快；优质钢比碳素钢腐蚀严重；有硫化氢存在时，盐酸的腐蚀会加剧钢材的氢脆断裂。

缓蚀剂的作用主要在于减缓局部电池的腐蚀作用，其机理为：（1）抑制阴极腐蚀；（2）抑制阳极腐蚀；（3）缓蚀剂分子通过物理吸附或化学吸附在金属表面形成一层保护膜，从而使腐蚀得到抑制。

依据抑制腐蚀的机理，缓蚀剂分为两类，一是阳极型，即在阳极共享缓蚀剂的电子形成键抑制阳极反应；二是阴极型，即在阴极通过静电吸附阳离子缓蚀剂形成保护膜。缓蚀剂性能取决于缓蚀剂分子在金属表面形成并维持保护膜的能力，因而凡是影响覆盖面积大小的因素（如缓蚀剂分子的大小、扁平吸附方式还是直立吸附方式等）以及影响吸附难易的因素都会对缓蚀效果影响较大，比如温度（高温下腐蚀严重）、液体流动与否（动态腐蚀比静态腐蚀严重得多）。

缓蚀剂分为无机缓蚀剂和有机缓蚀剂。无机缓蚀剂包括锌、镍、铜、砷、锑和其他金属盐类，其中砷化合物（亚砷酸钠、三氯化砷）使用较广泛。无机缓蚀剂的优点是，耐高温，时效长，成本低于有机缓蚀剂；缺点为，酸浓度过高易失效，存在硫化铁时产生沉淀，合成时易使催化剂失效，释放有毒腐蚀副产物如砷化三氢气体，难混合。有机缓蚀剂由能吸附在金属表面的极性有机物组成，在酸和金属间形成一层保护膜，如胺类（苯胺、松香胺）、醛类（甲醛）、喹啉衍生物、烷基砒啶、炔醇类化合物。有机缓蚀剂优点为，可用于含$H_2S$环境，不对合成时的催化剂产生影响，可用于各种酸浓度；其缺点为，耐温、时效低于无机缓蚀剂，成本更高。目前缓蚀剂耐温约140℃。

通过实验测试方法评价缓蚀剂性能，优选缓蚀剂类型，优化用量。缓蚀剂评价方法是将金属试样插入带缓蚀剂的酸液中，在一定温度、压力和反应时间下测定金属失重，缓蚀效果用腐蚀速度衡量。评价方法分为静态评价和动态评价，静态评价不搅拌酸液，动态评价需要搅拌酸液，模拟在流动条件下的腐蚀。缓蚀剂评价方法及评价指标参见SY/T 5409—2019《酸化用缓蚀剂性能试验方法及评价指标》，分为静态和动态评价标准，高温动态腐蚀速度比静态腐蚀高出一个数量级。国外规定施工中腐蚀总量不超过$98g/m^2$，高温井腐蚀总量不超过$245g/m^2$。国内外都规定，有效缓蚀时间内不允许产生点蚀（或坑蚀），加缓蚀剂后，缓蚀率应高于98%。缓蚀率定义为

$$\eta = \frac{R_0 - R_1}{R_0} \times 100\% \qquad (4.28)$$

式中，$\eta$为缓蚀率；$R_0$为无缓蚀剂时钢材的腐蚀速率；$R_1$为添加缓蚀剂时钢材的腐蚀速率。

表4.9为几种缓蚀剂静态腐蚀实验结果，可用于对比缓蚀效果，优选缓蚀剂类型，优化缓蚀剂加量。

表4.9 缓蚀剂静态评价结果

| 主体酸类型 | 缓蚀剂 | 用量(%) | 表面积（$m^2$） | 钢片失重（g） | 实验时间(h) | 腐蚀速率[$g/(m^2·h)$] |
|---|---|---|---|---|---|---|
| 10%醋酸+5%HCl+2%HF | 1 | 1 | 0.001356 | 0.005 | 4 | 0.922 |
| | | 2 | 0.001356 | 0.0046 | 4 | 0.848 |
| | | 3 | 0.001356 | 0.004 | 4 | 0.737 |
| 10%醋酸+5%HCl+2%HF | 2 | 1 | 0.001356 | 0.0046 | 4 | 0.848 |
| | | 2 | 0.001356 | 0.0042 | 4 | 0.774 |
| | | 3 | 0.001356 | 0.0038 | 4 | 0.700 |
| 10%醋酸+5%HCl+2%HF | 3 | 1 | 0.001356 | 0.0147 | 4 | 2.710 |
| | | 2 | 0.001356 | 0.0112 | 4 | 2.065 |
| | | 3 | 0.001356 | 0.009 | 4 | 1.659 |

#### 4.3.4.2 铁离子稳定剂

酸化中通常都有铁离子来源，铁离子很容易产生沉淀，所以酸化会添加铁离子稳定剂。铁离子主要来源有：管材腐蚀生成的铁离子、管材垢含的铁离子、地

层含铁矿物。铁在地层矿物中的氧化态有赤铁矿（$Fe_2O_3$）、磁铁矿（$FeO+Fe_2O_3$）、黄铁矿（$FeS$）、菱铁矿（$FeCO_3$）。

铁离子有两种形态，即三价铁离子和二价铁离子。$Fe^{2+}$、$Fe^{3+}$在酸液中能否沉淀，取决于酸液的pH值与铁离子的含量。当$FeCl_3$的含量大于0.6%及pH值大于1.86时，$Fe^{3+}$会水解生成凝胶状沉淀：

$$Fe^{3+}+3H_2O \longrightarrow Fe(OH)_3\downarrow +3H^+ \qquad (4.29)$$

当$FeCl_2$的含量大于0.6%及pH值大于6.84时，$Fe^{2+}$会水解生成凝胶状沉淀：

$$Fe^{2+}+2H_2O \longrightarrow Fe(OH)_2\downarrow +2H^+ \qquad (4.30)$$

残酸pH值很少高于6，二价铁离子很少沉淀，沉淀主要是三价铁离子。

在酸化施工中，有$Fe^{2+}$，也有$Fe^{3+}$，但由于金属铁的存在，在盐酸和金属铁构成的强还原性环境中，酸液中的$Fe^{3+}$能很快被还原成为$Fe^{2+}$，从设备及管道中进入酸液的铁离子主要是$Fe^{2+}$离子。如果储层中存在$Fe^{3+}$，由于没有金属铁的存在，不能发生转变为二价铁离子的反应，当pH值升高后，就会产生$Fe(OH)_3$沉淀堵塞储层，所以来源于施工设备和井下管柱的铁并不危险，而真正有危害的是储层中的三价铁离子。

防止铁离子沉淀的方法主要有：

（1）pH值控制：加入弱酸，维持低pH值防止沉淀，比如加入乙酸。

（2）使用络合剂：络合剂能与铁离子结合防止铁离子沉淀，常用的络合剂有柠檬酸、乙二胺四乙酸钠（EDTA）、氮川三乙酸（NTA）等。

（3）使用还原剂：还原剂能将$Fe^{3+}$转换为$Fe^{2+}$，降低沉淀风险，常用的还原剂有异抗坏血酸、异抗坏血酸钠等。

为防止铁离子沉淀，需添加铁离子稳定剂。铁离子稳定剂优选及加量优化通过实验测试实现，即在一定铁离子稳定剂加量下，测量其稳铁能力（mg/mL），根据稳铁能力优选铁离子稳定剂类型，再根据铁离子稳定剂加量对稳铁能力的影响规律优化加量。

表4.10总结了常见的铁离子稳定剂优缺点，以及在如下条件下的加量（1000gal体积）：15% HCl，150℉（65℃），稳铁5000mg/kg至少两天。

表4.10 铁离子稳定剂对比（据Economides，2000）

| 铁离子稳定剂 | 优点 | 缺点 | 用量（lb） |
| --- | --- | --- | --- |
| 柠檬酸 | 耐温达400℉（205℃） | 过量（10lb/1000gal）生成柠檬酸钙沉淀 | 175 |
| 柠檬酸—乙酸 | 低温时非常有效 | 即使对于右边所示的用量，易生成柠檬酸钙沉淀，除非残酸中铁离子浓度高于2000mg/kg。温度高于150℉（65℃）后有效性迅速下降 | 柠檬酸：50 乙酸：87 |

续表

| 铁离子稳定剂 | 优点 | 缺点 | 用量（lb） |
|---|---|---|---|
| 乳酸 | 即使过量，生成乳酸钙沉淀的可能性非常小 | 温度高于100℉（40℃）后不是很有效 | 190[75℉(25℃)] |
| 乙酸 | 不会形成乙酸钙沉淀 | 仅在温度150℉（65℃）左右有效 | 435 |
| 葡（萄）糖酸 | 形成葡（萄）糖酸钙沉淀的可能性很小 | 仅在温度不高于150℉（65℃）时有效。从成本效果角度讲，成本高 | 350 |
| 乙二胺四乙酸钠（EDTA） | 可大量使用，不产生钙盐沉淀，耐温达400℉ | 比许多其他铁离子稳定剂成本高 | 296 |
| 氮川三乙酸（NTA） | 耐温达400℉，在酸中溶解度比EDTA大，可使用更高浓度，费用比EDTA低 | | 150 |
| 异抗坏血酸钠 | 用量少，耐温达400℉ | 对某些应用场景需增加缓蚀剂浓度，HF中不能使用，应使用异抗坏血酸 | 23 |

乙二胺四乙酸钠（EDTA）、氮川三乙酸（NTA）、柠檬酸在高温和低温条件下稳铁效果都较好；乙酸、乳酸在低温条件下效果较好。EDTA价格昂贵；柠檬酸价格较低，但过量容易产生沉淀；NTA效果优于柠檬酸，仅次于EDTA，价格在二者之间（李颖川，2009）。

#### 4.3.4.3 黏土稳定剂

黏土容易引起运移、膨胀伤害，所以黏土含量高时，需要添加黏土稳定剂。黏土稳定剂的原理是通过离子交换或静电吸附于黏土表面来达到稳定黏土的目的。

硅、铝氧化物为砂岩、黏土的主要成分，展现出两性（酸、碱）特征，矿物表面电荷取决于与其接触溶液的pH值。随溶液pH值升高，矿物表面电荷由正转负，表面电荷为中性时的值为零电荷点（the point of zero charge, pzc），常见矿物pzc值如表4.11所示，因为硅酸盐在pH值高于pzc值时带负电，所以最有效的黏土稳定剂带正电（阳离子）。

表4.11 常见矿物零电荷点（据Economides, 2000）

| 矿物 | pzc |
|---|---|
| 石英（$SiO_2$） | 2.7 |
| 刚玉（$Al_2O_3$） | 9.0 |
| 赤铁矿（$Fe_2O_3$） | 5.0 |
| 方解石（$CaCO_3$） | 9.5 |
| 高岭石 [$Al_4Si_4O_{10}(OH)_8$] | 4.6 |
| 蒙脱石 [$Al_4Si_8O_{20}(OH)_4$] | 2.0 |
| 钠长石（$NaAlSi_3O_8$） | 2.0 |

常用黏土稳定剂有如下类型：

(1) 高价阳离子类型：广泛使用的高价阳离子黏土稳定剂为羟基铝 $[Al_6(OH)_{12}(H_2O)_{12}]^{6+}$ 和以二氯氧锆形式（$ZrOCl_2$）加入的 $Zr^{4+}$。优点是，成本低，处理面积大，可处理黏土运移和膨胀；缺点是，羟基铝不耐酸，要求关井聚合，容易引起堵塞，需要合适的前置液和顶替液（注入黏土稳定剂之前需要注入前置液，需要顶替液将井周过量黏土稳定剂顶走）。

(2) 季铵盐表面活性剂：广泛用于干气井，在 pH 值高于 pzc 值时，带正电的表面活性剂与带负电的黏土吸引，中和电荷，降低了黏土的离子交换能力，使黏土不再因吸收水和阳离子而膨胀，这也促使硅酸盐变油湿。

(3) 聚胺：为含多个胺基的有机高分子，胺基为伯胺、仲胺或叔胺。由于含多个胺基，聚胺通过多点吸附在硅酸盐表面，有效中和硅酸盐负电。聚胺黏土稳定剂的缺点是有效期短，成本高。

(4) 聚季铵：可用于酸性或碱性液体中。广泛使用的聚季铵黏土稳定剂有两种：二甲胺和环氧丙烷缩合物、氯化二甲基二烯丙基铵。该黏土稳定剂通过中和电荷、促进水润湿和聚合架桥稳定黏土。

(5) 有机硅：Kalfayan 和 Watkins（1990）认为有机硅可用作土酸酸化黏土稳定剂，不同于其他黏土稳定剂通过离子交换来稳定黏土的机理，其稳定黏土的机理与 Boyer 和 Wu（1983）提出的氟硼酸稳定黏土的机理相似，硅氧烷覆盖层通过硅氧共价键将黏土和其他硅质微粒固定在原位。聚合硅氧烷覆盖层通过阻止离子交换和增强离子间的吸引力而稳定黏土。由于聚合硅氧烷能联结低阳离子交换能力的矿物（石英）和高阳离子交换能力的黏土，所以既能很好适用于含黏土微粒的储层，又能适用于不含黏土微粒的储层。

#### 4.3.4.4 表面活性剂

表面活性剂可用作多种类型的添加剂，根据表面活性剂结构和特性不同，可用于破乳剂、防乳化剂、乳化剂、起泡剂、消泡剂、助排剂、杀菌剂、缓速剂、分散剂、抗酸渣剂等。表面活性剂能有如此多的用途，源于其独特的双亲结构（亲水基团、亲油基团），通过设计合适的分子结构来实现各种用途。

根据亲水基团的电荷性质，表面活性剂分为五类：

(1) 阴离子型。这类表面活性剂在水溶液中离解后带负电，由于多数油藏矿物在近中性或更高 pH 值下带负电，这类表面活性剂吸附较少，但对阳离子（如 $Ca^{2+}$、$Mg^{2+}$）敏感，易使表面活性剂沉淀。这类表面活性剂主要用于防乳化剂、缓速剂、助排剂。

(2) 阳离子型。这类表面活性剂在水溶液中离解后带正电，有两大类：第一类是由长链伯胺、仲胺、叔胺组成，这类表面活性剂仅溶于酸；第二类是季铵盐。阴离子表面活性剂与阳离子表面活性剂一般不配伍，混合易生成沉淀。

(3) 非离子型。这类表面活性剂的亲水基团和亲油基团均不带电荷，亲水基团为环氧乙烷或氧化丙烯聚合物，其他两性表面活性剂包括链烷醇胺缩合物和氧化胺。这类表面活性剂用于破乳剂、起泡剂。

(4) 两性型。这类表面活性剂随 pH 值升高亲水基团从阳离子变为中性再变为阴离子，若溶液为酸性，则表面活性剂呈阳性；若溶液为中性，表面活性剂表现为非离子型；若溶液为碱性，表面活性剂呈阴性。这一性质是由表面活性剂分子两端所带电荷相反造成的，两性表面活性剂一般为磺酸铵盐或磷酸铵盐。

(5) 氟碳表面活性剂。氟碳化合物的表面自由能低于烃化合物，其降低表面张力能力远比烃表面活性剂强。烃类表面活性剂能降低表面张力到 30dyn/cm，氟碳表面活性剂能降低表面张力到 17dyn/cm。

表面活性剂改变流体或矿物的主要属性有：

(1) 表面张力：吸附到表面，改变表面张力。

(2) 乳化趋向：能导致乳液形成。

(3) 润湿性：吸附于固液界面，改变固体润湿性。

(4) 形成胶束：当浓度高于临界浓度后会形成胶束。

(5) 分散性：润湿分散相于液相中，大大提高分散性。

常用表面活性剂的用途如下：

(1) 破乳剂：用于油水乳化液破乳，效果取决于其聚集于油水界面的快慢，通常是油溶性的。常用破乳剂有阴离子型（如烷基磺酸钠）、非离子型（如聚氧乙烯辛基苯酚醚）等。

(2) 防乳化剂：用于防止施工作业液体与油藏流体形成乳化液，为表面活性剂与溶剂混合物。通常，表面活性剂为使地层保持水湿的类型，防乳化剂应容易溶于施工作业液体中，并防止液体与地层流体乳化。

(3) 乳化剂：乳化液常用作施工液体体系，形成乳化液要采用乳化剂。常用水相和烃类形成乳化液，该类乳化液黏度可能高于其中任意一相基液黏度；乳化液还具有隔离内部相功能，内部相就不会与其他物质接触、反应，该类型常用于乳化酸，酸为内部相，隔离作用减缓了酸液与矿物反应，起到缓速作用。乳化液还用于除垢体系，如既存在无机垢又存在有机垢（如沥青）时，无机垢溶剂（常为盐酸）和烃类形成乳液是有效的除垢体系。

(4) 杀菌剂：用于去除细菌，多为具有杀菌功能的阳离子表面活性剂，常与其他水湿性表面活性剂混合使用。

(5) 黏土稳定剂：通过阳离子交换降低黏土膨胀，通过分散黏土的方式防止絮凝作用。

(6) 起泡剂：用于产生泡沫，通过稠化液体方式稳定泡沫。

(7) 分散剂及悬浮剂：酸液溶蚀可能使一些微粒脱落，脱落的微粒运移并可能聚集，以致堵塞地层，可通过悬浮剂使微粒悬浮于残酸中，随残酸返排出。分散剂是使残酸中微粒保持分散的添加剂，常用的悬浮剂和分散剂是非离子型和阴离子型表面活性剂的复配。

（8）缓速剂：是降低酸岩反应速度的一种表面活性剂，吸附在岩石表面，使岩石具有油润湿性，阻止酸液与岩石接触，从而降低酸岩反应速度。缓速剂不利之处在于，将水湿储层变为油湿储层后，对后期油相渗流不利。

（9）抗酸渣剂：胶质、沥青质含量较高的原油与酸液接触容易生成酸渣，为防止形成酸渣，在处理液中加入阴离子烷基芳香基磺酸盐与非离子表面活性剂的复配物，并添加芳香族溶剂以及能在酸性条件下络合铁离子的络合剂，抗酸渣剂加入酸液或前置液中。常用的抗酸渣剂有烷基芳香基磺酸盐、芳香族互溶剂、乙二醇醚类等。

#### 4.3.4.5　互溶剂

互溶剂为可与烃和水互溶的化学材料，比如乙醇、醛、酮、醚，主要是乙二醇类，常用乙二醇单丁醚（EGMBE）、双乙二醇单丁醚（EGMEB）、丁氧基三乙醇（BOTP）等。互溶剂用于酸液和顶替液中，其作用是降低水溶液的表面张力，从而降低井周水饱和度以防止水锁；使部分水溶于烃中，降低水饱和度；保持地层水润湿，提高油相渗透率；防止微粒油润湿而乳化；降低表面活性剂和缓蚀剂在地层中的吸附；帮助溶解被吸附的缓蚀剂和酸不溶物（有些缓蚀剂含酸不溶物）；溶解孔隙表面的油；破乳；促进残酸返排。

#### 4.3.4.6　助排剂

助排剂为促进残酸返排的添加剂。促进残酸返排的方式有降低残酸界面张力和增加流动压差（增加油藏压力，或降低井筒液柱压力）。常用的助排剂有乙醇、表面活性剂、液氮。乙醇为互溶剂，可降低残酸与地层流体间的界面张力。用于助排剂的表面活性剂可降低残酸和地层流体间的界面张力。液氮升温膨胀，增加储层压力，促进残酸返排；液氮进入井筒，降低井筒液柱压力，也可促进残酸返排。

#### 4.3.4.7　减阻剂

减阻剂为降低井筒内液体流动摩阻的添加剂。酸压中排量高，井筒摩阻较高，降低井筒摩阻对于深井、施工压力较高的储层尤为重要，降低井筒摩阻能降低施工压力。减阻剂通常为有机聚合物，通过将牛顿流体转化为非牛顿流体来降低高排量下的摩阻（Williams等，1979）。对于水基液体，常用的减阻剂有瓜尔胶、聚丙烯酰胺、纤维素；对于油基液体，常用的减阻剂有聚异丁烯、脂肪酸、交联有机聚合物；对于酸液，常用的减阻剂有瓜尔胶、刺梧桐树胶、聚丙烯酰胺、纤维素。高温酸液多数聚合物减阻性能受到影响，因为容易降解。

#### 4.3.4.8 转向剂

对于多层（段）、厚层酸化改造，为充分改造各层（段），有必要采用均匀布酸技术（酸液转向技术）。均匀布酸技术、分层（酸）酸压技术详见砂岩基质酸化、碳酸盐岩基质酸化和酸压对应的部分。酸液转向技术主要分为两大类，一是使用工具，二是使用转向剂。基质酸化转向剂是在井壁或近井地带形成较致密暂堵层，增加高渗层（段）的渗流阻力，迫使酸液流向低渗层（段）。转向剂为较小颗粒或粉末，材料主要有惰性有机树脂、固体有机酸、油溶性树脂、膨胀性固化聚合物颗粒、惰性固体（硅粉、岩盐、碳酸钙粉等）、可降解颗粒等。转向剂暂时性堵塞地层，酸化后需清除，不影响产能。转向剂对高低渗透层段都会形成暂堵，需较好地设计、控制以实现转向目的。酸压转向剂分为缝口和缝内两种，用于酸压的转向剂材料种类与基质酸化转向剂类似，主要区别是转向剂尺寸大小和强度的要求：酸压转向剂尺寸更大，强度要求更高，升压要求更高。

## 4.4 砂岩酸化模型

砂岩酸化典型注入过程为：前置酸、主体酸和顶替液。前置酸的目的是去除碳酸盐岩，防止与 HF 接触生成沉淀；顶替液的目的是将管线中的酸液顶入地层，将近井带残酸向外顶替，降低二次沉淀伤害；主体酸的目的是用 HF 溶解污染物和地层矿物，增加孔隙度、渗透率，去除地层污染的影响，恢复油气井产能。这里说的酸化模型指主体酸酸化模型，前置酸已经将碳酸盐岩溶蚀掉了，因此主体酸里不再考虑碳酸盐岩反应。

酸化模型是一组偏微分方程，用于描述酸液流动、酸岩反应、矿物溶解、沉淀生成、孔隙度与渗透率变化，需要跟踪酸液分布、各种矿物与酸液间的反应、生成物、沉淀。酸化模型从出现到现在经历了较长时间的发展，模型发展主要体现在两方面，一是多孔介质描述方面，多孔介质由微小孔道组成，液体在孔道内流动决定酸液分布，酸岩反应改变孔道，从而改变流场；二是反应矿物简化处理，砂岩矿物种类较多，都与氢氟酸反应，需在建模可行性和模型精确性间平衡处理，所以需要对矿物进行简化处理。

多孔介质描述方面主要分两类：毛细管模型和达西模型。毛细管模型（Rowan，1959；Schechter 和 Gidley，1969）将多孔介质简化为大量较短、随机分布、相互连通的毛细管，液体通过毛细管流动。模型中，毛细管分布用孔隙尺寸分布函数描述，酸液对毛细管的溶蚀作用通过更新孔隙尺寸分布函数实现，基于酸岩反应更新毛细管面积，基于分隔毛细管间的岩石的溶蚀情况融合毛细管，再基于这两个方面信息更新孔隙尺寸分布函数。模型基于孔隙尺寸分布函数变化来计算渗透率比值（任意时刻渗透率与初始渗透率之比），从而模拟酸化对流动的影响。该方法需要描述孔隙几何尺寸分布,对多孔介质非均质性适应性不好,使用受限。达西模型(Labrid,1975;Lund 和 Fogler,1976;Schechter,1992)不依赖于孔隙几何尺寸描述,从两方面考虑酸化过程:依据孔隙度计算渗透率,从而计算流场;依据酸岩反应更新孔隙度。

反应矿物处理主要有四类:(1)简化成一种可溶矿物(Fogler 等,1976),石英不溶蚀,其他可溶矿物用一种矿物代替;(2)两种矿物,即"一酸两矿物"模型,一酸为氢氟酸,两矿物为快反应矿物[主要是自生黏土(authogenic clays)、长石、硅胶]和慢反应矿物[主要是石英和碎屑黏土颗粒(detrital clay particles)];(3)三种矿物,即"两酸三矿物"模型,两酸为氢氟酸和氟硅酸,三矿物为快反应矿物(主要是自生黏土、长石)、慢反应矿物(主要是石英和碎屑黏土颗粒和硅胶沉淀);(4)地球化学模型,考虑多种矿物与酸液反应。目前比较复杂的模型是地球化学模型,其跟踪尽可能多的矿物与酸液反应。一种常用的地球化学模型是局部平衡模型(Walsh 等,1982),该模型假设所有反应处于局部平衡,即沉淀瞬间形成。图 4.15 显示了该模型模拟的 4%(质量分数)HF+11%(质量分数)HCl 注入含有方解石、高岭石、石英地层时的矿物和沉淀分布。

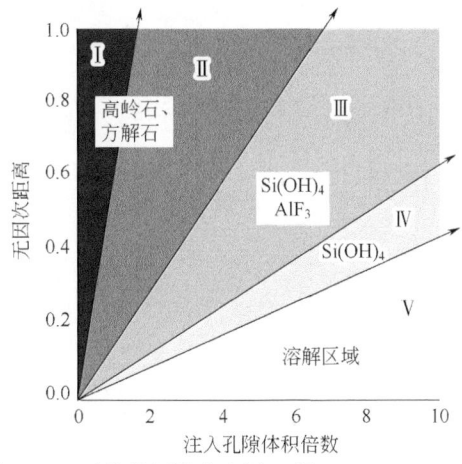

图 4.15　可能的沉淀分布图(据 Schechter,1992)

Sevougian 等(1995)研究了考虑溶蚀和沉淀反应动力学的地球化学模型,即沉淀逐渐形成而非瞬间形成。该模型模拟结果表明,沉淀非瞬间形成时,沉淀影响会减轻。图 4.16 显示了几种沉淀生成速度下的沉淀分布(AC 和 DB 为沉淀,AB 为地层矿物)。$N_{Da}=\infty$ 表示沉淀瞬间形成,其对应的沉淀最严重、距离最近;沉淀生成速度越慢,沉淀距离越远、沉淀越轻。其他考虑多种液体、多种矿物的地球化学模型如 Ziauddin 等的模型(2002a,2002b)。

地球化学模型所需参数较多,现场设计使用不方便,常用更简化的模型。目前主要有两种简化模型(集总参数模型 lumped reaction model):"一酸两矿物"模

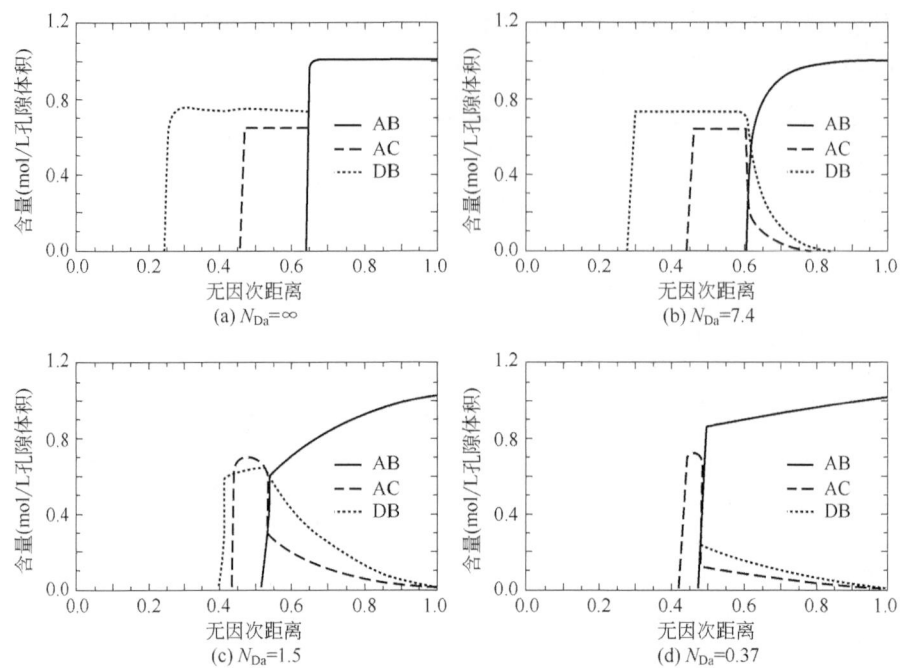

图 4.16 考虑沉淀生成速度的沉淀分布图（据 Sevougian 等，1995）

型和"两酸三矿物"模型。一酸两矿物模型较简单，通过简化还可获得解析解。

## 4.4.1 一酸两矿物模型

### 4.4.1.1 数学模型

砂岩地层矿物较多，各种矿物反应速度差异较大，依据矿物反应速度相对快慢，将砂岩矿物简化成两类矿物（Hill 等，1981；Hekim 等，1982；Taha 等，1989；Schechter，1992）：快反应矿物和慢反应矿物。慢反应矿物主要是石英和碎屑黏土颗粒（detrital clay particles）；其他矿物为快反应矿物，主要是自生黏土（authogenic clays）、长石和硅胶。酸液只考虑 HF，因此称为一酸两矿物模型。

对于岩心酸液驱替，可将其简化为一维流动反应，依据物质平衡原理和酸岩反应动力学，可得以下偏微分方程：

$$\frac{\partial(\phi C_{HF})}{\partial t}+u\frac{\partial C_{HF}}{\partial x}=-(S_F^* V_F E_{f,F}+S_S^* V_S E_{f,S})(1-\phi)C_{HF} \qquad (4.31)$$

$$\frac{\partial[(1-\phi)V_F]}{\partial t}=-\frac{M_{HF}S_F^* V_F \beta_F E_{f,F} C_{HF}}{\rho_F}(1-\phi) \qquad (4.32)$$

$$\frac{\partial[(1-\phi)V_S]}{\partial t}=-\frac{M_{HF}S_S^* V_S \beta_S E_{f,S} C_{HF}}{\rho_S}(1-\phi) \qquad (4.33)$$

式中,$\phi$ 为孔隙度;$C_{HF}$ 为氢氟酸摩尔浓度;$t$ 为时间;$u$ 为流速;$x$ 为一维坐标;$V_F$ 和 $V_S$ 分别为快、慢反应矿物的体积含量;$E_{f,F}$ 和 $E_{f,S}$ 分别为快、慢反应矿物反应速度常数;$M_{HF}$ 为 HF 摩尔质量;$\beta_F$ 和 $\beta_S$ 分别为 100% HF 对快、慢反应矿物的质量溶解力;$\rho_F$ 和 $\rho_S$ 分别为快、慢反应矿物密度;$S_F^*$ 和 $S_S^*$ 分别为快、慢反应矿物比表面。

定义无因次变量:

$$\psi = \frac{C_{HF}}{C_{HF}^0}, \quad \Lambda_F = \frac{V_F}{V_F^0}, \quad \Lambda_S = \frac{V_S}{V_S^0}, \quad \varepsilon = \frac{x}{L}, \quad \theta = \frac{ut}{\phi L} = \frac{Aut}{A\phi L} = \frac{\text{注入体积}}{\text{孔隙体积}} \quad (4.34)$$

式中,$C_{HF}^0$ 为注入氢氟酸浓度;$V_F^0$ 为快反应矿物初始含量;$V_S^0$ 为慢反应矿物初始含量;$\phi$ 为孔隙度;$L$ 为岩心长度;$\theta$ 为无因次时间(孔隙体积倍数);$A$ 为岩心截面积。

基于无因次变量定义,式(4.31)至式(4.33)变化为无因次方程:

$$\frac{\partial \psi}{\partial \theta} + \frac{\partial \psi}{\partial \varepsilon} + (N_{Da,F}\Lambda_F + N_{Da,S}\Lambda_S)\psi = 0 \quad (4.35)$$

$$\frac{\partial \Lambda_F}{\partial \theta} = -N_{Da,F} N_{Ac,F} \psi \Lambda_F \quad (4.36)$$

$$\frac{\partial \Lambda_S}{\partial \theta} = -N_{Da,S} N_{Ac,S} \psi \Lambda_S \quad (4.37)$$

边界条件及初始条件为

$$\psi_{(\theta=0)} = 0 \quad (4.38)$$

$$\psi_{(\varepsilon=0)} = 1 \quad (4.39)$$

$$\Lambda_{F(\theta=0)} = 1 \quad (4.40)$$

$$\Lambda_{S(\theta=0)} = 1 \quad (4.41)$$

快、慢反应矿物的 Damköhler 数定义为

$$N_{Da,F} = \frac{\text{快反应矿物消耗酸液速度}}{\text{酸液对流速度}} = \frac{(1-\phi) V_F^0 S_F^* E_{f,F} L}{u} \quad (4.42)$$

$$N_{Da,S} = \frac{\text{慢反应矿物消耗酸液速度}}{\text{酸液对流速度}} = \frac{(1-\phi) V_S^0 S_S^* E_{f,S} L}{u} \quad (4.43)$$

酸液对快、慢反应矿物的 Acid capacity 数定义为

$$N_{Ac,F} = \frac{\text{单位体积岩石中孔隙中的酸液所溶解的矿物质量}}{\text{单位体积岩石中所含矿物量}} = \frac{\beta_F \phi C_{HF}^0 \rho_{\text{酸}}}{(1-\phi) V_F^0 \rho_F} \quad (4.44)$$

$$N_{Ac,S} = \frac{\beta_S \phi C_{HF}^0 \rho_{\text{酸}}}{(1-\phi) V_S^0 \rho_S} \quad (4.45)$$

注意，$C_{HF}^0$ 在式(4.44) 和式(4.45) 中为质量分数，而在式(4.31) 至式(4.33) 中为摩尔浓度。

#### 4.4.1.2 解析解

"一酸两矿物" 模型较简单，这里只讲解析解。当快反应矿物反应速度远远大于慢反应矿物时，即认为 $E_{f,S}=0$，则式(4.35) 至式(4.37) 简化为

$$\frac{\partial \psi}{\partial \theta}+\frac{\partial \psi}{\partial \varepsilon}+N_{Da,F}\Lambda_F\psi=0 \quad (4.46)$$

$$\frac{\partial \Lambda_F}{\partial \theta}=-N_{Da,F}N_{Ac,F}\psi\Lambda_F \quad (4.47)$$

将式(4.47) 代入式(4.46) 得到

$$\frac{\partial \psi}{\partial \theta}+\frac{\partial \psi}{\partial \varepsilon}-\frac{1}{N_{Ac,F}}\frac{\partial \Lambda_F}{\partial \theta}=0 \quad (4.48)$$

边界条件及初始条件为

$$\begin{cases} \psi_{(\theta=0)}=0 \\ \psi_{(\varepsilon=0)}=1 \\ \Lambda_{F(\varepsilon>\theta)}=1 \end{cases} \quad (4.49)$$

解析解为

$$\psi=\frac{1}{1+\exp[N_{Da,F}N_{Ac,F}(\varepsilon+\varepsilon/N_{Ac,F}-\theta)]-\exp[N_{Da,F}N_{Ac,F}(\varepsilon-\theta)]} \quad (4.50)$$

$$\Lambda_F=\frac{1}{1+\exp[N_{Da,F}N_{Ac,F}(\theta-\varepsilon-\varepsilon/N_{Ac,F})]-\exp(-N_{Da,F}\varepsilon)} \quad (4.51)$$

氢氟酸与快反应矿物间反应形成反应前缘，前缘陡峭程度取决于 $N_{Da,F}$。$N_{Da,F}$ 越大，前缘越陡峭；$N_{Da,F}$ 越小，前缘越平缓，如图 4.17 所示。

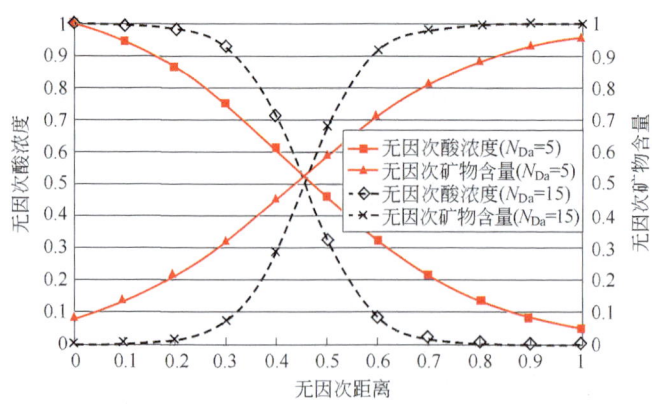

图 4.17 无因次酸浓度、无因次矿物含量分布（$N_{Ac,F}=1$，$\theta=5$，线性驱替）

为了获得用于酸液用量计算解析解,需要理解两个前缘概念,岩心酸化驱替中有两个前缘,一是注入液体与初始液体间的界面(残酸前缘);二是鲜酸与残酸间的界面(鲜酸前缘)。

(1)残酸前缘满足条件:

$$\varepsilon = \theta \tag{4.52}$$

残酸前缘移动速度为

$$v_f^{\mathrm{I}} = u/\phi \tag{4.53}$$

(2)鲜酸前缘满足条件:

$$\varepsilon = \frac{N_{\mathrm{Ac,F}}}{1+N_{\mathrm{Ac,F}}}\theta \tag{4.54}$$

鲜酸前缘移动速度为

$$v_f^{\mathrm{II}} = \frac{\mathrm{d}x_f^{\mathrm{II}}}{\mathrm{d}t} = \frac{N_{\mathrm{Ac,F}}}{1+N_{\mathrm{Ac,F}}}\frac{u}{\phi} \tag{4.55}$$

鲜酸流出岩心的时间为

$$t_{\mathrm{B}} = \frac{L}{v_f^{\mathrm{II}}} = \frac{(1+N_{\mathrm{Ac,F}})\phi L}{N_{\mathrm{Ac,F}} u} \tag{4.56}$$

当 $\varepsilon = 1$ 时,可得到岩心出口处浓度随时间变化为

$$\psi_e = \frac{1}{1+\exp[N_{\mathrm{Da,F}}N_{\mathrm{Ac,F}}(1+1/N_{\mathrm{Ac,F}}-\theta)]-\exp[N_{\mathrm{Da,F}}N_{\mathrm{Ac,F}}(1-\theta)]} \tag{4.57}$$

式(4.57)变换可得

$$\ln\left(\frac{1}{\psi_e}-1\right) = -N_{\mathrm{Da,F}}N_{\mathrm{Ac,F}}\theta + \ln\{\exp[N_{\mathrm{Da,F}}N_{\mathrm{Ac,F}}(1+1/N_{\mathrm{Ac,F}})]-\exp(N_{\mathrm{Da,F}}N_{\mathrm{Ac,F}})\} \tag{4.58}$$

将 $\ln\left(\frac{1}{\psi_e}-1\right)$ 与 $\theta$ 的关系绘在图上可得到一直线,通过直线斜率和截距可得到 $N_{\mathrm{Da,F}}$ 和 $N_{\mathrm{Ac,F}}$,这是通过实验数据得到这两个参数的方法。图4.18显示了一组实测实验数据,出口处酸浓度没有突变,较难直接判断鲜酸流出岩心的时间。变换后两段斜率变化明显(图4.19),这两段对应两个阶段,拐点反映快反应矿物消耗完毕时间,拐点前主要是快反应矿物消耗酸液,拐点后面为慢反应矿物消耗酸液。通过这两段直线可将 $N_{\mathrm{Da,F}}$、$N_{\mathrm{Ac,F}}$、$N_{\mathrm{Da,S}}$ 和 $N_{\mathrm{Ac,S}}$ 求出。

当岩心仅包含慢反应矿物时(快反应矿物消耗完毕),用同样的方法求解得到

$$\psi = \frac{1}{1+\exp[N_{\mathrm{Da,S}}N_{\mathrm{Ac,S}}(\varepsilon+\varepsilon/N_{\mathrm{Ac,S}}-\theta)]-\exp[N_{\mathrm{Da,S}}N_{\mathrm{Ac,S}}(\varepsilon-\theta)]} \tag{4.59}$$

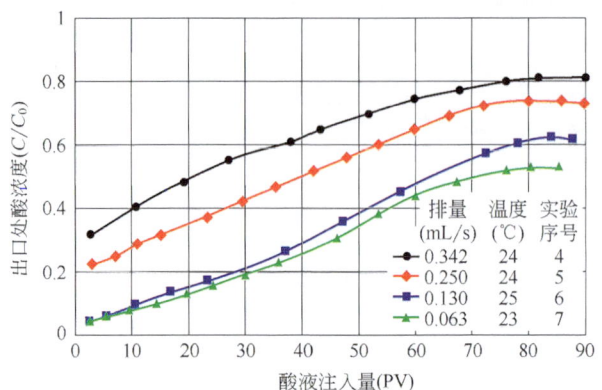

图 4.18 出口处酸液浓度变化（据 Lindsay，1976）

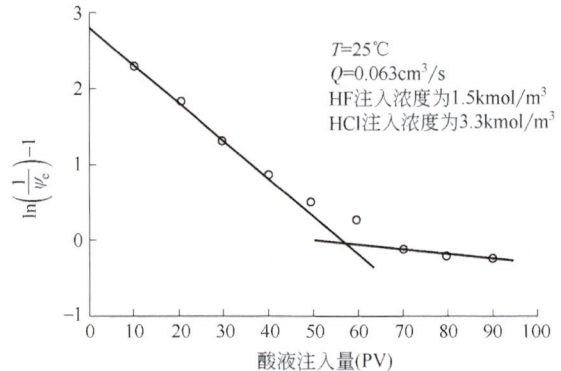

图 4.19 变换后的曲线图（据 Hekim 和 Fogler，1980）

$$\Lambda_S = \frac{1}{1+\exp\left[N_{Da,S}N_{Ac,S}(\theta-\varepsilon-\varepsilon/N_{Ac,S})\right]-\exp(N_{Da,S}\varepsilon)} \quad (4.60)$$

慢反应矿物含量多，消耗不完，所以可假设 $N_{Ac,S} \rightarrow 0$，于是有

$$\psi = \exp(-N_{Da,S}\varepsilon) \quad (4.61)$$

模型既包含快反应矿物又包含慢反应矿物时，酸浓度分布如图 4.20 所示，存在一个反应前缘，前缘附近酸浓度、快反应矿物含量变化显著；前缘后面，慢反应矿物也消耗酸液，酸浓度也有明显变化。

当考虑慢反应矿物对酸液的消耗时，鲜酸前缘应写成（$N_{Ac,F}^f$ 加了上标 f，代表前缘 front）

$$\frac{v_f^{II}}{u/\phi} = \frac{d\varepsilon_f}{d\theta} = \frac{N_{Ac,F}^f}{1+N_{Ac,F}^f} \quad (4.62)$$

由于慢反应矿物消耗酸液，$N_{Ac,F}$ 计算时不能用注入酸液浓度，应该用考虑到慢反应矿物反应后的前缘酸浓度 $\psi^f = \exp(-N_{Da,S}\varepsilon_f)$，于是有

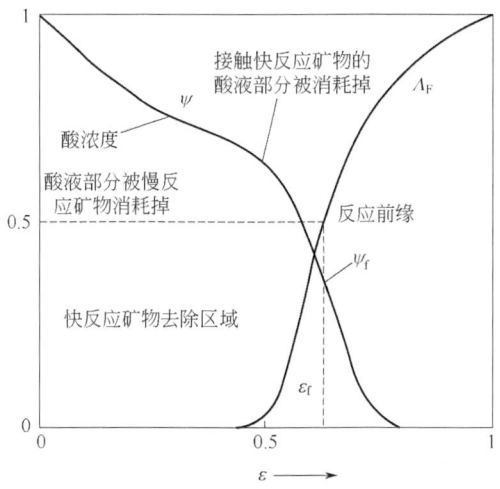

图 4.20 酸浓度、快反应矿物含量分布（据 Schechter，1992）

$$N_{Ac,F}^f = N_{Ac,F}\psi^f = N_{Ac,F}\exp(-N_{Da,S}\varepsilon_f) \tag{4.63}$$

移项积分得到

$$\theta = \frac{\exp(N_{Da,S}\varepsilon_f) - 1}{N_{Ac,F}N_{Da,S}} + \varepsilon_f \tag{4.64}$$

式(4.64)用无因次形式表达了酸液前缘与酸液用量间的关系，酸液用量隐含于 $\theta$ 中。给定酸液前缘位置 $\varepsilon_f$（为解除污染，鲜酸前缘至少到达污染外缘），计算 $\theta$，再计算酸液用量。这里只需要两个参数 $N_{Ac,F}$ 和 $N_{Da,S}$。

解析解使用方便，当 $N_{Da,F} > 10$ 时该解较准确，近似于反应前缘较陡峭（图 4.20）；前缘后面，快反应矿物消耗完毕，慢反应矿物降低到达前缘的酸浓度；前缘前面，没有溶蚀发生。该解仅仅依赖于两个参数：$N_{Da,S}$ 和 $N_{Ac,F}$。$N_{Da,S}$ 决定多少活酸达到前缘，如慢反应矿物反应速度相对于流动速度较快，则活酸达到前缘较少；$N_{Ac,F}$ 决定前缘移动速度，如快反应矿物含量高，则前缘移动慢。$N_{Da,S}$ 和 $N_{Ac,F}$ 可通过理论计算或实验测试获得。该解析解可用于计算将一定范围内的快反应矿物溶蚀需要的酸液量，即设计酸液用量。

上述解用于一维线性酸液驱替，实际施工是径向驱替（裸眼完井）或椭球形流动（射孔完井）（图 4.21），对于这两种流动形态，通过合适的无因次变量定义，其偏微分方程可转换为与一维线性驱替一样的无因次方程，无因次解也一样，因此，仍可用式(4.64)来计算实际施工中的酸液用量。无因次变量定义如表 4.12 所示，计算酸液用量时，指定 $\varepsilon_f$，计算 $\theta$，再用相应的无因次变量定义计算酸液用量。$\varepsilon_f$ 由污染距离确定，为解除污染，鲜酸前缘至少到达污染外缘，$\varepsilon_f$ 也就是污染外缘。

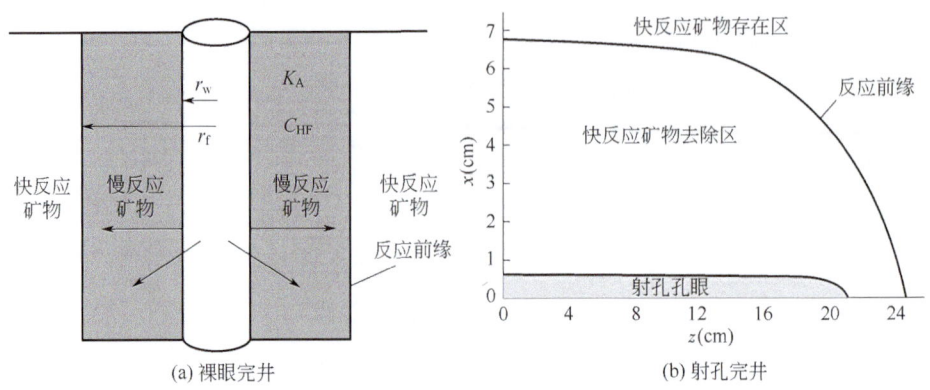

(a) 裸眼完井　　　　　　　　　　(b) 射孔完井

图 4.21　酸化进酸示意图（据 Schechter，1992）

表 4.12　无因次变量定义

| 流动几何形状 | $\varepsilon$ | $\theta$ | $N_{Da,S}$ |
|---|---|---|---|
| 线性 | $\dfrac{x}{L}$ | $\dfrac{ut}{\phi L}$ | $\dfrac{(1-\phi)V_S^0 E_{f,S} S_S^* L}{u}$ |
| 径向 | $\dfrac{r^2}{r_w^2}-1$ | $\dfrac{q_i t}{\pi r_w^2 h \phi}$ | $\dfrac{(1-\phi)V_S^0 S_S^* \pi r_w^2 h E_{f,S}}{q_i}$ |
| 椭球 | 射孔长度方向，射孔前端活酸作用距离为 $\dfrac{1}{3}\overline{Z}^3-\overline{Z}+\dfrac{2}{3}$；$\overline{Z}=\dfrac{z}{l_{perf}}$ 垂直于射孔方向，射孔根部活酸作用距离（紧邻井筒位置）为 $\dfrac{1}{3}\left(\overline{X}+\dfrac{1}{\overline{X}+\sqrt{\overline{X}^2+1}}\right)^3-\dfrac{1}{3}$；$X=\dfrac{x}{l_{perf}}$ | $\dfrac{q_{perf} t}{2\pi l_{perf}^3 \phi}$ | $\dfrac{2\pi(1-\phi)l_{perf}^3 S_S^* V_S^0 E_{f,S}}{q_{perf}}$ |

注：$l_{perf}$ 为射孔长度；$q_{perf}$ 为每个射孔流量；$q_i$ 为施工排量。

对于裸眼完井径向驱替，用式(4.50)、式(4.51) 可绘制如图 4.22 所示的曲线，$N_{Da,F}=1.44$，$N_{Ac,F}=0.021$，对应紧随其后的实例中的数据。通过图 4.22 和

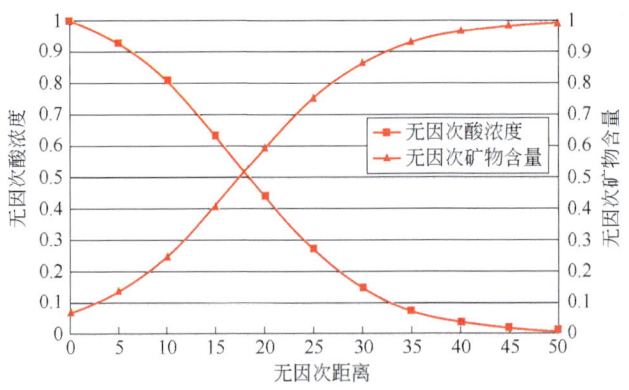

图 4.22　无因次酸浓度、无因次矿物含量分布（$\theta=875$，裸眼径向驱替）

表 4.12 中无因次变量的定义，可计算对应注入时间（酸液量）下的活酸作用距离。

酸液用量计算实例：一口井裸眼完井，井筒半径 10cm，地层孔隙度 0.2。实验测得的线性驱替下无因次组合为 $N_{\text{Da,S}}=0.62$ 和 $N_{\text{Ac,F}}=0.021$，实验中驱替速度为 0.007456m/min，岩心长度 10cm。采用酸化去除污染，注酸排量 0.05m³/(min·m)，计算去除快速反应矿物 10cm 和 30cm 深度的酸液用量。

首先将 $N_{\text{Da,S}}$ 从线性驱替转换为径向驱替：

$$(N_{\text{Da,S}})_{\text{radial}} = (N_{\text{Da,S}})_{\text{linear}} \left(\frac{\pi r_w^2 h}{q_i}\right)_{\text{well}} \left(\frac{u}{L}\right)_{\text{core}} \tag{4.65}$$

$$(N_{\text{Da,S}})_{\text{radial}} = 0.62 \times \frac{\pi \times (10\text{cm})^2}{0.05\text{m}^3/(\text{min}\cdot\text{m})} \times \frac{0.007456\text{m/min}}{10\text{cm}} = 0.029$$

溶蚀快反应矿物深度 10cm：

$$\varepsilon_f = \frac{r^2}{r_w^2} - 1 = \left(\frac{10\text{cm}+10\text{cm}}{10\text{cm}}\right)^2 - 1 = 3 \tag{4.66}$$

$$\theta = \frac{\exp(N_{\text{Da,S}}\varepsilon_f)-1}{N_{\text{Ac,F}}N_{\text{Da,S}}} + \varepsilon_f = \frac{\exp(0.029\times3)-1}{0.021\times0.029} + 3 = 152.26 \tag{4.67}$$

$$\frac{q_i t}{h} = \theta(\pi r_w^2 \phi) = 152.26 \times \pi \times (10\text{cm})^2 \times 0.2 = 0.96\text{m}^3/\text{m} \tag{4.68}$$

溶蚀快反应矿物深度 30cm：

$$\varepsilon_f = \frac{r^2}{r_w^2} - 1 = \left(\frac{10\text{cm}+30\text{cm}}{10\text{cm}}\right)^2 - 1 = 15 \tag{4.69}$$

$$\theta = \frac{\exp(0.029\times15)-1}{0.021\times0.029} + 15 = 909.85 \tag{4.70}$$

$$\frac{q_i t}{h} = \theta(\pi r_w^2 \phi) = 909.85 \times \pi \times (10\text{cm})^2 \times 0.2 = 5.72\text{m}^3/\text{m} \tag{4.71}$$

该方法假设快反应矿物速度较快，认为鲜酸前缘后面的快反应矿物全部溶蚀，计算出的酸液用量偏高。

## 4.4.2 两酸三矿物模型

HF 与石英反应生成 $SiF_4$，$SiF_4$ 与 HF 反应生成 $H_2SiF_4$；温度较高时，$H_2SiF_4$ 与快反应矿物间的反应不能忽略，且生成 $Si(OH)_4$ 沉淀。为考虑 $H_2SiF_4$ 和 $Si(OH)_4$ 的影响，于是形成了"两酸三矿物"模型（Bryant, 1991; da Motta 等, 1993），两种酸为 HF 和 $H_2SiF_4$，三种矿物为快反应矿物、慢反应矿物和硅胶 $Si(OH)_4$。

模型基本假设如下：单相流，只有液相和固相，固相无吸附，不考虑扩散作用，液体和岩石不可压缩，不考虑重力影响。两酸三矿物模型反应如下：

$$v_1\text{HF} + \text{矿物 1} \longrightarrow v_5\text{H}_2\text{SiF}_6 + \text{铝氟化合物} \quad (4.72)$$

$$v_2\text{HF} + \text{矿物 2} \longrightarrow v_6\text{H}_2\text{SiF}_6 + \text{铝氟化合物} \quad (4.73)$$

$$v_3\text{HF} + \text{矿物 3} \longrightarrow v_7\text{H}_2\text{SiF}_6 + \text{铝氟化合物} \quad (4.74)$$

$$v_4\text{H}_2\text{SiF}_6 + \text{矿物 1} \longrightarrow v_8\text{ 矿物 3} + \text{铝氟化合物} \quad (4.75)$$

式中，$v_1$ 至 $v_8$ 为化学反应式里的系数；矿物 1 为快反应矿物；矿物 2 为慢反应矿物；矿物 3 为 $\text{Si}(\text{OH})_4$。在这里假定 $\text{Si}(\text{OH})_4$ 的溶解度为零，铝氟化物可以完全溶解，并且在 HF 注入之前 HCl 已经将碳酸盐岩全部溶解。

#### 4.4.2.1 一维线性模型

一维模型不用求速度场，给定确定排量，除以面积得到驱替速度。用前面的无因次变量定义［式(4.34)、式(4.42) 至式(4.45)］、物质平衡原理、酸岩反应动力学，得到以下偏微分方程：

$$\frac{\partial \psi_1}{\partial \theta} + \frac{\partial \psi_1}{\partial \varepsilon} = -\left(\sum_{j=1}^{3} N_{\text{Da},1,j}\Lambda_j\right)\psi_1 \quad (4.76)$$

$$\frac{\partial \psi_2}{\partial \theta} + \frac{\partial \psi_2}{\partial \varepsilon} = \left(\frac{v_5}{v_1}N_{\text{Da},1,1}\Lambda_1 + \frac{v_6}{v_2}N_{\text{Da},1,2}\Lambda_2 + \frac{v_7}{v_3}N_{\text{Da},1,3}\Lambda_3\right)\psi_1 - N_{\text{Da},2,1}\Lambda_1\psi_2 \quad (4.77)$$

$$\frac{\partial \Lambda_1}{\partial t} = -[N_{\text{Da},1,1}N_{\text{Ac},1,1}\psi_1 + N_{\text{Da},2,1}N_{\text{Ac},2,1}\psi_2]\Lambda_1 \quad (4.78)$$

$$\frac{\partial \Lambda_2}{\partial t} = -N_{\text{Da},1,2}N_{\text{Ac},1,2}\Lambda_2\psi_1 \quad (4.79)$$

$$\frac{\partial \Lambda_3}{\partial t} = N_{\text{Da},2,1}N_{\text{Ac},2,1}\Lambda_1\psi_2 - N_{\text{Da},1,3}N_{\text{Ac},1,3}\Lambda_3\psi_1 \quad (4.80)$$

边界条件、初始条件为

$$\psi_{1(\theta=0)} = 0, \quad \psi_{2(\theta=0)} = 0 \quad (4.81)$$

$$\psi_{1(\varepsilon=0)} = 1, \quad \psi_{2(\varepsilon=0)} = 0 \quad (4.82)$$

$$\Lambda_{1,2(\theta=0)}^{0} = 1, \quad \Lambda_{3(\theta=0)}^{0} = 0 \quad (4.83)$$

式中，$\psi_1$ 为无因次氢氟酸浓度；$\psi_2$ 为无因次氟硅酸浓度；$N_{\text{Da},i,j}$ 为 Damköhler 数，$i=1$，2 代表酸液，1 为氢氟酸，2 为氟硅酸，$j=1,2,3$ 代表矿物，1 为快反应矿物，2 为慢反应矿物，3 为 $\text{Si}(\text{OH})_4$；$N_{\text{Ac},i,j}$ 为 Acid capacity 数；$\Lambda_j$ 为无因次矿物含量；$\Lambda_j^0$ 为初始无因次矿物含量。

上述方程给定几个无因次变量值即可求解，用 $N_{\text{Da},1,1} = 10$，$N_{\text{Da},1,2} = 1$，$N_{\text{Da},1,3} = 2$，$N_{\text{Da},2,1} = 5$，$N_{\text{Ac},1,1} = 0.013$，$N_{\text{Ac},1,2} = 0.003$，$N_{\text{Ac},1,3} = 0.0585$，$N_{\text{Ac},2,1} = 0.351$ 得到如图 4.23 至图 4.25 所示的结果，分别为 10PV、20PV、30PV 时的酸浓度和矿物含量分布。与前面的一酸两矿物模型解析解相比，前缘更平缓，因为氢氟酸与快反应矿物的反应速度不快，前缘不陡峭；残酸所在区域沉淀较多。注入 30PV 后，快反应矿物基本溶蚀完毕；从入口到出口，酸浓度下

降明显，说明慢反应矿物消耗酸液也较明显。图 4.26 显示了出口端氢氟酸浓度随时间变化，注入 20PV 左右鲜酸逐渐流出，而后浓度上升较快，注入 30PV 左右，快反应矿物溶蚀完，酸浓度增长变缓。

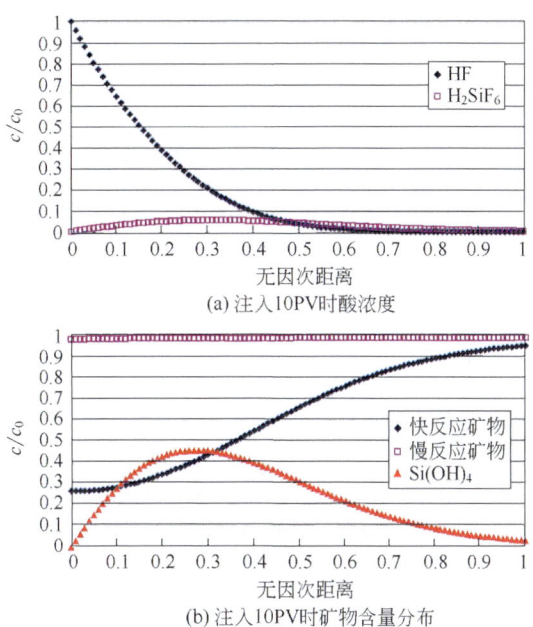

图 4.23 酸浓度及矿物含量分布（注入 10PV）

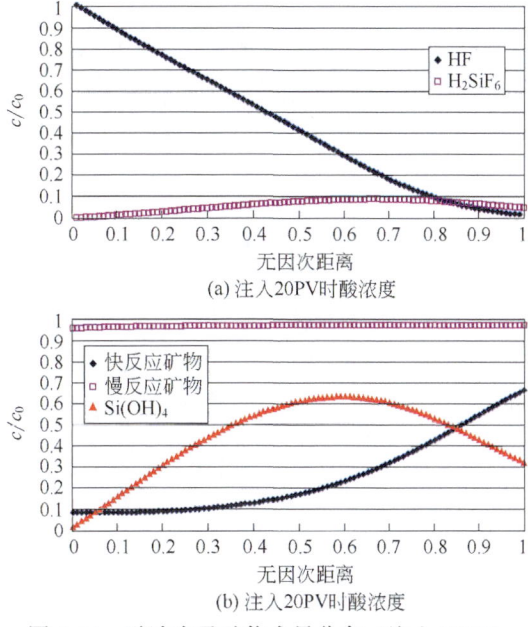

图 4.24 酸浓度及矿物含量分布（注入 20PV）

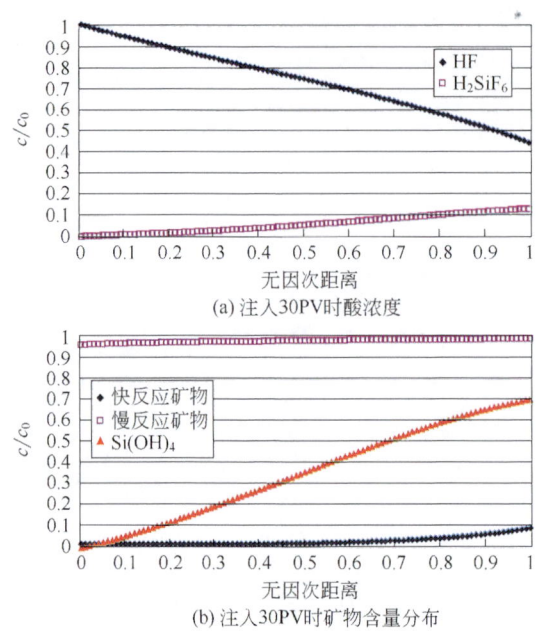

图 4.25 酸浓度及矿物含量分布（注入 30PV）

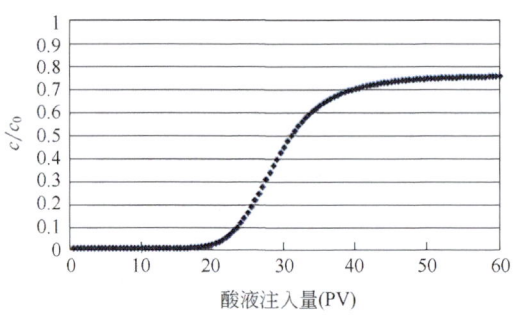

图 4.26 出口端氢氟酸浓度随时间变化

### 4.4.2.2 径向模型

**1. 控制方程**

实际酸化中，酸液从井筒进入地层，流动为径向流动，需建立径向模型（图4.27）。基于物质平衡原理、达西定律、酸岩反应动力学建立径向条件下酸化模型。假设条件为单相流、达西流动、岩石和流体不可压缩、忽略重力影响。由于采用数值求解，可考虑矿物溶蚀、沉淀对孔隙度、渗透率的影响，还可考虑非均质性（渗透率、孔隙度、矿物成分空间非均匀分布）对酸化的影响。

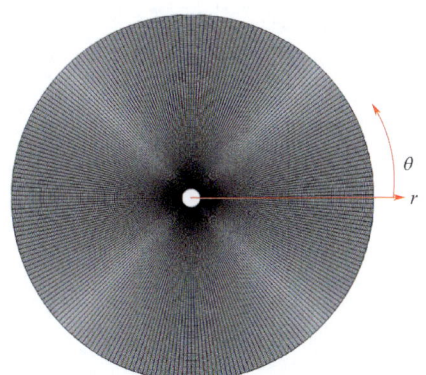

图 4.27　径向模型示意图

流动方程为

$$\boldsymbol{u} = (u_r, u_\theta) = -\frac{K}{\mu}\left(\frac{\partial p}{\partial r}, \frac{1}{r}\frac{\partial p}{\partial \theta}\right) \tag{4.84}$$

$$\frac{1}{r}\frac{\partial(ru_r)}{\partial r} + \frac{1}{r}\frac{\partial u_\theta}{\partial \theta} + \frac{\partial \phi}{\partial t} = 0 \tag{4.85}$$

氢氟酸浓度分布为

$$\frac{\partial(C_1\phi)}{\partial t} + \nabla \cdot (\boldsymbol{u}C_1) = -\sum_{j=1}^{N_m} E_{f,1,j} C_1^\alpha S_j^* V_j (1-\phi) \tag{4.86}$$

氟硅酸浓度分布为

$$\frac{\partial(C_2\phi)}{\partial t} + \nabla \cdot (\boldsymbol{u}C_2) = -\sum_{j=1}^{N_m} E_{f,2,j} C_2^\alpha S_j^* V_j (1-\phi) \tag{4.87}$$

矿物含量分布为

$$\frac{\partial[(1-\phi)V_j]}{\partial t} = -\sum_{i=1}^{N_a} \frac{M_i S_j^* V_j (1-\phi)\beta_{i,j} E_{f,i,j} C_i^\alpha}{\rho_j} \tag{4.88}$$

孔隙度变化方程为

$$\frac{\partial \phi}{\partial t} = -\sum_{j=1}^{N_m}\sum_{i=1}^{N_a} \frac{M_i S_j^* V_j (1-\phi)\beta_{i,j} E_{f,i,j} C_i^\alpha}{\rho_j} \tag{4.89}$$

式中，$\phi$ 为孔隙度；$C_1$ 为氢氟酸浓度；$C_2$ 为氟硅酸浓度；$\boldsymbol{u}$ 为速度矢量；$u_r$ 为径向流速；$u_\theta$ 为周向流速；$V_j$ 为矿物含量；$M_i$ 为酸的摩尔质量；$S_j^*$ 为矿物比表面；$E_{f,i,j}$ 为反应速度常数；$\alpha$ 为反应级数；$\rho_j$ 为矿物密度；$\beta_{i,j}$ 为质量溶解力；$N_m$ 为矿物数量；$N_a$ 为酸液数量；$i$ 为酸液下标；$j$ 为矿物下标。

渗透率模型：

（1）Panga 等（2005）的模型为

$$\frac{K}{K_0} = \frac{\phi}{\phi_0}\left[\frac{\phi(1-\phi_0)}{\phi_0(1-\phi)}\right]^{2\beta} \quad (4.90)$$

式中，$\phi_0$ 为平均孔隙度；$K_0$ 为平均渗透率；$\beta$ 为依赖于孔隙结构的常数，可通过实验获取，比如典型值 0.8、1、1.5。

（2）Labrid（1975）指数关系模型为

$$\frac{K}{K_0} = M\left(\frac{\phi}{\phi_0}\right)^n \quad (4.91)$$

式中，$M$、$n$ 为经验常数，砂岩油藏常用 1 和 3。

初始条件为

$$p(r,\theta,t=0) = p_r \quad (4.92)$$

$$C_1(r,\theta,t=0) = 0, C_2(r,\theta,t=0) = 0 \quad (4.93)$$

$$V_1(r,\theta,t=0) = V_1^0, V_2(r,\theta,t=0) = V_2^0, V_3(r,\theta,t=0) = V_3^0 \quad (4.94)$$

$$\phi(r,\theta,t=0) = \phi_{r,\theta}^0 \quad (4.95)$$

式中，$V_1^0$、$V_2^0$、$V_3^0$ 为三种矿物初始含量；$\phi_{r,\theta}^0$ 为初始孔隙度分布；$p_r$ 为油藏压力。

边界条件为

$$\int_0^{2\pi} u_r r_w \mathrm{d}\theta = Q_{\mathrm{inj}}/h \quad (4.96)$$

$$p(r_e,\theta) = p_e \quad (4.97)$$

$$C_1(r_w,\theta) = C_1^0, C_2(r_w,\theta) = C_2^0 \quad (4.98)$$

式中，$Q_{\mathrm{inj}}$ 为排量；$h$ 为储层厚度；$C_1^0$ 和 $C_2^0$ 为两种酸液注入浓度；$p_e$ 为模拟区域外边界压力。

2. 初始孔隙度、渗透率分布

孔隙度分布决定流场，从而决定酸液分布和酸岩反应。实际地层孔隙度、渗透率分布不均匀，其分布对模拟结果影响较大。依据地质统计规律，孔隙空间分布具有一定方向性（Kunze 和 Shaughnessy，1983；Thomas 和 Crowe，1981；Shafiq 等，2018），而非完全随机分布。变差模型（McElhiney 等，1979；Hardy 和 Beier，1994）是描述空间关联分布的一种地质统计工具，用地质统计软件 GSLIB（Deutsch 和 Journel，1998）可生成空间关联分布的随机数，然后用下式生成孔隙度：

$$\phi = \phi_0 + \phi_0 c_v \hat{G}(l_x,l_y) \quad (4.99)$$

其中

$$c_v = \sigma(\phi)/\phi_0$$

式中，$\hat{G}(l_x,l_y)$ 为 GSLIB 生成的空间关联的随机数（$-1 \sim 1$）；$l_x$ 和 $l_y$ 为 $x$ 和 $y$ 方向的无因次关联长度（关联长度除以总长度）；$\phi_0$ 为平均孔隙度；$c_v$ 为孔隙度变异系数，$c_v$ 越大，说明非均质性越强，反之越弱；$\sigma(\phi)$ 为孔隙度标准方差。

图 4.28、图 4.29 显示了 $\phi=0.15$ 的两层孔隙度分布，孔隙度分布随地质统计参数变化明显，空间强关联的分布呈条带状，类似于沉积方向性较强的储层。

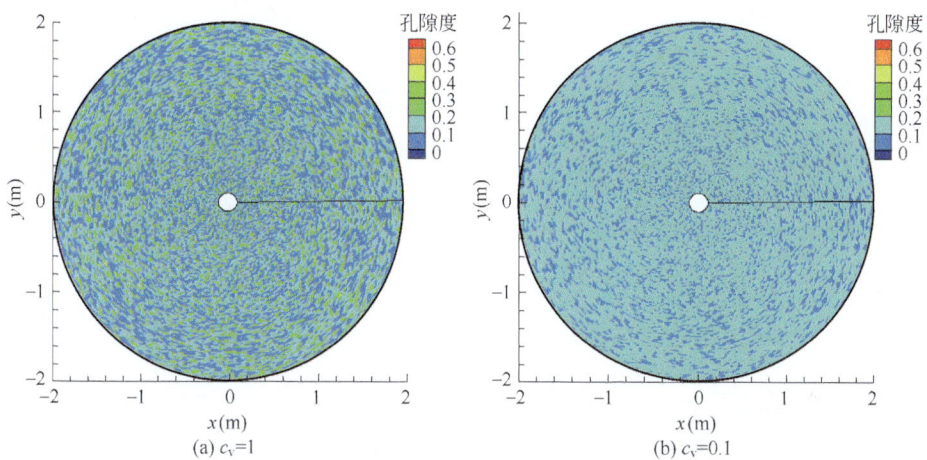

图 4.28　随机孔隙分布

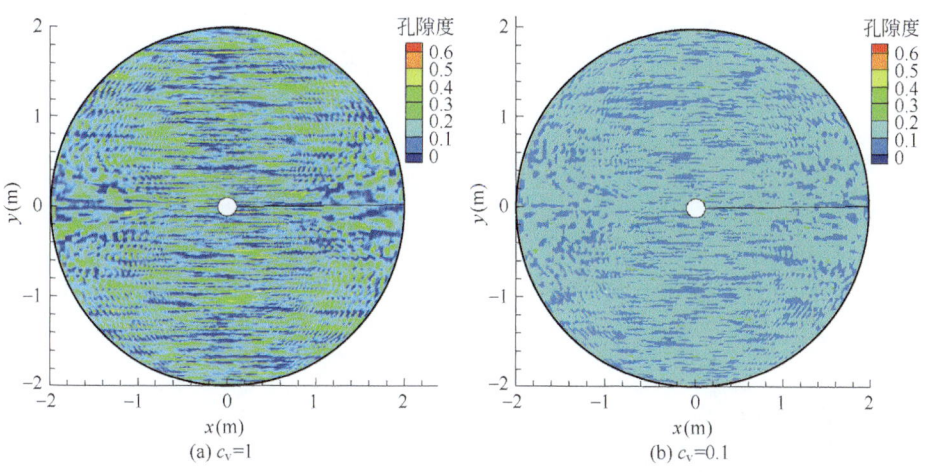

图 4.29　空间关联的孔隙分布（$l_x=0.08$，$l_y=0.0001$）

3. 初始矿物含量分布

用上面生成孔隙度分布的方法可生成矿物含量分布：

$$M_1 = \overline{M}_1 + \overline{M}_1 c_v \hat{G}(l_x, l_y) \tag{4.100}$$

$$M_2 = \overline{M}_2 + \overline{M}_2 c_v \hat{G}(l_x, l_y) \tag{4.101}$$

式中，$\overline{M}_1$ 和 $\overline{M}_2$ 为快、慢反应矿物的平均含量；$c_v$ 为矿物含量的变异系数。

图 4.30 为矿物含量分布实例。

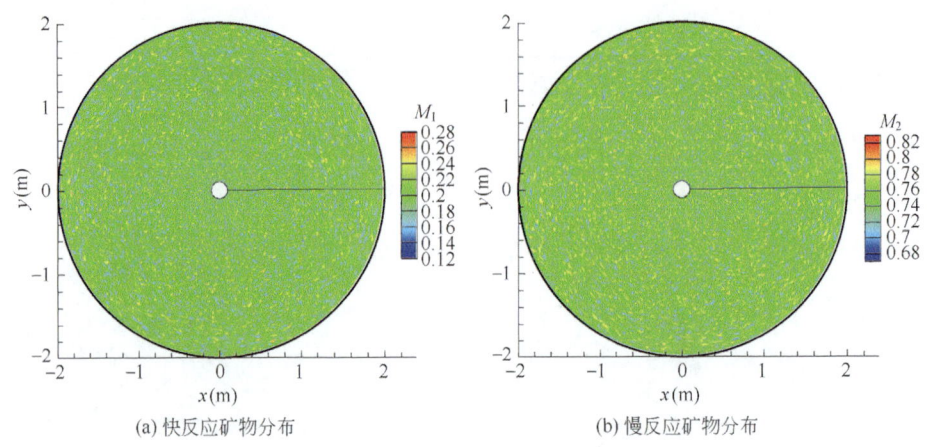

(a) 快反应矿物分布　　　　(b) 慢反应矿物分布

图 4.30　快反应、慢反应矿物分布图

4. 数值模拟

下面通过数值模拟方式分析了"两酸三矿物"模型中的流动反应规律、非均质性对酸化的影响,所用参数如表 4.13 所示(da Motta 等,1993;Li,2004)。

表 4.13　模拟中使用的参数

| 参　数 | 值 | 参　数 | 值 |
| --- | --- | --- | --- |
| HCl 质量浓度(%) | 12 | 单位厚度排量 [$m^3$/(min·m)] | 0.1 |
| HF 质量浓度(%) | 3 | 温度(℃) | 80 |
| 硅胶密度(kg/$m^3$) | 740 | 井筒半径(m) | 0.1 |
| 快反应矿物密度(kg/$m^3$) | 2600 | 计算区域半径(m) | 2 |
| 慢反应矿物密度(kg/$m^3$) | 2650 | 酸液黏度(mPa·s) | 1 |
| 硅胶摩尔质量(kg/kmol) | 96 | 酸密度(kg/$m^3$) | 1075 |
| 慢反应矿物摩尔质量(kg/kmol) | 60 | 快反应矿物比表面($m^3/m^2$) | 235000 |
| 快反应矿物摩尔质量(kg/kmol) | 262 | 慢反应矿物比表面($m^3/m^2$) | 52000 |
| HF 对快反应矿物的质量溶解力 | 0.486 | 硅胶比表面($m^3/m^2$) | 330000 |
| HF 对慢反应矿物的质量溶解力 | 0.5 | $H_2SiF_6$ 对快反应矿物质量溶解力 | 2.47 |
| HF 对硅胶的质量溶解力 | 0.8 | HCl 对碳酸钙质量溶解力 | 1.37 |
| 方程中的系数($v_1$ 至 $v_8$) | 27, 6, 6, 1, 3, 1, 1, 2.5 | | |

为分析非均质性的影响,模拟了非均质和均质模型的酸化情况,模型参数如表 4.14 所示,非均质模型中其他参数和均质模型相同。

表 4.14 储层参数

| 参 数 | 均 质 | 非均质 |
|---|---|---|
| 平均孔隙度(%) | 15 | 15 |
| 平均渗透(mD) | 50 | 50 |
| 平均快反应矿物含量(%) | 20 | 20 |
| 平均慢反应矿物含量(%) | 75 | 75 |
| 碳酸盐岩含量(%) | 5 | 5 |
| 无因次关联长度($l_x$, $l_y$) | — | 0.08, 0.0001 |
| 孔隙度变异系数 | 0 | 1 |

图 4.31 显示无因次酸浓度、无因次矿物含量的径向分布,对于非均质情况,不同方位角径向方向分布有差异,仅取方位角为 0°(相对于图 4.27 中的红线)方向的分布。VF_M1、VF_M2、VF_M3 分别为快反应矿物、慢反应矿物、硅胶沉淀的含量。均质情况下,各种分布相对平滑;非均质情况下,分布存在明显波动,酸前缘分布范围更长。在鲜酸覆盖区域,大部分快反应矿物被溶蚀掉,少部分慢反应矿物被溶蚀掉,硅胶沉淀分布在残酸区域。

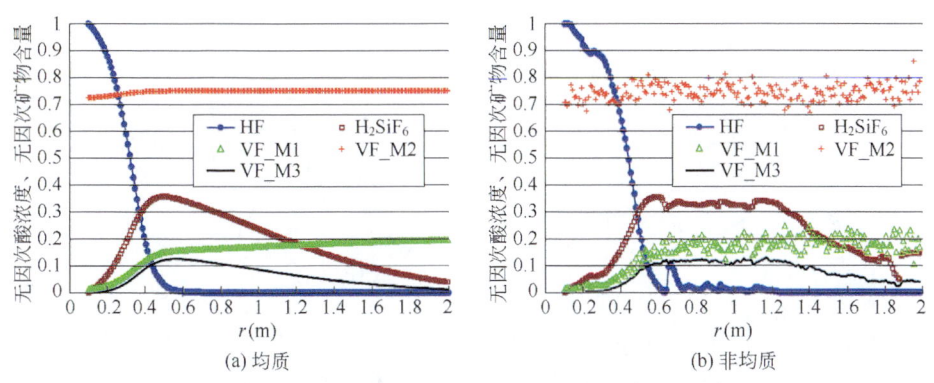

图 4.31 无因次酸浓度、无因次矿物含量径向分布

图 4.32 至图 4.36 显示了注酸 90min 后的酸浓度和矿物含量分布。均质情况产生规则的圆形分布,非均质情况表现出优势流动方向。孔隙度在水平方向关联强,水平方向是优势渗流方向,酸在水平方向穿透更远。由于非均质性影响,酸液在高渗透方向指进,酸液前缘非均匀推进,绕过了一些低渗透区域。均质情形下,从井壁向外,存在高渗透区、低渗透区(由于沉淀影响)和原始渗透率区

分布。井筒附近，由于大部分快反应矿物被溶蚀掉，渗透率增加了；残酸覆盖区，虽然部分矿物溶蚀了，由于生成沉淀，渗透率降低了；残酸未波及的外部区域为原始渗透率。$H_2SiF_6$ 与快反应矿物反应生成沉淀，该沉淀不可避免，只能减轻。对于非均质情况，也存在渗透率降低区域，但界线不明显。两种情况下酸液穿透距离差距明显，非均质性是酸化需要考虑的重要因素，其活酸作用距离比用均质模型预测的距离大，特别是存在主渗流通道时。

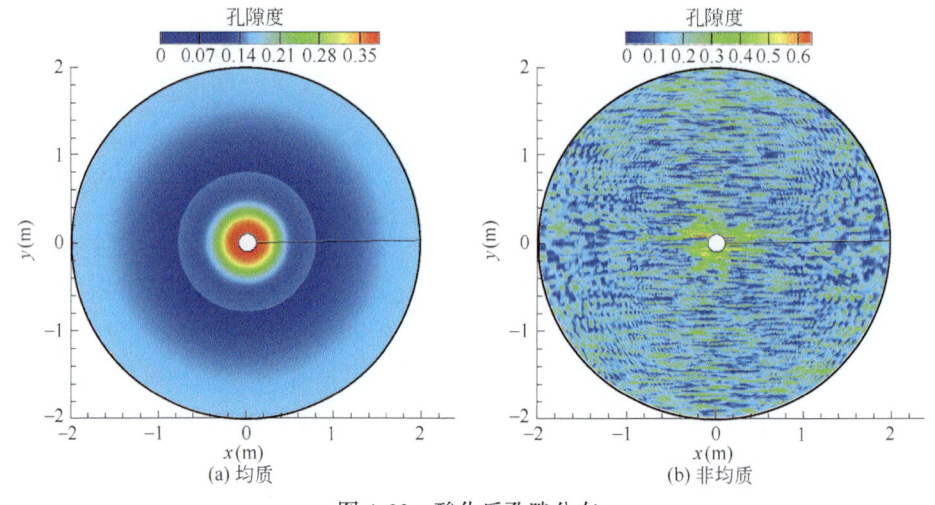

图 4.32 酸化后孔隙分布

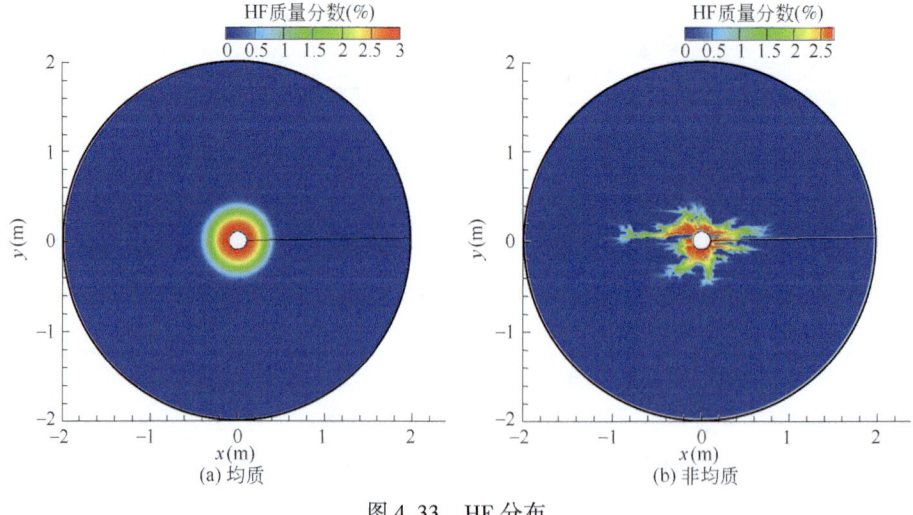

图 4.33 HF 分布

储层往往由多层组成，各层物性差异较大，均匀布酸是重要考虑因素（参见 4.10 节），垂向上各层物性差异称为垂向非均质性，主要有渗透率和矿物成分

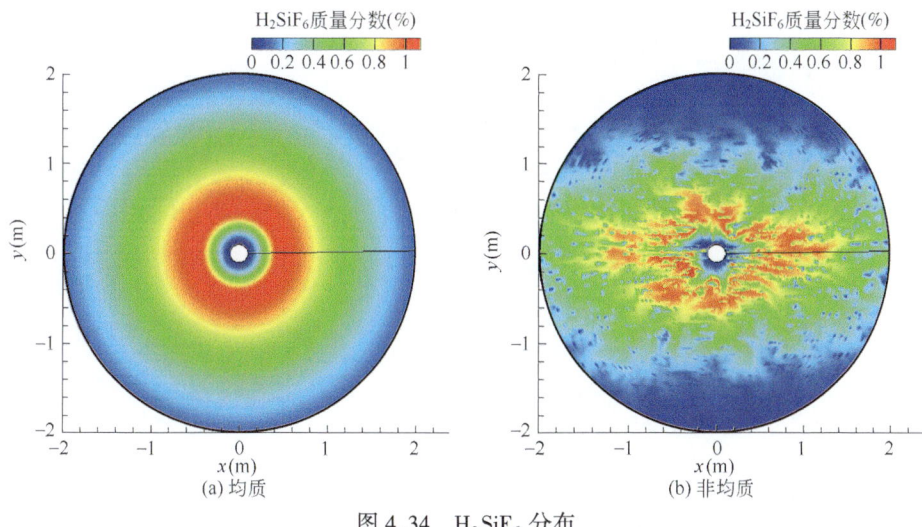

图 4.34 H₂SiF₆ 分布

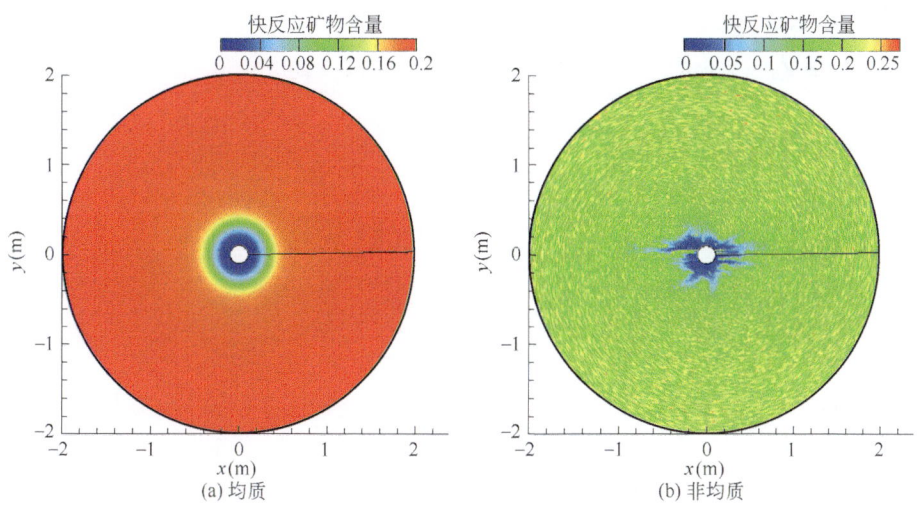

图 4.35 快反应矿物分布

差异。垂向渗透率差异常用渗透率级差表示：

$$\alpha_\beta = \frac{K_{avgA}}{K_{avgB}} \tag{4.102}$$

式中，$K_{avgA}$、$K_{avgB}$ 分别为 A 层和 B 层的平均渗透率。

模拟了 $\alpha_\beta = 2，5，10$ 的情况（保持 B 层孔隙度和渗透率不变，改变 A 层孔隙度和渗透率），模拟参数如表 4.15 所示，除了孔隙度、渗透率分布不同，其他参数相同，模拟注入时间 90min。

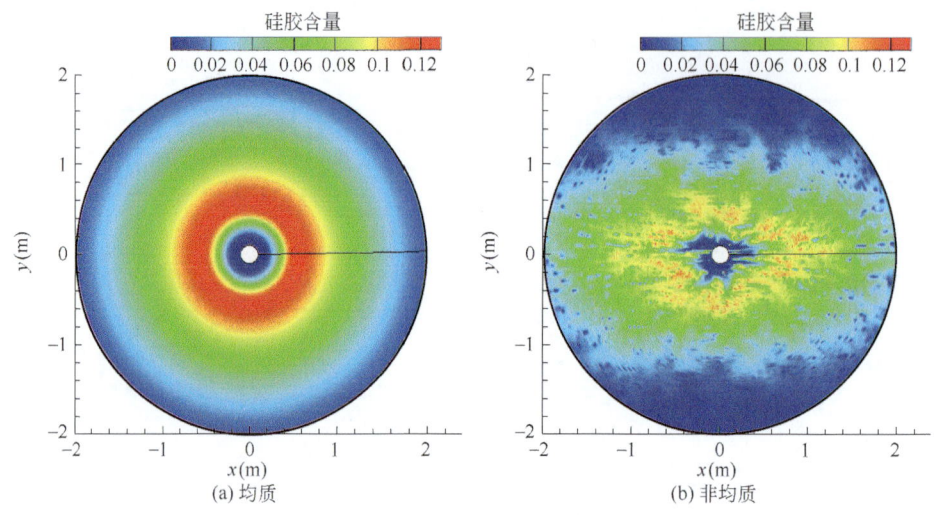

图 4.36 硅胶沉淀分布

表 4.15 A、B 两层参数

| 参　　数 | A 层 | A 层 | A 层 | B 层 |
|---|---|---|---|---|
| 平均孔隙度（%） | 18 | 15 | 12 | 10 |
| 平均渗透率（mD） | 100 | 50 | 20 | 10 |
| 平均快反应矿物含量（%） | 20 | | | |
| 平均慢反应矿物含（%） | 75 | | | |
| 碳酸盐岩含量（%） | 5 | | | |
| 无因次孔隙度关联长度（$l_x$, $l_y$） | 0.08, 0.0001 | | | |
| 孔隙度变异系数 | 1 | | | |

如图 4.37 所示，渗透率级差越高，吸酸差异越明显。当 $\alpha_\beta = 10$ 时，低渗层吸酸几乎可以忽略。除了渗透率本身造成的吸酸量差异外，矿物溶蚀加剧吸酸差异，高渗层吸酸多，渗透率增加更快，吸酸更多，也说明多层酸化中均匀布酸的必要性。

图 4.38 显示了快反应矿物含量分布，与酸液分布相对应，高渗层矿物溶蚀多。图 4.39 显示沉淀分布，高渗层沉淀分布区域更大，因为高渗层进酸更多，生成的残酸更多。由于沉淀降低渗透率，部分抵消由矿物溶蚀造成的竞争吸酸差异，但对于本模拟，矿物溶蚀增加渗透率的作用大于沉淀对渗透率的降低作用。有可能出现极端例子，酸化后渗透率反而降低了，这是由于沉淀严重，沉淀降低渗透率的作用大于酸溶作用。快反应矿物含量较高时，二次沉淀影响显著，防二次沉淀是砂岩酸化中必须考虑的问题。

# 第 4 章 砂岩基质酸化

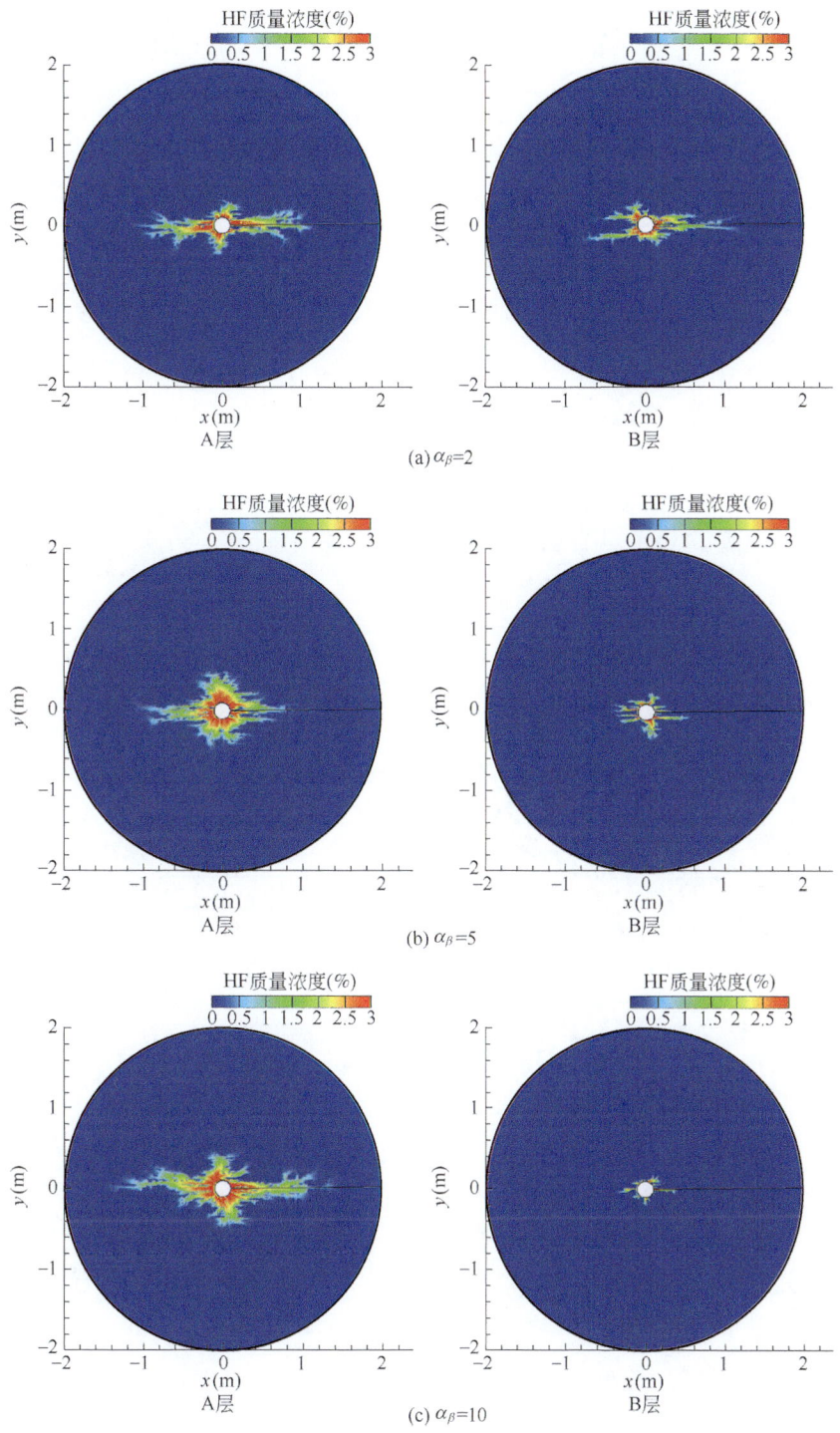

图 4.37 HF 质量浓度分布

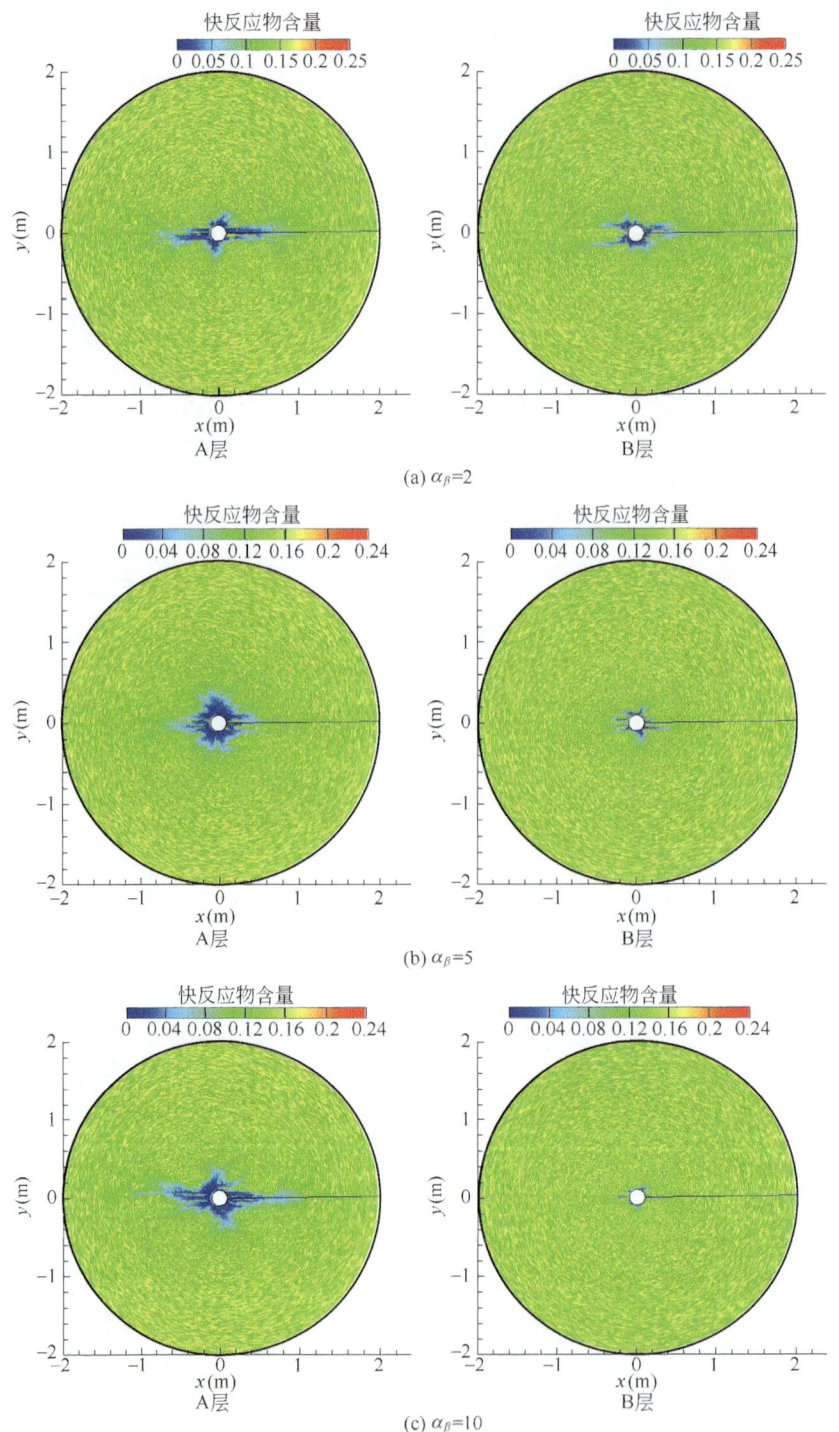

图 4.38 两层快反应矿物含量分布

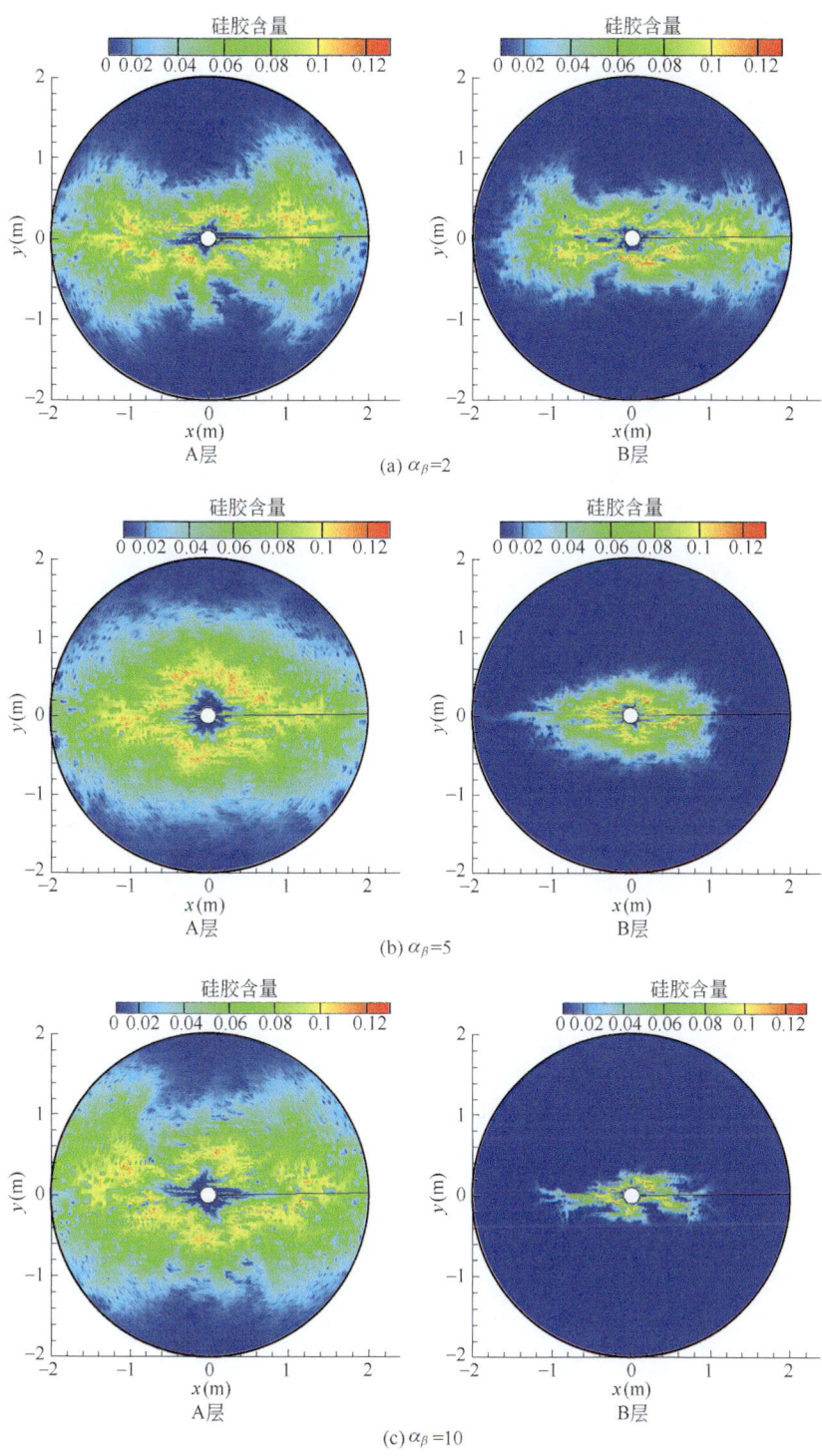

图 4.39 两层硅胶沉淀分布

平面非均质性用孔隙度变异系数 $c_v$ 表示，$c_v$ 越大，非均质性越严重，$c_v=0$ 表示均质情况。图 4.40 至图 4.42 显示了 $c_v=0.1$，0.3，1 时的酸化效果，$x$ 和 $y$ 方向的无因次关联长度是 0.08、0.0001。$c_v=0.1$ 意味着非均质性较弱，孔隙度分布接近均质情况。$c_v=1$ 意味着非均质性较强，形成一些优势渗流通道。非均质性越强，酸液覆盖区域越不规则，$c_v=1$ 时，酸液沿高渗透区指进，酸液穿透距离远高于另外两种情况。另一种非均质性体现在天然裂缝，天然裂缝渗透性能远远高于基质。如图 4.43 所示，有天然裂缝连接井筒，酸液主要通过天然裂缝流动，酸液穿透距离较远，表明强非均质性油藏中酸液穿透距离比均质模型预测的更远，从这个角度讲，非均质可能又是有利的一面。

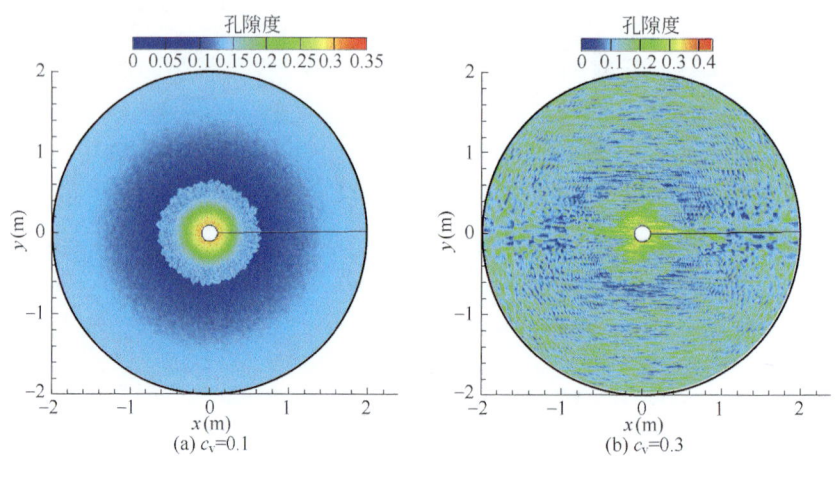

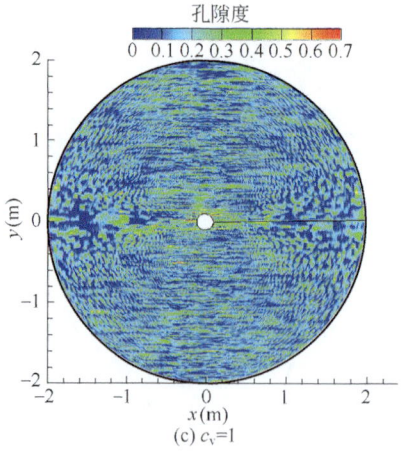

图 4.40  酸化后孔隙度分布

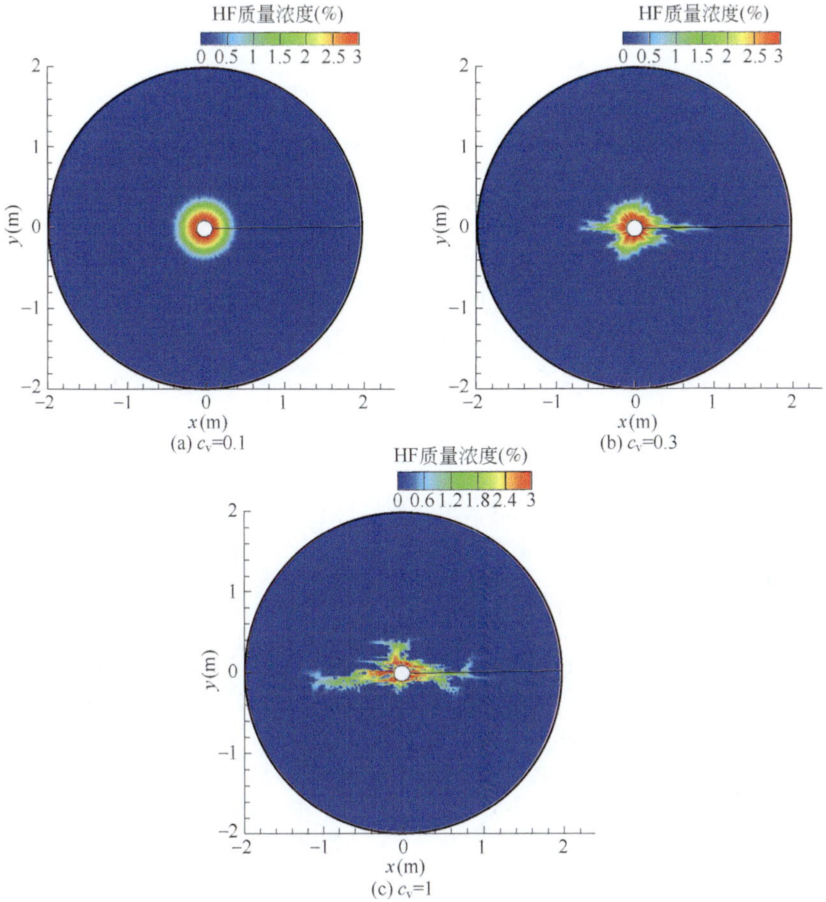

图 4.41 HF 质量浓度分布

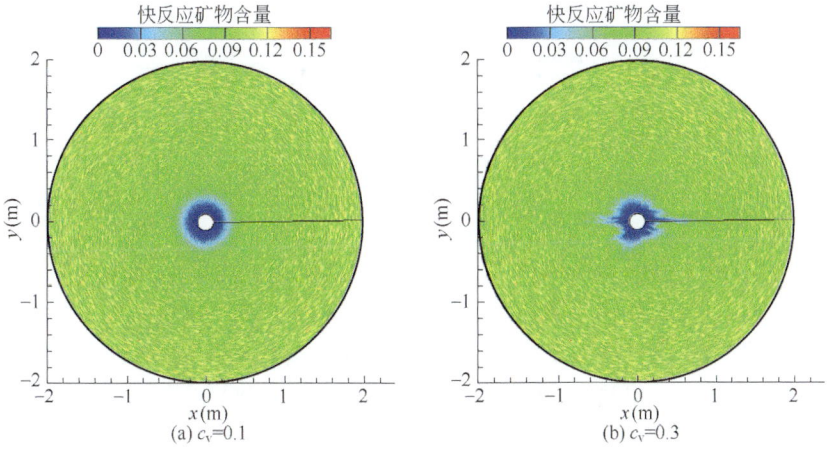

图 4.42 快反应矿物含量分布

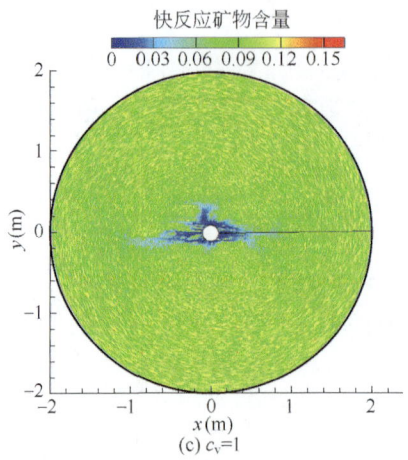

图 4.42 快反应矿物含量分布（续）

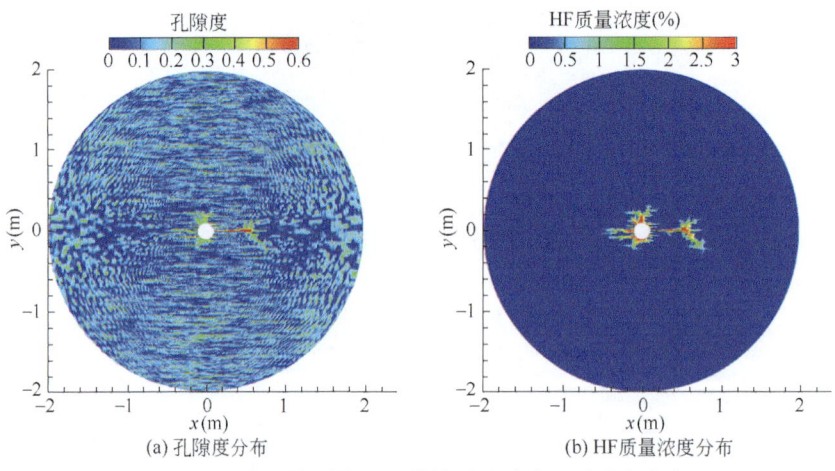

图 4.43 有天然裂缝连通井筒时孔隙度和酸浓度分布

## 4.5 活酸作用距离

酸化中，酸液首先主要被快反应矿物消耗，快反应矿物消耗完毕后，酸液由慢反应矿物消耗。活酸作用距离预测分两种情况：（1）快反应矿物含量较低，注入酸液能将快反应矿物溶蚀完，则活酸作用距离由慢反应矿物决定；（2）快反应矿物含量较高，无法溶蚀完快反应矿物，则活酸作用距离由快反应矿物决定。

当快反应矿物含量较低时，用式(4.61)计算活酸作用距离；当快反应矿物含量较高时，$N_{Ac,F} \to 0$，式(4.50) 变为和式(4.61) 一样的形式，只是用 $N_{Da,F}$ 代替 $N_{Da,S}$，于是可写成统一的形式，计算活酸作用距离如下：

$$\psi = \exp(-N_{Da}\varepsilon) \qquad (4.103)$$

取 $\psi = 0.05$ 对应的距离为活酸作用距离。假如通过 10cm 岩心酸化驱替实验得到 $N_{Da,S} = 0.22$，$N_{Da,F} = 1.6$。

线性驱替中，$N_{Da}$ 大小正比于岩心长度。对于任意长度 $L$ 的岩心，$N'_{Da} = \dfrac{N_{Da}}{10\mathrm{cm}} L$。由于 $\varepsilon = x/L$，则有

$$\psi = \exp\left(-\frac{N_{Da} L}{10\mathrm{cm}} \frac{x}{L}\right) \qquad (4.104)$$

$$x = \frac{-\ln\psi \times 10\mathrm{cm}}{N_{Da}} \qquad (4.105)$$

分别代入快、慢反应矿物的 $N_{Da}$ 得到活酸作用距离：

（1）当快反应矿物含量较低时，慢反应矿物决定活酸作用距离，为 $x = 136.17\mathrm{cm}$。

（2）当快反应矿物含量较高时，快反应矿物决定活酸作用距离，为 $x = 18.72\mathrm{cm}$。

上述作用距离对应 2.54cm 直径的岩心、3.78mL/min 的排量；增加排量，降低反应速度，可降低 $N_{Da}$，从而增加活酸作用距离。

对于裸眼径向驱替，排量 $q = 0.05\mathrm{m}^3/(\mathrm{min} \cdot \mathrm{m})$，$r_w = 0.1\mathrm{m}$，计算径向条件下的无因次数分别为 $N_{Da,S} = 0.0103$，$N_{Da,F} = 0.075$，依据无因次距离定义和式(4.103) 有

$$\psi = \exp\left[-N_{Da}\left(\frac{r^2}{r_w^2} - 1\right)\right] \qquad (4.106)$$

$$r = r_w \sqrt{\frac{-\ln\psi}{N_{Da}} + 1} \qquad (4.107)$$

分别代入快、慢反应矿物的 $N_{Da}$ 得到活酸作用距离：

（1）当快反应矿物含量较低时，慢反应矿物决定活酸作用距离，为 $x = 170.84\mathrm{cm}$。

（2）当快反应矿物含量较高时，快反应矿物决定活酸作用距离，为 $x = 63.98\mathrm{cm}$。

上述是氢氟酸体系的作用距离，对于缓速酸，作用距离则更远。数值模拟方法预测活酸作用距离参见 4.4.2 节，数值模拟可考虑非均质性影响，预测缓速酸作用距离等。

## 4.6 砂岩酸化设计

砂岩酸化设计是指根据目标井层特性,在设备能力和可选材料条件下,以解除地层污染、恢复油气井产能为目标,选择合适的液体体系,优化施工参数,设计合适的泵注程序,形成经济可行的酸化方案。

### 4.6.1 酸化设计内容

砂岩酸化设计任务包括:

(1) 收集目标井层相关信息,包括地层特征、流体特征、完井详细信息、生产历史、试井结果等。

(2) 地层污染评价,包括总表皮、污染表皮、污染类型、污染深度。

(3) 酸化作业设计,确定酸液类型和浓度、酸液用量、酸液添加剂、泵注程序、酸液转向或均匀布酸。

(4) 酸化实施与评价,酸化作业准备、现场实施、酸化作业监测、酸化效果评价。

砂岩酸化设计步骤如下:

(1) 确定伤害信息。

① 确定伤害类型。首先确定油气井受到的伤害类型。如果能用酸去除,则采用酸化措施;如果是酸不溶物造成的伤害(比如石蜡、沥青等有机沉淀伤害),酸化措施无效,则需要采取其他措施。

② 确定伤害深度、伤害程度。根据这些信息计算表皮系数,确定酸化增产倍数,伤害深度是设计活酸作用距离(酸液用量)的依据。一般依据实验测试、现场测试数据和现场经验综合分析获取这些参数。

(2) 确定工作液和酸液类型、浓度和用量。

① 酸洗阶段。通常用 5% HCl 和铁离子稳定剂清洗管柱,清除铁锈、污物,防止铁离子、污物进入地层。

② 原油驱替阶段(可选)。如原油重质成分较多,与酸接触容易生成酸渣,采用有机溶剂驱走原油,防止酸渣或乳化,或去除近井带石蜡和沥青。

③ 地层水驱替阶段(可选)。如地层水含碳酸根或硫离子较多,容易生成沉淀,常用氯化铵驱替地层水。

④ 前置酸驱替阶段。地层含一定量碳酸盐岩矿物,用盐酸或其他有机酸溶解碳酸盐岩矿物,防止主体酸接触碳酸盐岩生成沉淀。如果地层高含铁矿物(磷铁矿、硫铁矿、氧化铁和氯化铁),用有机酸驱替,防止铁离子沉淀,常用醋酸。如碳酸盐岩含量很低,或前置酸无法建立注入性,也可直接注入主

体酸。

⑤ 主体酸阶段。主体酸用于溶蚀污染物和地层矿物，常用土酸体系，还有氟硼酸、多氢酸、氯化铵+盐酸等体系。

⑥ 顶替液阶段。泵注完酸液，地面管线、井筒中充满酸液，用顶替液将管线和井筒中酸液顶入地层。常采用过顶替，将残酸驱离近井带，减少沉淀伤害。顶替液常用氯化铵，也有用盐酸或有机酸顶替的，目的是维持低 pH 值，降低沉淀伤害。

（3）添加剂类型、浓度和用量。选择合适的添加剂是保证酸化效果的重要组成部分，不同地层需要的添加剂有所差异。通过实验测试选择合适的添加剂类型和浓度，几种主要的添加剂有缓蚀剂、铁离子稳定剂、防膨剂、助排剂、水湿性表面活性剂。

（4）均匀布酸方法。对于层间非均质性强的多层油藏，或长井段水平井，必须考虑均匀布酸问题，常用的均匀布酸（酸液转向）方法有工具转向、球堵、连续油管、化学转向等。酸液转向参见 4.10 节。

（5）合适的现场施工和质量控制。酸化能否按室内设计的方案取得预期的效果，需要合适的现场施工和质量保障，保证现场所用体系跟设计相符，施工步骤、施工参数按设计执行，酸化实施达到设计要求。

（6）酸化效果评价。酸化后需进行效果评价，评价酸液体系在目标储层的适应性、设计是否合理、经济效益好坏等。酸化效果评价主要包括：施工过程中监测压力分析、返排酸样分析、产能对比分析、试井分析、经济评价等。

根据前期酸化作业现场经验，总结出现场酸化作业指南，为后期酸化提供指导，作业指南为：（1）现场液体取样检测，保证现场液体与设计相符；（2）尽可能降低酸化造成的沉淀污染；（3）实施中记录排量和压力监测酸化过程；（4）评估监测结果，改善以后的酸化设计；（5）实时监测可用于优化作业；（6）注入液体取样分析可诊断酸化施工中任何可能发生的问题；（7）酸化后立即返排有助于减轻残酸沉淀伤害；（8）酸化作业后试井或生产测井评价酸化效果。

## 4.6.2 前置酸

前置酸类型选择参见 4.3 节，这里以盐酸为例讲述前置酸用量设计。前置酸用于溶蚀碳酸盐岩矿物，其用量取决于要溶蚀的范围和碳酸盐岩含量，酸液覆盖范围通常选择几十厘米，这种酸量设计是比较保险的，因为主体酸中还含有盐酸。Hill 等（1994）认为 25gal/ft（$0.31m^3/m$）的用量能保证 HF 不接触碳酸盐岩。Gdanski 和 Peavy（1986）认为部分盐酸通过离子交换被黏土消耗掉，应设计比溶蚀一定范围碳酸盐岩所需的酸量更大。

例如，一口井射孔完井，射孔密度12孔/m，射孔长度20cm，孔径8mm，储层含5%（体积分数）$CaCO_3$，无其他HCl溶解矿物，孔隙度20%，$CaCO_3$的密度为2.71g/$cm^3$。计算去除射孔端部外30cm深度范围内碳酸盐岩所需的酸液用量。

盐酸与碳酸盐岩反应速度快，形成陡峭溶蚀前缘，用式（4.64）计算酸液用量：

$$\bar{z} = \frac{20cm + 30cm}{20cm} = 2.5 \quad (4.108)$$

$$\varepsilon_{HCl} = \frac{1}{3} \times 2.5^2 - 2.5 + \frac{2}{3} = 3.375 \quad (4.109)$$

$$N_{Ac,HCl} = \frac{\phi \beta_{HCl} C_{HCl} \rho_{HCl}}{(1-\phi) V_{CaCO_3} \rho_{CaCO_3}} = \frac{0.2 \times 1.37 \times 0.15 \times 1.07}{(1-0.2) \times 0.05 \times 2.71} = 0.406 \quad (4.110)$$

$$\theta = \varepsilon_{HCl}\left[1 + (1-\phi) V_{CaCO_3}^0 + \frac{1}{N_{Ac,HCl}}\right] = 3.375\left[1 + (1-0.2) \times 0.05 + \frac{1}{0.406}\right] = 11.823 \quad (4.111)$$

$$V_{HCl} = q_{i,perf} t = \theta(2\pi) l_{perf}^3 \phi = 11.823 \times 2\pi \times \left(\frac{20}{100}\right)^3 \times 0.2 = 0.119 (m^3/孔) \quad (4.112)$$

射孔密度12孔/m，总酸液用量为

$$V_{HCl} = \frac{0.119 m^3}{孔} \times \frac{12\ 孔}{m} = 1.44 (m^3/m) \quad (4.113)$$

还可用现场经验法设计酸液用量，基质酸化酸液用量不大，为现场配制方便，比如配制1罐或2罐酸，现场经验法常推荐$1m^3/m$用量。对于水平井，若井段较长，酸液总量受限，用酸强度小得多，比如$0.1 \sim 0.4 m^3/m$。

### 4.6.3 主体酸

主体酸用量受以下因素影响：
（1）主要取决于污染带深度、储层厚度。
（2）矿物组成影响用酸量。
（3）为保证地层大多数部位得到酸液，应增加酸液用量，酸液用量依赖于均匀布酸技术。

酸量设计有三种方法：
（1）解析模型。4.4节推导了酸量计算解析模型，给出了用量计算例子，可用于裸眼完井、射孔完井，也可用于线性驱替，使用方便，目前使用较多。该方法的缺点是，解析解假设快反应矿物反应速度较快，形成较陡峭的酸岩反应前缘，计算的酸液用量偏大，实际酸液覆盖区域仍有部分快反应矿物未被溶蚀。

（2）酸化数值模拟。4.4节讲述了两酸三矿物数学模型和数值计算，基于该模型可模拟给定泵注程序下的酸液流动反应过程，得到表皮系数随酸液注入变化规律，基于表皮系数选取酸液用量。图4.44模拟了具有两储层的井酸化表皮系数变化，刚开始表皮系数下降较快，后面会逐渐趋平，趋平段为酸液量选取段。酸化的作用是解堵，刚开始响应明显，当污染逐渐解除后，表皮系数下降变慢，最理想状况是下降到零，由于二次沉淀影响，难以下降到零，接近零即达到解堵目的。

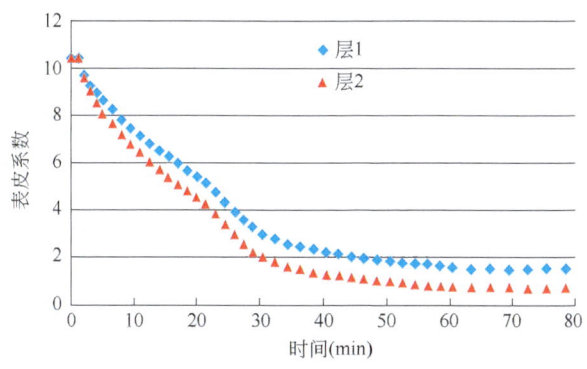

图4.44 两层表皮系数随注酸变化

（3）经验方法。砂岩基质酸化酸液用量设计并不精确，常基于现场经验选择用量，比如常见用量 $1\sim 2\text{m}^3/\text{m}$（单位厚度储层用酸量）。

## 4.6.4 顶替液

顶替液的用途是将管线和井筒中的酸液顶入地层，再将残酸顶离近井带，减轻二次沉淀影响。对于油井，顶替液常用氯化铵、柴油或5%~7.5%盐酸，盐酸用于维持低pH值，减轻二次沉淀伤害；对于气井，顶替液常用氯化铵、氮气或5%~7.5%盐酸。顶替液最低用量为管线体积加上油管体积，考虑重力分异作用影响，再加上油管下面井筒体积的两倍（Hong和Millhone，1977）。建议过量顶替，降低残酸二次沉淀影响，比如将残酸顶离12~15倍井筒半径外。

## 4.6.5 排量

排量从以下几方面影响酸化：

（1）活酸作用距离：排量越高，酸液流速越快，作用距离越远，多数情况希望活酸作用距离更远，因此需要提高排量。

（2）酸岩反应：砂岩基质酸化中，酸岩反应不快，需要充分的时间溶蚀矿物、污染物，则希望排量低点，但排量不能太低，否则施工时间太长不具备可行性，二次沉淀影响也较大。

（3）基质酸化要求井底注入压力低于地层破裂压力。

综合以上三方面影响，酸化在低于地层破裂压力下，尽量提高排量，增加酸液作用距离。实际施工时，排量动态变化，根据实际的排量与压力关系，将注入压力维持在稍低于地层破裂压力下注入酸液。通常来讲，随酸液注入，渗流能力增加，注入压力会下降，则应相应地提高排量。

设计时，排量可通过两种方式确定，一是经验法，经常选取 $0.5 \sim 2 \text{m}^3/\text{min}$ 的经验值。二是通过理论公式（Paccaloni，1979）计算：

$$q_{i,\max} = \frac{2\pi Kh(p_{bd}-\bar{p})}{\mu\left(\ln\dfrac{0.472r_b}{r_w}+S\right)} \tag{4.114}$$

式中，$p_{bd}$ 为地层破裂压力；$r_b$ 为酸液影响半径（建议 4ft）。

用以上方法设计的排量作为参考值，现场根据注入压力实时动态调整。

## 4.7 酸化中产生的沉淀及防止沉淀方法

### 4.7.1 酸化沉淀对产能的影响

酸化中，一方面酸岩反应溶蚀矿物、污染物，增加孔隙度、渗透率；另一方面，酸岩反应也可能产生沉淀，反过来污染地层。盐酸与碳酸盐岩反应生成物溶解度较高，一般不会有沉淀风险，氢氟酸与砂岩矿物反应不可避免会生成沉淀，这也是难以保证砂岩基质酸化效果的原因，特别是当黏土、长石矿物含量较高，或储层含有一些敏感性矿物时。沉淀引起的伤害对产能的影响取决于沉淀量和沉淀位置，沉淀量越少，位置越远离井筒，影响越小，所以，砂岩基质酸化中总是强调减少二次沉淀，用过量顶替方式将残酸顶离近井带，以降低沉淀的影响。

酸化中最常见沉淀有 $CaF_2$、$Si(OH)_4$、$Fe(OH)_3$、沥青渣等。$Si(OH)_4$ 为硅胶沉淀，是二次沉淀的主要物质，由 $H_2SiF_6$ 与黏土、长石反应生成，残酸 pH 值升高，$Si(OH)_4$ 很容易沉淀下来。

为降低残酸二次沉淀对产能的影响，常常采用过量顶替方式将残酸顶离近井带。下面用一实例阐明残酸顶替对产能的影响。假设一储层酸化后如图 4.45 所示，$r_w=0.1\text{m}$，$r_e=300\text{m}$，孔隙度 0.15。假设酸化去除原有污染，然而残酸沉淀区域渗透率降到原始渗透率的 10%，沉淀量为 $0.3\text{m}^3/\text{m}$，顶替液量决定残酸沉淀所在位置，确定沉淀位置对产能的影响。

# 第4章 砂岩基质酸化

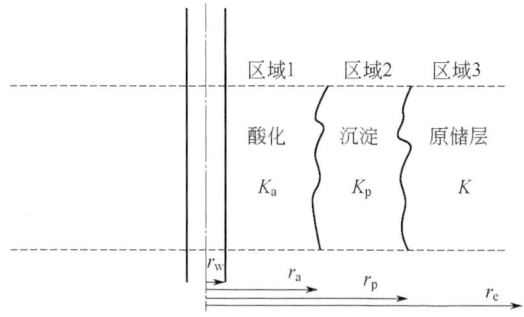

图 4.45 酸化、沉淀区域示意图

酸化前后无因次产能指数为

$$J_d = \frac{2\pi h}{B\mu\left[\dfrac{\ln(r_a/r_w)}{K_a}+\dfrac{\ln(r_p/r_a)}{K_p}+\dfrac{\ln(r_e/r_p)}{K}\right]} \quad (4.115)$$

$$J = \frac{2\pi K h}{B\mu \ln(r_e/r_w)} \quad (4.116)$$

$$\frac{J_d}{J} = \frac{\ln(r_e/r_w)}{(K/K_a)[\ln(r_a/r_w)]+(K/K_p)[\ln(r_p/r_a)]+\ln(r_e/r_p)} \quad (4.117)$$

$$r_p = \sqrt{r_a^2 + \frac{V_{\text{spent acid}}}{\pi\phi}} \quad (4.118)$$

式中，$r_p$ 为沉淀区域外沿半径；$r_a$ 为酸化半径；$r_w$ 为井筒半径；$r_e$ 为泄油半径；$V_{\text{spent acid}}$ 为残酸体积；$K_p$ 为沉淀区域渗透率；$K$ 为储层原始渗透率；$h$ 为储层厚度；$\phi$ 为孔隙度。理想的酸化效果是将渗透率恢复到原始渗透率，所以取 $K_a = K$。

通过式(4.117)可得不同沉淀位置对产能的影响，如图 4.46 所示。该图表明：（1）井筒附近沉淀可使产能降低 60%；（2）沉淀在离井筒 0.6m 外时，产能可恢复到原始产能的 80%。

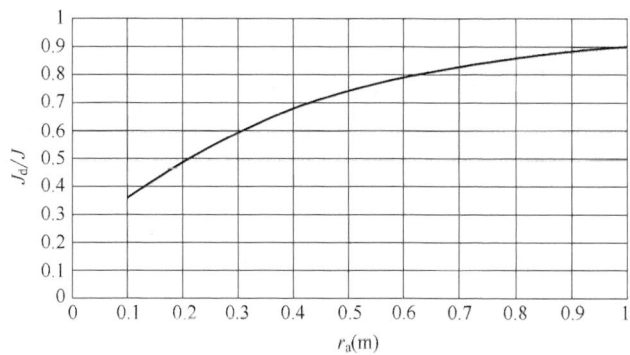

图 4.46 顶替半径对产能的影响

## 4.7.2 可能产生的沉淀

砂岩矿物种类多,绝大多数矿物都与氢氟酸反应,化学反应复杂,生成物中有些容易产生沉淀,堵塞地层,这也是为什么一些井酸化后看不到效果的原因,甚至有些井酸化后产能降低了。表4.16列举了一些潜在沉淀。

表4.16 室温下氢氟酸反应产物在水中溶解能力(据Walsh等,1982)

| 反应产物 | 溶解能力($g/100cm^3$) | 反应产物 | 溶解能力($g/100cm^3$) |
|---|---|---|---|
| $H_4SiO_4$ | 0.015 | $(NH_4)_2SiF_6$ | 18.6 |
| $CaF_2$ | 0.0016 | $Ca_2SiF_6$ | 微溶 |
| $Na_2SiF_6$ | 0.65 | $AlF_3$ | 0.559 |
| $Na_3AlF_6$ | 微溶 | $Al(OH)_3$ | 不溶 |
| $K_2SiF_6$ | 0.12 | FeS | 0.00062 |

砂岩酸化中不可避免地产生硅胶,部分原因在于氟与铝的亲和力大于氟与硅,这个过程加速了$SiF_6$的水解作用,释放的$F^-$与铝化合物结合而产生单硅酸$Si(OH)_4$。

$Ca^{2+}$与$F^-$结合生成$CaF_2$沉淀,防止$CaF_2$沉淀的措施是用前置酸溶解碳酸盐岩,驱走$Ca^{2+}$,避免与$F^-$接触。

一旦碱金属离子浓度足够高,就能和氟化物结合:

$$2Na^+ + SiF_6^{2-} \longleftrightarrow Na_2SiF_6, K_s = 4.4 \times 10^{-5} \quad (4.119)$$

$$2K^+ + SiF_6^{2-} \longleftrightarrow K_2SiF_6, K_s = 2 \times 10^{-8} \quad (4.120)$$

$$3Na^+ + AlF_3 + 3F^- \longleftrightarrow Na_3AlF_6, K_s = 8.7 \times 10^{-18} \quad (4.121)$$

$$2K^+ + AlF_4^- + F^- \longleftrightarrow K_2AlF_5, K_s = 7.8 \times 10^{-10} \quad (4.122)$$

式中,$K_s$为溶解常数。

氟铝酸碱金属沉淀在高浓度氢氟酸中容易产生。土酸与长石、黏土反应生成氟硅酸盐沉淀(Bertaux,1989),若前置液用量不足,或氢氟酸接触含有碱金属离子的地层水,容易生成氟硅酸盐沉淀。

随着酸液逐渐消耗,$AlF_3$和$Al(OH)_3$会以水铝矿形式沉淀(Walsh等,1982):

$$Al^{3+} + 3F^- \longleftrightarrow AlF_3 \quad (4.123)$$

$$Al^{3+} + 3OH^- \longleftrightarrow Al(OH)_3, K_s = 10^{-32.5} \quad (4.124)$$

如残酸中有铁离子,当pH值高于1.86时,会形成氢氧化铁沉淀。亚铁离子在pH值高于6.84时会生产氢氧化亚铁沉淀。因此,含铁离子时,需维持低pH值防止沉淀。

## 4.7.3 防止沉淀方法

根据沉淀产生的方式不同，防止沉淀的措施也有所差异。有些离子结合必然产生沉淀，针对这种沉淀，采取避免这些离子接触的方式防止沉淀；有些沉淀由于 pH 值升高而产生，可采取控制 pH 值的方式防止沉淀；有的沉淀不可避免，通过将沉淀顶离近井带来降低沉淀的影响。酸化设计中，通过分析目标储层矿物组成以及物性特征，分析潜在的沉淀风险，从而有针对性地采取措施防止沉淀。

（1）选择合适的前置酸。前置酸的作用是溶解碳酸盐岩，避免 HF 与碳酸钙和 $Ca^{2+}$ 接触生产氟化钙沉淀，需要设计足量的前置酸，将 $F^-$ 可能到达区域的碳酸盐岩溶掉并驱走。如储层含有盐酸酸敏的矿物，如沸石、绿泥石，则选择有机酸。如酸化前完井液含 $KCl$、$CaCl_2$、$CaBr_2$，用盐酸前置液或氯化铵将这些离子驱走，避免产生沉淀。

（2）pH 值控制。砂岩酸化中残酸 pH 值升高后不可避免生成沉淀，比如硅胶沉淀、铁离子沉淀、亚铁离子沉淀等，可通过有机酸维持较低 pH 值来防止沉淀。顶替液也可采用酸液来维持低 pH 值防止沉淀。

（3）主体酸用量和浓度。如黏土、长石含量较高，反应较快，残酸很容易产生硅胶沉淀，通常降低氢氟酸浓度来防止沉淀，现场曾采用 0.6% 氢氟酸进行酸化（Holcomb，1975）。应避免酸液用量过大，过度溶蚀会引起沉淀、黏土运移、破坏地层强度等问题。黏土含量很高的地层，可用氟硼酸稳定黏土。

（4）顶替液。残酸中含有无定形硅，无定形硅不会立即沉淀，液体停止流动后无定形硅将形成硅胶沉淀堵塞地层，可采用过量顶替方式将残酸顶离近井带，降低沉淀的影响。顶替液常用氯化铵，也可用盐酸或有机酸顶替，维持低 pH 值防止沉淀。

（5）有针对性的添加剂。合适的添加剂对保证酸化效果非常重要，有些添加剂具有防止沉淀作用，比如铁离子稳定剂、黏土稳定剂等，可通过实验测试优选添加剂防止沉淀。

## 4.8 砂岩基质酸化工艺

砂岩基质酸化的目的是解堵，作用范围为近井地带，工艺主要体现在酸液体系、防止二次沉淀伤害上。选择与目标储层匹配的酸液体系对于保证酸化效果至关重要，一方面酸液溶蚀能有效去除原有污染，另一方面必须有效防止二次沉淀才能保证酸化效果。对于多层油藏或水平井，酸化必须考虑均匀布酸问题。酸液体系优选参见 4.3 节，均匀布酸技术参见 4.10 节。

(1) 常规酸化工艺。常规酸化工艺采用土酸为处理液，这是使用最早、最为典型的酸化工艺。该工艺顺序注入前置酸、主体酸、顶替液。前置酸常用盐酸，溶蚀地层中的碳酸盐岩，避免氢氟酸与碳酸盐岩接触生成沉淀，并充分发挥土酸溶蚀黏土、长石的作用；盐酸驱替地层水，避免地层水中的 $Na^+$、$K^+$ 与 $H_2SiF_6$ 接触生成氟硅酸钠、氟硅酸钾沉淀。盐酸酸敏的储层采用有机酸。主体酸溶蚀地层矿物和污染物，土酸中盐酸和氢氟酸浓度根据地层条件调节。顶替液将管线、井筒中的鲜酸顶入地层中，并将残酸向外顶离一定距离，降低二次沉淀的影响。

(2) 深部酸化工艺。对于高温、污染较深的储层，需要增加活酸作用距离。针对氢氟酸与矿物消耗速度较快导致处理范围较小的问题，形成了深部酸化工艺。其原理是注入本身不含氢氟酸的材料，在地层条件下发生化学反应，缓慢生成氢氟酸，或缓冲调节氢氟酸消耗速度，从而增加活酸作用距离。深部酸化主要工艺有：(1) 顺序注入盐酸、氟化铵工艺；(2) 自生土酸工艺；(3) 缓冲调解土酸工艺；(4) 氟硼酸处理工艺；(5) 磷酸、氢氟酸处理工艺；(6) 多氢酸酸化工艺。这些工艺与前面介绍的缓速酸液体系对应，参见 4.3 节酸液体系。

(3) 多层酸化工艺。储层包含多个小层时，各层渗透率有差异，个别高渗透层吸液能力强，如依靠酸液自主选择，各层进酸差异显著，高渗透层吸入过量酸液，低渗透层进酸不足，造成酸液浪费、个别层过度溶蚀问题。针对这种问题，需采用酸液转向工艺。酸液转向参见 4.10 节。

(4) 水平井酸化工艺。水平井酸化基本原理与直井基本相同，由于水平井与直井特征不同，在酸化设计上有特殊考虑的地方，主要体现在以下方面：

① 水平段钻井时间长，钻井液接触储层时间长，污染严重。从跟部到趾部，污染时间不同，污染差异较大，水平井污染特点及表皮系数计算参见 2.2.2 节。

② 水平井段较长，沿井筒各段物性特征差异较大，吸酸能力差异较大，酸液沿整个水平井段的分布是酸化成功与否的关键，需要选择合适的均匀布酸工艺，使各段都得到充分改造。均匀布酸工艺参见 4.10 节。

③ 水平井段长，酸液规模较大，用酸强度相对较小，优化酸液规模难度较大。

④ 水平井段较长，施工作业更复杂、更困难，施工时间更长，缓蚀要求更高。施工时间长，长时间返排过程中，二次沉淀的影响不容忽视，酸液体系需具有更低的伤害特性。若采用连续油管作业，为提高排量，需考虑降阻。

(5) 防二次沉淀工艺。二次沉淀是砂岩酸化必须重点考虑的问题，特别是黏土、长石矿物含量较高的地层。二次沉淀降低酸化效果，严重的沉淀甚至使酸化后产能低于酸化前。因此，二次沉淀问题需要特别考虑。防二次沉淀参见 4.7 节。

## 4.9 提高酸化效果的方法

基质酸化效果评价方法参见第7.1节。砂岩基质酸化的目的是去除地层污染，同时不对地层造成负面影响。酸液溶蚀矿物、污染物，一方面增加孔隙度、渗透率，同时也会产生一些负面影响降低酸化效果，如何提高酸化效果是砂岩酸化的难点之一。酸化效果的主要影响因素包括：

(1) 高温地层中，氢氟酸与矿物消耗速度较快，导致处理范围较小。

(2) 溶蚀能力较强的酸液，或酸液用量过大，可能破坏岩石结构，造成出砂。

(3) 反应后脱落下来的石英和黏土等颗粒随液体运移，堵塞地层。

(4) 二次沉淀堵塞地层，降低酸化效果。

针对以上影响因素，有以下四种提高酸化处理效果的措施：

(1) 采用就地自生酸或缓速酸来降低反应速度，增加活酸作用距离。自生酸、缓速酸介绍见4.3节（酸液体系）。

(2) 选择溶蚀能力更弱的酸液体系，优化酸液用量，避免地层过度溶蚀，防止破坏地层强度和出砂。

(3) 选择合适的添加剂，如黏土稳定剂，稳定黏土，防止微粒运移。

(4) 选择合适的工艺、酸液体系、添加剂，防止二次沉淀。防沉淀方法参见4.7节（酸化中产生的沉淀及沉淀控制方法）。

## 4.10 酸液分布与转向

### 4.10.1 转向原理

在多层、厚层、水平井酸化中，酸液转向（或均匀布酸）是酸化设计的基本要素之一，是酸化成功的重要因素（Pye 等，1970；Cooper 和 Bolland，1984）。由于非均质性的影响，酸液选择性进入渗流阻力更低的区域，酸溶作用使高渗带渗流阻力更低，吸收过多的酸液，低渗透层（段）得不到足量酸液因而得不到充分改造。如果依靠酸液自身流动无法实现需要的覆盖范围，则需要使用转向技术，保证各层（段）都得到足量酸。

酸液转向就是人为改变酸液流向，其原理是通过机械技术控制酸液流向，或改变渗流阻力来改变酸液流向，来实现期望的酸液分布。改变渗流阻力是通过增加高渗透层的渗流阻力，降低高渗层的酸流量，从而增加低渗层的酸流量，比如增加流体黏度，或暂堵高渗层来增加渗流阻力。暂堵不能给地层带来伤害，所以酸化后需要解除暂堵。

根据转向原理，转向技术分为两大类：机械转向技术和化学暂堵转向技术。机械转向技术是指利用工具来控制酸液流向，可以很好地解决大段范围内的酸液布控问题，段内则无法控制。该技术可靠，但操作费时，主要包括封隔器分层（段）注酸和连续油管拖动注酸。化学暂堵转向技术是指利用化学材料来改变渗流阻力，从而控制酸液流向。该技术可解决小段内酸液布控问题，操作较方便，现场使用较多，主要包括固体颗粒暂堵剂、投球封堵、变黏酸、泡沫、液体胶塞等。

### 4.10.2 机械转向技术

（1）封隔器分层（段）酸化。该技术使用封隔器分隔各层（图 4.47），并顺序处理各层。施工时从下往上作业，水平井从趾端向跟端作业。该方法的优点是可靠，缺点是需要动管柱，工具操作费时，不方便，特别是层多、层薄时。

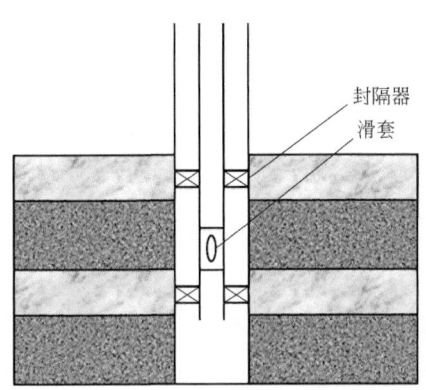

图 4.47　双封隔器分层注酸示意图

（2）连续油管拖动酸化。水平井或厚层油藏酸化时，可采用连续油管拖动方式实现均匀布酸（徐克彬等，2014），该方式可解决大段范围内的布酸问题，但不能解决局部非均质造成的进酸不均衡问题。该方法的本质是通过移动连续油管指定注酸点，从水平井趾部注酸回拖至跟部，从直井的底部注酸上提至顶部。连续油管可以连续拖动，也可点状注酸，即在一个点注酸后移动到下一个注酸点。连续油管拖动酸化有如下特征：

① 在注酸的同时，拖动连续油管，在指定位置注入酸液，拖动速度和排量按要求调整，实现任意井段按需求布酸。

② 根据目的层渗透性能、污染程度，确定拖动速度、泵注排量，实现酸化强度控制。在高渗层段、含水层段、污染深度较浅的层段提高连续油管拖动速

度,降低排量甚至停止注酸;需要加大注酸强度的层段,降低拖动速度,加大排量。拖动速度由对应段的长度、对应段注酸时间计算得到,对应段注酸时间为对应段进酸量除以排量。

③ 连续油管底部携带喷射工具,喷射可促进井壁上污染解除。喷嘴产生较大压降,根据排量、允许的压降选择喷嘴直径及数量。

④ 如果是点状注酸,在一个点注入设计酸量后,移动到下一个注入点注酸。

## 4.10.3 化学暂堵转向技术

该技术采用化学材料改变流动阻力,从而实现酸液转向。

### 4.10.3.1 投球封堵

投球封堵技术用于射孔完井,最早于1956年用于均匀布酸,堵球随处理液携带至射孔孔眼,封堵孔眼(图4.48),迫使酸液转向。该技术需要足够的排量来维持通过孔眼的压差才能保持堵球坐封。球通常比液体密度大,施工后球掉入鼠洞,密度小的球封堵效果更好(Erbstoesser,1980;Gabriel 和 Erbstoesser,1984),生产时球回流到地面,需回收。后来人们研发了可降解材料做成的小球,球直径稍大于射孔孔眼,球能很好地坐封于孔眼,施工后球能完全降解,不对生产造成影响。堵球也用于分段、分簇压裂或酸压改造中,酸压或压裂中排量较高,能产生足够的压差坐封堵球。与颗粒转向剂相比,如堵球能坐封于射孔孔眼,则对应的射孔孔眼无法进液。

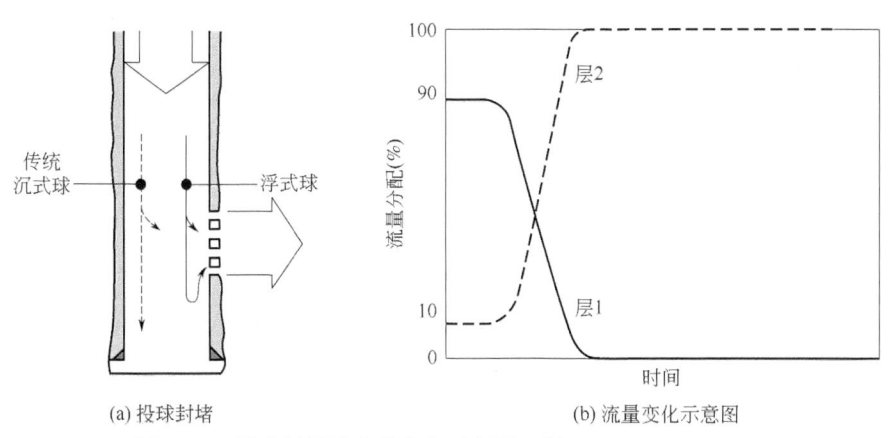

(a) 投球封堵　　　　　　(b) 流量变化示意图

图 4.48　投球封堵及流量变化示意图(据 Erbstoesser,1980)

堵球用量指南:球数是射孔孔眼数的2倍,对于较轻的球,富余50%。排量越高,封堵效率越高,低排量($<0.16m^3/m$)情况下不推荐使用该技术。该技术在水平井和斜井中效果不好,因为堵球容易掉落;射孔数量大的井堵球效果不好。

#### 4.10.3.2　泡沫转向

气体、酸液和起泡剂混合能形成泡沫酸，泡沫酸能增加渗流阻力，堵塞大孔道，使酸液转向，或通过泡沫与酸液交替注入来实现酸液转向。泡沫转向能追溯到 20 世纪 60 年代（Smith 等，1969）。在多孔介质中，单个泡沫尺寸大于孔隙尺寸，泡沫经过孔隙时挤压变形，形成较高渗流阻力。泡沫的行为受制于泡沫膜上的毛细管力，传统意义上的黏滞力影响相对较小，泡沫转向成功的关键是泡沫注入过程中的低气液流度比。泡沫有如下行为特征：（1）泡沫质量在 70%～90%（Thompson 和 Gdanski，1993）时，泡沫流度最小；（2）泡沫在高排量下属于非牛顿流体（Robert 和 Mack，1995），高排量下，驱替压差随流速增加很小；（3）泡沫在高渗岩心中比较稳定，表观黏度较高，有利于封堵高渗带，将酸液转向低渗带或污染更严重区域（Behenna，1995）；（4）油对泡沫有较强的削弱作用（Manlowe 和 Rradke，1990）。室内实验表明，注酸过程中的压力降低可能是泡沫衰变造成（Kibodeaux 等，1994；Parlar 等，1995），因此，泡沫转向时的压力变化规律解释较困难。

泡沫转向的缺点是，泡沫酸中，单位体积泡沫中含酸量较少，注入同样的酸液量，需要更多的处理液和更长的泵注时间；另外，泡沫酸液柱压力低，增加井口泵注压力。

#### 4.10.3.3　变黏酸

该技术利用液体黏度升高来暂堵高渗层，从而增加低渗层吸酸量，本质上是控制液体交联。鲜酸不交联，黏度较低，当满足一定条件时，触发液体交联，黏度急剧增加，暂堵高渗层，增加低渗层吸酸量。有两种方式控制交联：温控变黏酸和 pH 值控制变黏酸。温控变黏酸利用温度变化控制交联：地面酸液温度低，不交联；进入地层后，逐渐增温，达到一定温度后触发交联，黏度增加，高渗层前面吸酸更多，增黏后渗流阻力增加更多，从而增加流向低渗层的酸液量。pH 值控制变黏酸利用酸化中的 pH 值变化来控制交联：鲜酸 pH 值低，不交联；酸液进入地层发生反应，pH 值逐渐升高，达到一定值后触发交联，黏度急剧增加。该技术用到液体交联，需要液体具有很好的破胶返排性能，防止重新污染地层。

#### 4.10.3.4　固体颗粒均匀布酸

该技术利用不溶于酸（或在酸中能稳定一段时间）但溶于水或烃中的固体颗粒，在井壁上形成低渗滤饼，高渗层初期进酸多，形成的滤饼更厚，增加的渗流阻力更高，迫使酸液转向低渗层。施工完毕后，形成的滤饼能有效清除，不影响生产。该技术常用、有效、施工方便。施工时，固体颗粒连续或分批加入液体中，颗粒属性要求：（1）颗粒尺寸范围大；（2）溶于油、气或水。表 4.17 总结了一些转向剂类型及加量，现在转向剂使用可降解材料较多，达到一定温度、一定时间后，可降解材料自动降解水化并返排出来，不对储层造成负面影响。

表4.17 转向剂类型（据McLeod，1984）

| 转向剂 | 浓度 |
|---|---|
| 油溶性树脂或聚合物 | 0.05%~0.5% |
| 苯甲酸 | 射孔段 1 lb/ft |
| 岩盐 | 0.74~3kg/m（0.5~2 lb/ft），有HF时不用 |
| 蜡球 | 1.5~3kg/m（1~2 lb/ft） |
| 奈片、樟脑球 | 0.4~1.5kg/m（0.25~1 lb/ft），水井不用 |

该技术中，酸溶作用降低渗流阻力，颗粒形成滤饼增加渗流阻力，使酸化诊断更复杂，施工中单纯依靠排量和压力间的关系难以直接判断酸化效果。Taha等（1989）开发了一个模型考虑这两种效应。假设滤饼不可压缩，滤饼压降为

$$\Delta p_{\text{cake}} = \frac{\mu u l}{K_{\text{cake}}} = \frac{\mu u C_{\text{da}} V}{(1-\phi_{\text{cake}})K_{\text{cake}} A} \quad (4.125)$$

式中，$K_{\text{cake}}$ 为滤饼渗透率；$\phi_{\text{cake}}$ 为滤饼孔隙度；$l$ 为滤饼厚度；$C_{\text{da}}$ 为固体颗粒浓度；$V$ 为累积进液体积；$A$ 为截面积。

由于滤饼属性 $K_{\text{cake}}$、$\phi_{\text{cake}}$ 难以独立测定，因此可以通过滤饼阻力系数表示：

$$\alpha = \frac{1}{\rho_{\text{da}}(1-\phi_{\text{cake}})K_{\text{cake}}} \quad (4.126)$$

则滤饼产生的渗流阻力为

$$\Delta p_{\text{cake}} = \frac{\alpha \mu u C_{\text{da}} \rho_{\text{da}} V}{A} \quad (4.127)$$

通过实验室测试可获得滤饼阻力系数，比如，定排量向岩心注入带转向剂的液体，测量岩心两端压差随时间变化，计算累积注入量与压差曲线的斜率，通过斜率计算滤饼阻力系数 $\alpha$。油溶性树脂的滤饼阻力系数 $\alpha = 10^{13} \sim 10^{15}$ ft/lb $= 0.67 \times 10^{13} \sim 10^{15}$ m/kg。

为了用解析解评价转向效果，将滤饼形成的阻力转化为滤饼表皮系数：

$$S_{\text{cake}} = \frac{2\pi K h}{q\mu} \Delta p_{\text{cake}} \quad (4.128)$$

$$S_{\text{cake}} = \frac{\alpha C_{\text{da}} \rho_{\text{da}} K \overline{V}}{2\pi r_{\text{w}}^2} \quad (4.129)$$

式中，$\overline{V}$ 为单位厚度进酸量。

将滤饼形成的表皮系数加到稳态流流量公式中，对于多层油藏中的任意一层有

$$\left(\frac{q}{h}\right)_j = \frac{2\pi(p_{\text{wf}} - p_e)K_j}{\mu[\ln(r_e/r_{\text{w}}) + S_j + S_{\text{cake},j}]} \quad (4.130)$$

$$\frac{d\overline{V}_j}{dt} = \left(\frac{q}{h}\right)_j = \frac{2\pi(p_{wf}-p_e)K_j}{\mu[\ln(r_e/r_w)+S_j+c_{1,j}\overline{V}_j]} \tag{4.131}$$

其中
$$c_{1,j} = \frac{\alpha C_{da}\rho_{da}K_j}{2\pi r_w^2} \tag{4.132}$$

式中，$\overline{V}_j$ 为第 $j$ 层单位厚度进酸量；$S_{cake,j}$ 为第 $j$ 层滤饼对应的表皮系数；$(q/h)_j$ 为第 $j$ 层单位厚度排量；$K_j$ 为第 $j$ 层渗透率；$S_j$ 为第 $j$ 层污染表皮系数。

如 $\Delta p = p_{wf} - p_e$ 恒定，直接求解方程得到每层注入速度和累积注入量随时间变化；如注入速度恒定，需求解常微分方程组。

为求解模型，需建立污染表皮系数随注酸变化模型，砂岩酸化中表皮系数变化规律为：

（1）表皮系数随注酸下降，直到污染完全去除。

（2）污染去除后，表皮系数下降非常慢或不再下降。

依据酸化模型、实验数据或现场经验估计表皮系数降到零需要的酸量；假设表皮系数随累积注酸量线性降低，直到为 0，而后不变，则有

$$\begin{cases} S_j = S_{0,j} - c_{2,j}\overline{V}_j, & \overline{V}_j < \overline{V}_c \\ S_j = 0, & \overline{V}_j \geq \overline{V}_c \end{cases} \tag{4.133}$$

式中，$\overline{V}_c$ 为表皮系数降到零需要的酸液量；$c_{2,j}$ 表示表皮系数随注酸量下降速度。

将式（4.133）代入式（4.131）有

$$\left(\frac{q}{h}\right)_j = \frac{2\pi(p_{wf}-p_e)K_j}{\mu[\ln(r_e/r_w)+S_{0,j}+(c_1-c_2)_j\overline{V}_j]} \tag{4.134}$$

$$\frac{d\overline{V}_j}{dt} = \frac{2\pi(p_{wf}-p_e)K_j}{\mu[\ln(r_e/r_w)+S_{0,j}+(c_1-c_2)_j\overline{V}_j]} \tag{4.135}$$

$$\left(\frac{q}{h}\right)_j = \frac{a_{3,j}}{a_{1,j}+a_{2,j}\overline{V}_j} \tag{4.136}$$

$$\frac{d\overline{V}_j}{dt} = \frac{a_{3,j}}{a_{1,j}+a_{2,j}\overline{V}_j} \tag{4.137}$$

当 $\overline{V}_j \leq \overline{V}_c$ 时，有

$$a_{1,j} = \ln(r_e/r_w) + S_{0,j} \tag{4.138}$$

$$a_{2,j} = (c_1-c_2)_j \tag{4.139}$$

$$a_{3,j} = \frac{2\pi(p_{wf}-p_e)K_j}{\mu} \tag{4.140}$$

$$\overline{V}_j = \frac{-a_{1,j}+\sqrt{a_{1,j}^2+2a_{2,j}a_{3,j}t}}{a_{2,j}} \tag{4.141}$$

$$t_j = \frac{a_{1,j}\overline{V}_j+a_{2,j}\overline{V}_j^2/2}{a_{3,j}} \tag{4.142}$$

表皮系数降到零对应的临界注入时间为

$$t_{c,j} = \frac{a_{1,j}\overline{V}_{c,j}+(a_{2,j}/2)\overline{V}_{c,j}^2}{a_{3,j}} \tag{4.143}$$

当 $\overline{V}_j > \overline{V}_c$ 时,有

$$a_{1,j} = \ln(r_e/r_w) \tag{4.144}$$

$$a_{2,j} = c_{1,j} \tag{4.145}$$

$$a_{3,j} = \frac{2\pi(p_{wf}-p_e)K_j}{\mu} \tag{4.146}$$

$$a_{4,j} = -\left[a_{3,j}(t-t_{c,j})+a_{1,j}\overline{V}_{c,j}+\frac{a_{2,j}}{2}\overline{V}_{c,j}^2\right] \tag{4.147}$$

$$\overline{V}_j = \frac{-a_{1,j}+\sqrt{a_{1,j}^2-2a_{2,j}a_{4,j}}}{a_{2,j}} \tag{4.148}$$

$$t_j = t_{c,j}+\frac{a_{1,j}(\overline{V}_j-\overline{V}_{c,j})+\frac{1}{2}a_{2,j}(\overline{V}_j^2-\overline{V}_{c,j}^2)}{a_{3,j}} \tag{4.149}$$

总排量及总累积进酸量为

$$\left(\frac{q}{h}\right)_t = \frac{\sum_{j=1}^{J}(q/h)_j h_j}{\sum_{j=1}^{J} h_j} \tag{4.150}$$

$$\overline{V}_t = \frac{\sum_{j=1}^{J}\overline{V}_j h_j}{\sum_{j=1}^{J} h_j} \tag{4.151}$$

上述模型计算步骤为:

(1) 计算渗透率最高层的注入速度和注入时间随累积注入体积变化。

(2) 计算其他层的累积注入体积随渗透率最高层的累积注入体积变化(各层注入时间相同)。

(3) 计算其他层的注入速度。

(4) 通过各层累加,计算给定时间下的总注入速度和总累积注入体积。

基于上述模型,用表 4.18 中的参数计算了两层酸化中使用颗粒暂堵剂时的

转向效果,如图4.49、图4.50所示。当滤饼阻力系数较低时,高、低渗层的排量均先增加;高渗层吸酸快,先达到临界吸酸量,而后排量下降;低渗层吸酸慢,后达到临界值,而后排量下降。当滤饼阻力系数较高时,由于滤饼阻力作用强于酸溶作用,高渗层排量一开始就下降;低渗层排量刚开始增加,达到临界吸酸量后排量下降。两种情况均看到明显转向效果,具体转向效果取决于暂堵剂性能。

表 4.18　计算参数

| 参数 | 值 | 参数 | 值 |
| --- | --- | --- | --- |
| $r_e$ (m) | 454 | $K_1$ (mD) | 75 |
| $r_w$ (m) | 0.1 | $S_{01}$ | 20 |
| 暂堵颗粒体积浓度 (%) | 0.1 | $V_{c1}$ (m³/m) | 0.62 |
| 暂堵颗粒密度 (g/cm³) | 1.2 | $K_2$ (mD) | 25 |
| 滤饼阻力系数 (m/kg) | $1.3×10^{13}$, $2.7×10^{13}$ | $S_{02}$ | 10 |
| 黏度 (mPa·s) | 0.6 | $V_{c2}$ (m³/m) | 0.62 |
| $p_{wf}-p_e$ (MPa) | 20.7 | | |

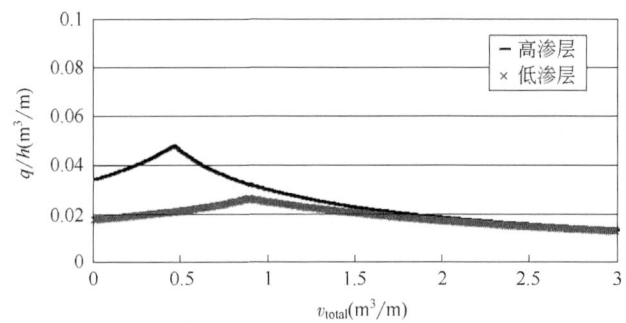

图 4.49　两层排量随注酸变化(滤饼阻力系数 $1.3×10^{13}$ m/kg)

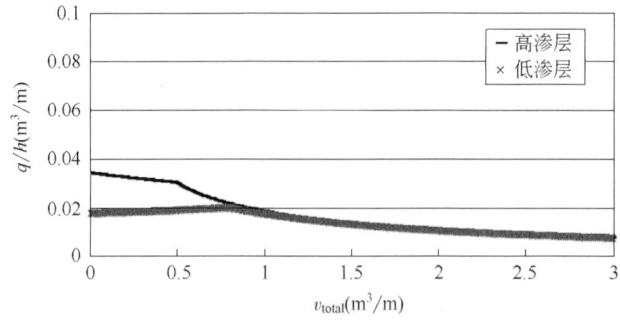

图 4.50　两层排量随注酸变化(滤饼阻力系数 $2.7×10^{13}$ m/kg)

# 习 题

1. 一砂岩地层碳酸钙体积含量10%，孔隙度18%。有一口井，井筒半径10cm，对该井进行酸化，前置酸采用质量分数10%的盐酸，相对密度为1.05。将该井井壁外30cm范围内碳酸钙溶蚀，计算所需的酸液用量。

2. 基质酸化设计中基于经验法则为下述地层选择酸液体系：
（1）$K=100$mD，$\phi=0.2$，碳酸盐岩4%，长石8%，黏土8%，石英80%；
（2）$K=10$mD，$\phi=0.12$，碳酸盐岩5%，长石8%，黏土12%，石英75%；
（3）$K=50$mD，$\phi=0.18$，碳酸盐岩8%，长石5%，黏土12%（四种黏土矿物中绿泥石占42%），石英75%；
（4）$K=20$mD，$\phi=0.14$，碳酸盐岩22%，长石5%，黏土8%，石英65%。

3. 砂岩岩心酸化驱替实验中，岩心长度10cm，直径2.54cm。如果$N_{Ac,F}=0.025$，$N_{Da,S}=0.65$，计算至少需要多少孔隙体积的酸液能将岩心中所有快反应矿物溶蚀。

4. 砂岩岩心酸化驱替实验中，岩心长度10cm，直径2.54cm。注入35PV酸液时快反应矿物反应突破岩心，突破时无因次酸浓度为0.75，计算$N_{Ac,F}$和$N_{Da,S}$。

5. 砂岩储层中一口井，井筒半径10cm，储层厚度15m，孔隙度0.18，裸眼完井。该地层受到污染，污染半径$r_s=0.3$m。用储层岩心进行酸液驱替实验，岩心10cm长，直径2.54cm，驱替排量5mL/min，通过实验获得$N_{Ac,F}=0.02$和$N_{Da,S}=0.4$。酸化施工排量0.8m³/min，计算将污染去除需要的酸液量。

6. 简述砂岩酸化的工艺程序及各阶段的作用。

7. 砂岩储层酸化有哪些可能的沉淀？控制沉淀的方法有哪些？

8. 酸液体系中主要有哪些添加剂？各自的作用是什么？

# 参考文献

郭文英，2006. 砂岩储层多氢酸酸化技术研究. 成都：西南石油大学.

郭文英，赵立强，陈冀嵋，等，2007. 多氢酸体系酸化效果的室内试验研究. 中国海上油气，19（1）：52-55.

李颖川，2009. 采油工程. 北京：石油工业出版社.

徐克彬，马昌庆，陈迎春，等，2014. 水平井连续油管拖动选择性酸化工艺. 石油钻采工艺，36（6）：79-82.

祖凯，2012. 多氢酸体系性能及适应性研究. 成都：西南石油大学.

Abrams A, Scheuerman R F, Templeton C C, et al, 1983. Higher-pH Acid Stimulation Systems. JPT, 35 (12): 2175-2184.

Behenna F R, 1995. Acid Diversion from a Undamaged to a Damaged Core Using Multiple Foam Slugs. Paper SPE 30121 presented at the SPE European Formation Damage Conference, The Hague, Netherlands, May 15-16.

Bertaux J, 1989. Treatment Fluid Selection for Sandstone Acidizing: Permeability Impairment in Potassic Mineral Sandstones. SPE Prod & Oper, 4 (1): 41-48.

Boyer R C, Wu C H, 1983. The Role of Reservoir Lithology in Design of an Acidization Program: Kuparuk River Formation, North Slope, Alaska. Paper SPE 11722 presented at the SPE California Regional Meeting, Ventura, California, USA, March 23-25.

Bryant S L, 1991. An Improved Model of Mud Acid/Sandstone Chemistry. Paper SPE 22855 presented at the 1991 Annual Technical Conference and Exhibition of the Society of Petroleum Engineers, Dallas, TX, October 6-9.

Cooper R E, Bolland J A, 1984. Effective Diversion During Matrix Acidization of Water and Injection Wells. Paper OTC 4795 presented at the Offshore Technology Conference, Houston, Texas, USA, May 7-9.

da Motta E P, Plavnik B, Schechter R S, et al, 1993. Accounting for Silica Precipitation in the Design of Sandstone Acidizing. SPE Prod & Oper, 8 (2): 138-144.

Deutsch C V, Journel A G, 1998. GSLIB-Geostatistical Software Library and User's Guide. 2nd ed. New York: Oxford University Press.

Di Lullo G, Arias F, Ahmad A J, 1996a. Acid Treatment Method for Siliceous Formation. United States Patent 5529125, June 25: 1-18.

Di Lullo G, Arias F, et al, 1996b. A New Acid For True Stimulation of Sandstone Reservoirs. Paper SPE 37015 presented at the 1996 SPE International 6th Asia Pacific Oil & Gas Conference, Adelaide, Australia, October 28-31.

Economides M J, Nolte K G, 2000. Reservoir Stimulation. 3rd ed. Chichester: John Wiley & Sons.

Erbstoesser S R, 1980. Improve Ball Sealer Diversion. Journal of Petroleum Technology, 32 (11): 1903-1910.

Fogler H S, Lund K, McCune C C, 1976. Predicting the Flow and Reaction of HCl/HF Acid Mixtures in Porous Sandstone Cores. SPE J, 16 (5): 248-260.

Gabriel G A, Erbstoesser S R, 1984. The Design of Buoyant Ball Sealer Treatments. Paper SPE 13805 presented at the SPE Annual Technical Conference and Exhibition, Houston, Texas, USA, September 16-19.

Gdanski R D, Peavy M A, 1986. Well Return Analysis Causes Re-Evaluation of HCl Theories. Paper SPE 14825 presented at the SPE Symposium on Formation Damage Control, Lafayette, Louisiana, USA, February 26-27.

Hardy H H, Beier R A, 1994. Fractals in Reservoir Engineering. Singapore: World Scientific Publishing.

Hekim Y, Fogler H S, 1980. On the Movement of Multiple Reaction Zones in Porous Media. AIChE Journal, 26 (3): 403-411.

Hekim Y, Fogler H S, McCune C C, 1982. The Radial Movement of Permeability Fronts and Multiple Reaction Zones in Porous Media. SPE J, 22 (1): 99-107.

Hill A D, Lindsay D M, Silberberg I H, et al, 1981. Theoretical and Experimental Studies of Sandstone Acidizing. SPE J, 21 (1): 30-42.

Hill A D, Sepehrnoori K, Wu P Y, 1994. Design of the HCl Preflush in Sandstone. SPE Production & Operations, 9 (2): 115-120.

Holcomb D L, 1975. Low Surface Tension Hydrochloric-Hydrofluoric Acid Mixtures in Low Porosity, Low Permeability Sandstone. Paper SPE 5411 presented at the SPE Oklahoma City Regional Meeting, Oklahoma City, Oklahoma, USA, March 24-25.

Hong K C, Millhone R S, 1977. Injection Profile Effects Caused by Gravity Segregation in the Wellbore. Journal of Petroleum Technology, 29 (12): 1657-1663.

Kalfayan L J, Watkins D R, 1990. A New Method for Stabilizing Fines and Controlling Dissolution During Sandstone Acidizing. Paper SPE 20076, presented at the California Regional Meeting, Ventura, California, USA, April 4-6.

Kibodeaux K R, Zeilinger S C, Rossen W R, 1994. Sensitivity Study of Foam Diversion Processes for Matrix Acidization. Paper SPE 28550 presented at the SPE Annual Technical Conference and Exhibition, New Orleans, Louisiana, USA, September 25-28.

Kunze K R, Shaughnessy C M, 1983. Acidizing Sandstone Formations with Fluoboric Acid. SPE J, 23 (1): 65-72.

Labrid J C, 1975. Thermodynamic and Kinetic Aspects of Argillaceous. SPE J, 15 (2): 117-128.

Li C L, 2004. Fine Scale Sandstone Acidizing Coreflood Simulation. Austin: The University of Texas.

Lindsay D M, 1976. An Experimental Study of Sandstone Acidization. Austin: The University of Texas.

Lund K, Fogler H S, 1976. Acidizing V: on the Movement of Permeability and Reaction Fronts in Porous Media. Chemi Eng Sci, 5: 381-392.

Lybarger J H, Richardson E A, Scheuerman R F, et al, 1978. Increasing the Clay-Dissolving Capability of a Buffer-Regulated Mud Acid. US Patent 4090563.

Manlowe D J, Radke C J, 1990. A Pore-Level Investigation of Foam/Oil Interactions in Porous Media. SPE Reservoir Engineering, 5 (4): 495-502.

McElhiney J E, Schalge A L, McKnight R S, et al, 1979. Coreflood Acidization: Model, Measurement, and Methodology. Paper SPE 7891 presented at the SPE Oilfield and Geothermal Chemistry Symposium, Houston, Texas, January 22-24.

McLeod H O Jr, 1984. Matrix acidizing. JPT, 36: 2055-2069.

McLeod H O, 1989. Significant Factors for Successful Matrix Acidizing. Paper SPE 20155 presented at the SPE Centennial Symposium at New Mexico Tech, October 16-19.

McLeod H O, Norman W D, 2000. Sandstone Acidizing Ch18 in Reservoir Stimulation. 3rd ed. Chichester: John Wiley & Sons Ltd.

Paccaloni G, 1979. Field History Verifies Control, Evaluation. Oil & Gas Journal, 77 (48): 61-65.

Panga M K R, Ziauddin M, Balakotaiah V, 2005. Two-scale Continuum Model for Simulation of Wormholes in Carbonate Acidization. AIChE J, 51 (12): 3231-3248.

Parlar M, Parris M D, Jasinski R J, et al, 1995. An Experimental Study of Foam Flow Through Berea Sandstone with Applications to Foam Diversion in Matrix Acidizing. Paper SPE 29678 presented at the SPE Western Regional Meeting, Bakersfield, California, USA, March 8-10.

Pye D S, Gallus J P, Kemp J D, 1970. Placement Control Boosts Well-Stimulation Results. Oil & Gas Journal, 11 (9): 76-80.

Richardson E A, 1975. Buffer Regulated Mud Acid. US Patent 3889753.

Robert J A, Mack M G, 1995. Form Diversion Modeling and Simulation. Paper SPE 29676 presented at the SPE Western Regional Meeting, Bakersfield, California, USA, March 8-10.

Rosen M J, 1978. Surfactants and Interfacial Phenomena. New York: John Wiley.

Rowan G G, 1959. Theory of Acid Treatment of Lime-stone Formations. J Inst Pet, 45: 321-334.

Schechter R S, Gidley J L, 1969. The Change in Pore Size Distribution from Surface Reactions in Porous Media. AIChE, 15 (3): 339-350.

Schechter R S, 1992. Oil Well Stimulation. Englewood Cliffs: Prentice Hall.

Sevougian S D, Lake L W, Schechter R S, 1995. KGEOFLOW: A New Reactive Transport Simulator for Sandstone Matrix Acidizing. SPE Prod & Oper, 10 (1): 13-19.

Shafiq M U, Mahmud H K B, Arif M, 2018. Mineralogy and Pore Topology Analysis during Matrix Acidizing of Tight Sandstone and Dolomite Formations Using Chelating Agents. Journal of Petroleum Science and Engineering, 167: 869-876.

Smith C L, Anderson J L, Roberts P G, 1969. New Diverting Techniques for Acidizing and Fracturing. Paper SPE 2751 presented at the SPE Annual California Regional Meeting, San Francisco, California, USA, November 6-7.

Taha R, Hill A D, Sepehrnoori K, 1989. Sandstone Acidizing Design Using a Generalized Model. SPE Production Engineering, 4 (1): 49-55.

Templeton C C, Richardson E A, Karnes G T, et al, 1975. Self-Generating Mud Acid. J Pet Tech, 27 (10): 1199-1203.

Thomas R L, Crowe C W, 1981. Matrix Treatment Employs New Acid System for Stimulation and Control of Fine Migration in Sandstone Formations. J Pet Tech, 33 (8): 1491-1500.

Thompson K E, Gdanski R D, 1993. Laboratory Study Provides Guidelines for Diverting Acid with Foam. SPE Production & Facilities, 8 (4): 285-290.

Walsh M P, Lake L W, Schechter R S, 1982. A Description of Chemical Precipitation Mechanisms and Their Role in Formation Damage during Stimulation by Hydrofluoric Acid. J Pet Tech, 34 (9): 2097-2112.

Ziauddin M, Frenier W, Lecerf B, 2002a. Evaluation of Kaolinite Clay Dissolution by Various Mud Acid Systems (Regular, Organic and Retarded). Paper presented at the 5th International Conference and Exhibition on Chemistry in Industry, Manama, Bahrain.

Ziauddin M, Lotlar H K, Vikane O, et al, 2002b. The Use of a Virtual Chemistry Laboratory for the Design for Matrix-Stimulation Treatments in Heidrun Field. SPE 78314 presented at the European Petroleum Conference, Aberdeen, United Kingdom, October 29-31.

# 第 5 章　碳酸盐岩基质酸化

中高渗碳酸盐岩或天然裂缝发育的低渗碳酸盐岩储层基本都会采用基质酸化措施，碳酸盐岩基质酸化无沉淀风险，既可解除地层污染，还能起到增产作用，酸化效果非常明显。

## 5.1　基本原理

### 5.1.1　碳酸盐岩基质酸化机理及适用条件

碳酸盐岩基质酸化定义为：在低于地层破裂压力下注入酸液（$H^+$），酸液溶蚀碳酸盐岩，形成酸蚀蚓孔；蚓孔穿越污染带，去除污染影响，增加油气井产能。其原理是：通过酸液溶蚀碳酸盐岩，孔隙间竞争吸酸形成酸蚀蚓孔，酸蚀蚓孔穿越污染带，去除污染影响；蚓孔为宏观孔道，蚓孔覆盖区域渗流阻力可忽略，相当于扩大了井筒半径，从而起到增产作用。

钻完井过程中不可避免地伤害地层，降低油气井产能。碳酸盐岩储层通过基质酸化，既可以解除地层污染，又能起到增产作用。碳酸盐岩储层酸化化学反应相对较简单，就是氢离子和碳酸盐岩间的反应，生成物溶解度高，没有沉淀风险。由于盐酸与碳酸盐岩的反应速度极快，酸液几乎不溶解污染物，同时酸化生成毫米级别的酸蚀蚓孔，酸液所经过的地方污染物能脱落排出。碳酸盐岩基质酸化的原理是生成酸蚀蚓孔，蚓孔穿越污染带，去除污染影响，而不是通过溶蚀污染物来解除污染。

酸蚀蚓孔的特殊行为特征使得蚓孔沿部分地方扩展，无蚓孔地方没有酸液到达，如图 5.1 所示。碳酸盐岩基质酸化利用蚓孔穿越污染带，而不是溶蚀污染物，达到去除污染影响和增加产能的目的。蚓孔为宏观孔道（毫米级别），如图 5.2 所示。相对于孔隙介质而言，蚓孔中的渗流阻力可以忽略；生产时，流体从地层中流到蚓孔，再通过蚓孔流到井底。蚓孔覆盖区域渗流阻力可以忽略，相当于扩大了井筒半径，得到负的表皮系数，从而起到增产作用。蚓孔扩展中，酸液只溶蚀很少一部分岩石，可以形成较长的蚓孔，如 5~6m；有天然裂缝时，甚至达到十几米，可以形成 -4~-5 的表皮系数，该表皮系数可形成较为可观的增产效果。

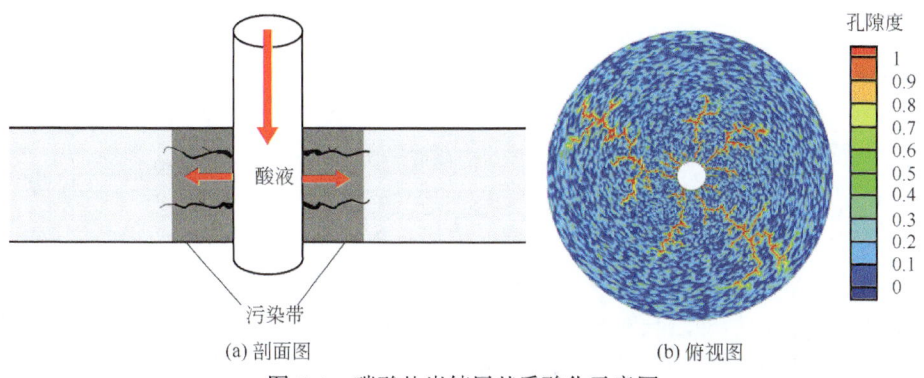

(a) 剖面图　　　　　　　　　　　(b) 俯视图

图 5.1　碳酸盐岩储层基质酸化示意图

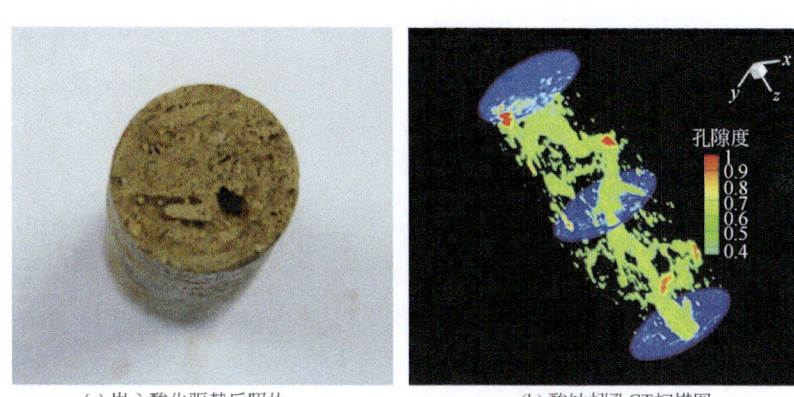

(a) 岩心酸化驱替后照片　　　　　(b) 酸蚀蚓孔CT扫描图

图 5.2　岩心酸化驱替后照片及酸蚀蚓孔 CT 扫描图

碳酸盐岩基质酸化适用条件：

(1) 中高渗储层。保证基质酸化后有足够产能；对于天然裂缝较发育的低渗储层，可形成较长蚓孔，也可采用基质酸化。

(2) 地层有无污染均可。有地层污染时，增产倍数更高；没有污染时，可以获得较低的负表皮系数，也有明显的增产效果。

## 5.1.2　矿物组成及酸岩反应

碳酸盐岩地层的矿物组成及酸岩反应见 3.1 节、3.2 节。

## 5.1.3　理论增产倍数

这里只讨论污染表皮的影响，假设无其他类型表皮，用 Hawkin 公式 [式(2.11)] 计算污染表皮系数，碳酸盐岩基质酸化后表皮系数用式(5.16) 和式(5.18) 计算，酸化增产倍数（酸化后、酸化前产能比）为

$$\frac{J_a}{J_d} = \frac{\ln(r_e/r_w) + S_d}{\ln(r_e/r_w) + S_a} \tag{5.1}$$

式中，$J_a$ 为酸化后采油指数；$J_d$ 为酸化前采油指数；$S_d$ 为污染表皮系数；$S_a$ 为酸化后表皮系数；$r_e$ 为泄油半径；$r_w$ 为井筒半径。

例如，某井 $R_e=300\mathrm{m}$，$R_w=0.1\mathrm{m}$，污染带渗透率 $K_s$ 为地层渗透率的 10%，污染半径 $r_s=0.6\mathrm{m}$，图 5.3 显示了增产倍数随蚓孔长度变化规律，黑线为有污染的情况，红线为没有污染的情况。黑线在 0.6m 处有一转折点，对应污染外沿。在污染半径以内，增产倍数随蚓孔增长增加很快；突破污染带后，增产倍数随蚓孔缓慢增加。对于污染比较严重的井，酸化后增产倍数可达 5 以上。对于没有污染的井，当酸蚀蚓孔较长时，增产倍数可达 2 以上，即使地层没有污染，基质酸化也可获得较为可观的增产。因此，中高渗碳酸盐岩地层有无污染均可用基质酸化。

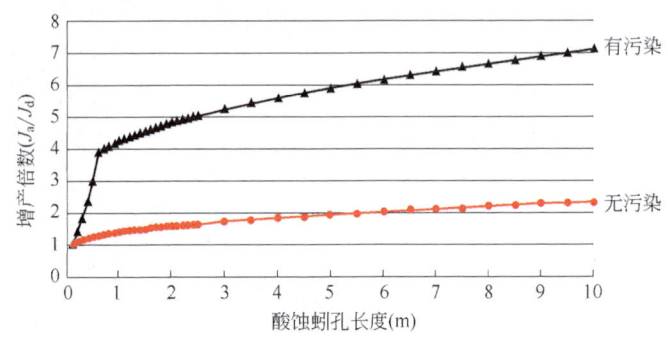

图 5.3　增产倍数随酸蚀蚓孔长度变化

## 5.2　酸蚀蚓孔现象

碳酸盐岩基质酸化虽然酸岩反应较简单，但其产生的物理现象较复杂。砂岩基质酸化中，酸液在多孔介质中流动反应，酸化后仍然是多孔介质；碳酸盐岩则不同，酸化后形成毫米级别的宏观溶蚀孔道，溶蚀孔道光滑弯曲，类似于蚯蚓洞，所以称为酸蚀蚓孔，简称蚓孔。为更好地理解这一现象，先从岩心酸化驱替实验讲起。

### 5.2.1　岩心酸化驱替实验

为研究酸化规律，首先需要进行岩心酸化驱替实验，所用仪器为岩心酸化驱替仪，如图 5.4 所示。它与常规驱替仪器的区别在于，管线、岩心夹持器和酸罐均耐酸，因此采用哈氏合金材质；另一区别是有回压系统，反应生成二氧化碳，为消除二氧化碳对流动的影响（或模拟地层压力条件），需要加回压，通常施加 7MPa 以上回压。为模拟地层温度，实验需要加温，加温主要有两种方式：

（1）在管线上或岩心夹持器加热，该方法较难准确控制温度；（2）容器、管线和岩心夹持器置于恒温箱中加热，该方法较好控制温度，但预热时间较长。

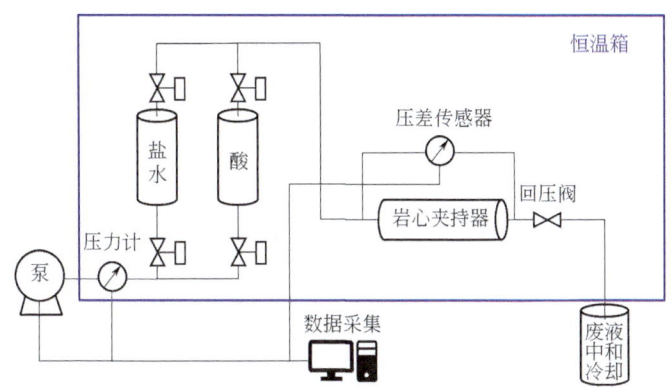

图 5.4 岩心酸化驱替仪示意图

岩心酸化驱替实验步骤为：

（1）配制液体，将酸液和标准盐水分别装入液罐中；将岩心装入岩心夹持器中，连接管线。

（2）将温度调至实验温度，预热充分。

（3）施加回压，保证回压在 7MPa 以上，防止 $CO_2$ 析出影响流动。

（4）施加围压，初始时可施加较低值，注入流体后保证围压比注入压力高 2MPa 左右，防止液体从岩心周围流动。

（5）盐水驱替，排出管线、岩心的气体，待驱替稳定后，根据驱替压差和排量可计算岩心渗透率。

（6）定排量注入酸液，监测驱替压差变化；当压差降为零或酸液突破岩心后，驱替盐水，将管线和岩心中的酸液驱替出。

（7）停泵，清洗实验仪器，分析实验数据。

下面给出普光气田白云岩酸液驱替实例，酸液为胶凝酸体系，20% HCl。实验后岩心如图 5.5 所示。实验形成了特有的现象：酸蚀蚓孔，毫米级别大小。为

图 5.5 酸化驱替后照片

更好地观察岩心内部蚓孔形态,图 5.6 显示了用劈裂岩心进行酸液驱替后形成的蚓孔,岩心劈裂成两半,合在一起模拟天然裂缝酸液驱替;由于天然裂缝渗透率比基质高得多,酸液沿裂缝面流动、反应、溶蚀,实验后打开岩样则能观察到岩心内部蚓孔形态,蚓孔沿裂缝面扩展,蚓孔迂曲,蚓孔壁面光滑。

图 5.6 劈裂岩心酸液驱替后内部蚓孔形态

实验中定排量,监测驱替压差变化。图 5.7 为驱替压差变化规律,该图有两个特征:一是最后驱替压差降为零,二是曲线近似一条直线。由于蚓孔相对于孔隙介质而言尺寸较大,渗流阻力可以忽略,蚓孔突破岩心时,驱替压差降为零。由于蚓孔中的渗流阻力可以忽略,渗流阻力来自蚓孔前端的孔隙介质。随着蚓孔逐渐增长,孔隙介质部分逐渐变短,所以驱替压差逐渐降低,压差降低快慢反映蚓孔增长速度。由于蚓孔迂曲,驱替压差数据点不完全在一条直线上,但近似直线,说明酸蚀蚓孔大约以近似稳定速度向前扩展。另外,酸液仅通过蚓孔流动,仅溶蚀很少部分的岩石即可突破岩心。驱替压差变化规律可用下式表示:

$$\frac{\mathrm{d}\Delta p}{\mathrm{d}t} = \frac{\mathrm{d}(L-L_{\mathrm{wh}})}{\mathrm{d}t} = -\frac{\mathrm{d}L_{\mathrm{wh}}}{\mathrm{d}t} \tag{5.2}$$

式中,$L_{\mathrm{wh}}$ 为蚓孔长度;$L$ 为岩心长度;$\Delta p$ 为驱替压差。

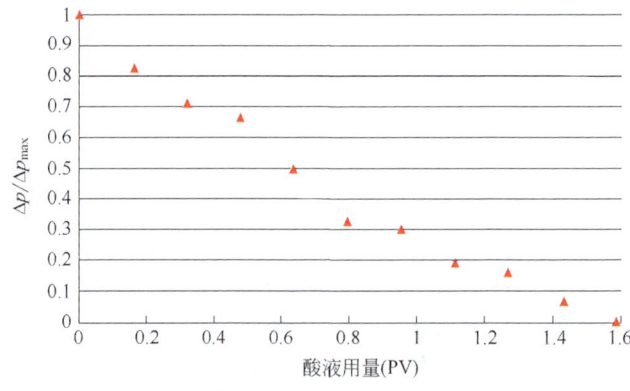

图 5.7 驱替压差变化规律

大尺寸酸蚀蚓孔径向驱替（类似实际注酸过程）实验较复杂，需要大岩样，设备需密封、耐酸，这方面实验较少。Daccord 等（1989）用石膏和水进行径向驱替，实验获得蚓孔铸模［图 5.8(a)］。McDuff 等（2010）进行了酸蚀蚓孔径向驱替实验，并用 CT 获得了三维图像［图 5.8(b)］。径向驱替实验表明，在周向上和垂向上有多根蚓孔扩展，由于非均质性影响，各蚓孔扩展长度差异较大。

(a) 蚓孔铸模(据Daccord等，1989)

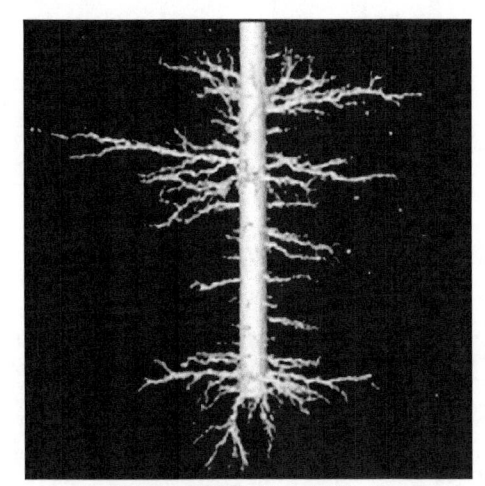
(b) 蚓孔CT扫描图像(据McDuff等，2010)

图 5.8　径向驱替蚓孔形态

## 5.2.2　酸蚀蚓孔观测方式

实验后能在岩心端面直接观测到蚓孔，但无法观察到岩心内部形状，目前观测岩心内部蚓孔形态的方法有金属铸模、X 光照片和 CT 扫描。

（1）金属铸模。

金属铸模是 20 世纪 90 年代左右采用的一种蚓孔形态观察方式。酸蚀蚓孔驱替后，向岩心注入一种特殊金属（液态），然后凝固，再把外面的岩石溶掉，留下金属，得到蚓孔形态，如图 5.9 所示（Huang 等，2000a）。这种方法的好处是可以获得蚓孔细节，蚓孔有很多细小分支，通过这种方法能观测到，可形成实物形状直接观察，但这种方法需要破坏岩心。Buijse（2000）采用环氧树脂方式得到类似的蚓孔铸模。

（2）X 光照片。

该方法利用 X 光成像技术获取岩心内部蚓孔形态，20 世纪 90 年代运用于酸蚀蚓孔形态观测。该方法获得蚓孔二维黑白图片，无须损伤岩心，如图 5.10 所示。

（3）CT 扫描。

近年来使用 CT 扫描获得酸蚀蚓孔形态较多，它是一种非破坏性的图片处理

图 5.9 酸蚀蚓孔金属铸模（据 Huang 等，2000a）

$q$=0.04cm³/min　$q$=0.11cm³/min　$q$=0.3cm³/min　$q$=1.05cm³/min　$q$=10cm³/min　$q$=60cm³/min
$N_{Da}$=7.8　　　$N_{Da}$=2.6　　　$N_{Da}$=0.97　　$N_{Da}$=0.28　　　$N_{Da}$=0.029　$N_{Da}$=0.0048
$PV_{inj}$=43.1　　$PV_{inj}$=10.0　　$PV_{bt}$=3.5　　$PV_{bt}$=0.8　　　$PV_{bt}$=2.1　　$PV_{bt}$=6.7

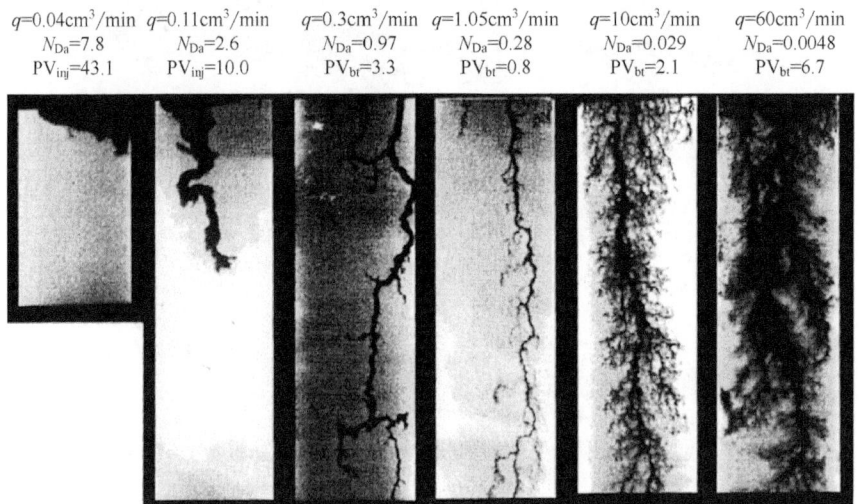

图 5.10 酸蚀蚓孔形态（据 Fred 和 Fogler，1998b）

$N_{Da}$—Damköhler 数；$PV_{inj}$—注入孔隙体积倍数；$PV_{bt}$—突破孔隙体积倍数

技术，使用 X 射线和计算机数学运算法则，使计算机可以再现物体的三维图片。当扫描岩心时，X 射线源发出的准直射光束会穿透岩心，而射出的光束会被一系列探测器捕获。X 射线源和探测器会绕着岩心移动，从而可以覆盖 360°范围。与医学上所用的 CT 扫描不同，工业 CT 扫描使用能量很高的 X 射线源，因而不可以用于生命物体检查。图 5.11 为 CT 扫描基本工作原理示意图。

该方法的优点是，它不破坏岩心，酸液驱替前可获得初始孔隙分布，酸液驱替后再扫描获得孔隙分布，通过原位对比，可得到酸蚀蚓孔形态；它获得三维数字彩色图像，可重复、从各角度观察研究，所以目前使用较多。但该方法也有不足之处，由于扫描精度限制，一些蚓孔细节扫描不到。对比图 5.9 与图 5.12 能看出，CT 扫描缺少金属铸模得到的一些微小的蚓孔细节。

# 第 5 章 碳酸盐岩基质酸化

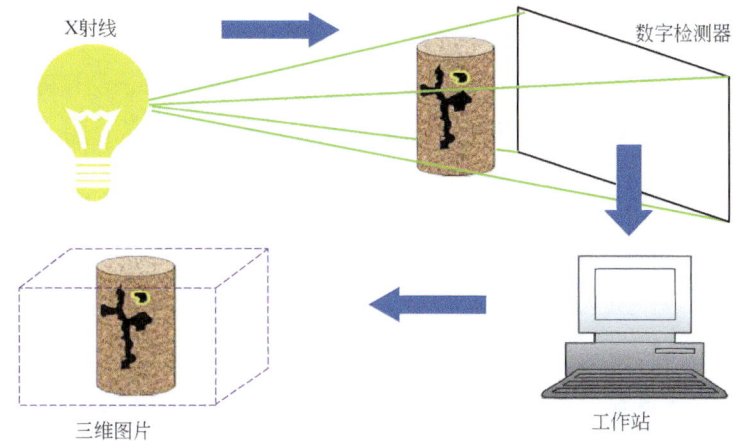

图 5.11 CT 扫描基本原理示意图

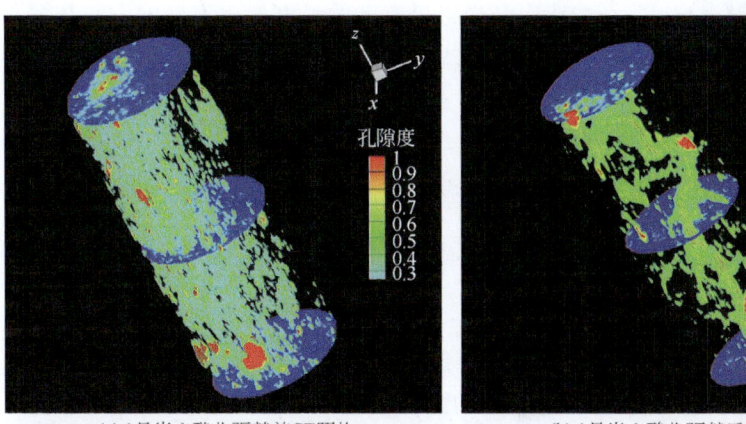

(a) 1号岩心酸化驱替前CT照片　　　　(b) 1号岩心酸化驱替后CT照片

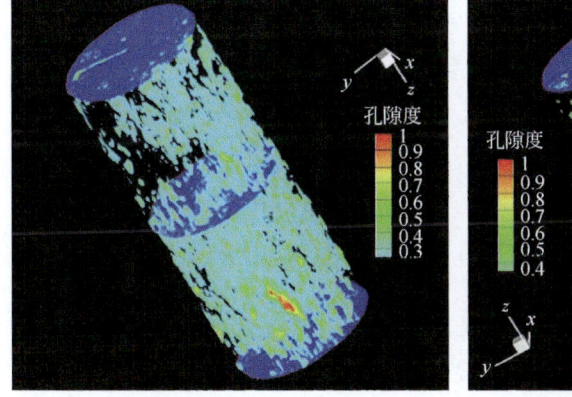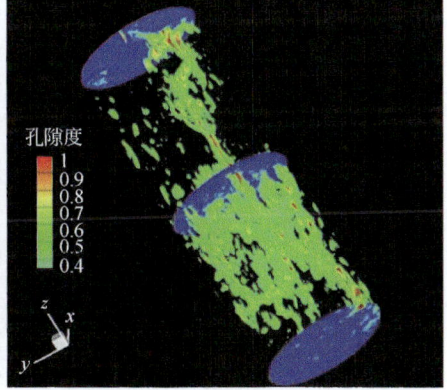

(c) 2号岩心酸化驱替前CT照片　　　　(d) 2号岩心酸化驱替后CT照片

图 5.12 CT 扫描得到酸液驱替前后岩心孔隙分布

### 5.2.3 酸蚀蚓孔分形特征

酸蚀蚓孔形态随注入条件、酸液性质、岩石孔隙结构特征及孔隙空间分布而变化，蚓孔形状千姿百态，很难找到两个形状一样的蚓孔。蚓孔有很多分支，分支形态也非常复杂，难以用常规物理量描述。Daccord 和 Lenormand（1987）建议用分形维数来描述蚓孔特征，蚓孔形状具有自相似性，即大的蚓孔形态在分支上以小的复制品的形式重复出现，蚓孔的分形特征是蚓孔研究中的一个重要发现。分形特征表明蚓孔长度随度量尺的放大而增加，因为随度量尺的放大，分支结构就能度量出来。在双对数坐标中，蚓孔长度和度量标尺成一直线关系，直线的斜率与分形维数有关，Daccord 和 Lenormand（1987）研究发现，蚓孔的分形维数为 1.6。

虽然酸蚀蚓孔具有分形特征，具有分形特征的物体不能用长度衡量，但实际应用中说到蚓孔长度，是指在厘米到米级尺度下的长度，更准确地讲，是蚓孔覆盖范围或活酸作用距离，这些参数对工程实际才有意义。

### 5.2.4 酸蚀蚓孔形态

由于非均质性、随机性影响，每个蚓孔的形态各异，无法得到形态完全一样的两个蚓孔，这里所说的蚓孔形态是从蚓孔特征角度的分类。酸蚀蚓孔形态受酸液体系、温度、岩性、驱替条件（流速）、孔渗空间分布的影响，对于某一具体储层，给定温度，选定酸液体系时，排量是影响蚓孔形态的主要参数。Hoefner 和 Fogler（1988）在实验中改变排量，得到如图 5.13 所示的蚓孔形

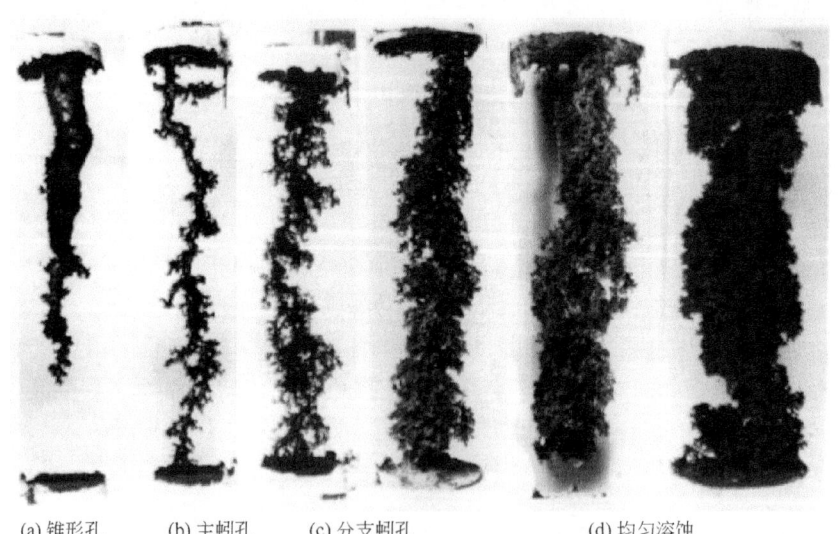

(a) 锥形孔　　(b) 主蚓孔　　(c) 分支蚓孔　　　　(d) 均匀溶蚀

图 5.13　酸蚀蚓孔形态（据 Hoefner 和 Fogler，1988）

态：面溶蚀、锥形孔、主蚓孔、分支蚓孔、均匀溶蚀。面溶蚀只在岩心入口端面溶蚀岩石，由于面溶蚀形态只出现在特别低的流速下，一般实验中没有展示面溶蚀形态。当流速很低时，酸液消耗速度远远高于向前流动速度，酸液只在接触面处溶蚀而形成面溶蚀；当流速较低时，酸液向前流动较慢，酸液消耗速度较快，酸液主要在入口附近溶蚀而形成锥形孔，蚓孔向前扩展非常慢；随着流速逐渐增加，酸液向前输送速度增加，更多酸液到达蚓孔前端扩展蚓孔，蚓孔变细变长；当酸液流速与消耗速度匹配时（在同一量级上），形成细长的主蚓孔；随着流速进一步增加，输送到蚓孔前端的酸液来不及消耗掉，酸液多方向流入蚓孔前端孔隙中，形成分支蚓孔；当流速很高时，流动速度远远高于消耗速度，酸液来不及消耗就进入更多孔隙，多数孔隙得到酸液，形成类似于砂岩酸化的均匀溶蚀。

基质酸化中希望得到主蚓孔形态，细长的主蚓孔表明，在同样的酸液用量条件下，主蚓孔形态获得的蚓孔最长（图5.14）；蚓孔所在地方为岩石溶掉的地方，主蚓孔是得到同样的活酸作用距离溶蚀岩石最少的蚓孔形态。蚓孔大小在毫米级别，与孔隙介质相比，其渗流能力远远高于孔隙介质，蚓孔大小对渗流无明显影响，长度是蚓孔的主要参数。前面讲到蚓孔形态具有分形特征，用分形维数表示，蚓孔长度是指在常见的尺度下（如厘米到米级尺度）的长度。

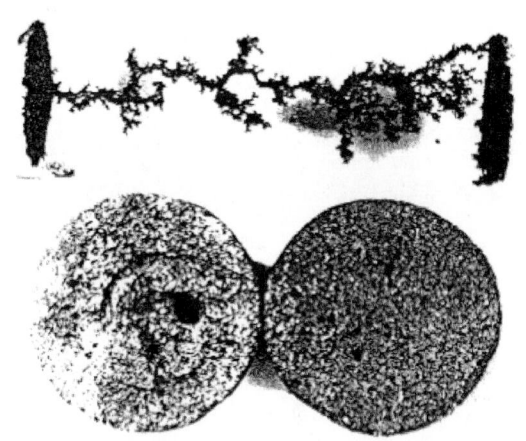

图5.14 主蚓孔形态（据 Hoefner 和 Fogler，1988）

## 5.2.5 酸蚀蚓孔扩展速度描述

实验中岩心长短不一，有的直径也不同，蚓孔扩展速用如下无因次量表示具有可比性：

$$PV_{bt} = \frac{蚓孔突破时注入酸液体积}{岩心孔隙体积} \tag{5.3}$$

式中，$PV_{bt}$ 为突破孔隙体积倍数。

实验中，注入酸液驱替直到蚓孔突破岩心时结束，所以用蚓孔突破时的孔隙体积倍数表示蚓孔扩展速度。将各种蚓孔形态下的 $PV_{bt}$ 与排量绘制在双对数坐标上可得如图 5.15 所示的曲线，该曲线有如下特点：

（1）存在一个最优注入速度，对应的 $PV_{bt}$ 最小，蚓孔扩展最快，对应主蚓孔形态；

（2）最优注入速度右边，$PV_{bt}$ 随注入速度增加而增加，但增加幅度小于左边（左边 $PV_{bt}$ 随注入速度降低而快速增加），其斜率近似 2/3；

（3）最优注入速度左边，$PV_{bt}$ 随注入速度降低而急剧增加。

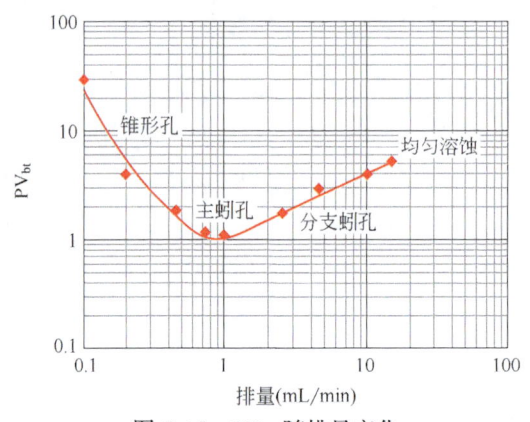

图 5.15　$PV_{bt}$ 随排量变化

酸化中，期望得到最优注入速度，但实际很难得到最优注入速度，或者施工中随注入压力降低会提高排量。在不确定最优注入速度时，将排量落在最优点右边比较安全，因为在最优点右边，排量变化几倍，$PV_{bt}$ 变化幅度较小；而在最优点左边，排量变化几倍，$PV_{bt}$ 变化较大。在实际酸化中，排量一般不会在左边过于偏离最优点，那样的话排量很低，不具有现场操作性。

前人（如 Fredd 和 Fogler，1998a）做了大量实验（不同酸液体系、不同岩心），得到的 $PV_{bt}$ 随排量变化曲线，如图 5.16 所示。这些曲线形状类似，只是最优点所在位置不同。

### 5.2.6　酸蚀蚓孔形成机理

碳酸盐岩岩心酸液驱替后能形成蚓孔，是由矿物组成和酸岩反应特征决定的。由于岩心主要矿物为碳酸盐岩，碳酸盐岩溶于酸，因此，骨架部分能被溶蚀掉而形成宏观孔道；不同于碳酸盐岩，砂岩骨架部分不溶于酸，酸液驱替后仍为孔隙介质。由于非均质性影响，储层由大小不同的孔道组成，大孔道渗透率远远

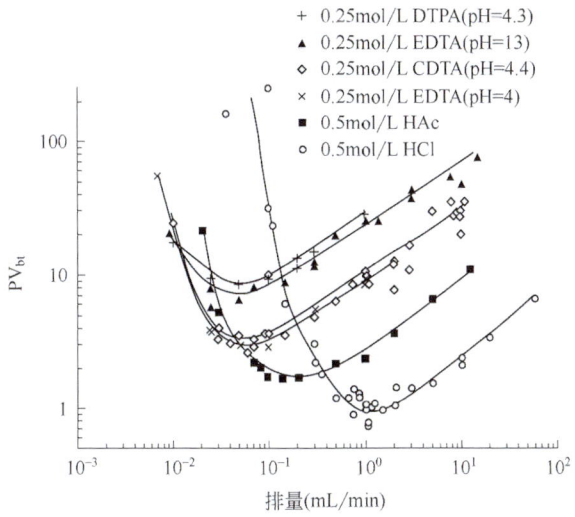

图 5.16　各种酸液体系下 $PV_{bt}$ 随排量变化（据 Fredd 和 Fogler，1998a）

高于小孔道，大孔道得到酸液更多，以远高于小孔道的速度增长；通过吸酸竞争后，大孔道获得的酸液越来越多，小孔道获得的酸液越来越少，最后几乎所有酸液流经大孔道，经酸溶后少数大孔道逐渐形成蚓孔。酸岩反应需要从孔隙尺度和宏观尺度（岩心尺度）两方面分析，如图 5.17 所示，下部为宏观尺度（岩心尺度），上部为孔隙尺度，孔隙尺度为蚓孔前端很小一部分放大后的图片，蓝色为孔隙，红色为固体。

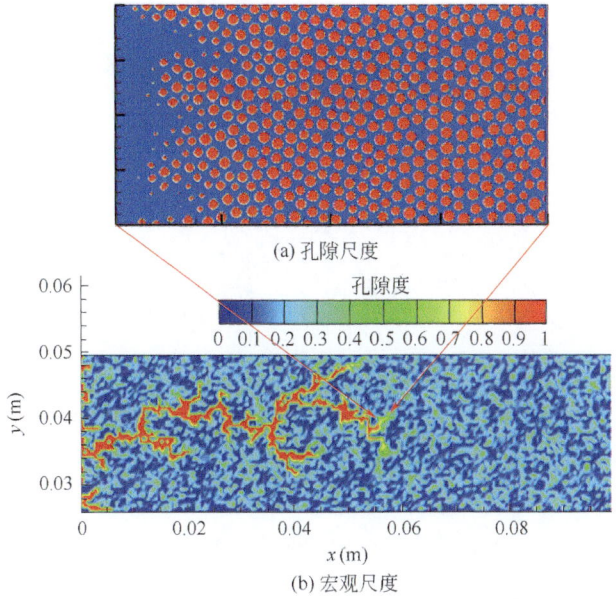

图 5.17　宏观尺度蚓孔与孔隙尺度下溶蚀

### 5.2.6.1 孔隙尺度

孔隙尺度上，孔隙中酸液流动反应可简化为如图 5.18 所示的示意图（Schechter，1992）。

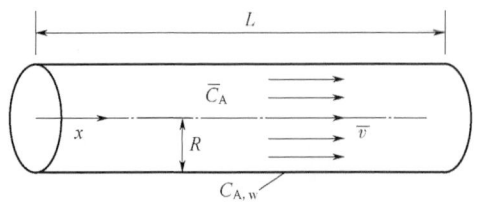

图 5.18 孔隙中酸液流动、反应示意图

基于物质平衡原理和酸岩反应动力学有

$$\pi R^2 \bar{v} \frac{\mathrm{d}\bar{C}_\mathrm{A}}{\mathrm{d}x} = -2\pi R k_\mathrm{m}(\bar{C}_\mathrm{A} - C_\mathrm{A,w}) \tag{5.4}$$

$$k_\mathrm{m}(\bar{C}_\mathrm{A} - C_\mathrm{A,w}) = E_\mathrm{f} C_\mathrm{A,w} \tag{5.5}$$

式中，$R$ 为孔隙半径；$L$ 为孔隙长度；$\bar{v}$ 为孔隙中平均流速；$E_\mathrm{f}$ 为酸岩反应速度常数；$k_\mathrm{m}$ 为传质系数；$C_0$ 为孔隙入口酸浓度；$\bar{C}_\mathrm{A}$ 为酸液平均浓度；$C_\mathrm{A,w}$ 为孔隙壁面酸浓度。

基于式(5.4)和式(5.5)得到酸浓度为

$$\bar{C}_\mathrm{A}(L) = C_0 \exp\left[-\frac{2k_\mathrm{m} E_\mathrm{f} L}{R\bar{v}(k_\mathrm{m} + E_\mathrm{f})}\right] \tag{5.6}$$

单位时间岩溶体积为 $AX\bar{v}[C_0 - \bar{C}_\mathrm{A}(L)]/C_0$，于是有孔隙截面积变化规律为

$$L\frac{\mathrm{d}A}{\mathrm{d}t} = \frac{AX\bar{v}[C_0 - \bar{C}_\mathrm{A}(L)]}{C_0} \tag{5.7}$$

$$\frac{\mathrm{d}A}{\mathrm{d}t} = \frac{AX\bar{v}}{L}\left\{1 - \exp\left[-\frac{2k_\mathrm{m} E_\mathrm{f} L}{R\bar{v}(k_\mathrm{m} + E_\mathrm{f})}\right]\right\} \tag{5.8}$$

式中，$A$ 为孔隙截面积；$X$ 为入口酸浓度 $C_0$ 对应的体积溶解力。

式(5.8)有两种极限情况，一是反应速度较慢，$E_\mathrm{f} \to 0$，式(5.8)为

$$\frac{\mathrm{d}A}{\mathrm{d}t} = 2\sqrt{\pi A} E_\mathrm{f} X = \psi A^{1/2} \tag{5.9}$$

式(5.9)表明，当反应速度较慢，孔隙随面积的½次方增长，所有孔隙趋向于发展为同样尺寸，形成均匀溶蚀，不会形成蚓孔。

二是反应速度较快，$E_\mathrm{f} \to \infty$，式(5.8)变为

$$\frac{\mathrm{d}A}{\mathrm{d}t} = \frac{A\bar{v}X}{L} \tag{5.10}$$

对于层流有

$$\bar{v} = \frac{A}{8\pi\mu}\left(-\frac{\mathrm{d}p}{\mathrm{d}x}\right) \approx \varepsilon A \tag{5.11}$$

于是得到孔隙截面积变化规律为

$$\frac{\mathrm{d}A}{\mathrm{d}t} = \frac{\varepsilon X A^2}{L} = \psi A^2 \tag{5.12}$$

式(5.12)表明，酸溶造成的孔隙截面积变化与 $A^2$ 正相关，说明孔隙酸溶过程是不稳定过程，大孔道截面积更大，增长速度更快。由于储层存在非均质性，储层由大小不同的孔道组成，大孔道渗透率远远高于小孔道，大孔道得到酸液更多，以远高于小孔道的速度增长；通过吸酸竞争后，大孔道获得的酸液越来越多，小孔道获得的酸液越来越少，最后几乎所有酸液流经大孔道，经酸溶后少数大孔道逐渐形成蚓孔。

### 5.2.6.2 宏观尺度（岩心尺度）

当蚓孔形成后，蚓孔中的流动、反应为宏观条件下的流动、反应。由于蚓孔壁面上酸液消耗速度受传质控制或受传质过程和表面反应过程两者共同控制，传质速度较慢，因而蚓孔壁面溶蚀速度逐渐慢下来，蚓孔尺寸增长速度会越来越慢。蚓孔形成后，由于蚓孔渗流阻力远远低于孔隙介质的渗透阻力，酸液几乎只通过蚓孔流动。酸液在蚓孔中流动时，一部分消耗在蚓孔壁面上，一部分流到蚓孔前端，流到蚓孔前端的酸液溶蚀岩石，使蚓孔向前扩展；蚓孔扩展速度取决于有多少活酸流到蚓孔前端，由于蚓孔壁面上酸液消耗逐渐降下来，大部分酸液运移到蚓孔前端扩展蚓孔。蚓孔形成条件为：

（1）宏观尺度下反应受传质控制或受传质过程和表面反应过程共同控制时才能形成蚓孔，保证形成蚓孔后有足够多的酸液运移到蚓孔前端扩展蚓孔；

（2）存在非均质性，大小孔道竞争吸酸，少数大孔道发育成蚓孔；

（3）孔隙尺度下反应为表面反应速度控制，使得运移到蚓孔前端孔隙中的酸液及时消耗掉，扩展蚓孔；

（4）岩石主体部分能被酸溶掉，微观孔道溶蚀能形成宏观孔道。

在蚓孔尺度下，酸液总体反应速度与对流速度匹配，形成主蚓孔，即反应速度和对流速度在同一个级别上，运移到蚓孔前端的酸液能及时消耗掉，有足够多的酸液运移到蚓孔前端，保持蚓孔向前扩展。

是否形成蚓孔以及蚓孔形状取决于表面反应速度、传质速度、滤失速度和对流速度之间的关系，这些参数取决于岩石类型、酸液类型、注入速度、温度、孔隙空间分布以及注入速度。上述影响用一个无因次量 Damköhler 数表达，即反应速度与对流速度之比，这里的反应速度为总体反应速度（包括表面反应速度和传质速度）：

$$N_{Da} = \frac{\pi d L \kappa}{q} \tag{5.13}$$

式中，$d$ 为蚓孔直径；$L$ 为孔长度；$\kappa$ 为总体反应速度常数；$q$ 为流量。

总体反应速度常数为

$$\kappa = \left(1 + \frac{1}{vK_{eq}}\right) \bigg/ \left(\frac{1}{K_1} + \frac{1}{vK_r} + \frac{1}{vK_{eq}K_3}\right) \tag{5.14}$$

式中，$K_1$、$K_3$ 为反应物和生成物的传质系数；$K_{eq}$ 为表面反应有效平衡常数；$K_r$ 为表面反应速度常数；$v$ 为化学反应式中反应物与生成物的系数比。

由于蚓孔长度和直径随时间变化，传质系数和 Damköhler 数（Fredd 和 Fogler，1998b）用最终蚓孔尺寸计算。典型的蚓孔直径为 0.06cm，蚓孔长度取岩心长度的一半，表面反应速度常数和平衡常数用旋转圆盘仪测量。计算的 Damköhler 数约 0.29，该值表明总体反应速度和对流速度在同一个级别上时形成主蚓孔。

图 5.16 横坐标为驱替速度，可转换为 Damköhler 数，转换后得到图 5.19。图 5.19 表明，最优注入点对应的 Damköhler 数相同，说明反应速度与对流速度之比为一常数时蚓孔扩展速度最快，即反应速度与对流速度匹配时形成主蚓孔。该规律表明，对于高温地层，反应速度快，则需要提高注入速度；反之，低温地层则降低注入速度。对于高温地层，如注入速度达不到反应速度对应的要求，可采用缓速酸（比如有机酸）降低反应速度，同样实现反应速度与对流速度间的匹配。

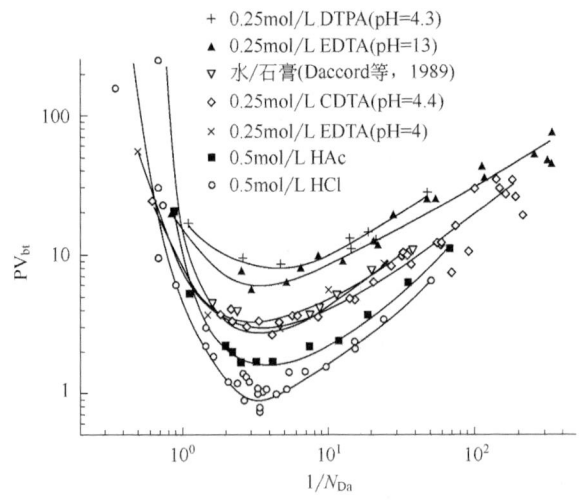

图 5.19　$PV_{bt}$ 与 $N_{Da}$ 关系（据 Fredd 和 Fogler，1998a）

## 5.2.7 酸蚀蚓孔长度影响因素

碳酸盐岩基质酸化效果用表皮系数评价。表皮系数随酸蚀蚓孔长度变化如式(5.16)和式(5.18)及图5.21所示，蚓孔长度决定酸化效果，在施工规模一定时，蚓孔长度（蚓孔扩展速度）最大化是酸化追求的目标。蚓孔扩展速度取决于蚓孔形态，蚓孔形态取决于以下因素：

(1) 地质条件：储层孔隙空间分布，天然裂缝，岩性，温度。
(2) 工程条件：酸液体系、排量、规模。

地质条件取决于储层本身，无法改变；可以优化工程条件以增加蚓孔长度。增加蚓孔长度方法有：

(1) 优化排量，使总体反应速度与对流速度（排量）匹配，形成主蚓孔。在主蚓孔形态下（图5.16中最优点）蚓孔扩展最快，优化排量使$N_{Da}$最优。

(2) 高温地层采用缓速酸。酸液在蚓孔中流动时，沿程逐渐消耗，温度越高，反应速度越快，消耗越快，活酸作用距离越短。缓速酸可以降低反应速度，从而增加酸蚀蚓孔长度。高温地层中，在不压开储层条件下注入酸液，用缓速酸可使$N_{Da}$达到最优值，形成主蚓孔。

(3) 在可能的作用范围内，增加施工规模，增加蚓孔长度。在没有天然裂缝的条件下，酸蚀蚓孔可达6m以上，当天然裂缝较发育时蚓孔可达十几米以上，可采用蚓孔扩展数值模型进行优化。

## 5.3 酸化增产效果评价

评价碳酸盐岩基质酸化效果的方法主要有两种：解析方式(表皮系数)、数值模拟方式。由于基质酸化作用于近井地带，主要用解析方式评价。

### 5.3.1 解析方式-表皮系数

酸化后从井筒向外分为三个区域，即蚓孔覆盖区（渗流阻力可忽略）、蚓孔未穿越的污染区和原始地层区，如图5.20所示；如蚓孔穿越污染带，则只有两个区域，即蚓孔覆盖区和原始地层区。

根据表皮系数的定义，酸化后表皮系数随蚓孔长度的变化如下：当$r_{wh}<r_s$时，有

$$\Delta p_s = \frac{q\mu}{2\pi K_s}\ln\frac{r_s}{r_{wh}} - \frac{q\mu}{2\pi K}\ln\frac{r_s}{r_w} = \frac{q\mu}{2\pi K}S \tag{5.15}$$

$$S = \frac{K}{K_s}\ln\frac{r_s}{r_{wh}} - \ln\frac{r_s}{r_w} \tag{5.16}$$

当 $r_{wh} \geq r_s$，有

$$\Delta p_s = -\frac{q\mu}{2\pi K}\ln\frac{r_{wh}}{r_w} = \frac{q\mu}{2\pi K}S \tag{5.17}$$

$$S = -\ln\frac{r_{wh}}{r_w} \tag{5.18}$$

式中，$q$ 为产量；$\mu$ 为黏度；$K_s$ 为污染带渗透率；$K$ 为原始地层渗透率；$r_s$ 为污染半径；$r_{wh}$ 为蚓孔半径；$r_w$ 为井筒半径。$r_{wh}$、$r_w$ 和 $r_s$ 单位一致即可；$K$ 和 $K_s$ 单位一致即可。

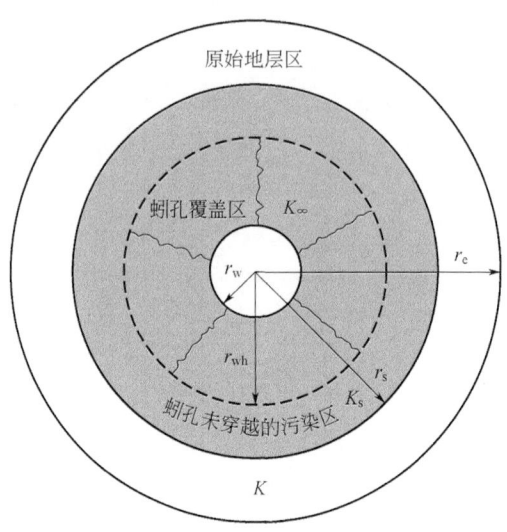

图 5.20　污染、蚓孔、原始地层示意图

　　用上述公式可绘制表皮系数随蚓孔长度变化的曲线，图 5.21 显示了污染深度 50cm、井筒半径 10cm、污染渗透率为原始渗透率 10% 时表皮系数随蚓孔长度变化情况。曲线有一拐点，对应污染半径，拐点前，表皮系数下降非常快，拐点后，表皮系数下降变慢。由于蚓孔覆盖区域渗流阻力可忽略，蚓孔突破污染带前，由于解除污染与蚓孔增产双重作用，所以表皮系数下降快，蚓孔突破污染带前表皮系数已降到零。蚓孔突破污染带后，蚓孔新增长部分仅起到增产作用，所以表皮系数下降变慢。虽然蚓孔突破污染带后表皮系数下降变慢，但其对产能的贡献明显。蚓孔长度为 10m 时，表皮系数降到 -4.6，增产效果明显。酸化优化时不是选择拐点为最优，而是增加蚓孔长度到经济、可行的长度。数值模拟及现场测试数据表明，10 余米蚓孔长度是可行的长度。Furui 等（2012）统计了几百口井酸化后的表皮系数数据（图 5.22），70% 的井酸化后表皮系数在 $-3\sim-5$，说明实际蚓孔长度可达到 $10\sim15$m，这也解释了为何碳酸盐岩基质酸化效果较好的原因，污染严重的井酸化后产量能增加几倍。

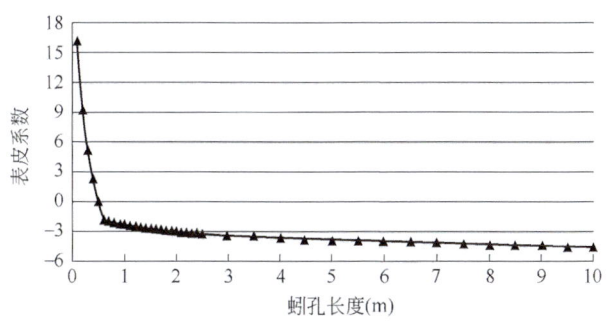

图 5.21 表皮系数随蚓孔长度变化

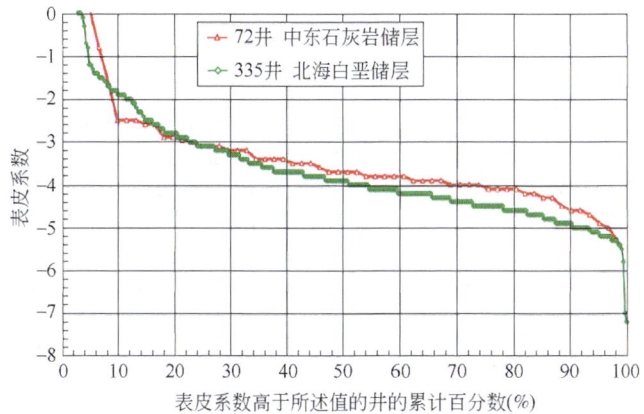

图 5.22 现场统计的表皮系数分布规律（据 Furui 等，2012）

## 5.3.2 数值模拟

利用常用油藏数值模拟软件，通过单井油藏数值模拟方式，可分析蚓孔参数对产能的影响。通过建立单井径向网格模型，在某些网格用很高的渗透率来模拟蚓孔。基质酸化主要用于解除近井地带污染，所以井筒周围设置一污染带，本模拟用 50cm 污染深度，污染渗透率为原始渗透率的 10%，模拟参数如表 5.1 所示。

表 5.1 模型使用参数

| 参数 | 取值 | 参数 | 取值 |
| --- | --- | --- | --- |
| 地层压力（MPa） | 32 | 渗透率（$10^{-3}\mu m^2$） | 10 |
| 厚度（m） | 50 | 压缩系数（MPa） | $2.78 \times 10^{-3}$ |
| 井筒半径（m） | 0.1 | 原油密度（g/cm$^3$） | 0.79 |

续表

| 参数 | 取值 | 参数 | 取值 |
|---|---|---|---|
| 饱和压力（MPa） | 11.8 | 原油黏度（mPa·s） | 2 |
| 初始油饱和度 | 0.7 | 初始水饱和度 | 0.3 |
| 生产压差（MPa） | 4 | | |

为了保证模拟的精度，准确模拟污染带和蚓孔的影响，径向上网格非均匀划分，井筒附近采用小网格，远井带增大网格。无蚓孔的模型为基础模型，有蚓孔时，在基础模型上通过网格加密方式实现蚓孔，蚓孔所在网格赋予高渗透率模拟蚓孔，网格分布如图 5.23 所示，网格密集的地方为蚓孔。井周蓝色为污染带。

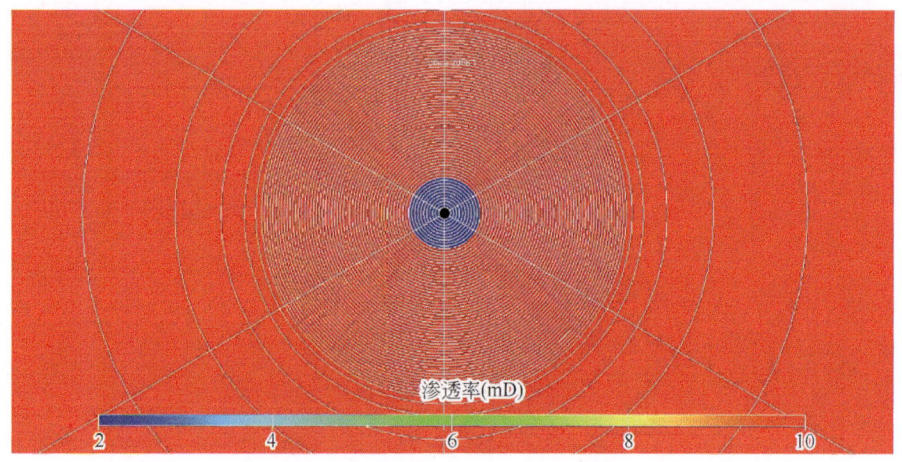

图 5.23 模型渗透率分布示意图

模拟中通过设置高渗透率来模拟蚓孔，本模拟中渗透率高于 500D 后，渗透率对产量影响很小，所在区域压降可忽略，这也解释了蚓孔可认为无限渗流能力的原因。

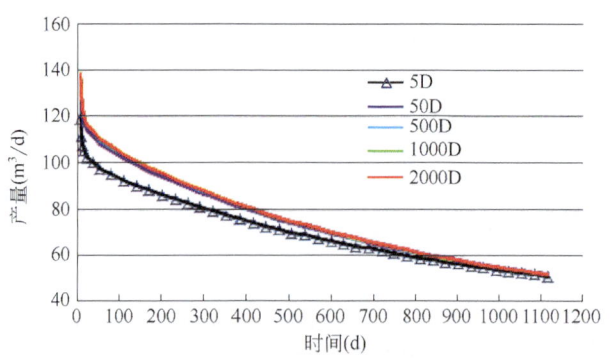

图 5.24 蚓孔所在网格渗透率对产量的影响

图 5.25 显示了蚓孔数量对产量的影响，0 表示没有蚓孔，即基础模型。从没有蚓孔到有蚓孔，产量增加明显；当蚓孔数量从 1 增加到 3 条时，产量增加明显；当蚓孔数量高于约 5 条以后，产量增幅很小。径向条件下的酸蚀蚓孔扩展模拟表明，4~6 条蚓孔是常见数目。

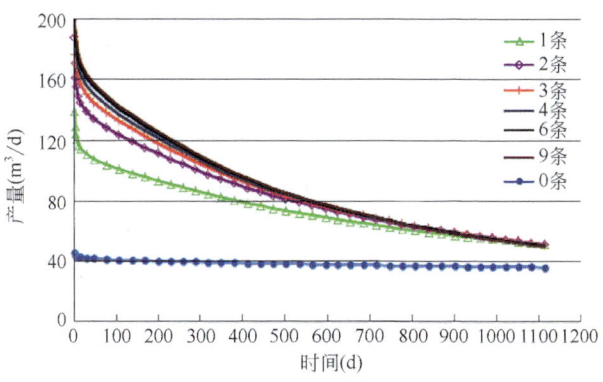

图 5.25 蚓孔数量对产量的影响

图 5.26 显示了产量随蚓孔长度的变化，蚓孔长度对产量影响明显，且开始时增加较快，而后增幅放缓。污染深度为 50cm，当蚓孔长度小于 70cm 时，产油量随蚓孔长度增加而明显增加，而后产油量随蚓孔长度增加而增长放缓。数值模拟获得的规律印证了前面的理论和解析评价。

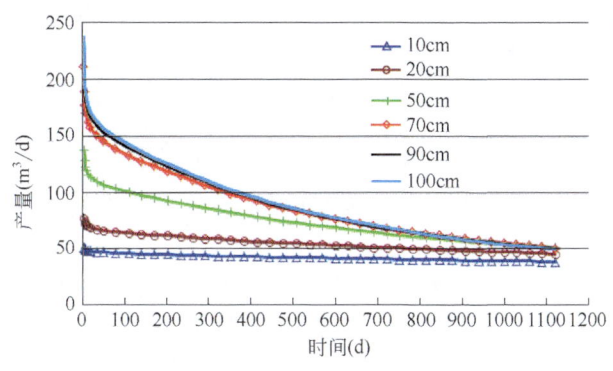

图 5.26 蚓孔长度对产量的影响

## 5.4 酸蚀蚓孔扩展模型

前面用 $PV_{bt}$ 描述了实验驱替条件下蚓孔扩展速度，而实际酸化设计中需要知道蚓孔长度随注酸量变化规律，设定目标蚓孔长度可确定酸液用量，基于施工排量对蚓孔形态的影响（最优注入条件）可优化排量。因此，酸化设计需要酸蚀蚓孔扩展模型来优化参数，模型分为两大类，一是经验模型，二是理论模型。模型应能预测蚓孔形态、蚓孔长度、蚓孔分布（密度）等。

## 5.4.1 经验模型

经验模型是基于大量实验结果建立的模型，其依据是实验规律。经验模型简单易用，需要一些实验数据。目前经验模型主要有以下三种。

### 5.4.1.1 分形模型

Daccord 等（1989）基于蚓孔的分形特征建立了该模型，仅适用于高于最优注入速度部分（图 5.16 曲线的右边部分），在双对数坐标中曲线斜率约 2/3。基于水和石膏的线性驱替实验结果，蚓孔长度为

$$L = \frac{aVN_{Ac}}{A\phi} D^{-2/3} q^{-1/3} \tag{5.19}$$

由于 $V=qt$，蚓孔扩展速度为

$$\frac{dL}{dt} = \frac{aN_{Ac}}{A\phi} D^{-2/3} q^{2/3} \tag{5.20}$$

其中

$$N_{Ac} = \frac{\phi \beta C_{acid} \rho_{acid}}{(1-\phi) V_{mineral} \rho_{rock}}$$

式中，$a$ 为实验确定的常数；$V$ 为酸液体积；$D$ 为氢离子扩散系数；$A$ 为过流面积；$L$ 为蚓孔长度；$\phi$ 为孔隙度；$q$ 为排量；$N_{Ac}$ 为 Acid capacity 数；$\rho_{acid}$ 为酸液密度；$\rho_{rock}$ 为岩石密度；$C_{acid}$ 为注入酸液浓度（质量分数）；$V_{mineral}$ 为矿物体积含量；$\beta$ 为质量溶解力。

分形模型表明，对于一定酸液体积，注入速度越低，蚓孔越长（图 5.16 曲线的右边部分，注入速度越低，越接近最优点，蚓孔扩展越快）；蚓孔扩展速度随注酸速度的 2/3 次方增长。

对于水和石膏的径向驱替实验结果，蚓孔长度为

$$r_{wh} = \left[ \frac{bN_{Ac}V}{\pi h \phi} D^{-2/3} \left(\frac{q}{h}\right)^{-1/3} \right]^{1/d_f} \tag{5.21}$$

由于 $V=qt$，蚓孔扩展速度为

$$\frac{dr_{wh}}{dt} = \frac{1}{d_f} \left(\frac{bN_{Ac}D^{-2/3}}{\pi \phi}\right)^{1/d_f} \left(\frac{q}{h}\right)^{2/3d_f} t^{(1/d_f)-1} \tag{5.22}$$

式中，$r_w$ 为井筒半径；$b$ 为常数（对于国际单位为 $1.5 \times 10^{-5}$）；$d_f$ 为分形维数（为 1.6）；$h$ 为储层厚度。

式（5.22）表明，蚓孔扩展速度随注酸速度的约 0.4 次方增长，随时间增加

而降低。具有分形特征的蚓孔形态（径向）见图5.27。

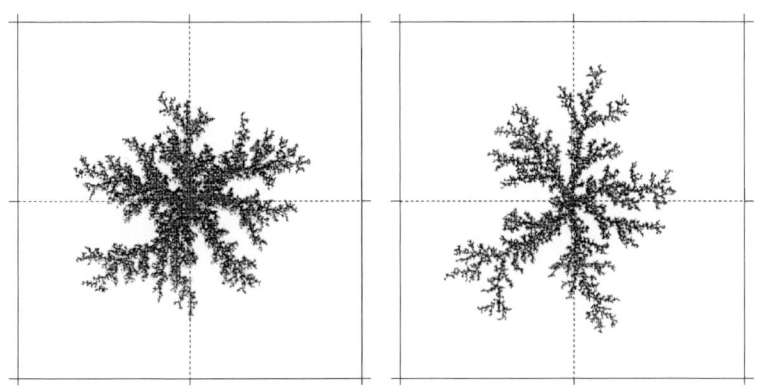

图5.27　具有分形特征的蚓孔形态图（径向）（据Daccord等，1989）

该模型的局限性为：（1）没考虑到滤失影响；（2）基于水和石膏的驱替后的蚓孔网络结构得到；（3）可能会高估碳酸盐岩酸化中蚓孔穿透距离（隐含假设为得到主蚓孔形态）。

### 5.4.1.2　体积模型

Economides等（1994）首次提出体积模型。该模型思路来源于酸蚀蚓孔驱替中观察到的现象：在线性岩心驱替中，蚓孔以近似恒定速度扩展，基于该规律可假设在蚓孔穿越区域恒定比例的岩石被酸液溶掉，即蚓孔达到一定长度，需要一固定数目的孔隙体积的酸液量。基于该思想，可得径向流条件下蚓孔半径为

$$r_{wh} = \sqrt{r_w^2 + \frac{N_{Ac}V}{\eta \pi \phi h}} \tag{5.23}$$

其中
$$\eta = N_{Ac} \, PV_{bt}$$

式中，$\eta$为蚓孔效率（溶解的岩石与蚓孔穿越区域的岩石之比）；$PV_{bt}$为蚓孔突破岩心时酸液量的孔隙体积倍数；$V$为酸液体积；$\phi$为孔隙度；$h$为储层厚度。

将$\eta$的定义代入式(5.23)得

$$r_{wh} = \sqrt{r_w^2 + \frac{V}{PV_{bt} \pi \phi h}} \tag{5.24}$$

式(5.24)还可以直接通过蚓孔突破孔隙体积倍数的定义来获得。该模型通过简单的关系式直接给出酸液体积与蚓孔半径之间的关系，需要实验参数$PV_{bt}$。该模型只用到一个跟蚓孔相关的参数$PV_{bt}$，实际上$PV_{bt}$是一个综合的参数，驱替条件、酸液体系、孔渗空间分布等参数综合反映在蚓孔扩展效率上。该模型的

准确性取决于 $PV_{bt}$ 的准确性。如果通过径向驱替实验得到蚓孔扩展效率，更能准确预测实际施工中径向流动条件下的蚓孔长度；如果用线性岩心驱替中的 $PV_{bt}$，则会高估蚓孔长度。因此，应尽量用保守的 $PV_{bt}$（高的值）值来计算，实际流动越接近线性流动（比如短蚓孔，大井筒半径），模型计算结果越准确。

#### 5.4.1.3 Buijse—Glasgergen 模型

图 5.28 表明，蚓孔扩展速度随注入速度变化。实际酸化中，从井筒向外，过流面积增加，流速降低（排量不变情况下），需要考虑流速降低对蚓孔扩展速度的影响。图中四条曲线形态相似，只是位置不同，给定最优点，曲线就确定了。基于该思想，Buijse 和 Glasgergen（2005）建立了一种模型，即建立一个数学模型将该曲线拟合上，在给定最优点条件下，将整个 $PV_{bt}$—$v_i$ 曲线拟合上。

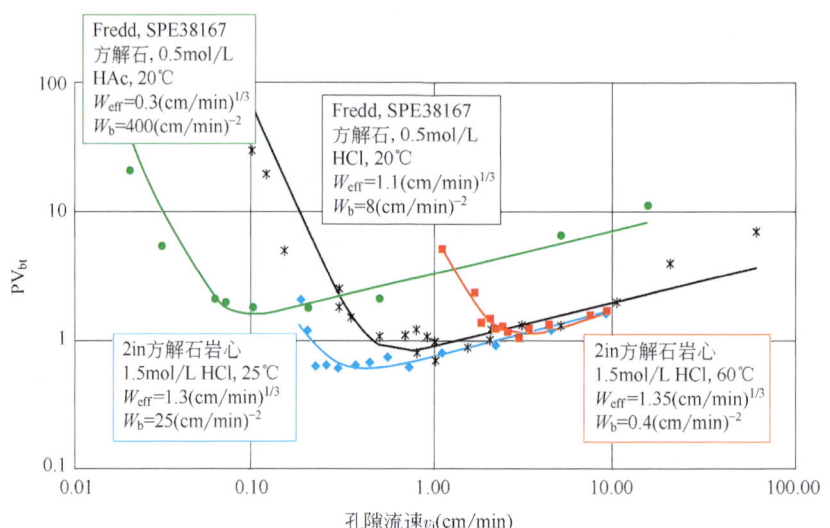

图 5.28 $PV_{bt}$ 与注入速度关系（据 Buijse 和 Glasgergen，2005）

基于曲线特征，建立蚓孔扩展速度函数：

$$v_{wh} = W_{eff} v_i^{2/3} [1 - \exp(-W_b v_i^2)] \tag{5.25}$$

当注入速度 $v_i$ 较高时，$\exp(-W_b v_i^2)$ 较小，$W_{eff} v_i^{2/3}$ 主导，描述的是图 5.28 曲线最优点右边部分，斜率约 2/3；当注入速度较低时，模型描述的是最优点左边部分。因此，该模型能拟合整条曲线。

孔隙流速为

$$v_i = \frac{q}{2\pi r h \phi} \tag{5.26}$$

另外两个参数为

$$W_{\text{eff}} = \frac{v_{\text{i-opt}}^{1/3}}{\text{PV}_{\text{bt-opt}}} \quad (5.27)$$

$$W_{\text{b}} = \frac{4}{v_{\text{i-opt}}^2} \quad (5.28)$$

式中,$q$ 为排量;$\phi$ 为孔隙度;$h$ 为储层厚度;$r$ 为蚓孔半径。以上单位均为国际单位。

该模型需要的关键实验参数为 $\text{PV}_{\text{bt-opt}}$ 和 $v_{\text{i-opt}}$ (最优点对应的 $\text{PV}_{\text{bt}}$ 和注入速度 $v_{\text{i}}$)。由于蚓孔扩展中流速改变,该模型需要简单迭代求解,用 Excel 可生成孔隙流速、蚓孔长度随时间变化曲线。

假设某石灰岩地层孔隙度为 0.15,井筒半径为 0.1m,排量为 $0.06\text{m}^3/(\text{min}\cdot\text{m})$,用 20%(质量分数)的盐酸酸化,酸液密度为 $1.14\text{g/cm}^3$,氢离子扩散系数为 $10^{-9}\text{m}^2/\text{s}$,岩石密度为 $2.71\text{g/cm}^3$,线性岩心驱替实验得到最优注入速度 $v_{\text{i-opt}} = 1.5\text{cm/min}$,其对应的 $\text{PV}_{\text{bt-opt}} = 1.5$。计算蚓孔长度 1m 所需的 20%(质量分数)酸量($\text{m}^3/\text{m}$)。

用 Buijse—Glasgergen 模型在 Excel 中生成如图 5.29 的曲线,读取对应蚓孔长度所需的时间为 22min,计算得到酸液用量为 $V = qt = 0.06 \times 22 = 1.32(\text{m}^3/\text{m})$。

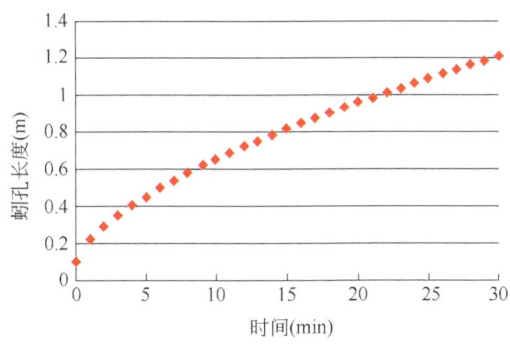

图 5.29  蚓孔长度随注酸变化

为比较几种模型的计算结果,用前面两个模型对该例子进行计算。

分形模型:

$$N_{\text{Ac}} = \frac{\phi \beta C_{\text{acid}}^0 \rho_{\text{acid}}}{(1-\phi) V_{\text{min}}^0 \rho_{\text{rock}}} = \frac{0.15 \times 1.37 \times 0.28 \times 1.14}{(1-0.15) \times 1 \times 2.71} = 2.85 \times 10^{-2} \quad (5.29)$$

$$\frac{V}{h} = \frac{\pi \phi D^{2/3} (q/h)^{1/3} r_{\text{wh}}^{d_f}}{b N_{\text{Ac}}} = \frac{\pi \times 0.15 \times (10^{-9})^{2/3} \times 0.001^{1/3} \times 1.1^{1.6}}{(1.5 \times 10^{-5}) \times 2.85 \times 10^{-2}} = 0.128(\text{m}^3/\text{m}) \quad (5.30)$$

体积模型:

$$\frac{V}{h} = \pi\phi(r_{wh}^2 - r_w^2)\text{PV}_{bt} = \pi \times 0.15 \times (1.1^2 - 0.1^2) \times 1.5 = 0.78 (\text{m}^3/\text{m}) \quad (5.31)$$

分形模型预测的酸量比另外两个模型预测值小很多,高估了蚓孔扩展效率。体积模型和 Buijse—Glasgergen 模型预测值较接近,均依据酸蚀蚓孔扩展实验中的规律发展而来。Buijse—Glasgergen 模型预测的酸量更高,考虑了蚓孔向外扩展时注入速度下降对蚓孔扩展速度的影响,更合理一些。

### 5.4.2 理论模型

目前理论模型主要有三种,单蚓孔或蚓孔束模型(Mechanistic Model of Single Wormhole or Collection of Wormholes)(Hung 等,1989;Schechter,1992)、网络模型(Hoefner 和 Fogler,1988)和双尺度模型(Panga,2005;Kalia,2009)。分形模型或随机模型有的归为理论模型,有的归为经验模型(Daccord 等,1989;Pichler 等,1992)。理论模型应用比经验模型更复杂,功能更强,能描述更多的物理现象,进行复杂的规律研究、参数优化设计还需依赖理论模型。

#### 5.4.2.1 单蚓孔或蚓孔束模型

该模型假设已有一蚓孔(图 5.30),酸液沿蚓孔流动,部分酸液滤失到基质中,部分酸液在蚓孔壁面上消耗,部分酸液运移到蚓孔前端扩展蚓孔。如果反应速度足够快,所有运移到蚓孔前端的酸液立即溶蚀岩石,使蚓孔向前扩展,蚓孔扩展速度可基于物质平衡原理获得。

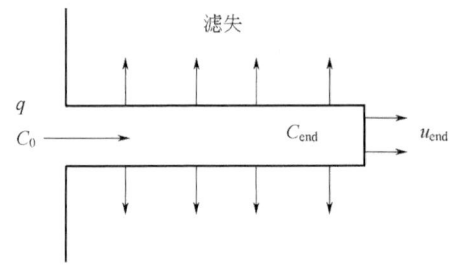

图 5.30 单蚓孔模型示意图(据 Hung 等,1989)

蚓孔扩展速度为

$$\frac{\text{d}L}{\text{d}t} = \frac{u_{end} C_{end} \rho_{acid} \beta_{100}}{(1-\phi)\rho_{rock}} = \frac{u_{end}}{\phi} \frac{C_{end}}{C_0} N_{Ac} \quad (5.32)$$

式中,$u_{end}$ 为蚓孔前端速度;$C_{end}$ 为蚓孔前端酸浓度;$\rho_{acid}$ 为酸液密度;$\rho_{rock}$ 为岩石密度;$\beta_{100}$ 为 100%酸液质量溶解力;$\phi$ 为孔隙度;$C_0$ 为注入酸液浓度。

蚓孔扩展速度取决于到达蚓孔前端的酸浓度和流速,沿程壁面消耗越多,从蚓孔壁面滤失越多,蚓孔扩展越慢。该模型将蚓孔假设成简单形状,不能考虑从孔隙到蚓孔的演化过程,不能模拟孔隙空间分布、注入参数、酸液属性对蚓孔形态的影响。

## 5.4.2.2 孔隙网络模型

Hoefner 和 Fogler（1988）建立了孔隙网络模型。该模型将孔隙介质近似成相互连接的毛细管网络，计算每个毛细管的酸浓度分布，基于酸岩反应计算溶蚀和毛细管尺寸增长，允许毛细管间融合形成大孔道。该模型能预测实验中观察到的蚓孔形态（图 5.31），有助于理解蚓孔形成机理，但无法考虑孔隙介质非均质性影响，难以将模型外延到现场条件进行施工设计。

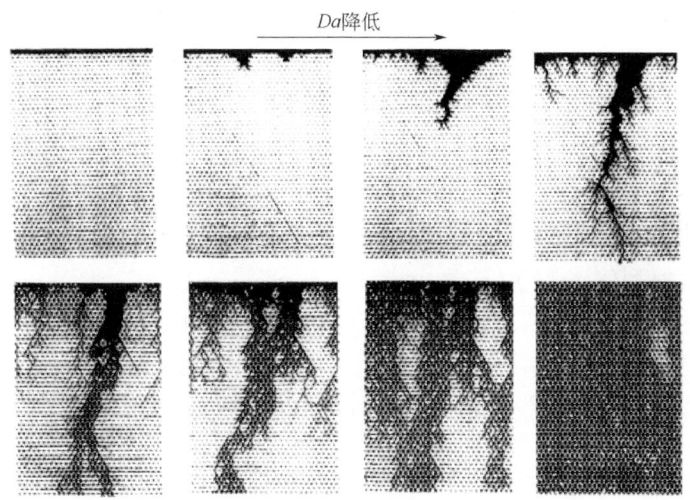

图 5.31　孔隙网络模型模拟的蚓孔形态图（据 Hoefner 和 Fogler，1988）

## 5.4.2.3 双尺度模型

双尺度模型是目前使用较多的数值模型，基于理论推导而来，能模拟实验中观察到的酸蚀蚓孔形态，能考虑物性空间分布、酸液属性、施工参数对酸蚀蚓孔形态的影响，能揭示蚓孔发育机理、扩展规律，可用于现场酸化设计。双尺度指的是达西尺度和孔隙尺度，达西尺度指的是流动、酸浓度分布、蚓孔扩展模拟在达西尺度上进行；多孔介质中酸液流动反应发生在孔隙尺度上，在孔隙尺度上计算与酸岩反应相关的参数，将两个尺度结合实现酸蚀蚓孔扩展模拟。该模型涉及因素较多，在 5.5 节中单独进行讲解。

# 5.5　酸蚀蚓孔扩展数值模拟及扩展规律

本节讲述用双尺度模型（Panga，2005）进行酸蚀蚓孔扩展数值模拟，基于数模进行蚓孔扩展规律分析，分为线性驱替和径向驱替两类。线性驱替类似于实验岩心驱替，径向驱替为实际地层酸化过程中的流动形态。

酸蚀蚓孔扩展的物理过程为：酸液在孔隙介质中流动、反应，孔隙因溶蚀而扩大，孔隙间的壁面完全溶蚀后，多个孔道融合形成更大的孔隙，进而形成肉眼可见的宏观孔道。孔隙中的酸岩反应速度受孔隙尺寸影响较大，总体反应过程分为表面反应过程和传质过程，传质速度受孔隙尺寸影响较大。当孔隙尺寸很小时，传质速度很快，反应受表面反应速度控制，表面反应速度较快，酸液很快消耗掉。随着孔隙尺寸变大，传质速度降低，总体反应速度逐渐降低，总体反应速度逐渐由表面反应速度控制变为传质控制或共同控制。当形成蚓孔（宏观孔道）后，反应受传质控制或由传质速度和表面反应速度共同控制，总体反应速度慢下来，在蚓孔壁面上消耗的酸液较少，更多酸液运移到蚓孔前端，维持蚓孔向前扩展。数值模拟中，由于计算速度限制无法用孔隙大小的网格进行计算，因此，流动部分采用达西尺度进行计算，而描述酸岩反应规律部分需要在孔隙尺度上进行（称为孔隙尺度，描述传质速度随孔隙大小的变化规律），这是该模型被称为双尺度模型的原因，也是双尺度模型的本质所在。

酸蚀蚓孔扩展模拟需要用较细网格（毫米级以下），二维模拟扩展到三维模拟主要是受网格数量限制，目前有少量三维模型模拟岩心尺度线性驱替（Liu 等，2016；Liu 等，2019，2020）和径向几厘米尺度模拟（Liu 等，2017）。

## 5.5.1　线性驱替模拟

线性岩心驱替如图 5.32 所示，二维模拟如图 5.33 所示（提取孔隙度分布一个截面）。酸蚀蚓孔扩展模型描述酸液在岩心中流动、酸岩反应、孔隙结构变化的物理过程，需要计算速度场、压力场、酸液浓度分布、酸岩反应、孔隙结构变化（孔隙度、渗透率、孔隙大小、比表面）。基于物质平衡原理、酸岩反应动力学推导控制方程。模型假设：(1) 达西流动；(2) 单相流；(3) 忽略酸岩流动反应过程中产生的热量对温度、黏度、反应速度等的影响；(4) 忽略重力影响。

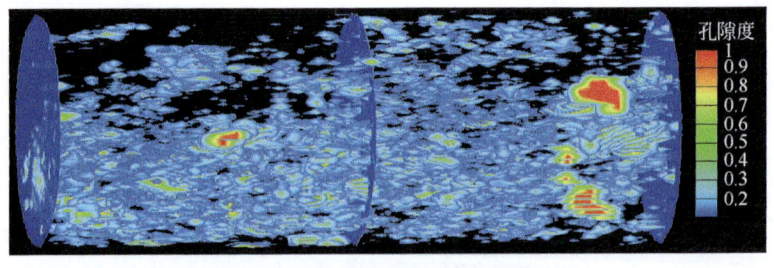

图 5.32　CT 扫描的岩心孔隙空间分布

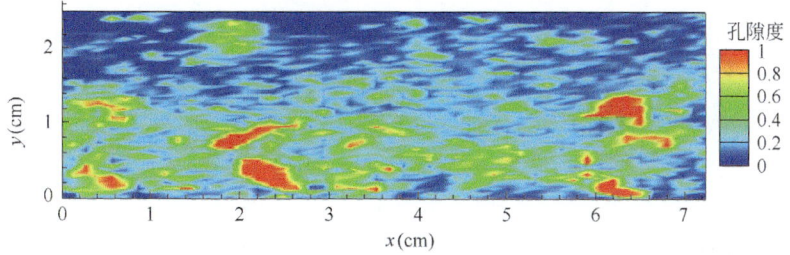

图 5.33 岩心孔隙空间分布的二维截面

### 5.5.1.1 控制方程

**1. 达西尺度**

流动描述：酸蚀蚓孔扩展过程中，既存在孔隙介质，又存在宏观介质（蚓孔、溶洞），两种介质需要分别描述。

孔隙介质区域的控制方程为

$$\mu K^{-1} \boldsymbol{u} + \nabla p = 0 \tag{5.33}$$

$$\nabla \boldsymbol{u} + \frac{\partial \phi}{\partial t} = 0 \tag{5.34}$$

自由流动区域（缝洞区域，或形成蚓孔后）的控制方程为

$$\nabla p - \mu \Delta \boldsymbol{u} = 0 \tag{5.35}$$

$$\nabla \boldsymbol{u} = 0 \tag{5.36}$$

将上面两种流动结合，得到 Stokes-Brinkman (1947) 方程：

$$\mu K^{-1} \boldsymbol{u} + \nabla p - \mu \Delta \boldsymbol{u} = 0 \tag{5.37}$$

$$\nabla \boldsymbol{u} + \frac{\partial \phi}{\partial t} = 0 \tag{5.38}$$

酸浓度分布方程为

$$\frac{\partial (\phi C_{Df})}{\partial t} = -\nabla \cdot (\boldsymbol{u} C_{Df}) + \nabla \cdot (\phi D_e \nabla C_{Df}) - k_c a_v (C_{Df} - C_{Ds}) \tag{5.39}$$

酸岩反应方程为

$$r(C_{Ds}) = k_c (C_{Df} - C_{Ds}) = E_f C_{Ds}^{\alpha} \tag{5.40}$$

孔隙变化方程为

$$\frac{\partial \phi}{\partial t} = \frac{r(C_0 C_{Ds}) a_v M_{acid} \beta}{\rho_s} \tag{5.41}$$

其中 $\boldsymbol{u}=(u,v,w)$，$C_{Df}=C_f/C_0$，$C_{Ds}=C_s/C_0$

式中，$\boldsymbol{u}$ 为速度矢量；$\mu$ 为黏度；$K$ 为渗透率；$p$ 为压力；$\phi$ 为孔隙度；$C_f$ 为酸浓度；$C_s$ 为矿物表面酸浓度；$D_e$ 为有效扩散系数；$k_c$ 为传质系数；$a_v$ 为比表面；$\rho_s$ 为岩石密度；$\beta$ 为质量溶解力；$E_f$ 为反应速度常数；$\alpha$ 为反应级数，模拟中常取 1；$M_{acid}$ 为酸液摩尔质量；$C_{Df}$、$C_{Ds}$ 为无因次浓度；$C_0$ 为注入酸液浓度。

2. 孔隙尺度

孔隙尺度模型描述渗透率、比表面、传质系数随孔隙度、孔隙尺寸的变化规律，这些变化规律反映不同尺度下酸岩反应速度及酸岩反应物理现象。孔隙尺度模型为

$$\frac{r_p}{r_0}=\sqrt{\frac{K}{K_0}\frac{\phi}{\phi_0}} \tag{5.42}$$

$$\frac{K}{K_0}=\frac{\phi}{\phi_0}\left[\frac{\phi(1-\phi_0)}{\phi_0(1-\phi)}\right]^{2\beta} \tag{5.43}$$

$$\frac{a_v}{a_0}=\frac{\phi}{\phi_0}\frac{r_0}{r_p} \tag{5.44}$$

式中，$\phi_0$ 为平均孔隙度；$K_0$ 为平均渗透率；$r_0$ 为平均孔隙尺寸；$a_0$ 为平均比表面；$r_p$ 为孔隙尺寸；$a_v$ 为孔隙比表面；$\beta$ 为依赖于孔隙结构的常数，可通过实验获取，典型值为 0.8、1、1.5。

酸岩反应速度取决于孔隙中的传质系数，而传质系数依赖于流速和孔隙结构，流速越快，传质系数越大；孔隙越小，传质系数越大。在多孔介质中，传质系数较大，反应受表面反应速度控制，随孔隙尺寸增大，传质系数降低，总体反应速度也相应降低。生成蚓孔后，总体反应速度受传质控制或由传质速度和表面反应速度共同控制，反应速度降低，才有更多酸液运移到蚓孔前端扩展蚓孔。建立传质系数与孔隙尺寸间的关系是蚓孔扩展模拟的关键，采用 Balakotaiah 和 West（2002）的模型计算传质系数：

$$N_{Sh}=\frac{2k_c r_p}{D}=N_{Sh_\infty}+\frac{0.7}{m^{1/2}}N_{Re_p}^{1/2}N_{Sc}^{1/3} \tag{5.45}$$

$$D_{ex}=a_{os}D+\frac{\lambda_x|\boldsymbol{u}|2r_p}{\phi} \tag{5.46}$$

$$D_{ey}=a_{os}D+\frac{\lambda_y|\boldsymbol{u}|2r_p}{\phi} \tag{5.47}$$

其中 $N_{Re_p}=2r_p|\boldsymbol{u}|/\nu$， $N_{Sc}=\nu/D$

式中，$D_{ex}$ 为 $x$ 方向有效扩散系数，$D_{ey}$ 为 $y$ 方向有效扩散系数，分别对应式(5.39)里的 $D_e$；$D$ 为氢离子扩散系数；$N_{Sh}$ 为舍伍德（Sherwood）数；$N_{Sh_\infty}$ 为渐进 Sherwood 数，对于床钉模型，$N_{Sh_\infty} = 2$；$|u|$ 为速度值；$N_{Re_p}$ 为孔隙尺度雷诺数；$N_{Sc}$ 为斯密特（Schmidt）数；$\nu$ 为运动黏度；$m$ 为孔隙长度与直径之比，取决于孔隙结构，典型值为 1；$a_{os}$、$\lambda_x$ 和 $\lambda_y$ 为依赖于孔隙结构的常数，分别取 1、0.5、0.1。

3. 初始条件与边界条件

初始条件：

$$C_f(x,y,t=0) = 0 \tag{5.48}$$

$$\phi(x,y,t=0) = \phi_0(x,y) \tag{5.49}$$

边界条件：

$$C_f(x,y,t)|_{x=0} = C_0 \tag{5.50}$$

$$q = \int_0^H u_x dy \bigg|_{x=0} = q_0 \tag{5.51}$$

$$u_{x,y=0} = 0, \quad v_{x,y=0} = 0 \tag{5.52}$$

$$u_{x,y=H} = 0, \quad v_{x,y=H} = 0 \tag{5.53}$$

$$p_{x=L,y} = p_{outlet} \tag{5.54}$$

式中，$C_0$ 为注入酸液浓度；$q_0$ 为排量；$p_{outlet}$ 为出口压力。

#### 5.5.1.2 孔隙空间分布

岩石颗粒间未被胶结物质充满或未被其他固体物质占据的空间统称为孔隙。孔隙按几何尺寸或形状可以分为孔隙、孔洞和裂缝（杨胜来，2004）。孔隙是最为普遍的形式，地球上没有孔隙的岩石是不存在的；碳酸盐岩中的孔洞主要是可溶成分受地下水溶蚀后形成的；裂缝则大多是由地应力作用而形成的，它是地下油气渗流的主要通道。碳酸盐岩地层的孔隙体系主要是由原生孔隙和大量发育的次生孔隙构成。与碎屑岩相比，碳酸盐岩的孔隙体积要复杂得多，主要原因有两条（马永生等，1999）：第一，碳酸盐岩沉积物多与生物成因有关，生物成因颗粒内部及颗粒之间、礁体生物骨架之间存在着大量的原生孔隙，而不同时期生物类型和生物的发育程度又有很大差别；第二，碳酸盐岩是一种化学活动很强的岩石，在其沉积和埋藏过程中极易受溶蚀及白云石化作用，发育丰富的次生孔隙。

1. 真实岩心孔隙分布规律

为研究岩心孔隙空间分布规律，借助 CT 扫描可以直观地观察岩心的孔洞或裂缝分布，并可以研究岩心的非均质性。表 5.2 为普光白云岩孔隙空间 CT 扫描数据，图 5.34 为岩心孔隙空间分布。

表 5.2　岩心参数及 CT 扫描数据

| 岩心编号 | 长度（cm） | 直径（cm） | 密度（g/cm³） | 孔隙度（%） |
| --- | --- | --- | --- | --- |
| 2 | 6.15 | 2.52 | 2.35 | 13.4 |
| 3 | 6.79 | 2.53 | 2.69 | 6.4 |
| 4 | 7.17 | 2.53 | 2.60 | 8.6 |
| 5 | 6.46 | 2.52 | 2.59 | 9.5 |
| 9 | 5.81 | 2.52 | 2.34 | 17.4 |
| 10 | 7.02 | 2.52 | 2.33 | 12.1 |
| 11 | 8.66 | 2.53 | 2.04 | 28.2 |
| 12 | 6.04 | 2.52 | 2.36 | 17.4 |
| 13 | 7.03 | 2.52 | 2.45 | 13.5 |

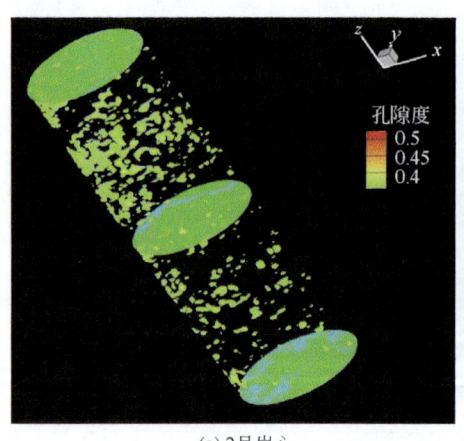
(a) 2 号岩心

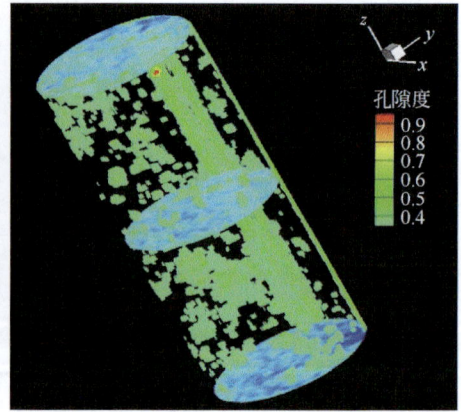
(b) 11 号岩心

图 5.34　2 号岩心和 11 号岩心的 CT 扫描结果

　　岩心含有孔洞，为显示孔洞分布，设定孔隙度 0.35 以上的为孔洞，用 CT 扫描的数据获得垂直于轴向的切片的孔洞比例。图 5.35 为岩心切片的孔洞比例和平均孔隙度沿轴向分布，各岩心差异较大，11 号岩心平均孔隙度较高、孔洞所占比例较高。

　　酸蚀蚓孔扩展规律受非均质性影响明显，蚓孔会沿着局部高渗通道扩展。非均质性常用两种方法测量，一种是静态测量法，常用来描述群体中变化的数量——变异系数（$C_v$）表示（Pichler 等，1992）；另一种是半变量图法，可以确定物理量的空间关联性能，用关联强度表示。

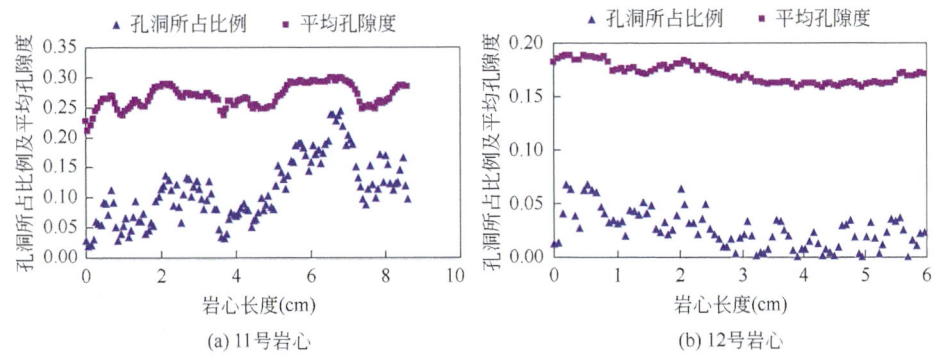

图 5.35　岩心径向切片孔洞所占比例和平均孔隙度分布

变异系数为

$$C_v = \frac{\sigma(\phi)}{\bar{\phi}} \quad (5.55)$$

式中，$\sigma(\phi)$ 为孔隙度标准方差；$\bar{\phi}$ 表示平均孔隙度。

根据 CT 扫描结果可获得垂直于轴向的切片的孔隙度变异系数，变异系数分布反应岩心非均质性。图 5.36、图 5.37 显示了岩心切片孔隙度变异系数分布，0.1~1 是典型分布区间。12 号岩心变异系数较小，沿轴向分布变化较小，说明较均质；4 号岩心变异系数较大，且沿轴向分布变化较大；7 号岩心中间部位突变，其余地方变化较小。

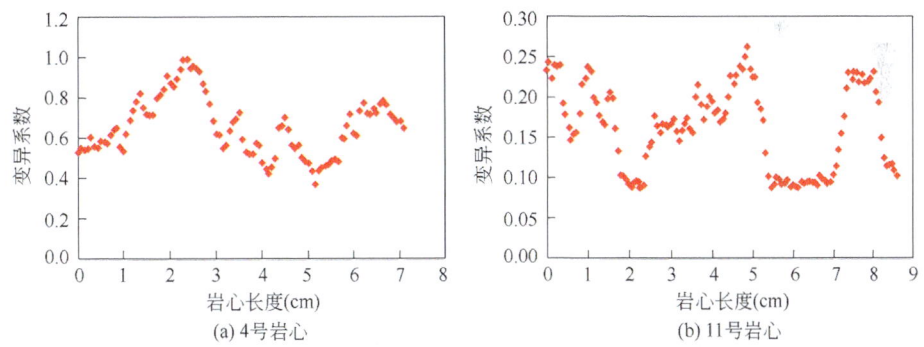

图 5.36　4 号岩心与 11 号岩心径向切片孔隙度变异系数分布

变异系数反映非均质程度，然而不能反映空间分布信息，采用半变量图法可描述数据空间分布信息。在地质统计学原理中，任意两点之间的相关性是与其两点之间的距离成反比的，即两点距离越远，相关性越差，两者之间的关系越弱；反之，两点距离越近，相关性越好，两者之间的关系越强。比如，对于常见尺寸岩心，相距 1cm 两点的孔隙度的相关性比相距 1mm 两点的孔隙度的相关性弱，因为任意一点的性质总是更倾向于与相邻点的性质相似，这一点是基于空间分布

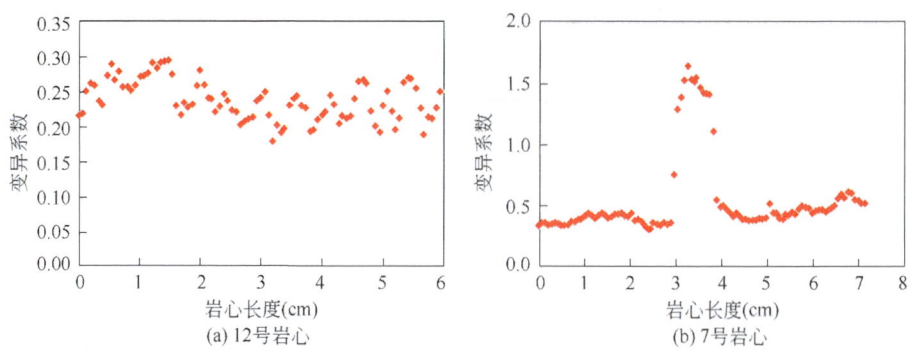

图5.37 12号岩心与7号岩心径向切片孔隙度变异系数分布

具有连续性的假设来说的,空间分布不连续(完全随机分布)的假设不能很好地描述岩心物理量的空间分布。

衡量物理量空间关联性强弱的工具为半方差模型(变差函数),该函数描述物理量的空间关联性,关联性越强,表示该方向的分布越有序;关联性越弱,表示该方向的分布越随机(Isaaks 和 Srivastava,1989)。变差函数$\gamma(h)$ 定义为

$$\gamma(h) = \frac{1}{2N}\sum_{i=1}^{N}[z(u) - z(u+h)]^2 \tag{5.56}$$

式中,$z(u)$ 和 $z(u+h)$ 为间距 $h$ 的数据对;$N$ 为数据对个数。

绘制 $\gamma(h)$—$h$ 相关图,如图 5.38 所示。

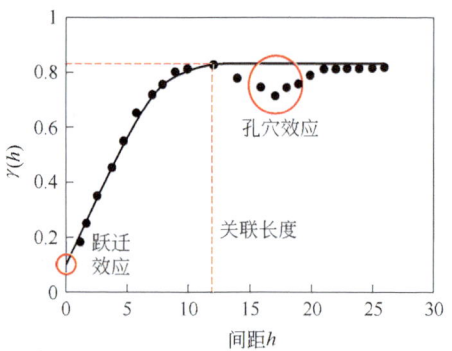

图 5.38 变差函数示意图

关联性强弱用关联长度描述,关联长度是指一定距离,超过该距离,物理属性与该点不再相关。关联长度的意义是这样的:在小于关联长度的长度范围内,随着相间距离的增加,两点间的方差值也增加;在等于和大于关联长度的长度范围内,两点间的方差值达到稳定,不再随着相间距离的增加而增加,这样一个临界长度就叫关联长度。半方差图中上升段的水平投影长度即为关联长度值,关联

长度除以总长度为无因次关联长度。基于 CT 扫描数据可得到孔隙度的关联长度，如图 5.39 所示。2 号岩心轴向上孔隙度无因次关联长度约为 0.26，4 号岩心轴向上的孔隙度无因次关联长度约为 0.31。

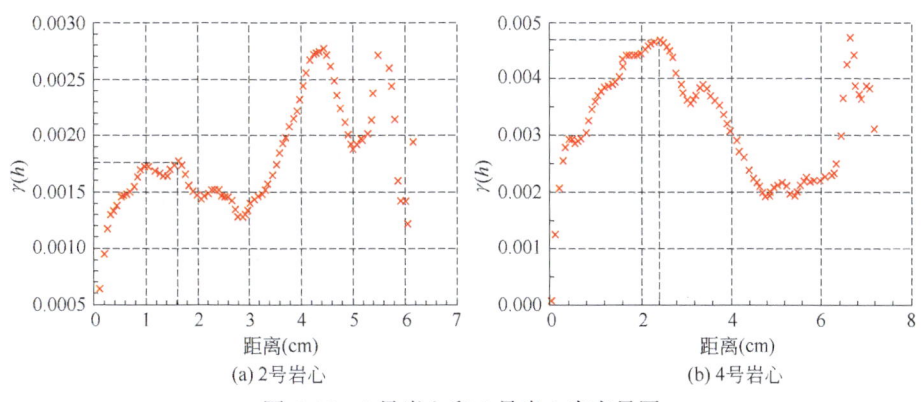

图 5.39  2 号岩心和 4 号岩心半变量图

2. 人工生成孔隙度空间分布

在数值模拟中，可基于地质统计参数生成空间关联的孔隙度分布，在此基础上模拟蚓孔的扩展模拟。4.4.2.2 节中生成了径向条件下孔隙空间分布，采用类似方法用地质统计软件 GSLIB(Deutsch 和 Journel，1998) 可生成线性条件下空间关联的随机数分布，再用下式生成孔隙度分布：

$$\phi = \phi_0 + \phi_0 c_v \widehat{G}(l_x, l_y) \tag{5.57}$$

其中
$$c_v = \sigma(\phi)/\phi_0$$

式中，$\widehat{G}(l_x, l_y)$ 为 GSLIB 生成的空间关联的随机数（$-1\sim 1$）；$l_x$ 和 $l_y$ 分别为 $x$ 和 $y$ 方向的无因次关联长度（关联长度除以总长度）；$\phi_0$ 为平均孔隙度；$c_v$ 为孔隙度变异系数，$c_v$ 越大，说明非均质性越强，反之非均质性越弱；$\sigma(\phi)$ 为孔隙度标准方差。

关联长度为 0 即为随机分布，变异系数为 0 即为均质分布。图 5.40 显示了空间关联的孔隙度分布（$l_x = 0.025$，$l_y = 0$）；图 5.41 显示了随机性孔隙分布（$l_x = 0$，$l_y = 0$）。

### 5.5.1.3  天然裂缝分布

1. 天然裂缝表征

碳酸盐岩储层常发育天然裂缝，天然裂缝对渗流场影响明显，从而对酸蚀蚓孔扩展影响较大。为研究裂缝性储层酸蚀蚓孔扩展规律，以及裂缝参数对于蚓孔扩展规律的影响，需建立天然裂缝表征模型。根据地质上裂缝空间数据以及工程

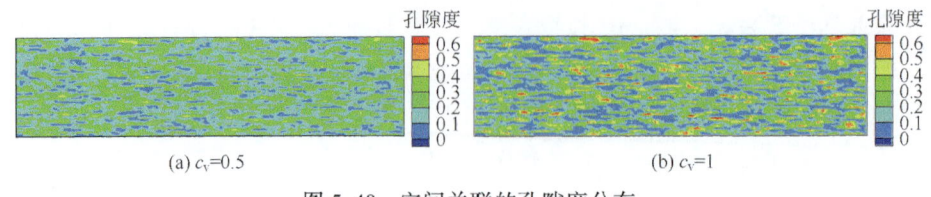

图 5.40 空间关联的孔隙度分布

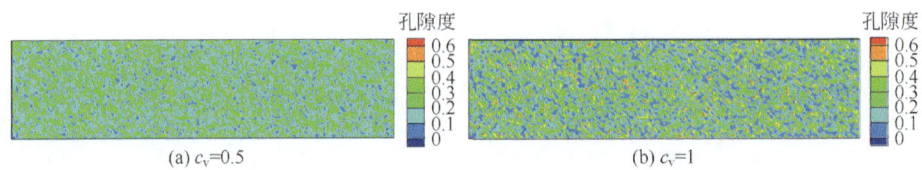

图 5.41 随机孔隙度分布

岩体分形特征分析表明，裂缝分布数据符合空间随机分布，不严格遵守自相似性，仅为统计意义上的自相似，并且不同的裂缝参数服从不同的概率分布函数。利用蒙特卡洛随机模拟方法产生服从相应概率函数的天然裂缝参数，从而确定天然裂缝分布。由于计算机编程的蒙特卡洛算法是计算机随机模拟方法，每次经过运算后，能够生成不同的裂缝表征参数，从而产生随机的天然裂缝参数。

裂缝分布形态的主要参数包括迹线形态、分布状态、几何尺寸和流动特性参数。生成天然裂缝时假设：

（1）裂缝迹线形态为一条直线段，不考虑真实裂缝面的起伏、开度、粗糙度的问题；

（2）不同裂缝参数（裂缝迹长、裂缝密度、裂缝方位角、中心点坐标）是相互独立的，同一裂缝参数服从相同的概率分布函数；

（3）流动特性参数主要包括渗透率和孔隙度（与充填性质相关）。

根据已有的岩体裂缝研究以及地质统计数据可知，天然裂缝参数分布一般都具有服从某一种或几种类型概率分布的统计规律，裂缝参数服从概率分布函数如表 5.3 所示。

表 5.3 裂缝参数分布规律

| 迹线形态 | | 一条直线段 |
|---|---|---|
| 分布状态 | 裂缝中心点位置 | 服从均匀分布 |
| | 裂缝方位角 | 服从宾汉分布、单变量或双变量 Fisher 分布、双变量正态分布、对数正态分布或均匀分布等 |
| | 裂缝密度 | 按线密度、面密度、体密度定义 |
| 几何尺寸 | 裂缝迹长 | 服从正态分布或对数正态分布 |
| 流动特性参数 | 孔隙度 | 正态分布 |

## 2. 天然裂缝生成

蒙特卡洛方法是计算机基于统计学观点产生随机数的方法，通过对模拟区域进行构造和描述特征参数，通过抽样调查统计，获取基于概率函数分布的特征函数。在计算机上受计算机系统时间控制产生伪随机数，采用乘同余法并不断迭代，服从概率分布函数。迭代过程并不能够确定下一步的确定值，具有不可预知性，但该随机数可以通过局部随机性检验。根据扫描岩心薄片获取裂缝参数，经过统计回归得到相应的特征函数，通过蒙特卡洛方法编程获取具有统计学意义的天然裂缝参数（Karimi，2004；Warren，1963；Qin，2012；Jin，2005）。

在裂缝描述中常用的随机函数有均匀分布、指数分布、正态分布等，如表5.4所示。

表 5.4 概率密度函数

| 分布函数 | 概率密度函数表达式 | 参数 |
| --- | --- | --- |
| 均匀分布 | $f(x) = \begin{cases} \dfrac{1}{2a}, & \bar{x}-a \leq x \leq \bar{x}+a \\ 0, & 其他 \end{cases}$ | $a$ 为最大偏差；$\bar{x}$ 为平均值 |
| 指数分布 | $f(x) = \lambda e^{-\lambda x}$ | $1/\lambda$ 为均值 |
| 正态分布 | $f(x) = \dfrac{1}{\sigma\sqrt{2\pi}} e^{-\dfrac{(x-\mu)^2}{2\sigma^2}}$ | $\mu$ 为平均值；$\sigma$ 为标准差 |
| 对数正态分布 | $f(x) = \dfrac{1}{x\sigma\sqrt{2\pi}} e^{-\dfrac{(\ln x-\mu)^2}{2\sigma^2}}$ | $\mu$ 为平均值；$\sigma$ 为标准差 |
| Fisher 分布 | $f(\theta, \phi) = \dfrac{1}{2\pi} \dfrac{\kappa \sin\theta e^{\kappa\cos\theta}}{2\sinh\kappa}$, $0 \leq \theta \leq \pi$, $0 \leq \phi \leq 2\pi$ | $\theta$ 为倾角；$\phi$ 为走向；$\kappa$ 反映裂缝分布的集中程度（$\kappa$ 越小，越均匀分布；$\kappa$ 越大，越集中分布）（于青春等，2007） |

计算机上实现蒙特卡洛方法是通过乘同余法不断迭代产生伪随机数的，乘同余法由 Lehmer（1951）提出。伪随机数序列由下面递推公式确定：

$$x_{i+1} = ax_i (\bmod M) \tag{5.58}$$

$$\xi_i = \frac{x_{i+1}}{M}, \quad i = 1, 2 \tag{5.59}$$

式中，$a$ 为乘子；$x_i$ 为种子（初值）；$M$ 为模数。

式（5.58）表示 $x_{i+1}$ 是 $ax_i$ 被 $M$ 整除后的余数，叫 $x_i$ 与 $ax_i$ 对模 $M$ 的同余。

迭代的过程需要给予一个种子初值，种子初值为系统时间，代入随机方程中经过迭算，产生一系列随机数列。

$$\xi_{i+1} = T(\xi_i) \tag{5.60}$$

## 3. 天然裂缝离散

使用数值模拟方法模拟天然裂缝条件下的蚓孔扩展规律时，需将天然裂缝投射到网格上，过程如下：已知裂缝的中心点坐标、方位角、迹长，可以确定裂缝的端点坐标（$(A_x, A_y)$，$(B_x, B_y)$），裂缝在离散的二维直角坐标系中的分布如图 5.42 所示。判断每个网格是否被该裂缝穿过，如穿过，则该网格孔隙度赋为裂缝孔隙度，离散步骤如下：

（1）每一个网格有四条边，求出四条边线段。

（2）利用向量叉积法判断四条边是否与天然裂缝 AB 相交，若都不相交，说明裂缝不穿过该网格；若有一条边与裂缝相交，则说明裂缝穿过该网格，该网格物性赋为天然裂缝物性。有多条天然裂缝时，对每条天然裂缝重复该过程。

（3）对所有网格重复以上过程后，就将天然裂缝投射到网格上了。

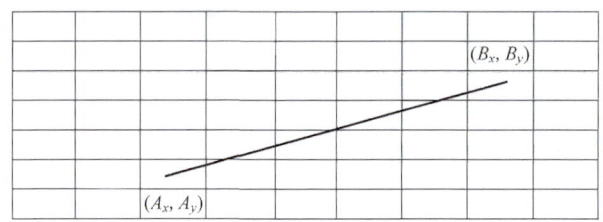

图 5.42　一条裂缝在离散直角坐标系中的示意图

图 5.43 为无天然裂缝时的孔隙度分布，图 5.44 为有天然裂缝时的孔隙度分布，依据裂缝参数可得到各种类型的天然裂缝分布。

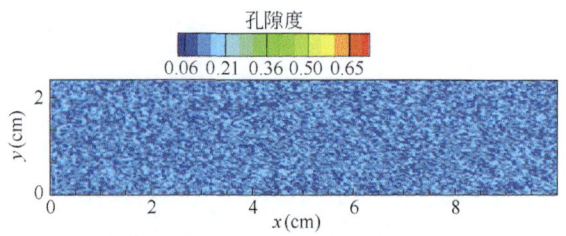

图 5.43　无天然裂缝的孔隙分布

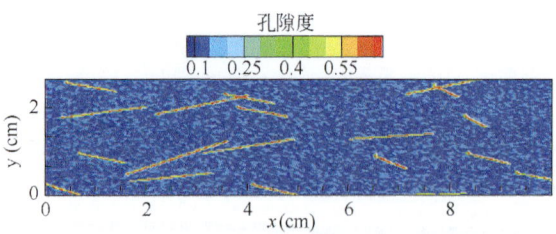

图 5.44　天然裂缝+基质孔隙分布

#### 5.5.1.4 酸蚀蚓孔扩展模拟

**1. 无天然裂缝时的蚓孔扩展规律**

图 5.45 为注入速度为 0.7cm/min、注入 2.7PV 时的蚓孔形态。图 5.46 为驱替压差变化规律。入口处有多条短蚓孔，刚开始，多个孔隙都能获得酸液，经过竞争，少数孔道发育成蚓孔，扩展最快的蚓孔屏蔽掉其他蚓孔，最后剩下一根蚓孔向前扩展。由于实验室岩心尺度较小，仅一根蚓孔向前扩展，大尺寸条件下会有多根蚓孔扩展。图 5.46 表明驱替压差曲线近似成一直线，最终降到零。由于没有天然裂缝、孔洞，曲线波动较小，曲线趋势与实验基本一致。需要指出的是，二维模型中获得的 $PV_{bt}$ 比实验室中三维岩心对应的值要大，如 Panga（2005）描述的那样（图 5.47），因为二维模型相当于蚓孔在高度方向贯穿整个岩心。

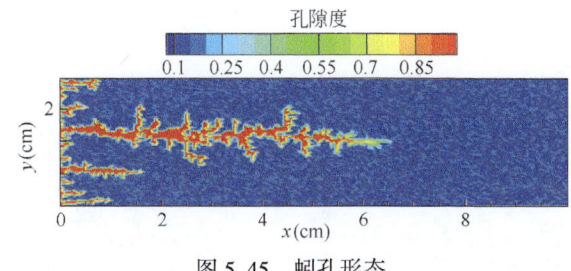

图 5.45 蚓孔形态

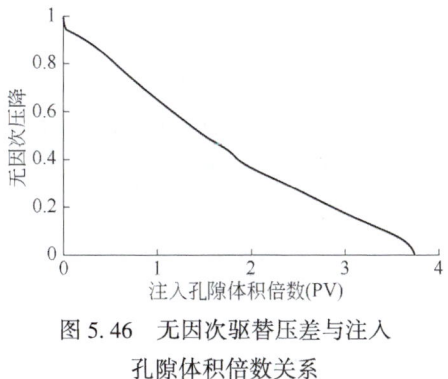

图 5.46 无因次驱替压差与注入
孔隙体积倍数关系

图 5.48 显示注入速度对蚓孔形态的影响。随着注入速度增加，依次得到类似实验中的溶蚀模式，包括面溶蚀、锥形孔溶蚀、主蚓孔、分支蚓孔和均匀溶蚀。对于同一岩心，温度、酸液给定，注入速度是影响对流和消耗速度相对大小的主要因素。注入速度对溶蚀模式影响明显，当注入速度低时，由于消耗作用远大于对流作用，主要在端面溶蚀，呈现面溶蚀或锥形孔溶蚀形态；随着速度逐渐增加，消耗作用与对流作用大致相同，此时形成主蚓孔形态；当注入速度很高时，对流作用远大于消耗速度，酸液来不及消耗就流入更多孔隙，形成多分支蚓孔或均匀溶蚀。此外，在没有天然裂缝时，蚓孔扩展形态非常不规则，形状较复杂，因为没有主渗流通道，在改变注入速度时，蚓孔很可能改变方向。

**2. 有天然裂缝时的蚓孔扩展规律**

图 5.49 显示了有天然裂缝时的蚓孔形态，注入速度从低到高，得到了锥形

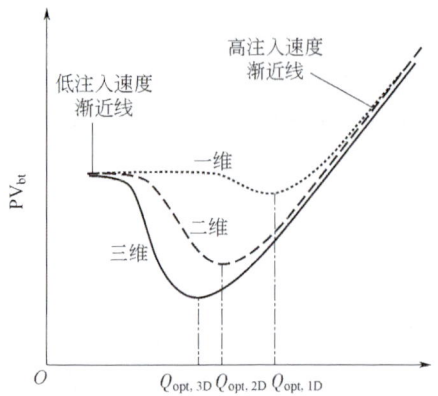

图 5.47 一、二、三维模型中 $PV_{bt}$ 定性趋势（据 Panga，2005）

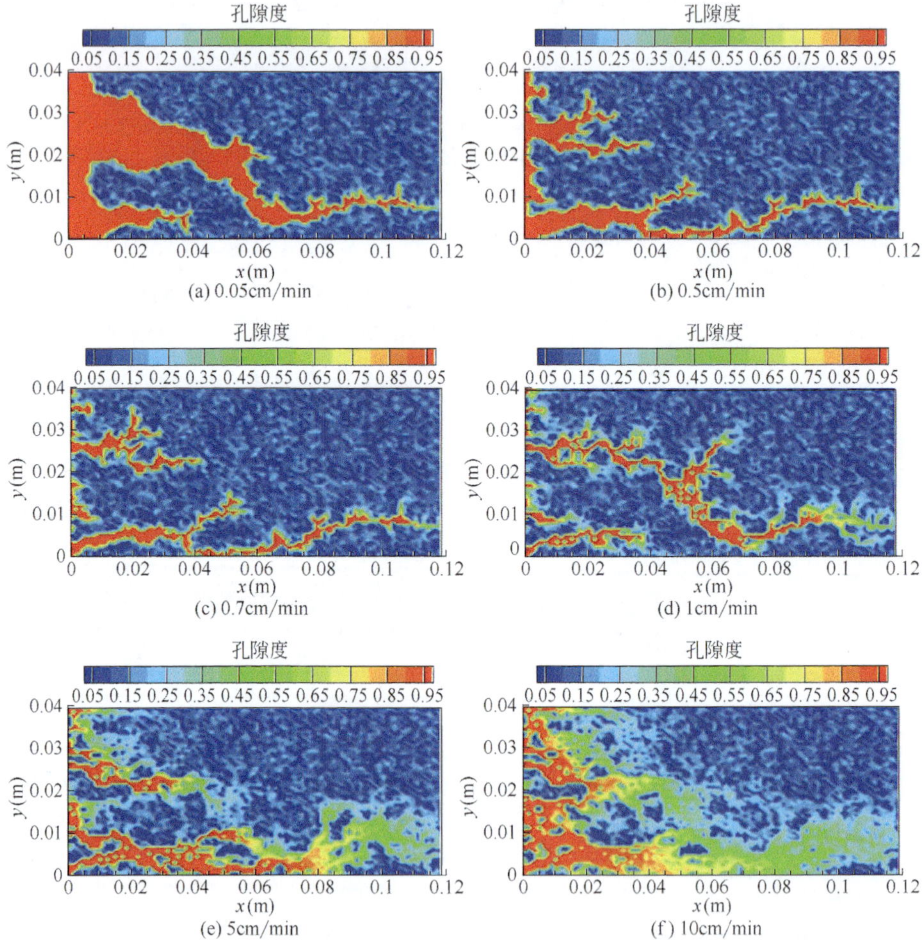

图 5.48 无天然裂缝时不同注入速度下蚓孔形态

孔、主蚓孔、分支蚓孔、均匀溶蚀形态，但蚓孔具体特征与没有天然裂缝时的特征差异明显。天然裂缝分散分布，蚓孔碰到天然裂缝时，沿天然裂缝向前扩展。酸液到达天然裂缝前端时，沿基质向渗流阻力小的地方扩展，使蚓孔向周围较近的天然裂缝扩展，蚓孔通过串联分散的天然裂缝向前扩展，一些天然裂缝被绕过。相对于没有天然裂缝的情形，主蚓孔分支更少，因为天然裂缝渗流能力比基质强很多，流体流动指向性更强；而在基质部分，蚓孔周围就会有更多分支；有天然裂缝时主蚓孔更细，因为酸液在裂缝里能快速流动、溶蚀，蚓孔快速扩展，酸液在蚓孔壁面消耗更少，蚓孔更细。当注入速度较高时，若碰到天然裂缝，仍形成较细蚓孔，因为酸液可以通过裂缝高速流动；碰到基质时，酸液来不及反应流进基质，形成均匀溶蚀。

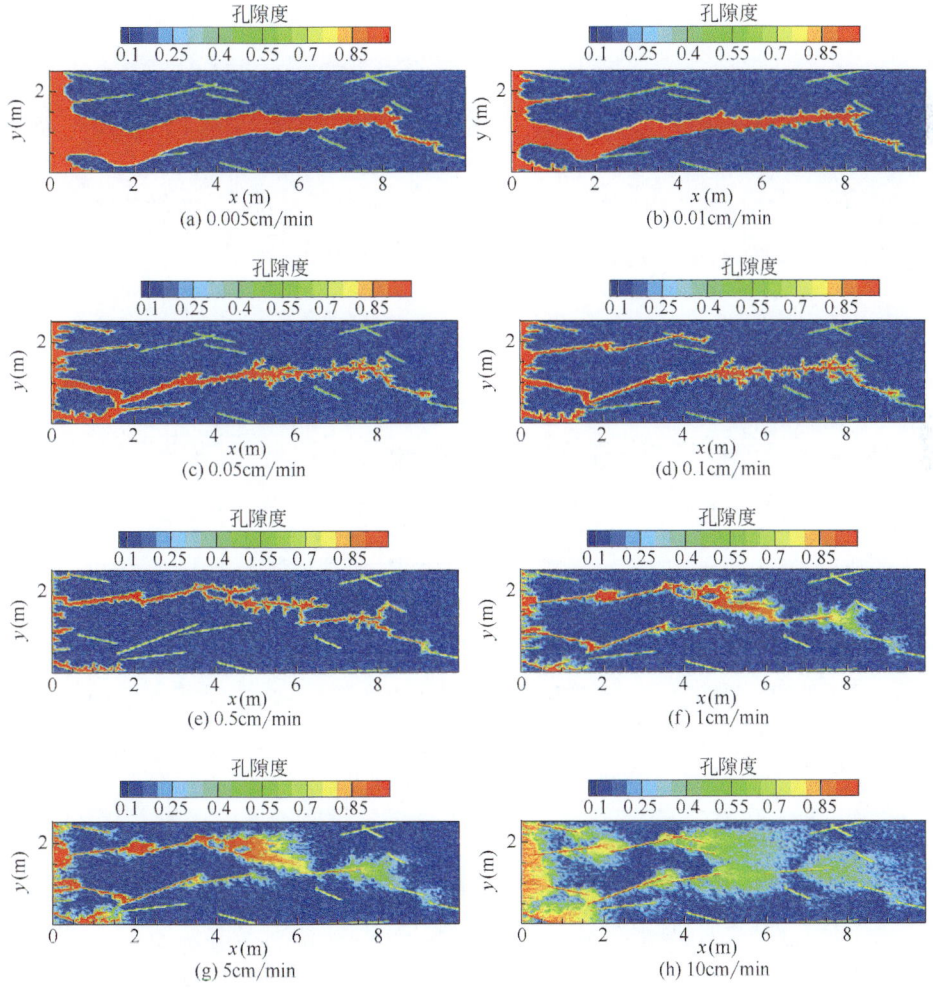

图 5.49 有裂缝时不同注入速度下蚓孔形态

图 5.50 对比了有无天然裂缝时驱替压差变化规律，PV 为注入酸液体积与岩心孔隙体积之比。有天然裂缝时，曲线波动明显，碰到天然裂缝时，蚓孔扩展快，压降较快；在基质部分，蚓孔扩展较慢，压降较慢。

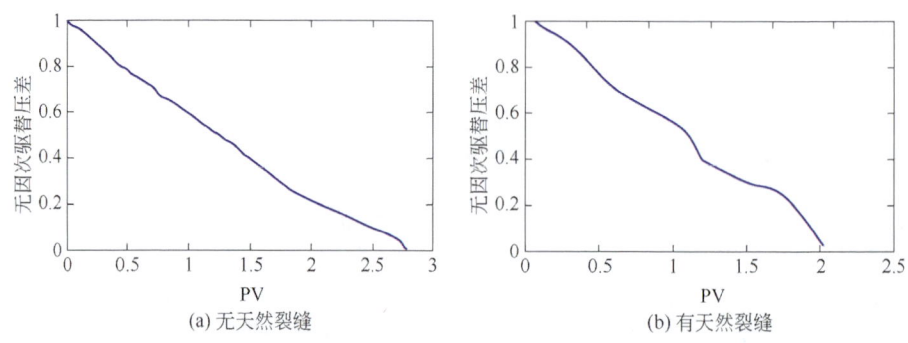

图 5.50　驱替压差随注入变化规律

图 5.51 对比了 $PV_{bt}$ 随注入速度变化规律，有天然裂缝时，$PV_{bt}$ 更低，底部更平一些，因为天然裂缝流速可在更大范围内变化，但两种情况总体变化趋势类似。由图 5.51 还可以看出，与实验中所得规律相似，存在一个最优点，$PV_{bt}$ 该点最小。正如前面所说，该值比实验值高，这是由于维数影响。

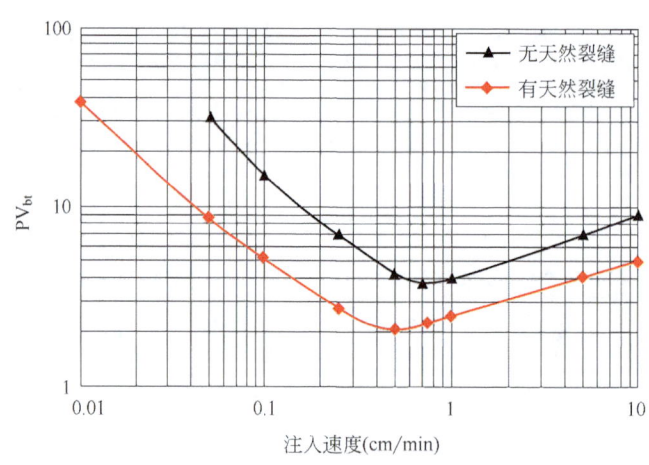

图 5.51　$PV_{bt}$ 随注入速度变化

**3. 真实岩心蚓孔扩展模拟**

利用 CT 扫描获得岩心的孔隙空间分布，可模拟真实岩心条件下蚓孔扩展规律。由于是二维模型，从三维 CT 扫描中获取一个截面用于模拟。

图 5.52 至图 5.54 显示了不同酸液注入速度下酸蚀蚓孔形态及驱替压差变化曲线，注入速度依次从低到高，得到的蚓孔形态为锥形孔、主蚓孔和分支蚓孔。

蚓孔扩展路径比较固定，由于真实岩心孔隙分布具有较好的空间关联性，存在高渗流通道，无论注入速度如何改变，酸液都沿该路径流动。

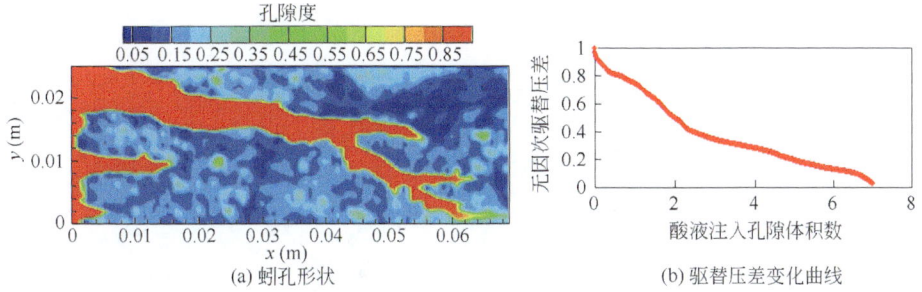

图 5.52　蚓孔形状和驱替压差随注酸量的变化（注入速度 0.12cm/min）

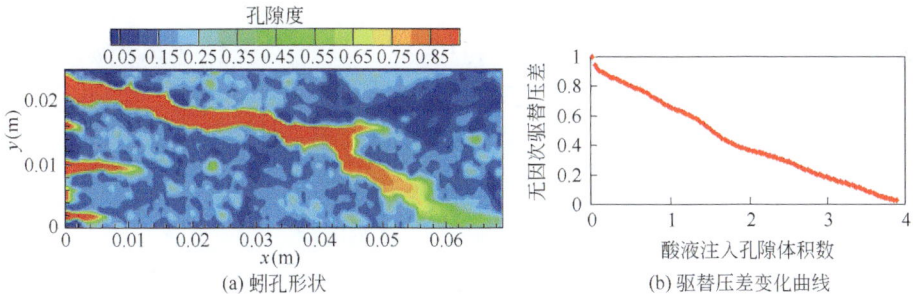

图 5.53　蚓孔形状和驱替压差随注入酸量的变化（注入速度 0.96cm/min）

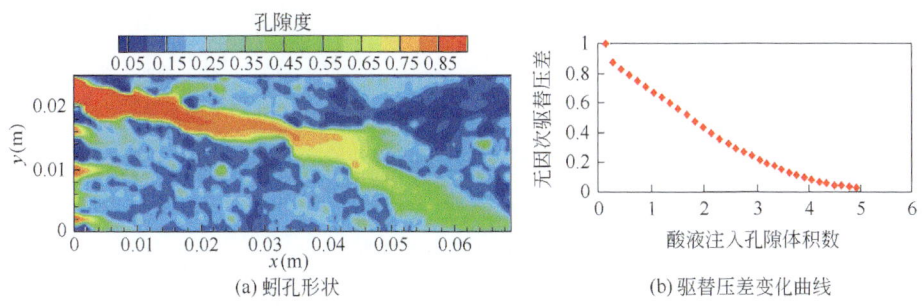

图 5.54　蚓孔形状和驱替压差随注入酸量的变化（注入速度 4.8cm/min）

图 5.55 对比了初始孔隙分布和蚓孔发育情况，孔隙分布沿长度方向展现一定关联性，能看出存在一高渗条带；另外，注入端上部分布有孔洞，蚓孔发育始于这些孔洞，蚓孔扩展的路径上也分布有较多的孔洞。酸液沿渗流阻力较小的地方流动，即大孔道分布区域，说明孔隙度空间分布规律影响蚓孔扩展路径和蚓孔扩展速度。另外，该蚓孔比人工生成的孔隙分布条件下的蚓孔明显大，这也是由

真实岩心孔隙空间分布关联性较强造成的，相邻孔隙差异变小，竞争获得酸液差异变小，造成更多孔隙溶蚀汇合成蚓孔。

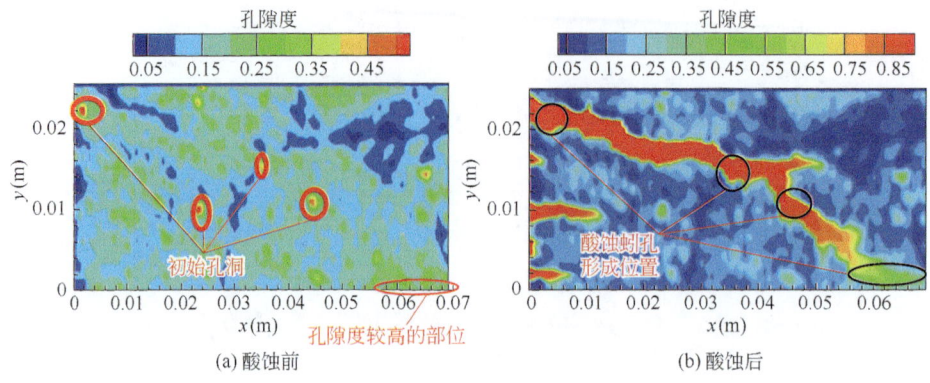

图 5.55 酸蚀前后的岩心对比

图 5.56 显示了 $PV_{bt}$ 与注入速度间的关系，与实验得到的规律吻合，该岩心对应的最优注速在 0.72cm/min 附近。

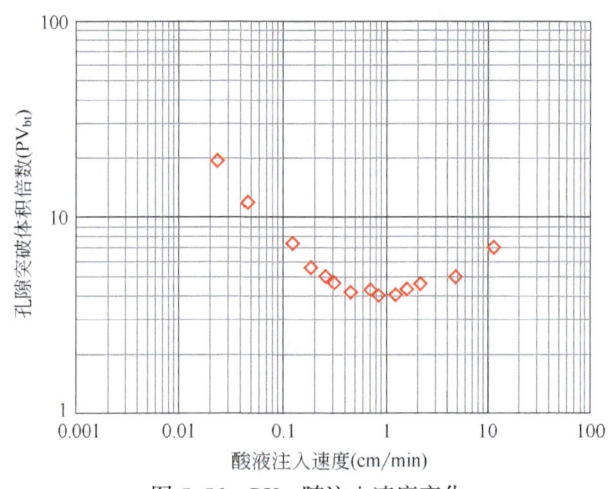

图 5.56 $PV_{bt}$ 随注入速度变化

## 5.5.2 径向驱替模拟

对于裸眼或射孔完井，实际施工中酸液注入为径向驱替，或酸液沿射孔孔眼流入地层，这类流动形态需要建立径向模型。径向模型坐标系与线性驱替不同，但酸蚀蚓孔扩展模拟本质上类似。基于物质平衡原理、酸岩反应动力学推导控制方程，模型假设与线性驱替模型相同。

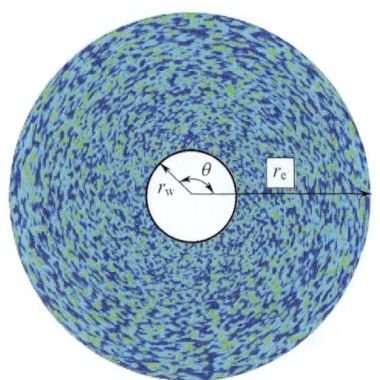

图 5.57 径向驱替示意图

### 5.5.2.1 控制方程

1. 达西尺度（Kalia 和 Balakataiah，2007）

运动方程：

$$u_r = -\frac{K}{\mu}\frac{\partial p}{\partial r}, u_\theta = -\frac{K}{\mu}\frac{1}{r}\frac{\partial p}{\partial \theta} \tag{5.61}$$

物质平衡方程：

$$\frac{\partial \phi}{\partial t} + \frac{1}{r}\frac{\partial (ru_r)}{\partial r} + \frac{1}{r}\frac{\partial u_\theta}{\partial \theta} = 0 \tag{5.62}$$

酸浓度分布方程：

$$\frac{\partial (\phi C_f)}{\partial t} + \frac{1}{r}\frac{\partial}{\partial r}(ru_r C_f) + \frac{1}{r}\frac{\partial}{\partial \theta}(u_\theta C_f) =$$

$$\frac{1}{r}\frac{\partial}{\partial r}\left(r\phi D_{er}\frac{\partial C_f}{\partial r}\right) + \frac{1}{r}\frac{\partial}{\partial \theta}\left(\frac{\phi D_{e\theta}}{r}\frac{\partial C_f}{\partial \theta}\right) - k_c a_v (C_f - C_s) \tag{5.63}$$

酸岩反应方程：

$$r(C_s) = k_c(C_f - C_s) = E_f C_s^\alpha \tag{5.64}$$

孔隙度变化方程：

$$\frac{\partial \phi}{\partial t} = \frac{r(C_s)a_v M_{acid}\beta}{\rho_s} \tag{5.65}$$

式中，$u_r$ 和 $u_\theta$ 为 $r$、$\theta$ 方向的速度；$K$ 为渗透率；$p$ 为压力；$\phi$ 为孔隙度；$C_f$ 为酸浓度；$C_s$ 为矿物表面酸浓度；$D_{er}$、$D_{e\theta}$ 分别为 $r$、$\theta$ 方向的氢离子有效扩散系数；$k_c$ 为传质系数；$a_v$ 为比表面；$\rho_s$ 为岩石密度；$\beta$ 为质量溶解力；$E_f$ 为反应速度常数；$\alpha$ 为反应级数，模拟中常取 1；$M_{acid}$ 为酸液摩尔质量。

2. 孔隙尺度

孔隙尺度模型描述传质系数、孔隙度、渗透率、比表面与孔隙尺寸间的关系，径向模型中的孔隙尺度模型与线性模型基本一样，只是求速度时有差异。

$$\frac{K}{K_0} = \frac{\phi}{\phi_0} \left( \frac{\phi}{\phi_0} \frac{1-\phi_0}{1-\phi} \right)^{2\beta} \tag{5.66}$$

$$\frac{r_p}{r_{p0}} = \sqrt{\frac{K\phi_0}{K_0\phi}} \tag{5.67}$$

$$\frac{a_v}{a_0} = \frac{\phi r_{p0}}{\phi_0 r_p} \tag{5.68}$$

式中，$\phi$ 为孔隙度；$\phi_0$ 为平均孔隙度；$K$ 为渗透率；$K_0$ 为平均渗透率；$r_0$ 为平均孔隙尺寸；$a_0$ 为平均比表面；$r_p$ 为孔隙尺寸；$a_v$ 为孔隙比表面；$\beta$ 为依赖于孔隙结构的常数，可通过实验获取，比如典型值0.8、1、1.5。

采用 Balakotaiah 和 West（2002）的模型计算传质系数：

$$N_{Sh} = \frac{2k_c r_p}{D} = N_{Sh_\infty} + \frac{0.7}{m^{1/2}} N_{Re_p}^{1/2} N_{Sc}^{1/3} \tag{5.69}$$

$$D_{er} = a_{os}D + \frac{\lambda_r |\boldsymbol{u}| 2r_p}{\phi}, \quad D_{e\theta} = a_{os}D + \frac{\lambda_\theta |\boldsymbol{u}| 2r_p}{\phi} \tag{5.70}$$

其中 $\quad N_{Re_p} = 2r_p |\boldsymbol{u}|/\nu, \quad N_{Sc} = \nu/D$

式中，$N_{Sh}$ 为舍伍德（Sherwood）数；$N_{Sh_\infty}$ 为渐进 Sherwood 数，对于床钉模型，$N_{Sh_\infty} = 2$；$D$ 为氢离子扩散系数；$|\boldsymbol{u}|$ 为速度值；$N_{Re_p}$ 为孔隙尺度雷诺数；$N_{Sc}$ 为斯密特（Schmidt）数；$\nu$ 为运动黏度；$m$ 为孔隙长度与直径之比，取决于孔隙结构，典型值为1；$a_{os}$、$\lambda_r$ 和 $\lambda_\theta$ 为依赖于孔隙结构的常数，这里分别取1、0.5、0.1。

3. 初始条件、边界条件

初始条件：

$$C_f(r, \theta, t=0) = 0 \tag{5.71}$$

$$\phi(r, \theta, t=0) = \phi_0(r, \theta) \tag{5.72}$$

边界条件：

$$C_f(r, \theta, t)|_{r=r_w} = C_0 \tag{5.73}$$

$$q = \int_0^{2\pi} r_w u_r \mathrm{d}\theta = q_0 \tag{5.74}$$

$$p(r, 0) = p(r, 2\pi) \tag{5.75}$$

$$p(r_e, \theta) = p_{re} \tag{5.76}$$

$$C_f(r, 0) = C_f(r, 2\pi) \tag{5.77}$$

$$u_{\theta, r=r_w} = 0, \quad u_{\theta, r=r_e} = 0 \tag{5.78}$$

式中，$C_0$ 为注入酸液浓度；$q_0$ 为排量；$p_{re}$ 为外边界压力。

## 5.5.2.2 孔隙空间分布、射孔

径向条件下孔隙空间分布生成与线性模型中的方法基本一样，只是在投射到

径向网格上时需要稍加处理。孔隙空间分布在笛卡儿坐标系中生成，投射到径向网格中，需要将其物理位置对应上，图 5.58 是 $x$ 方向强关联的孔隙分布，在 $x$ 方向明显呈条带状。对于射孔完井情形，需要把射孔加上，用孔隙度为 1 表示射孔。基于射孔参数（射孔方位角、深孔深度）生成射孔，然后投射到网格上。图 5.58 显示了射孔相位角 60°、孔深 40cm 的孔隙度分布。

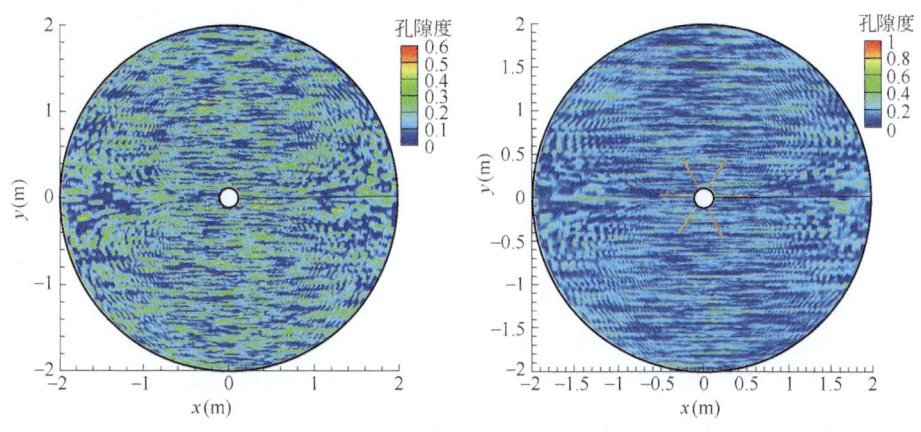

图 5.58　孔隙度及射孔图

### 5.5.2.3　溶洞空间分布

塔里木盆地奥陶系储层为缝洞型碳酸盐岩储层，模拟这类储层时需要生成溶洞分布。地质研究资料表明，碳酸盐岩储层中的溶洞多为后期地层液体岩溶作用所导致，大多分布在断裂带附近，其分布大小不一，形状大多不规则，具有一定的空间关联性。溶洞用这几个参数表征：溶洞平均孔隙度 $\phi_{vug}$、溶洞孔隙度变异系数 $c_{vug}$、溶洞所占比例 $A\%$（二维模型为面积比例）、关联长度 $l_{vug}$（两个方向取相同关联长度），生成溶洞分布时采用较大关联长度，无因次关联长度建议取 0.5 以上。在溶洞面积比例一定条件下，溶洞无因次关联长度越大，生成的溶洞越大，溶洞数量越少；溶洞无因次关联长度越小，生成的溶洞越小，数量越多。

根据碳酸盐岩储层溶洞的分布特征，采用高平均孔隙度、大无因次关联长度方式来生成溶洞分布，生成过程如下：采用较大的关联长度、较高的平均孔隙度值生成如图 5.59(a) 所示的孔隙度分布，将图 5.59(a) 中前 $A\%$（溶洞所占比例）的大孔道提取出来作为溶洞，投射到图 5.59(b) 中（将溶洞所在位置的孔隙度替换为溶洞孔隙度）得到基质和溶洞孔隙度分布。图 5.59 中，溶洞所占比例为 10%，水平方向和垂直方向上无因次关联长度均为 0.5，溶洞平均孔隙度为 0.6，溶洞孔隙度变异系数为 0.3。

### 5.5.2.4　天然裂缝分布

径向条件下天然裂缝分布生成方法与线性模型中的方法一样，只是在将天然

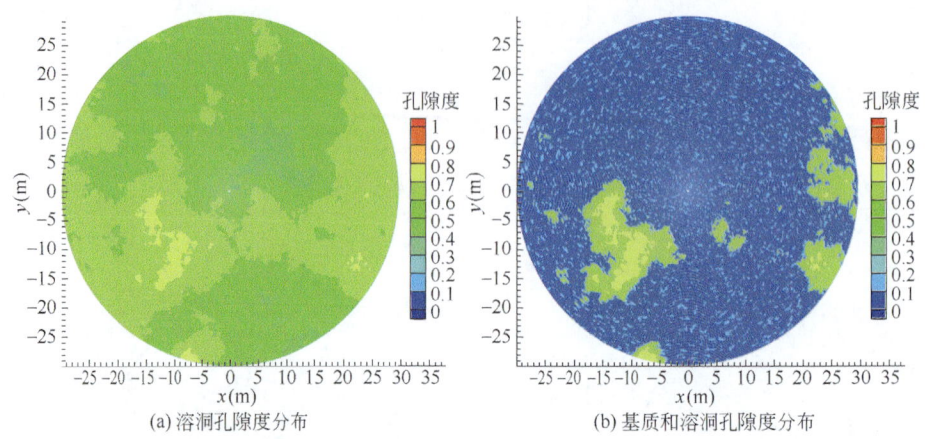

图 5.59 溶洞空间分布

裂缝投射到径向网格中时稍有区别。如图 5.60 所示，还是利用向量叉积法判断每个网格的四条边是否与天然裂缝 $AB$ 相交。若四条边都不相交，说明裂缝不穿过该网格，若有一条边与裂缝相交，这说明裂缝穿过该网格，该网格物性赋为天然裂缝物性；有多条天然裂缝时，对每条天然裂缝重复该过程。

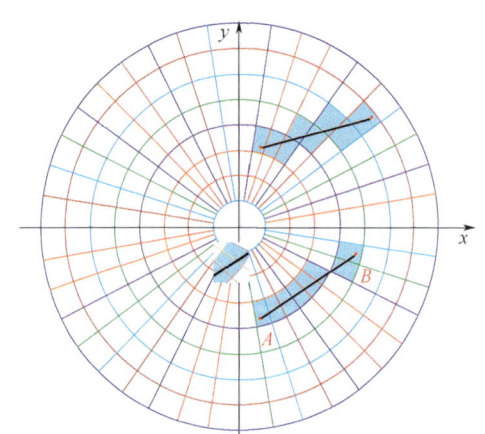

图 5.60 天然裂缝投射示意图

图 5.61 为模型尺寸 $r=5\mathrm{m}$，裂缝长度 0.5~1.0m、0.8~2.0m 时的孔隙空间分布。

对于缝洞型储层，需要生成基质孔隙、溶洞和天然裂缝分布，然后将三者结合到一起，分为三个步骤：(1) 生成基质孔隙分布、溶洞空间分布，基质孔隙分布通过平均孔隙度、孔隙度变异系数、无因次关联长度三个参数控制，溶洞空间分布通过溶洞平均孔隙度、孔隙度变异系数、无因次关联长度和溶洞所占比例四个参数控制；(2) 利用概率分布函数建立天然裂缝分布，通过天然裂缝密度、

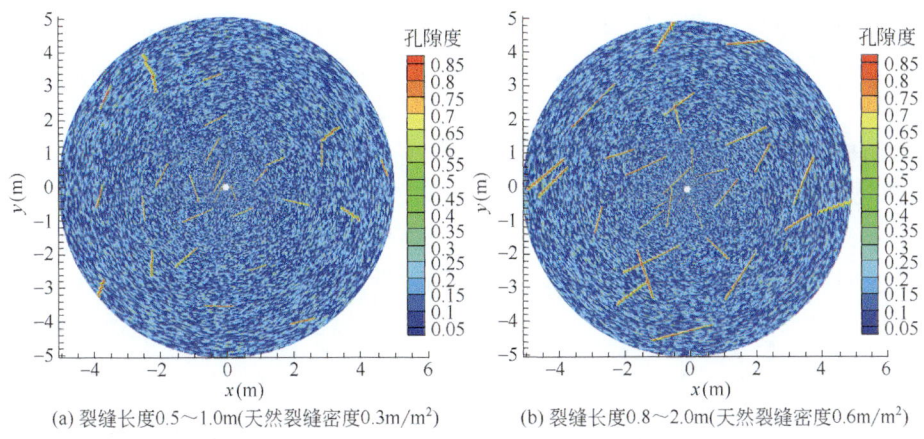

(a) 裂缝长度0.5~1.0m(天然裂缝密度0.3m/m²)　　(b) 裂缝长度0.8~2.0m(天然裂缝密度0.6m/m²)

图 5.61　带天然裂缝的孔隙空间分布

方位角、迹长三个参数控制；（3）将溶洞、天然裂缝投射到基质孔隙分布图上，形成孔、缝、洞空间分布。

图 5.62 为将天然裂缝投射在图 5.59(b) 中得到的基质、溶洞、天然裂缝空间分布。其中，裂缝密度为 0.16m/m²，裂缝平均方位角为 90°，其均方差为 0.5，裂缝平均迹长为 8m，裂缝迹长范围为 5~10m。

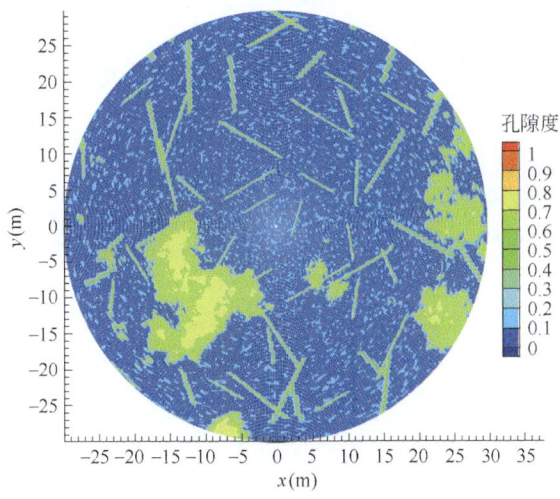

图 5.62　基质、溶洞、天然裂缝空间分布

### 5.5.2.5　酸蚀蚓孔扩展模拟

#### 1. 酸蚀蚓孔形态

径向条件下酸蚀蚓孔形态模拟中，酸液注入速度从低到高，得到实验中观察的酸蚀形态图形：面溶蚀、主蚓孔、分支蚓孔和均匀溶蚀情形。如图 5.63 所示，当注酸速度非常小时，由于酸液中氢离子消耗速度大于对流作用，更多氢离子在

蚓孔壁面上消耗，形成锥形孔。随着注酸速度增加，氢离子受对流作用逐渐增加，但是仍然小于消耗速度，由于对流作用逐渐增强，运移到蚓孔前端的酸液逐渐增加，溶解形态逐渐向主蚓孔过渡。当注酸速度适中时，氢离子消耗作用与对流作用相当，酸液在蚓孔壁面上消耗较少，多数酸液运移到蚓孔前端，到达前端的酸液迅速消耗掉，使蚓孔向前扩展，而形成细长的主蚓孔。随着注酸速度进一步提高，氢离子受到的对流作用逐渐大于消耗作用，部分酸液来不及与岩石完全反应就向前流动到孔隙介质中，由于非均质性的影响形成分支蚓孔。当注酸速度较高时，对流作用远大于消耗作用，酸液来不及消耗，多数孔隙能获得鲜酸而形成较为均匀的溶蚀形态。

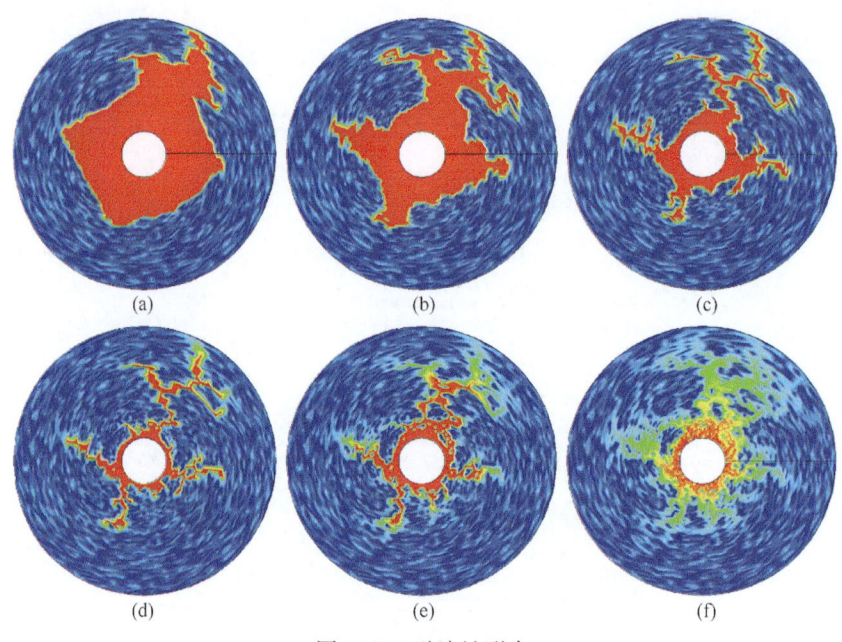

图 5.63 酸溶蚀形态

由 (a) 到 (f) 注入速度逐渐增加

由于径向驱替实验难度较大，目前没有径向条件下的 $PV_{bt}$ 与注入速度间的关系曲线，仅参照线性岩心驱替实验结果。模拟得到的 $PV_{bt}$ 与注入速度关系如图 5.64 所示，孔隙度分布对 $PV_{bt}$ 也存在一定影响。从图 5.64 中可以看出，随着注酸速度升高，$PV_{bt}$ 先减小后增加，最低点为主蚓孔。空间关联的孔隙度分布对应的 $PV_{bt}$ 整体上小于随机孔隙度分布的 $PV_{bt}$，更接近实验室测得的数据。这是由孔隙空间分布造成的，空间关联的孔隙分布中，酸液选择性地沿高渗流条带流动，突破岩心所需的酸液体积较小。另外，由于维数对蚓孔扩展效率的影响 (Panga, 2005)，二维模型模拟的结果大于三维岩心驱替的 $PV_{bt}$。总体而言，模拟结果与实验数据类似，空间关联的孔隙分布所得到结果与实际更符。

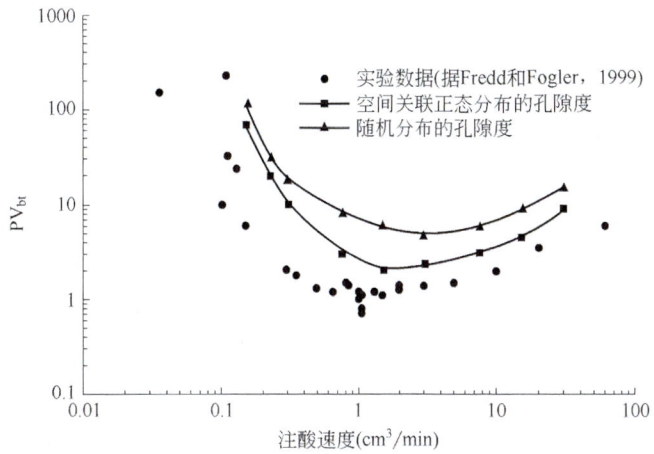

图 5.64　酸液注入速度与突破孔隙体积倍数间的关系曲线

2. 非均质性影响

变异系数反应数据离散程度，其大小不仅受变量值离散程度的影响，还受变量值平均水平大小的影响，因此，变异系数越大，非均质性越强。如图 5.65 所示，当变异系数较小时，生成的初始孔隙度分布较为均匀，非均质性较弱，酸液竞争变弱，生成较为规则的蚓孔，主蚓孔的数量也比较多，各条蚓孔差异较小；随变异系数增大，生成的孔隙度离散度增加，蚓孔轨迹因非均质性的影响而变得不规则，主蚓孔的数量逐渐减少，各条蚓孔间差异变大；当变异系数为 1.0 时，孔隙度的离散度较大，各条蚓孔间差异大，最终形成一条较长的蚓孔。可见，随着变异系数增加，非均质性增强，蚓孔间竞争增加，形成的蚓孔差异变大。

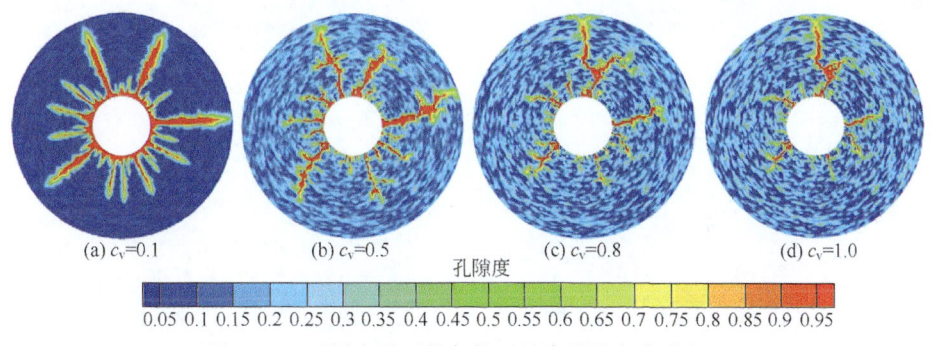

图 5.65　不同变异系数条件下的溶蚀形态孔隙度图

3. 天然裂缝影响

存在天然裂缝时，改变注入速度，也得到了类似的溶蚀形态，但与没有天然裂缝的情况相比，溶蚀形态特征有一定差异。蚓孔通过连接分散的天然裂缝向前扩展，基于裂缝分布形态，形成迂回曲折的蚓孔；部分天然裂缝被蚓孔串联，部分天然裂缝被绕过；在更宽泛的注入速度范围内形成了主蚓孔，由于裂缝渗透率远远高于基质，裂缝中的流速可以在较大范围内变化，增大流速，蚓孔仍沿裂缝扩展，而没有形成过多分支。注入速度很高时，主要在基质部分出现发散，与无天然裂缝时的溶蚀形态差异明显。总之，天然裂缝较多时，天然裂缝分布决定蚓孔形态。注意：注入速度按井壁处计算，对应溶蚀形态的流速比实验室线性岩心的大；蚓孔往外扩展，过流面积逐渐增大，对应的流速降低。

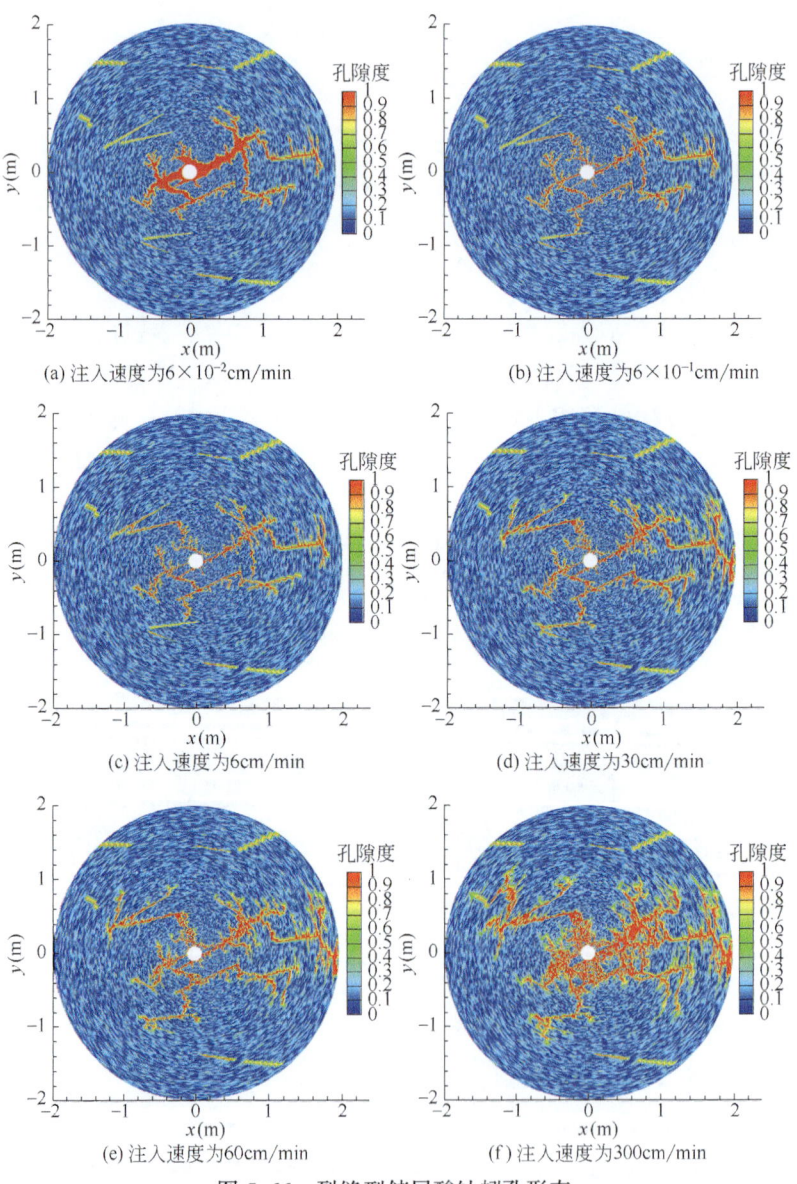

图 5.66 裂缝型储层酸蚀蚓孔形态

## 第5章 碳酸盐岩基质酸化

天然裂缝长度对蚓孔扩展的影响如图5.67所示,注入速度为6cm/min。裂缝长度越小、越分散,蚓孔越不规则、分支越多,类似于无天然裂缝情况。随天然裂缝长度增长,蚓孔变细,分支变少,蚓孔数量变少。天然裂缝长度达到0.9m(2m模拟半径)时,形成了相互连接的裂缝网络,从井筒到边界有一主渗流通道,酸液直接沿裂缝突破,使大多数地方没接触到酸液。$PV_{bt}$约为0.1,说明长的天然裂缝能够大大增加蚓孔扩展效率。

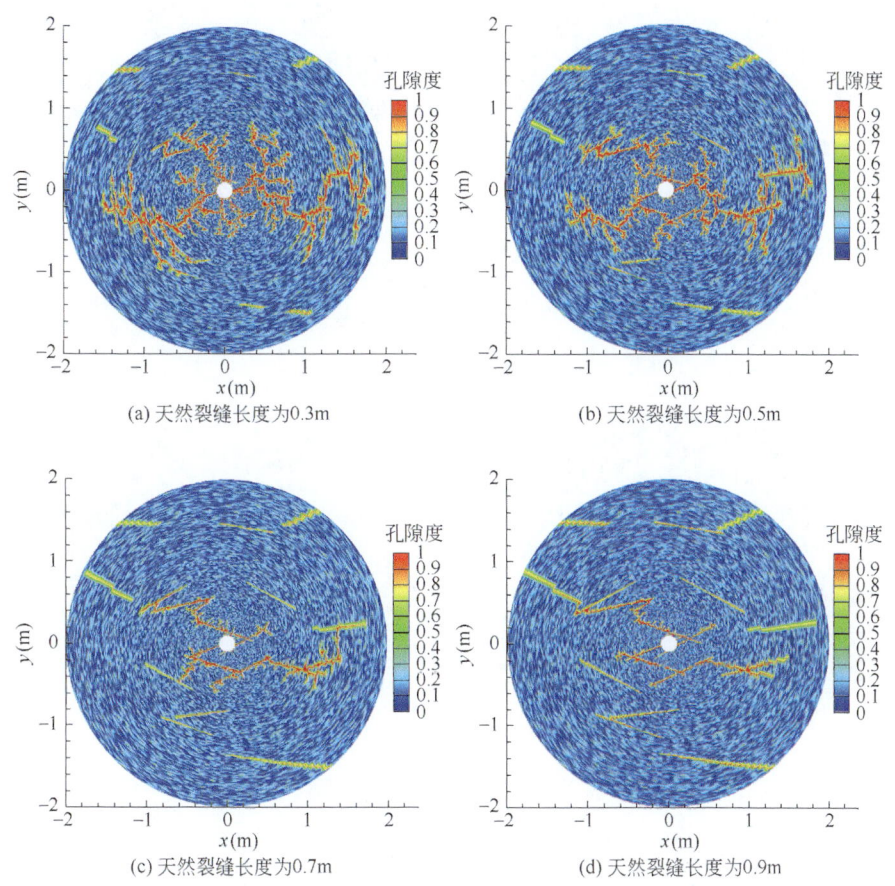

图5.67 天然裂缝长度对酸蚀蚓孔形态的影响

**4. 孔隙空间关联性影响、射孔影响**

孔隙空间分布决定流场,流场决定酸液分布,从而影响酸蚀蚓孔形态。图5.68和图5.69对比了强关联孔隙分布和随机孔隙分布的酸蚀蚓孔形态,$x$方向关联性比$y$方向更强,蚓孔非对称扩展,$x$方向蚓孔更长。真实储层中,往往沿沉积方向关联性较强,孔隙呈条带状分布,蚓孔有优势扩展方向。随机孔隙分布情况下,蚓孔无优势扩展方向,细分支更多。射孔完井条件下,射孔位置决定了进酸位置，射孔中渗流阻力可忽略，酸液沿射孔孔眼进入地层，井壁其他地方基本不进酸液，蚓孔沿射孔尖端向前扩展。

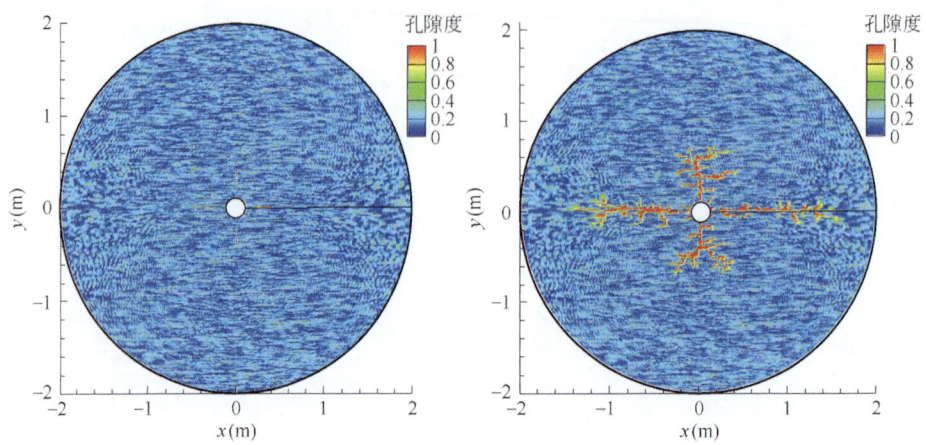

图 5.68　射孔对酸蚀蚓孔形态的影响（孔隙空间关联分布）

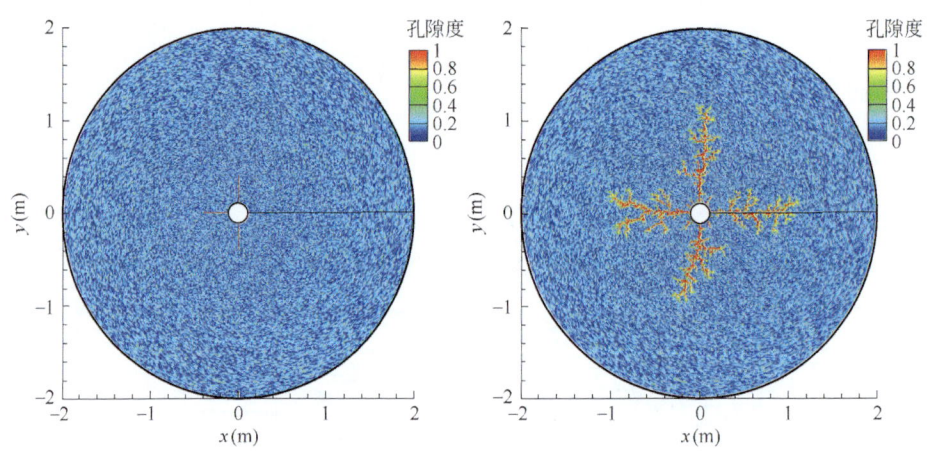

图 5.69　射孔对酸蚀蚓孔形态的影响（孔隙随机分布）

5. 缝洞型储层酸蚀蚓孔扩展规律

初始孔缝洞分布如图 5.70 所示。基质平均孔隙度为 0.05，水平和垂直方向上无因次关联长度均为 0.005；溶洞平均孔隙度为 0.6，水平和垂直方向上的无因次关联长度为 0.5；裂缝密度为 $0.15m/m^2$，裂缝平均迹长为 7.5m，迹长范围为 5~10m，裂缝平均方位角为 90°，均方差为 0.5；排量为 $0.25m^3/(min·m)$，酸液质量浓度为 20%，酸液黏度为 $5mPa·s$，酸岩反应速度常数为 $0.002m/s$，氢离子扩散系数为 $10^{-9}m^2/s$。

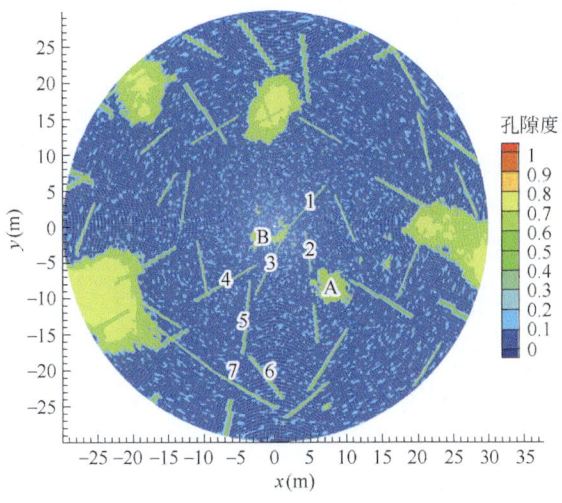

图 5.70 孔缝洞初始分布

酸蚀蚓孔扩展模拟结果如图 5.71 所示，初始有 6 个溶洞，天然裂缝分散分布，未形成裂缝网络。在基质处，酸液溶蚀形成酸蚀蚓孔，酸蚀蚓孔向前扩展，走向附近低渗流阻力的天然裂缝，进而连通天然裂缝；由于天然裂缝渗透率远远高于基质，连通天然裂缝后，酸液沿天然裂缝流动，溶蚀扩宽天然裂缝，急剧增加裂缝渗流能力，酸液基本只沿天然裂缝流动；酸液到达裂缝尖端后，继续溶蚀基质向前扩展。酸液碰到溶洞后，由于溶洞孔隙度、渗透率很高，溶洞范围内孔隙相互连通，酸液分散流动，溶洞内大部分地方得到溶蚀，形成大面积溶蚀，酸液向前推进缓慢。缝洞型储层中的酸液流动反应规律为：基质处酸蚀蚓孔扩展缓慢，蚓孔走附近渗流阻力较低的天然裂缝，然后酸液沿天然裂缝流动；酸液在天然裂缝中推进速度快，到达天然裂缝尖端后，酸蚀蚓孔又在基质中缓慢扩展，去连通下一条天然裂缝。遇到溶洞后，酸液大面积分散溶蚀，对溶洞大部分地方都有溶蚀作用，酸液往前推进速度缓慢。天然裂缝分布对酸液走向起主导作用，酸液在裂缝中流速快，使酸液可到达较远距离；一旦连通溶洞，酸液推进速度较慢，且形成大面积溶蚀，溶蚀形态与孔隙型或裂缝型储层中形成的细长蚓孔差异显著。

图 5.72 为酸液流动距离随时间的变化，该曲线可以分为如图所示的四个区域，Ⅰ、Ⅱ、Ⅲ区酸液推进较快，Ⅳ区酸液向前推进很慢。在 0~40min 之间（Ⅰ区），注入酸液沟通了 1 号和 3 号裂缝，酸液沿天然裂缝向前推进较快；在 40~90min（Ⅱ区）和 90~160min（Ⅲ区）之间，酸液沟通了 5 号和 6 号裂缝，酸液流动到距离井筒近 24m 的地方。而在 160min 之后（Ⅳ区），酸液通过 2 号天然裂缝沟通了溶洞 A，由于溶洞的孔隙度高，酸液进入溶洞后分散开，形成大片溶蚀，使酸液前进速度大大降低。约 150min 后，活酸作用距离增加很少，蚓孔较长，酸液沿程消耗，到达蚓孔前端的酸浓度较低，蚓孔扩展较慢（图 5.73）。

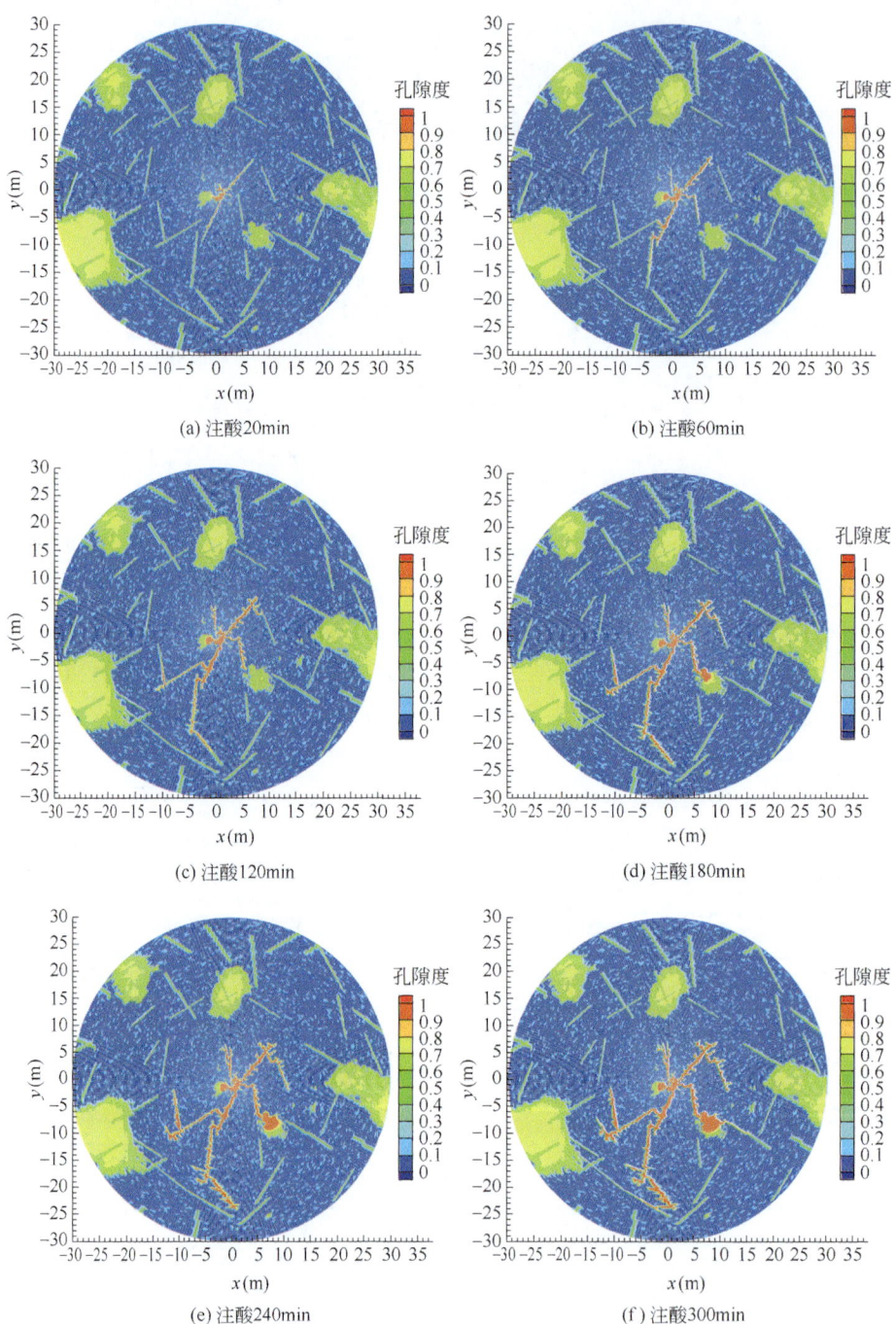

图 5.71 不同注酸时间下溶蚀形态

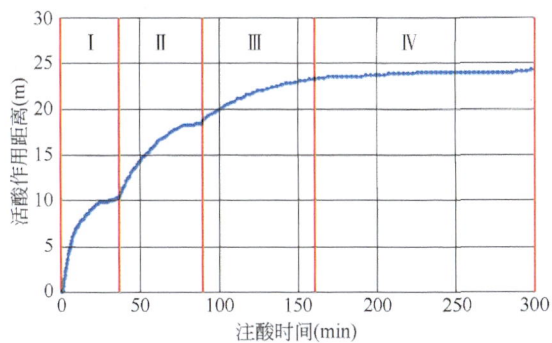

图 5.72 活酸作用距离随注酸时间变化

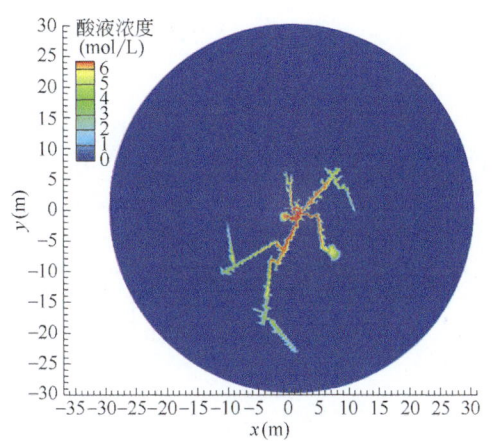

图 5.73 注酸 180min 时酸液浓度分布

## 5.6 活酸作用距离

活酸作用距离是基质酸化设计的重要参数，它是设定合理目标距离的依据。施工参数不同，酸液体系不同，其作用距离不同。这里预测的活酸作用距离是指常见酸液体系性能、形成主蚓孔条件下、在合理的现场施工时间范围内的活酸作用距离。

### 5.6.1 解析方法

蚓孔形成后，酸液沿蚓孔流动，部分酸液向蚓孔周围地层滤失，部分酸液在蚓孔壁面消耗，沿程酸液浓度逐渐降低，运移到蚓孔前端的酸液溶蚀岩石，向前扩展蚓孔。当注酸时间较长时，蚓孔向周围的滤失减少，影响活酸作用距离的主要因素为沿程蚓孔壁面上的酸液消耗。为了得到蚓孔中可能的活酸作用距离，忽略蚓孔中的酸液滤失，该方法得到的是活酸作用距离上限，加上酸液滤失影响，作用距离会更短。蚓孔中酸液流动、反应简化为圆筒中的流动反应，如图 5.74 所示。

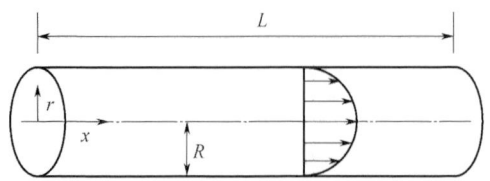

图 5.74 蚓孔中酸液流动、反应示意图
$L$—蚓孔长度；$r$—径向坐标变量；$R$—蚓孔半径

假设蚓孔表面光滑，层流，无滤失，酸液流速为

$$v(r) = 2\bar{v}\left[1 - \left(\frac{r}{R}\right)^2\right] \tag{5.79}$$

式中，$v(r)$ 为蚓孔内流速；$\bar{v}$ 为注入酸液平均流速；$R$ 为蚓孔半径。

假设流场不受发生在蚓孔表面的酸岩反应影响，基于物质平衡原理，稳态条件下酸浓度分布方程为

$$\frac{vR}{L}\frac{\partial C}{\partial X} = \frac{D}{r_D}\frac{\partial}{\partial r_D}\left(\frac{\partial C}{\partial r_D}\right) \tag{5.80}$$

边界条件为

$$\left.\frac{D}{R}\frac{\partial C}{\partial r_D}\right|_{r_D=1} = r = -E_f C_A^\alpha \tag{5.81}$$

$$\left.\frac{\partial C}{\partial r_D}\right|_{r_D=0} = 0 \tag{5.82}$$

$$C(0, r_D) = C_0 \tag{5.83}$$

其中 $\qquad X = x/L, \quad R_D = y/R$

式中，$R$ 为蚓孔半径；$C_0$ 为入口酸浓度；$E_f$ 为反应速度常数；$\alpha$ 为反应级数；$D$ 为氢离子扩散系数。

定义无因次变量：

$$P = \frac{RE_f C_0^{\alpha-1}}{D} \tag{5.84}$$

$$L^* = \frac{LD}{2\bar{v}R^2} \tag{5.85}$$

$$R^* = 1 - \frac{C}{C_0} \tag{5.86}$$

式中，$L$ 为蚓孔长度，cm；$R$ 为蚓孔半径，cm；$D$ 为氢离子扩散系数，cm$^2$/s；$\bar{v}$ 为

平均流速，cm/s；$E_f$ 为反应速度常数，cm/s；$P$ 为表面反应速度与扩散速度之比。

当 $\alpha=1$ 时，Williams 等（1970）获得如下解：

$$R^* = 1 - \frac{C}{C_0} = 4PL^* \left\{ 1 + \sum_{n=1}^{\infty} \beta_n \frac{3}{n+3} \left[ \frac{\Gamma(1/3)P}{3} \right]^n \left( \frac{9L^*}{2} \right)^{n/3} \right\} \quad (5.87)$$

$$\beta_1 = -\frac{3}{\Gamma(2/3)\Gamma(1/3)} \quad (5.88)$$

$$\beta_{n+1} = -\frac{-3\beta_n \Gamma\left(\frac{n+3}{3}\right)}{(n+1)\Gamma(2/3)\Gamma\left(\frac{n+1}{3}\right)} \quad (5.89)$$

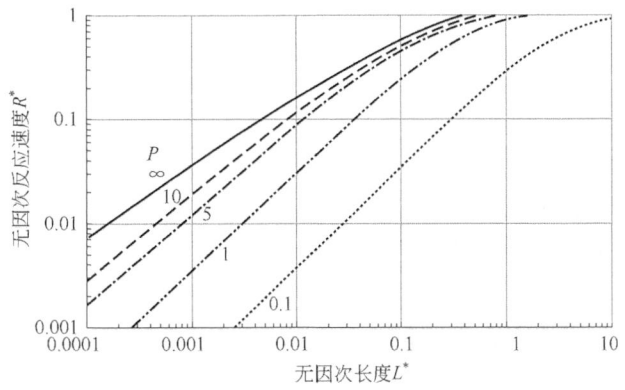

图 5.75 无因次距离与无因次反应速度间关系（据 Williams 等，1970）

用上述模型可预测活酸作用距离，$R$ 取典型蚓孔大小，0.25cm；$\bar{v}$ 取岩心驱替条件下得到的最优注入速度，排量为 $q=1\text{mL/min}$，$\bar{v} = q/A = \frac{1\text{mL}}{60\text{s}} \frac{1}{\pi \times (0.25\text{cm})^2/4} =$ 0.34cm/s。注意，$\bar{v}$ 是蚓孔中的平均流速。假设 95% 酸液消耗后为残酸，$R^* = 95\% = 0.95$，通过上述模型得到 $L^* = 0.355$，然后可得到各种典型氢离子扩散系数下的活酸作用距离。

如图 5.76 所示，对于常见氢离子扩散系数范围 $D = 5\times10^{-6} \sim 50\times10^{-6}\text{cm}^2/\text{s} = 5\times10^{-10} \sim 50\times10^{-10}\text{m}^2/\text{s}$，活酸作用距离为 3~30m，考虑沿程滤失的影响，氢离子扩散系数稍高的酸液，活酸作用距离大致在几米范围；氢离子扩散系数稍低的酸液，活酸作用距离能到十几米甚至二十几米范围。增加排量，活酸作用近距离增加，但排量受以下方面约束：为了形成主蚓孔，对流速度与酸液消耗速度需匹配；氢离子扩散系数大的酸液消耗速度快，需增加排量，反之需降低排量。另外，基质酸化要求井底压力低于地层破裂压力，所以排量不能随意增加。氢离子扩散系数较大的酸液，排量可以高点，但酸液沿程消耗速度更快；氢离子扩散系数较小的酸液，排量会低点，但酸液沿程消耗速度更慢；因此，活酸作用距离不会随排量线性增减。

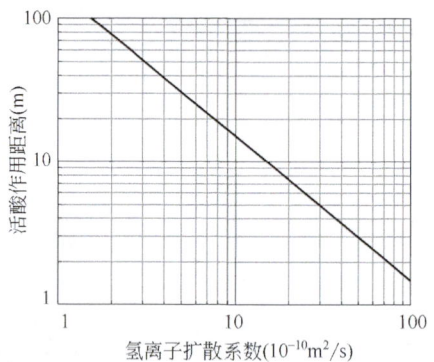

图 5.76　氢离子扩散系数对活酸作用距离的影响

### 5.6.2　数值模拟

数值模拟针对常见酸液体系（比如氢离子扩散系数 $4 \times 10^{-9} m^2/s$）进行酸蚀蚓孔扩展模拟，得到活酸作用距离随时间变化规律。

#### 5.6.2.1　线性驱替

酸压中酸液滤失类似于线性驱替，实验室条件多为线性驱替。为得到可能的活酸作用距离，模拟长度较大，达 15m，宽度仅 10cm。对比了有无天然裂缝时的作用距离，除了天然裂缝外，孔隙空间分布完全一样。裂缝密度为 $0.08m/m^2$，裂缝迹长范围为 0.8~3m，注入速度为 30cm/min 时的蚓孔扩展。选取注酸时间分别为 50min、100min、120min、150min 时酸蚀蚓孔的扩展形态，如图 5.77 和图 5.78 所示。

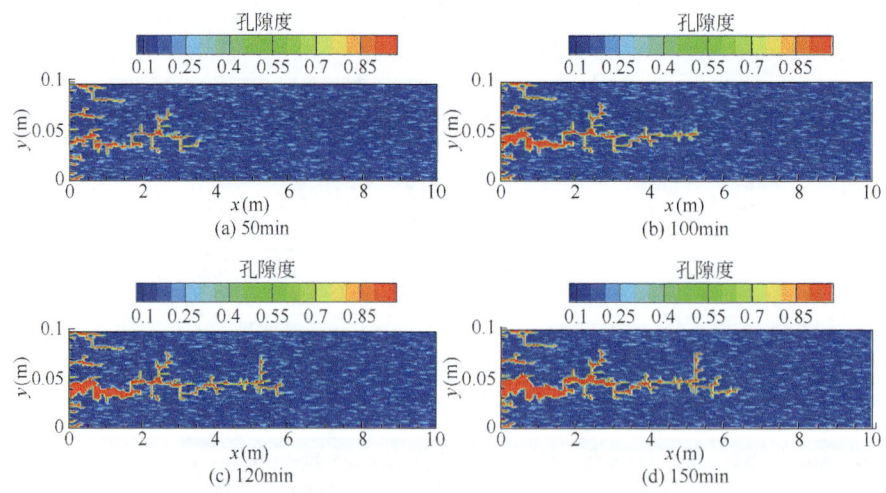

图 5.77　不同注酸时间下酸蚀蚓孔长度（无天然裂缝）

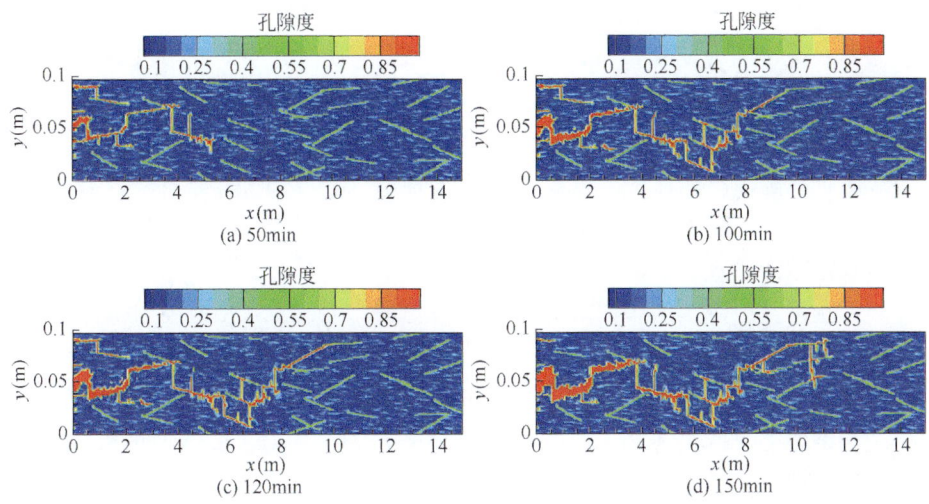

图 5.78 不同注酸时间下酸蚀蚓孔长度（有天然裂缝）

图 5.79 对比了有无天然裂缝条件下蚓孔长度（活酸作用距离）随注酸时间的变化规律。相同注酸时间下，有天然裂缝时蚓孔明显长于无裂缝时的蚓孔，蚓孔长度曲线波动较大，这是由于酸液碰到天然裂缝时蚓孔快速扩展造成的，蚓孔在基质部分扩展较慢。前 60min，蚓孔增长较快，后面增长较慢，120min 后长度增长很少。有天然裂缝时，蚓孔长度约为 11.5m，蚓孔形态较细；无天然裂缝时，蚓孔长度约为 6m。由于入口处酸岩接触时间较长，入口处溶蚀宽度较大。

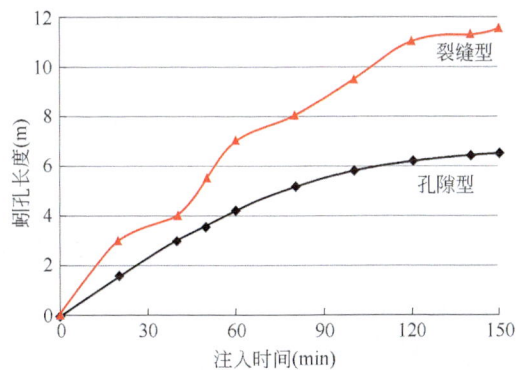

图 5.79 有无天然裂缝时蚓孔长度随注入时间变化

#### 5.6.2.2 径向驱替

实际酸化为径向驱替，这里模拟了四种地层的活酸作用距离：孔隙型、裂缝型、溶洞型以及缝洞型。孔隙型地层平均孔隙度为 5%。溶洞型地层是在孔隙型地层的基础上添加了溶洞分布，溶洞所占面积为 10%。缝洞型地层是在溶洞型地层基础上增加了天然裂缝。裂缝型地层是在孔隙型地层的基础上加上天然裂缝。天然裂缝密度为 $0.08\text{m}/\text{m}^2$，天然裂缝长度范围为 $5\sim10\text{m}$，角度变化范围为 $15°\sim60°$。氢离子扩散系数为 $1\times10^{-9}\text{m}^2/\text{s}$，注入排量为 $2.5\text{m}^3/\text{min}$（20m 层厚）。

图 5.80 至图 5.83 为不同地层条件下的酸蚀蚓孔扩展形态。图 5.84 显示了活酸作用距离随注酸时间变化规律。孔隙型地层，各方向蚓孔较均衡发展，活酸作用距离较短。裂缝型地层，蚓孔分支较少，天然裂缝分布对蚓孔扩展起主导作用，活酸作用距离较长。溶洞型地层，蚓孔向溶洞区域扩展，相较于孔隙型地层而言，蚓孔条数更少，集中向溶洞所在区域发展；遇到较大溶洞时，酸液分散开来，酸液向前推进速度较慢。缝洞型地层，蚓孔沿天然裂缝向溶洞所在区域扩展，酸液具有"循缝找洞"作用，蚓孔扩展较快，但遇到溶洞后酸液推进较慢。相同注入条件下，四类地层中的活酸作用距离大致关系为：裂缝型地层>缝洞型地层>溶洞型地层>孔隙型地层。

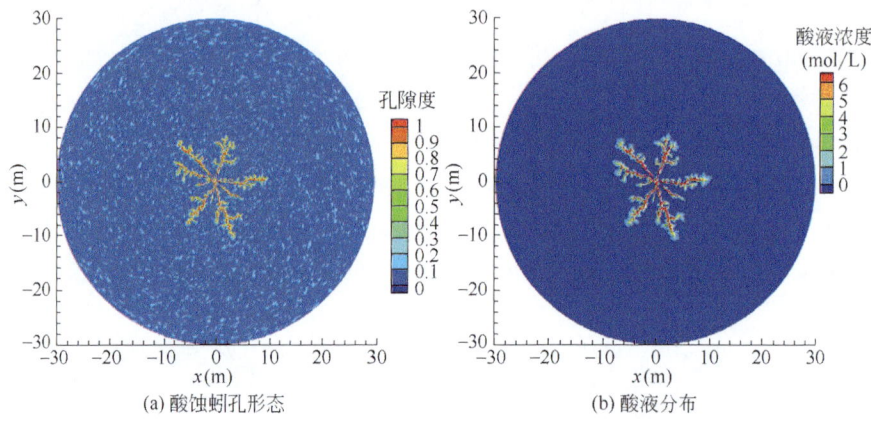

图 5.80 孔隙型地层酸蚀蚓孔形态及酸液分布

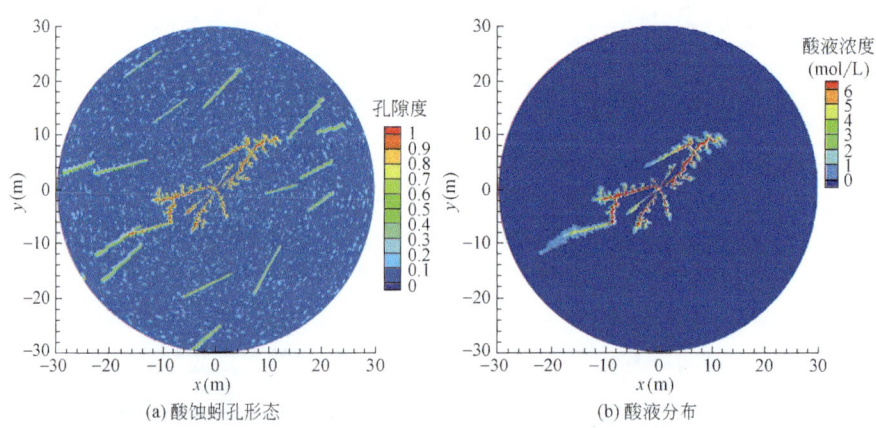

图 5.81 裂缝型地层酸蚀蚓孔形态及酸液分布

第 5 章 碳酸盐岩基质酸化

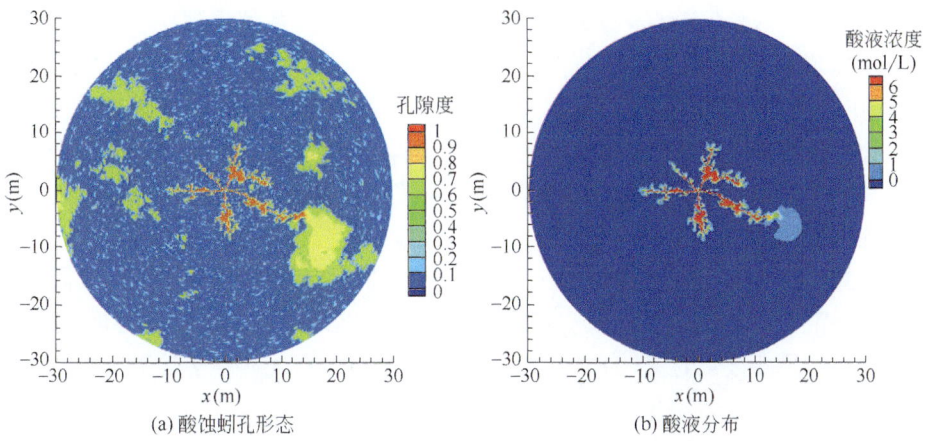

(a) 酸蚀蚓孔形态　　　　　　　　　　(b) 酸液分布

图 5.82　溶洞型地层酸蚀蚓孔形态及酸液分布

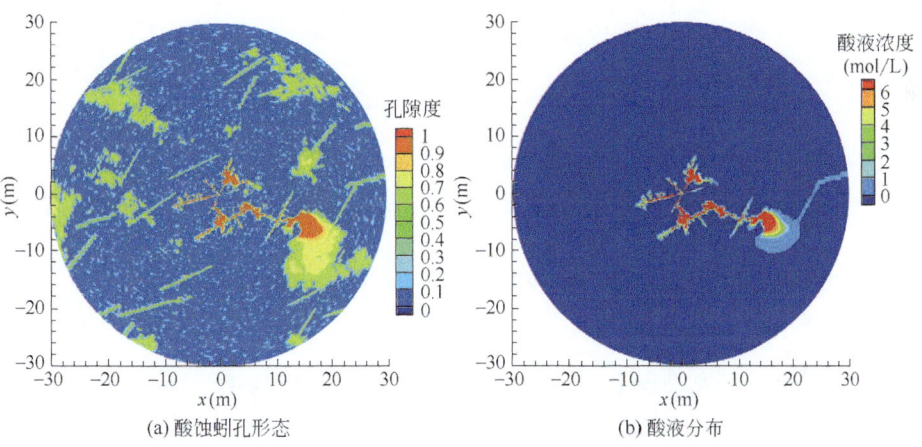

(a) 酸蚀蚓孔形态　　　　　　　　　　(b) 酸液分布

图 5.83　缝洞型地层酸蚀蚓孔形态及酸液分布

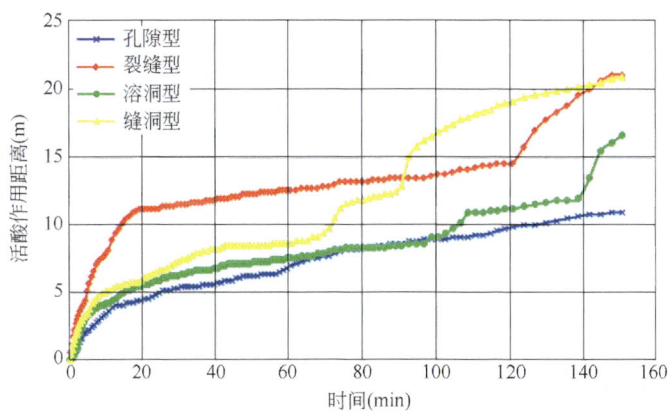

图 5.84　不同地层条件下活酸作用距离随注酸时间变化图

图 5.85 显示了酸液体系对活酸作用距离的影响。数值模拟中，酸液体系差异主要体现在氢离子扩散系数上，酸液 1、2、3、4 的氢离子扩散系数分别为 $0.1\times10^{-9}m^2/s$、$0.5\times10^{-9}m^2/s$、$5\times10^{-9}m^2/s$、$50\times10^{-9}m^2/s$。由于早期作用距离较小，各酸液体系的作用距离差异不大，比如 5m 以内，反应快的酸液也能达到该距离；但当作用距离较大时，各酸液体系差异明显，酸液边流动边消耗，到达蚓孔前端的活酸才能扩展蚓孔，反应快的酸液大部分消耗在近井地带，少部分酸液到达蚓孔前端；当距离达到一定值后，到达蚓孔前端的酸液为残酸，蚓孔不再增长，酸液作用距离达到上限。在模拟条件下，在现场可能的施工时间范围内，酸液可能作用距离可达 20 余米（模型为二维模型，蚓孔实际扩展效率比二维模型模拟的蚓孔扩展效率更高）。

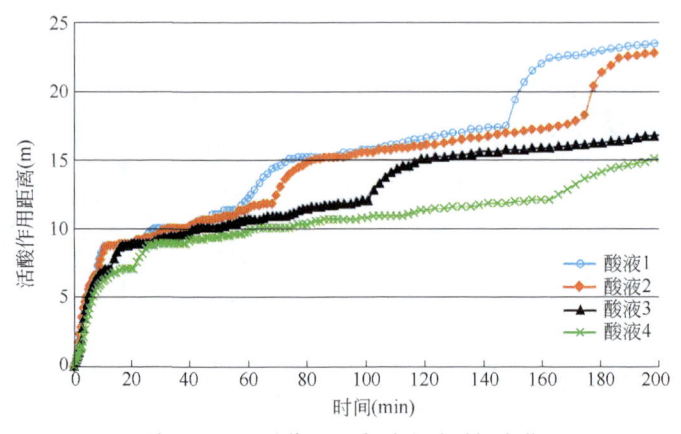

图 5.85 活酸作用距离随注酸时间变化

## 5.7 碳酸盐岩基质酸化设计

碳酸盐岩基质酸化设计是指根据目标井层特性，在设备能力和可选材料条件下，以解除地层污染和增产为目标，选择合适的液体体系，优化施工参数，设计合适的泵注程序，形成经济可行的基质酸化方案。

碳酸盐岩基质酸化设计逻辑、任务与砂岩类似（4.6 节），设计主要包括以下方面：（1）选择酸液类型和浓度，选择添加剂类型和浓度；（2）确定主体酸用量、主体酸注入速度、顶替液量；（3）酸液转向（均匀布酸）；（4）酸化现场实施、酸化施工监测；（5）效果评价。

### 5.7.1 注入过程

碳酸盐岩基质酸化注入过程为：主体酸+顶替液。如有其他需求，则加入其他程序，比如需要均匀布酸时，中间会泵注暂堵剂或液体胶塞等；高温地层可注入水降温等。由于无沉淀风险，不用驱替地层水、驱替原油、注前置酸等工艺措施。

主体酸的作用是生成蚓孔，蚓孔穿越污染带，达到解堵、增产的目的。顶替液的作用是将管线和井筒中酸液顶入地层，并将近井带鲜酸顶至远端，增加酸液作用距离。由于碳酸盐岩储层岩性一般较纯，黏土含量较低，水敏弱，用水或$NH_4Cl$顶替即可；顶替液一般采用过量顶替，将鲜酸顶替至远端，直至消耗完毕，尽量增加活酸作用距离。

### 5.7.2 酸液体系

碳酸盐岩基质酸化酸液体系要求如下：
(1) 鲜酸黏度较低，具有较好的注入性；
(2) 残酸黏度可高可低，残酸变黏用于暂堵转向（均匀布酸）；
(3) 高温条件下缓速（缓速剂、有机酸、自生酸）；
(4) 碳酸盐岩非均质性强，有的酸液体系兼具转向功能（均匀布酸）；
(5) 酸化中需要形成主蚓孔，注入速度与反应速度匹配，适度缓速。

盐酸是最常用酸液，弱酸常用于射孔液或射孔孔眼清洗。在高温地层中，弱酸具有缓速功能，能增加活酸作用距离。酸液类型、浓度选择只为形成主蚓孔，使蚓孔以最优形态、最高效率的方式扩展，增加蚓孔覆盖范围。表5.5给出了酸液体系选择指南。对于典型的污染深度，如果只是为了解堵，用常规盐酸即可，或者高温地层用有机酸。若想实现较好的增产目的，尽量增加蚓孔长度，则用缓速酸，采用盐酸进行缓速，既不显著增加液体黏度，又能起到缓速作用。由于没有沉淀风险，酸液浓度选择没有具体限制，10%、15%、20%是一些典型值。15%盐酸有时称为常规盐酸，早期选择该浓度是因为没有很好的缓蚀剂抑制更高浓度酸液腐蚀管材，随缓蚀剂的发展，没有盐酸浓度限制。碳酸盐岩基质酸化的酸液与酸压的酸液本质上类似，都是通过酸液溶蚀碳酸盐岩，但在酸液黏度和缓速要求上差异较大。

表5.5 酸液体选择指南（基于 McLeod，1984）

| 条件 | 射孔液 | 污染射孔 | 深部污染 |
| --- | --- | --- | --- |
| 液体类型 | 5%乙酸 | 9%甲酸<br>10%乙酸<br>15% HCl | 15%HCl<br>20% HCl<br>乳化酸<br>高温地层用缓速酸、有机酸 |

常规盐酸与石灰岩和白云岩反应速度较快，作用距离较短。为增加酸液作用距离，需要对酸液体系进行缓速，缓速方式通常有两种：

（1）就地生成酸液。注入某种化学物质，在地层条件下以受控速度生成酸液，酸液再溶蚀碳酸盐岩，由于生酸速度受到控制，所以酸液总体消耗速度降低了。这种方式的另外一个好处是降低管材腐蚀，生酸物质比酸液腐蚀性更弱。

（2）第二种方式是通过降低传质速度来实现缓速。降低传质速度可通过降低向孔隙表面的扩散速度和在孔隙表面用化学材料形成一层保护膜来实现。酸液适度增黏、乳化酸、泡沫酸通过降低扩散速度来实现缓速，酸液黏度不能太高，否则影响酸液注入性；采用某种类型表面活性剂可在岩石表面形成保护膜而缓速。

常见酸液体系有盐酸体系、有机酸、粉末酸、就地自生酸四种，现介绍如下。

### 5.7.2.1 盐酸体系

（1）常规盐酸：反应速度快，作用距离短，注入性好，管柱缓蚀要求高。

（2）化学缓速盐酸：在盐酸中加入油湿性表面活性剂，表面活性剂吸附在岩石表面，延缓酸液与岩石接触，或形成油湿性表面，从而缓速。化学缓速盐酸既不影响酸液注入性，又能降低酸岩反应速度，但在高流速条件下效果受限。

（3）VES（visco elastic surfactant）变黏酸（黏弹性表面活性剂自转向酸）：盐酸与VES混合物，鲜酸黏度低，注入性较好，具有较好的自转向功能，转向不需要额外操作；VES残酸破胶性能好，对地层基本无污染，又叫清洁自转向酸，基质酸化中均匀布酸应用较多，成本较高，参见5.8.3节。

（4）泡沫酸：酸液与气体在起泡剂作用下形成泡沫，具有较好的缓速功能，具有转向功能；耐温、耐剪切较差；泡沫流动阻力较大，渗透率低的地层注入性较差。

（5）乳化酸：酸液与油在乳化剂作用下形成乳液，油包酸乳液具有较好的缓速功能，但黏度较高，渗透率低的地层注入性较差。

（6）稠化酸：酸液中加入稠化剂增加酸液黏度，具有缓速功能，但酸液黏度较高，渗透率低的地层注入性差。

### 5.7.2.2 有机酸

有机酸的主要优点是缓速和缓蚀。有机酸为甲酸、乙酸，是弱酸，部分离解，具有较好的缓速功能。高温地层使用有机酸能有效增加活酸作用距离。有机酸详细介绍参见4.3.1节。

### 5.7.2.3 粉末酸

氨基磺酸和氯乙酸为白色粉末状晶体（Williams等，1979），便于运输、储存，腐蚀性小，易溶于水。其水溶液在60℃以下不水解，60℃以上开始缓慢水解，70℃以上开始明显水解。水解反应放缓了酸液供应速度，具有缓速功能，不利之处在于可能生成硫酸钙沉淀（邓亚平，1985）。氨基磺酸在约 82.2℃（180℉）分解，推荐用于温度低于约 71.1℃（160℉）的地层。氯乙酸比氨基磺酸更稳定，酸性更强。同等溶蚀能力下，氨基磺酸和氯乙酸成本比盐酸高很多，存储和运输成本上会节省一些。氨基酸水解过程为

$$NH_2SO_3H+H_2O \Longleftrightarrow NH_4HSO_4 \qquad (5.90)$$

$$NH_4HSO_4+H_2O \Longleftrightarrow H_2SO_4+NH_4OH \qquad (5.91)$$

#### 5.7.2.4 就地自生酸

注入某些化学材料在地层中生成酸液，生成的酸液与碳酸盐岩快速反应，由于生酸速度受到控制，因而降低了酸岩反应速度。如碳氢化合物的卤素衍生物缓慢水解生成醇类和盐酸，注入过程为注入卤素和水的混合物。该方法的缺点是，卤素化合物的溶解度较低，无法生成足够的酸液溶蚀岩石。Dilgren（1965，1967）用互溶剂来增加卤素衍生物在水中的溶解，如用烯丙基氯与异丙醇混合得到单相液体，烯丙基氯水解得到盐酸和烯丙醇：

$$C_3H_5Cl+H_2O \Longleftrightarrow C_3H_5OH+HCl \qquad (5.92)$$

酸液主要添加剂有：缓蚀剂、铁离子稳定剂、助排剂、缓速剂、防膨剂、防水锁剂，酸液添加剂参见 4.3.4 节。

酸液体系用性能指标评价，主要评价指标有：

(1) 酸岩反应速度，测试酸岩反应动力学参数（表面反应速度、氢离子扩散系数或传质系数）。

(2) 岩心酸化驱替后蚓孔形态（综合反映酸岩反应速度与注入速度间的匹配）：

① 岩心酸化驱替实验，观察蚓孔形态。

② 蚓孔扩展速度（注入酸液蚓孔突破孔隙体积倍数 $PV_{bt}$ 越低越好）。

③ 优化注入速度，为现场施工排量设计提供依据。

(3) 残酸与地层配伍性能，进行残酸与地层配伍性实验，降低地层伤害。

(4) 黏温性能（影响注入压力），如未增黏，一般不测黏度。

### 5.7.3 酸液用量及注入速度

酸液用量设计有三种方法：经验方法、解析计算和数值模拟法。

(1) 经验方法。经验方法依据现场大量施工数据总结出的经验设计用量，比如常用 $1\sim2m^3/m$ 的用量，该方法缺乏足够依据和针对性。

(2) 解析计算。解析计算方法是用前面的经验公式计算用量，给定目标距离（蚓孔长度），计算酸液用量。该方法简便，但需要实验数据，不能考虑非均质性、施工参数等影响。

(3) 数值模拟法。数值模拟方法可靠性更高，可优化参数更多，能考虑酸液属性、非均质性、多层、施工参数的影响，能预测活酸作用距离。通过分析蚓

孔长度变化规律来设定目标距离，选择相应的酸液用量。图 5.86 和图 5.87 为裸眼完井、有无天然裂缝时蚓孔长度、表皮系数随酸液量变化趋势；图 5.87 中曲线波动较大，原因是蚓孔扩展过程中碰到天然裂缝后扩展较快，而在基质处扩展较慢。通过分析曲线变化趋势，确定目标距离、酸液用量，预测表皮系数变化和增产效果。

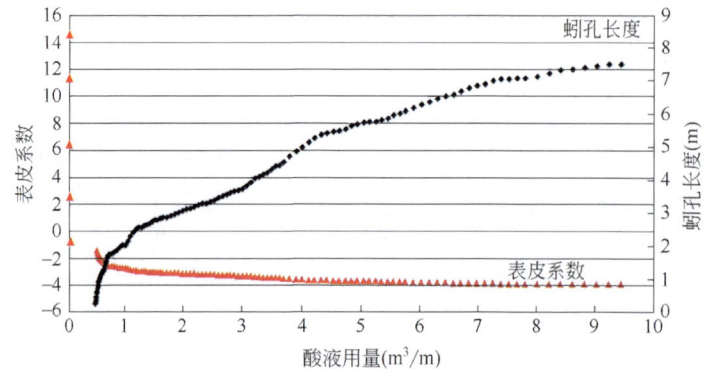

图 5.86　无裂缝时蚓孔长度、表皮系数随酸液用量变化趋势

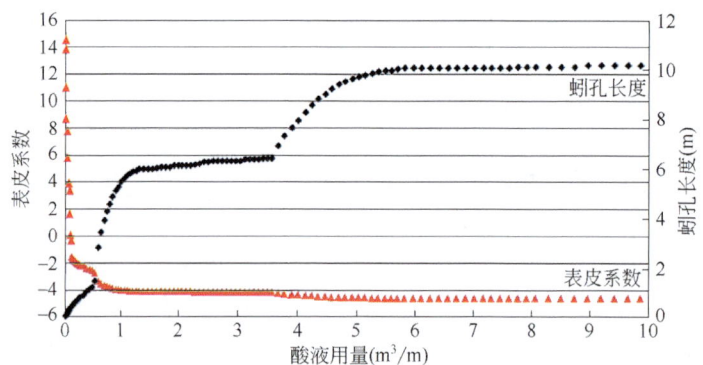

图 5.87　有裂缝时蚓孔长度、表皮系数随酸液用量变化趋势

排量选择有三种方式：经验法、理论计算法和数值模拟法。

（1）经验法。现场经验常用 $1\sim2\mathrm{m}^3/\mathrm{min}$ 的排量，在不压开地层条件下尽量提高排量。

（2）理论计算法。注入速度需满足两个条件：①注入速度使蚓孔在最优注入速度附近扩展（图 5.16）；②施工压力低于地层破裂压力。蚓孔扩展最优注入速度可通过实验测试获得，也可用理论公式计算：

$$u_{\mathrm{opt}} = \frac{0.5 d \kappa}{N_{\mathrm{Da}_{\mathrm{opt}}}} \tag{5.93}$$

$$\kappa = \left(1 + \frac{1}{vK_{\mathrm{eq}}}\right) \bigg/ \left(\frac{1}{K_1} + \frac{1}{vK_{\mathrm{r}}} + \frac{1}{vK_{\mathrm{eq}}K_3}\right) \tag{5.94}$$

式中，$d$ 为蚓孔直径；$\kappa$ 为总体反应速度常数；$K_1$、$K_3$ 为反应物和生成物的传质系数；$K_{eq}$ 为表面反应有效平衡常数；$K_r$ 为表面反应速度常数；$v$ 为化学反应式中反应物与生成物系数比。

总体反应速度常数 $\kappa$ 随温度变化，温度越高，$\kappa$ 越高，对应的最优注入速度相应增加。将以上两个条件绘制成曲线可得图 5.88，地层破裂压力规定了注入速度上限（水平线），给定温度计算对应的最优注入速度（斜线）。当最优注入速度低于地层破裂压力对应的注入速度时，取最优注入速度；反之，则取地层破裂压力对应的注入速度。

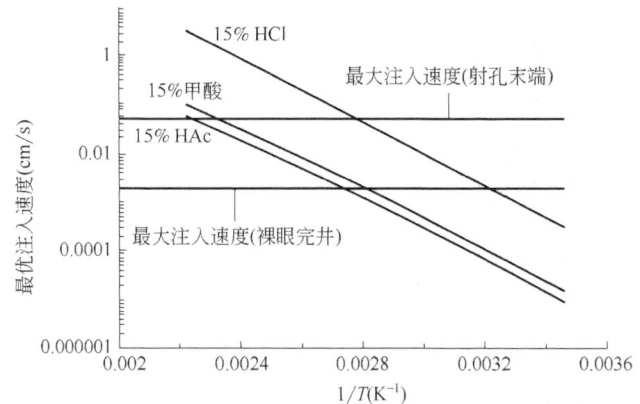

图 5.88　最优注入速度选择示意图（据 Huang 等，2000b）

（3）数值模拟法。数值模拟法采用基质酸化软件模拟各种排量下蚓孔形态和注入压力来设计排量。

无论采用哪种方法，得到的排量作为参考值，现场根据实际情况进行调节，刚开始注入性较差时低排量，进入部分酸液后，注入性会明显增加，则可逐渐提高排量。

## 5.8　均匀布酸

均匀布酸又叫酸液布控或酸液转向。均匀布酸不是指酸液沿井筒均匀分布，而是指酸液按需要进入各层段，去除污染，达到增产的目的，防止酸液过度进入部分高渗层段，低渗层段得不到足量酸液。

### 5.8.1　均匀布酸必要性

碳酸盐岩储层非均质性强，酸化会加剧非均质性，由渗透率差异或进酸时间早晚差异造成的蚓孔长度差异非常明显。Chang 等（2001）进行岩心并联驱替实验（图 5.89），渗透率差异 2~3 倍，蚓孔最先从高渗岩心突破，低渗岩心蚓孔很短。通过数模方式也可验证，层间渗透率差异或水平井各段进酸时间差异造成蚓孔长度差异明显。图 5.90 显示了两层渗透率差异一倍时的蚓孔长度；图 5.91 和图 5.92 显示了水平井酸化中趾端与跟端的蚓孔长度差异，说明碳酸盐岩基质酸化中均匀布酸的必要性。

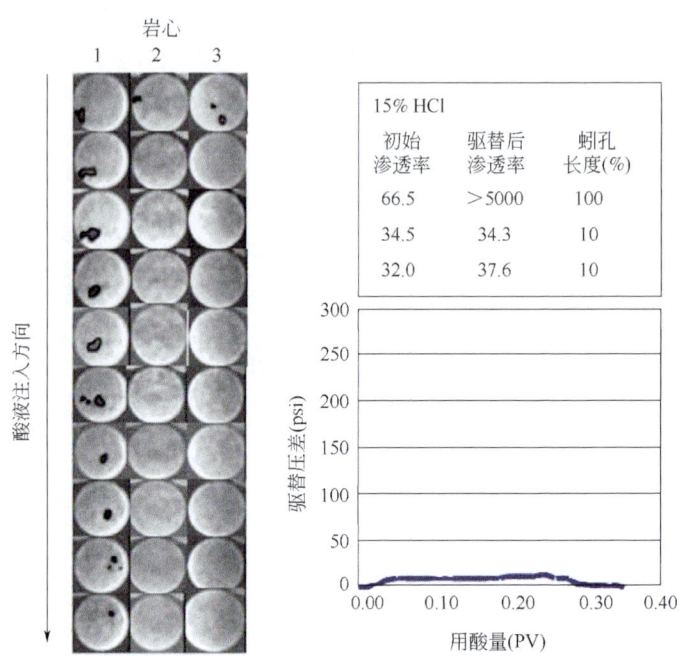

图 5.89 三岩心并联驱替蚓孔扩展图（据 Chang 等，2001）

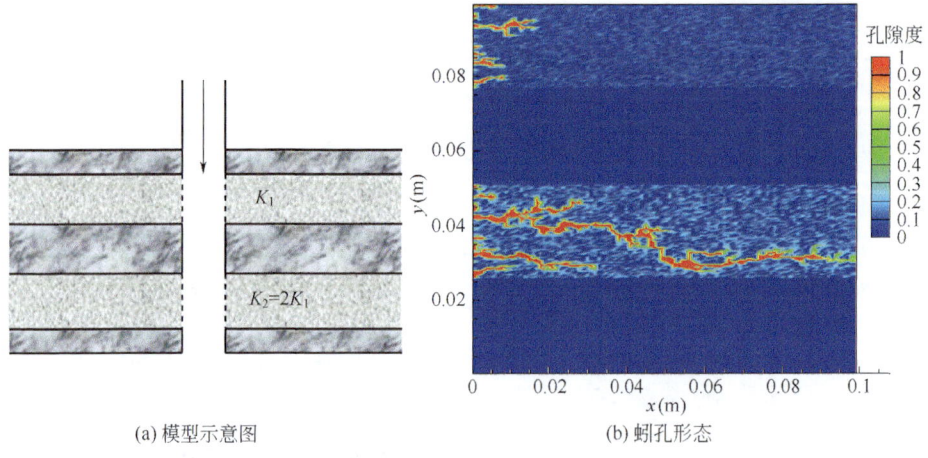

(a) 模型示意图　　　　　　(b) 蚓孔形态

图 5.90 两层渗透率差异一倍造成蚓孔长度差异

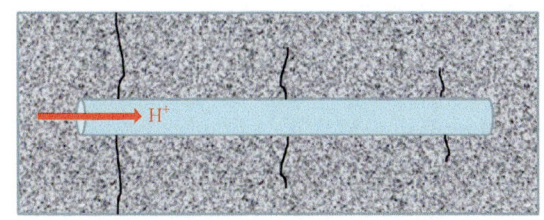

图 5.91 水平井各段进酸时间早晚差异对蚓孔影响示意图

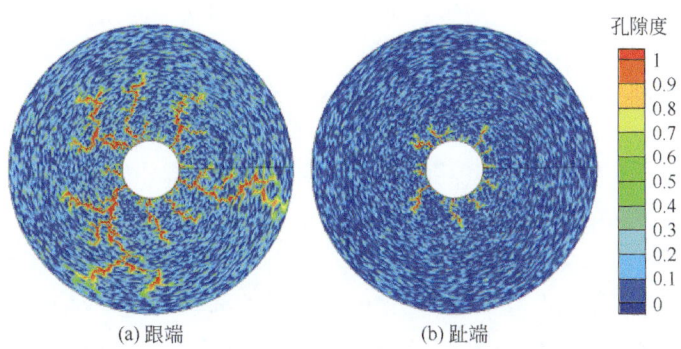

图 5.92 水平井两段进酸时间早晚差异造成蚓孔长度差异模拟图

## 5.8.2 均匀布酸技术

碳酸盐岩储层酸化均匀布酸原理与砂岩储层有类似之处，都采用控制进酸点或改变渗流阻力的方式来实现酸液转向，但也有差异。对于砂岩储层，固体颗粒转向时，暂堵剂在井壁形成滤饼；高黏液体转向时，转向液进入储层深度较浅。由于碳酸盐岩储层酸化形成蚓孔，使用固体颗粒转向时，暂堵剂会进入蚓孔，即使暂堵蚓孔前端，酸液会从蚓孔壁面流入地层，暂堵难度更大；使用高黏液体转向时，转向液随蚓孔进入较深，高黏液体在蚓孔中形成的渗流阻力较低，蚓孔与地层接触面积更大，暂堵难度更大。4.10 节中砂岩酸化均匀布酸方法有些也可用于碳酸盐岩基质酸化中，这里再简述一下，目前主要均匀布酸技术包括机械转向、堵球、固体颗粒或纤维暂堵剂、胶体暂堵、泡沫转向、温控或 pH 控制变黏酸、连续油管拖动、VES 变黏酸（用于碳酸盐岩储层），前七项参见 4.10 节。连续油管拖动酸化能解决大段范围内酸液接触时间问题，但段内非均质性问题难解决。由于碳酸盐岩酸化机理、物理现象和液体体系与砂岩有本质区别，所以碳酸盐岩酸化均匀布酸有其自身特点。近年来，VES（黏弹性表面活性剂）自转向酸均匀布酸技术在油田应用较多，在水平井酸化中还常与连续油管拖动酸化结合使用，下节对这项技术进行介绍。

## 5.8.3 VES 自转向酸均匀布酸技术

### 5.8.3.1 VES 自转向酸转向机理

VES（黏弹性表面活性剂）自转向酸又称为清洁自转向酸。自转向是指该酸液鲜酸黏度低，当反应变成残酸后，黏度急剧增加，暂堵高渗层（段），增加低渗层（段）进酸量，起到均匀布酸作用；清洁指的是残酸破胶返排性能好，对地层无伤害。VES 自转向酸是由盐酸、黏弹性表面活性剂和酸液添加剂配制而成，其变黏效果受 pH 值、表面活性剂类型和浓度、剪切速率、温度、阳离子浓度影响。

VES 自转向酸体系用表面活性剂进行增黏，一个表面活性剂分子由一个亲水基团（头）和一个亲油基团（尾）组成（Kristopher，2009）。表面活性剂亲油还是亲水取决于头和尾的大小，头大则亲水，尾大则亲油。表面活性剂类型共有四种：阴离子型、阳离子型、非离子型和两性离子型，其中两性离子型又分为 pH 值敏感型和 pH 值非敏感型。阴离子型表面活性剂的亲水基团带负电。阳离子型表面活性剂的亲水基团带正电。非离子型表面活性剂的亲水基团不带电荷。两性离子型表面活性剂中 pH 值敏感型的表面活性剂在酸性条件下亲水基团带正电，中性条件下亲水基团不带电，碱性条件下亲水基团带负电，而 pH 值非敏感型的表面活性剂同时带有正电荷和负电荷。VES 自转向酸体系采用两性离子型表面活性剂。

VES 自转向酸的鲜酸 pH 值较低，两性离子型表面活性剂中 pH 值敏感型表面活性剂在酸性条件下亲水基团带正电荷，酸液黏度低。随酸岩反应，pH 值升高，阳离子（钙镁离子）浓度升高，亲水基团转为带负电。负电荷表面活性剂分子与阳离子结合，阳离子再与负电荷表面活性剂分子结合。当表面活性剂浓度高于临界胶束浓度时，首尾相连形成棒状胶束，大大增加了溶液黏度。当这种胶束遇到碳氢化合物时能够自动地破胶，因为碳氢化合物能够自然地把表面活性剂的亲油基团吸引过来，从而破坏胶束的结构，使得胶束自动破裂，或遇水稀释，低于临界胶束浓度也自动破胶（图 5.93）。

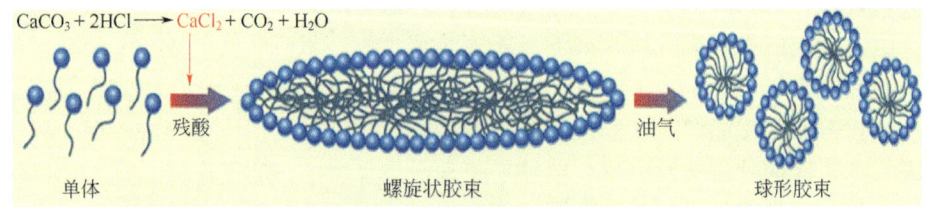

图 5.93 VES 酸液成胶、破胶示意图（据 Chang 等，2001）

Chang 等（2001）采用 VES 自转向酸通过实验验证了这种酸液体系具有较好的转向效果。如图 5.94 所示，三根岩心并联驱替，虽然酸液还是先从高渗透岩心突破，但两个低渗透岩心的蚓孔长度相比于常规酸驱替有明显改善，驱替压差随时间快速增加，蚓孔突破岩心后驱替压差降为零。

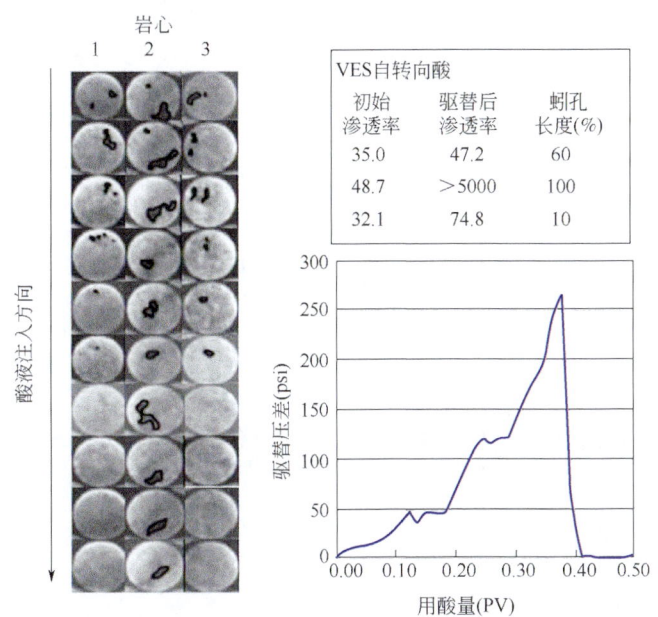

图 5.94　VES 自转向酸三岩心并联驱替效果（据 Chang 等，2001）

### 5.8.3.2　VES 自转向酸岩心驱替实验

VES 自转向酸实验主要包括三种：（1）岩心酸化驱替实验（单岩心或多岩心并联）测变黏性能和转向性能；（2）通过流变实验测试残酸黏度随 pH 值、阳离子浓度和剪切速率的变化关系（参见 5.9.3.4）；（3）残酸岩心驱替实验测残酸在多孔介质中的有效黏度（参见 5.9.3.3）。以下仅介绍岩心酸化驱替实验。

1. 实验主要药品及仪器

1) 实验药品

VES 自转向酸，组成为 15%（质量分数）HCl+8%（体积分数）VES+2%（质量分数）缓蚀剂；乙醇；标准盐水。

2) 实验仪器

实验仪器为岩心酸化驱替仪，主要包括岩心夹持器、储液罐、温控部分、泵、数据采集部分。

图 5.95 为酸化驱替示意图，该仪器与常规酸化驱替仪区别在于，有一个岩心夹持器具有两个测压点，可以将岩心分为三段测压，从而可以测量酸液在三段流动时的驱替压差，用于研究 VES 自转向酸驱替时残酸黏度变化规律，因为酸液黏度在岩心各位置变化无法直接观察到，只能通过压差变化来反映。

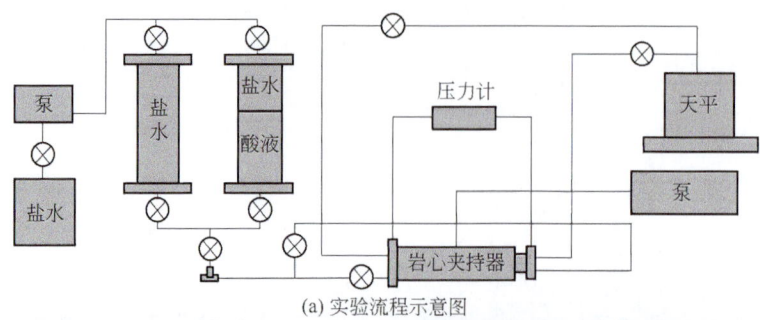

(a) 实验流程示意图

(b) 传统岩心夹持器　　　　(c) 新型岩心夹持器

图 5.95　岩心酸化驱替实验流程示意图及岩心夹持器

2. 实验步骤

（1）岩心洗油、烘干。

（2）测量岩心尺寸、孔隙度、渗透率。

（3）用标准盐水饱和岩心，液测渗透率。

（4）VES 自转向酸配制。

（5）VES 自转向酸驱替：定排量，监测驱替压差变化。当驱替压差降到零或出口有酸液流出时，停止注酸。

（6）注入乙醇清洗管线及岩心。

（7）取出岩心观察溶蚀形态，或用 CT 扫描获取蚓孔形态。

表 5.6 为中东碳酸盐岩岩心 VES 自转向酸驱替结果。图 5.96 为实验岩心照片。

表 5.6　实验岩心参数（据柳明，2013）

| 岩心编号 | 长度（cm） | 初始渗透率（mD） | 孔隙度 | 孔隙体积（cm³） | 最高压力比 |
|---|---|---|---|---|---|
| A58 | 12.48 | 84.7 | 0.165 | 6.92 | 25.67 |
| A102 | 11.97 | 8.8 | 0.145 | 7.92 | 1.77 |
| A105 | 12.08 | 1.8 | 0.198 | 6.86 | 1.05 |
| A100 | 12.08 | 1.9 | 0.172 | 5.73 | 1.25 |

注：最高压力比为最高驱替压差与初始驱替压差之比。

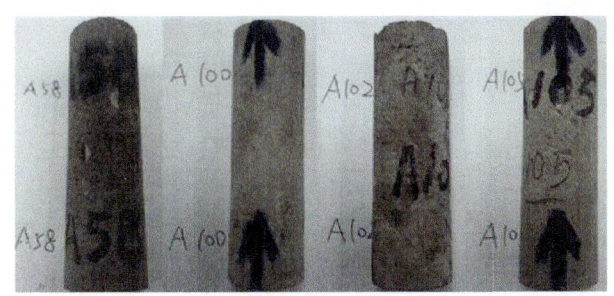

图 5.96 实验岩心照片

3. VES 自转向酸驱替规律

图 5.97 为驱替压差随不同液体注入的变化过程，由于岩心的渗透率比较大，注盐水测渗透率时压差很快达到平稳状态，之后注入 VES 自转向酸。随着酸液消耗，酸液 pH 值逐渐升高，残酸逐渐变黏，驱替压差快速增加，在较高位稳定一段后，驱替压差迅速降低，直至蚓孔突破岩心，驱替压差骤降为零，停止注酸。由于 VES 自转向酸残酸遇到碳氢化合物会自动破胶，因此可注入乙醇清洗管线和岩心。值得注意的是，在压差曲线上，中间出现一段压差骤降又上升的现象，这是由于岩心夹持器中测压点 1 无法加上围压，导致酸液首次到达测压点 1 时压力突降后回升。虽然测压点 2 也无法加上围压，但由于离岩心出口端比较近，当酸液到达测压点 2 时基本上也快突破岩心了，所以在曲线上没有表现出来。为反向验证，进行了一组夹持器中间无测压点的实验，如图 5.98 所示，注入 VES 自转向酸时压差曲线没有出现骤减又上升的现象。

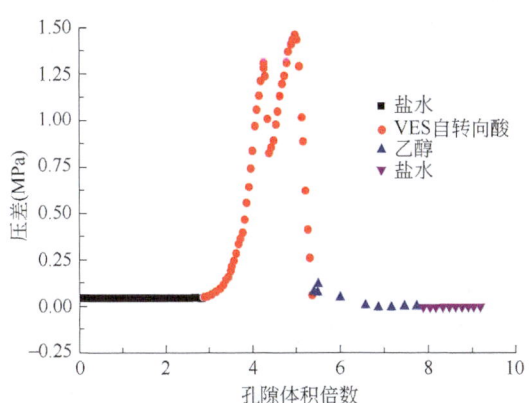

图 5.97 A58 号岩心驱替压差变化过程

图 5.97 和图 5.98 表明，VES 酸液驱替压差变化规律为：压差快速上升，持续一段时间，蚓孔即将突破岩心时压差骤降，这个现象取决于 VES 自转向酸残酸区长度变化、残酸区黏度和蚓孔长度变化的综合结果。以（Hill 等，1995）的

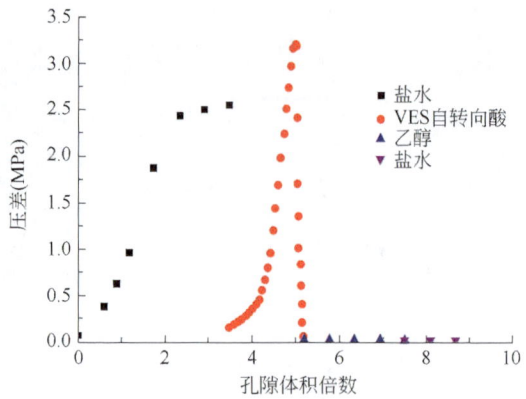

图 5.98　A100 号岩心驱替压差变化过程

模型为基础（图 5.99），可分析压差变化规律。鲜酸黏度低，鲜酸所在区为蚓孔覆盖区，压降可忽略。当酸液进入岩心，酸岩反应形成蚓孔，反应后的残酸向前流动，在蚓孔前缘产生一段增黏区，在这个区域内，pH 值较高，钙镁离子浓度较高，残酸酸液的黏度升高，导致驱替压差上升。增黏区（又称残酸区）前面为原始地层（饱和液体和孔渗未变）。假设蚓孔区、增黏区和原始地层的渗透率和流体黏度分别为 $K_{wh}$ 和 $\mu_a$、$K_0$ 和 $\mu_s$、$K_0$ 和 $\mu_0$，则根据达西公式，三个区域的流量（$Q_{wh}$、$Q_s$、$Q_0$）分别为

$$Q_{wh} = \frac{AK_{wh}\Delta p_{wh}}{\mu_a L_{wh}} \tag{5.95}$$

$$Q_s = \frac{AK_0 \Delta p_s}{\mu_s (L_f - L_{wh})} \tag{5.96}$$

$$Q_0 = \frac{AK_0 \Delta p_0}{\mu_0 (L - L_f)} \tag{5.97}$$

式中，$\Delta p_{wh}$、$\Delta p_s$ 和 $\Delta p_0$ 分别为蚓孔区、增黏区和原始地层的驱替压差。

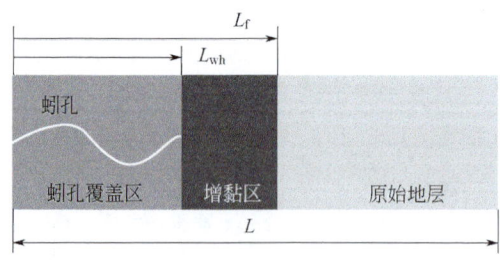

图 5.99　线性岩心酸化流动模型

由于 $Q_{wh} = Q_s = Q_0$，则有

# 第 5 章 碳酸盐岩基质酸化

$$\Delta p = \Delta p_{wh} + \Delta p_s + \Delta p_0 = \frac{Q}{A}\left[\frac{\mu_a L_{wh}}{K_{wh}} + \frac{\mu_s(L_f - L_{wh})}{K_0} + \frac{\mu_0(L - L_f)}{K_0}\right] \quad (5.98)$$

由于 $K_{wh}$ 可近似为无穷大，则有

$$\Delta p = \frac{Q}{A}\left[\frac{\mu_s(L_f - L_{wh})}{K_0} + \frac{\mu_0(L - L_f)}{K_0}\right] = \frac{Q}{A}\frac{\mu_0}{K_0}\left[L + \left(\frac{\mu_s}{\mu_0} - 1\right)L_f - \frac{\mu_s}{\mu_0}L_{wh}\right] \quad (5.99)$$

设 $a = \frac{\mu_s}{\mu_0}$，一般 $\mu_s \gg \mu_0$，则 $a-1$ 近似为 $a$，于是有

$$\Delta p = \frac{Q}{A}\frac{\mu_0}{K_0}[L + a(L_f - L_{wh})] \quad (5.100)$$

从式 (5.100) 可以看出，$\Delta p$ 受 $\mu_s$ 和 $L_f - L_{wh}$ 的共同影响。Tardy 等 (2007) 认为增黏区的黏度 $\mu_s$ 基本保持恒定，则 $\Delta p$ 只受 $L_f - L_{wh}$ 的影响，若 $\Delta p$ 线性增长，则 $L_f - L_{wh}$ 是线性增加的。但是，实验结果表明，增黏区的黏度并不是恒定的，而是逐渐增加到一定值后趋于稳定。驱替初期，钙离子浓度较低，残酸黏度也较低；随驱替进行，残酸逐渐增多，钙离子浓度也逐渐增加，残酸黏度也相应增加；当注入足量酸液后，残酸中钙离子浓度趋于稳定，残酸黏度也趋于稳定。

图 5.100 为 Tardy 等 (2007) VES 自转向酸驱替实验数据，有效黏度直接反映了各段的驱替压差变化，不同颜色的曲线代表岩心不同段的压差变化。各段压差开始上升即是残酸进入该段的象征，压差下降是蚓孔逐渐穿越该测压段的象征。从图中可以看出，当酸液刚进入岩心时（红色段），压差轻微上升（钙离子浓度较低，残酸黏度较低）；随着驱替进行，当酸液突破红色段时，即蚓孔贯穿了整个红色段时，压差骤降，同时蓝色段的压差开始上升，说明残酸进入了蓝色段，从酸液在红色段和蓝色段的交界处的压差转换来看，此时的 $L_f - L_{wh}$ 很短。随酸液驱替继续进行，蚓孔增长，残酸区域也增长，当蚓孔突破蓝色段之前，残酸已经进入粉红色段了，因为粉红色段的压差在蚓孔突破蓝色段前已经有了一定的增加，说明此时 $L_f - L_{wh}$ 的长度增加了，压差的上升受 $L_f - L_{wh}$ 的影响。当残酸前缘进入粉红色段后，蓝色段内的残酸区应逐渐缩短，压差也应逐渐降低，但是图中压差却有稍微上升，这个上升现象在粉红色段、黄色段、棕色段都有，且各段有效黏度逐渐增加，说明驱替压差上升除了受增黏区长度影响，同时还受残酸有效黏度 $\mu_s$ 影响，$\mu_s$ 是逐渐增大的（随驱替进行，钙离子浓度逐渐增加，残酸有效黏度增加）。蓝色曲线、粉红色曲线和黄色曲线中间都有一个凹陷的现象，也是因为测压点无法加上足够大的围压，致使酸液到达时瞬间卸压。由于蓝色段、粉红色段和黄色段的长度相同，从压差上升和下降的时刻还可以看出 $L_f - L_{wh}$ 的长度是逐渐增加的，残酸前缘相对于蚓孔前缘移动更快，蚓孔扩展速度则基本保持恒定。黄色段与前三个段的曲线有所不同，可能是因为此段内存在大孔隙或微裂缝使蚓孔扩展更快，使黄色段幅度更窄。从棕色段的压差变化曲线来看，上

升与下降基本上是对称的,说明 $L_f-L_{wh}$ 相对于棕色段的长度已足够大,残酸逐渐进入棕色段,压力逐渐升高,当整个棕色段都充满残酸时,压差达到最高,而后蚓孔进入棕色段逐渐向前扩展,压差逐渐降低。可以预测,当岩心足够长的时候,随着残酸黏度 $\mu_s$ 趋于稳定和 $L_f-L_{wh}$ 的不断增长,将不会出现压差在临近突破时陡降的情形,而是呈缓慢下降的趋势。

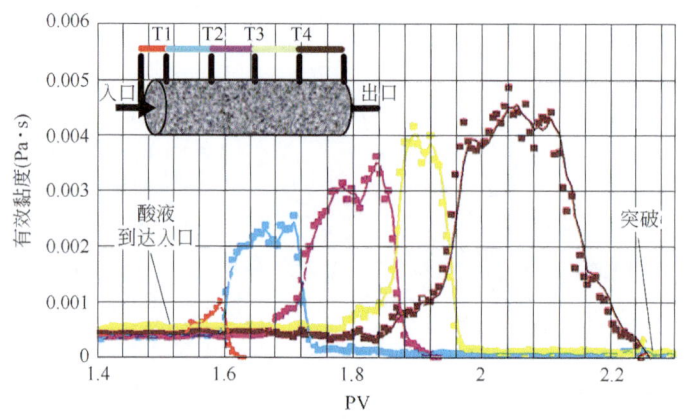

图 5.100　多点测压岩心夹持器记录的压差变化(据 Tardy 等,2007)

根据以上分析,可推测残酸黏度和增黏区在酸化过程中的变化过程如图 5.101 所示。假设岩心沿程有 3 个测压点。当酸液到达测压点 1 时,残酸增黏区很短,且钙离子浓度较低,残酸黏度低,增黏不明显;当蚓孔突破测压点 1 时,增黏区已经有一定的增长,到达测压点 1 和测压点 2 之间的某个位置;当蚓孔突破测压点 2 时,增黏区进一步增长,黏度也进一步升高。由于残酸前缘的钙离子浓度较低和蚓孔前缘的 pH 值较低,残酸前缘和蚓孔前缘黏度较低,增黏区

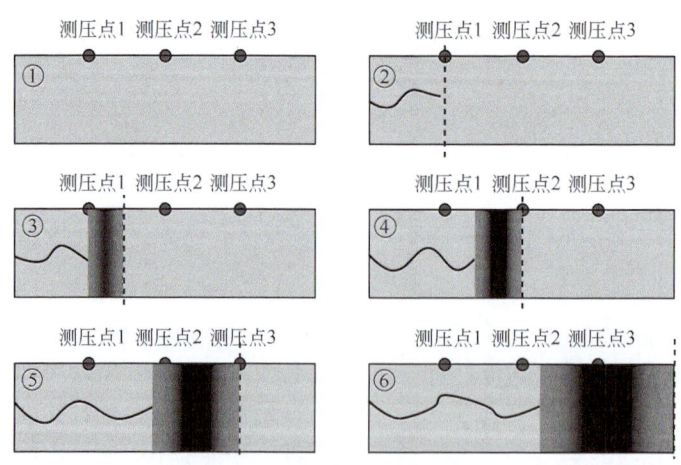

图 5.101　酸化过程中残酸黏度和增黏区变化示意图

中央的黏度较高。若岩心较短，蚓孔临近突破时，岩心中的残酸增黏区较短，蚓孔在较短时间突破，压差将骤降为零。若岩心较长，蚓孔突破前岩心中有较长的残酸增黏区，当残酸高黏度区达到出口时，压差达到最大，而后随蚓孔扩展逐渐降低，压降为一缓慢过程，当蚓孔突破时，压差降到零。

Lungwitz 等（2007）的实验结果还有一个重要发现（图 5.102），渗透率对 VES 自转向酸驱替压差有影响。最高压力比为最高驱替压差与初始驱替压差之比，该参数衡量转向酸转向效果。随着岩心渗透率增加，最高压力比也增加，其在双对数坐标系下呈近似线性关系。该曲线表明，残酸黏度受剪切影响明显，其他条件相同，渗透率越高的，剪切速率越低，残酸有效黏度越高，最高压力比越高，这也符合转向酸残酸对高渗层暂堵更好、迫使酸液转向低渗区域的需求。表 5.6 中，A58 岩心渗透率更高，A105 岩心渗透率较低，A105 的绝对驱替压力更高，但 A58 的最高压力比更高（20 多倍），而 A105 驱替压差只增加一点。岩心的最高压力比与初始渗透率在双对数坐标下呈较好的线性关系，与 Lungwitz 等（2007）的实验规律相似。

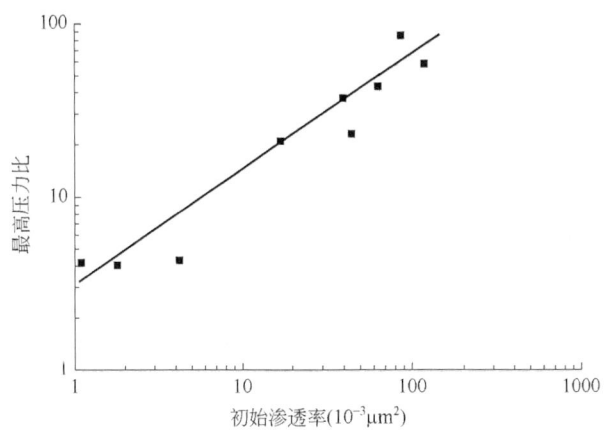

图 5.102 渗透率对 VES 自转向酸转向能力影响（据 Lungwitz 等，2007）

VES 自转向酸驱替实验有如下规律：

（1）残酸前缘扩展速度大于蚓孔的扩展速度；残酸黏度不均匀分布，由于蚓孔前缘 pH 值较低和残酸前缘的钙离子浓度较低，这些区域残酸黏度较低，中间区域 pH 值较高，钙离子浓度较高，残酸黏度较高。增黏区长度增长和残酸黏度增加使得驱替压差逐渐增加；当残酸逐渐驱替出岩心时，驱替压差下降；当蚓孔突破岩心时，驱替压差骤然降为零。

（2）最高压力比随渗透率增加而增加，说明残酸黏度受剪切速率影响明显，最高压力比与初始渗透率在双对数坐标系下呈现近似线性关系。

（3）随着 pH 值和钙离子浓度升高，两性表面活性剂在反应后的酸液中带负电，钙离子与表面活性剂产生强静电力吸引形成棒状胶束而实现增黏。VES 自转向酸在高渗透岩心增黏更明显，对高渗岩心暂堵更明显，更好地实现酸液转向的目的。残酸黏度受剪切速率影响，残酸黏度分布还需与流场结合。由于实验岩心尺寸较小，实验条件下的转向效果不能直接外延到地层条件，需与地层条件下的数值模拟相结合。

### 5.8.3.3 VES 残酸在多孔介质中的有效黏度

VES 残酸为幂律流体，黏度依赖于剪切速率（参见 5.8.3.4）。VES 残酸在多孔介质中流动时受孔隙剪切，孔隙中的剪切与宏观条件下有区别，VES 残酸在多孔介质中的有效黏度取决于在多孔介质中的剪切速率。一些学者通过实验观测到 VES 自转向酸转向效果与剪切有关。Gomaa 等（2011）根据注酸速度大小反映剪切速率来研究不同注酸速度对岩心两端压差的影响，认为当以小于 $1cm^3/min$ 的注酸速度注入高渗透率岩心（$80\times10^{-3}\mu m^2$）时，岩心两端的压差才能上升；当以大于 $1cm^3/min$ 的注酸速度注入低渗透率岩心（$4\times10^{-3}\mu m^2$）时，岩心两端的压差呈逐渐下降的趋势。另一个重要的实验现象由 Lungwitz 等（2007）发现，VES 自转向酸岩心驱替的最高压力比（最大驱替压差与初始驱替压差之比）与岩心的渗透率在双对数坐标下呈较好的直线关系，最高压力比随着岩心渗透率的增加而增加，即渗透率越高转向效果越好。

VES 酸液驱替中，驱替压差受残酸黏度、剪切、蚓孔扩展、增黏区长度多重因素的影响，几个因素的影响难以区分开，于是设计另一种实验仅仅研究残酸在多孔介质中的有效黏度，用残酸进行岩心驱替，去除酸岩反应、增黏区变化的影响。

VES 残酸配制方法：（1）通过向配制好的 VES 鲜酸中加入碳酸钙粉来模拟残酸，将配制好的鲜酸放入容器中，用搅拌器搅拌鲜酸，同时缓慢加入 $CaCO_3$ 中和酸液，随着酸液 pH 值升高，液体黏度逐渐上升，中和酸性后，制成增黏残酸，但是这种方法在配制的过程中会产生 $CO_2$ 气体，为了消除这些气体的影响，通常先用温水浴和搅拌相结合的方法去除绝大部分气泡，然后再静置一段时间彻底排除气泡，这种方法比较耗时。（2）采用 $VES+CaCl_2$ 调节 pH 值配制，省去 $CaCO_3$ 消耗盐酸过程，避免产生 $CO_2$ 气体。

多孔介质中 VES 残酸有效黏度测试实验步骤：

（1）制备均质性较好的岩心，人造岩心、天然岩心均可，人造岩心可采用粒径均匀的颗粒制备；

（2）用盐水测试岩心渗透率、孔隙度；

（3）VES 残酸制备；

（4）岩心 VES 残酸驱替，定排量，测定稳定条件下的驱替压差，变换排量实现不同剪切速率下的驱替；

（5）通过排量、驱替压差、渗透率反求 VES 残酸在岩心中的有效黏度，建立多孔介质中的剪切速率计算模型。

为了得到较均匀的孔隙,实验采用粒径均匀的人造岩样。测试结果见表 5.7,可以看出,同样排量下,不同渗透率,其有效黏度不同,说明剪切速率影响 VES 残酸有效黏度,且渗透率越高,有效黏度越高,与 Lungwitz 等(2007)观察到的实验现象吻合。

表 5.7 VES 残酸在多孔介质中的有效黏度

| 岩心编号 | $K$（mD） | 孔隙度 | 长度（cm） | 盐水驱替压差（MPa） | VES 残酸驱替压差（MPa） | 残酸有效黏度（mPa·s） |
|---|---|---|---|---|---|---|
| 1 | 10.1 | 0.098 | 8 | 0.264 | 5.412 | 20.5 |
| 2 | 30.5 | 0.141 | 8 | 0.0874 | 3.33 | 38.1 |
| 3 | 50.7 | 0.167 | 8 | 0.0526 | 2.704 | 51.4 |
| 4 | 160.3 | 0.245 | 8 | 0.0166 | 1.733 | 104.4 |

注：排量 1mL/min。

VES 残酸黏度依赖于剪切速率,也被 Al-Ghamdi 等(2009)和 Gomaa 等(2011)通过实验验证,这些实验表明,注入速率越高,VES 自转向酸的转向压力（最高驱替压差与初始驱替压差之比）越低,因为排量越高,剪切速率越高,有效黏度越低。Littmann（1988）和 Rojas（2008）提出了多孔介质中剪切速率计算公式：

$$\dot{r} = \frac{3n+1}{4n}\frac{\sqrt{2}v_D}{\sqrt{K\phi}} \tag{5.101}$$

$$\dot{r} = \frac{v_D}{0.1\phi r_p} \tag{5.102}$$

式中,$v_D$ 为达西速度；$K$ 为渗透率；$\phi$ 为孔隙度；$r_p$ 为孔隙半径；$n$ 为流态指数。

Panga 等（2005）提供了孔隙半径计算模型：

$$\frac{r_p}{r_{p0}} = \sqrt{\frac{K\phi_0}{\phi K_0}} \tag{5.103}$$

式中,$r_{p0}$ 为参考孔隙半径；$\phi_0$ 为参考孔隙度；$K_0$ 为参考渗透率。

基于上面的实验结果,对上述剪切速率计算公式进行验证和改进。表 5.8 给出了 VES 残酸有效黏度,结合孔隙度、渗透率信息,用上述两模型计算剪切速度,用图 5.106 和实验测得的有效黏度回归剪切速率,如表 5.8 所示。Rojas 模型计算的剪切速率与回归值较接近,但该模型的参数中有孔隙半径,该参数不方便获取,于是采用 Littmann（1988）模型进行系数修正得到

$$\dot{r} = \frac{3n+1}{4n} \frac{2.2v_{\mathrm{D}}}{\sqrt{K\phi}} \qquad (5.104)$$

孔隙结构对实验测试结果有影响。式(5.104)适用于本实验测试结果,是否适合于其他类型岩心需要验证。

表 5.8　经验公式与实验得到的剪切速率对比

| 岩心编号 | VES 残酸有效黏度 (mPa·s) | 曲线回归的剪切速率 ($s^{-1}$) | Littmann 实验剪切速率 ($s^{-1}$) | Rojas 实验剪切速率 ($s^{-1}$) | 修正的 Littmann 实验剪切速率 ($s^{-1}$) |
|---|---|---|---|---|---|
| 1 | 20.5 | 6650 | 4468 | 6637 | 6652 |
| 2 | 38.1 | 3290 | 2143 | 3195 | 3192 |
| 3 | 51.4 | 2340 | 1573 | 2274 | 2274 |
| 4 | 104.4 | 1050 | 709 | 1049 | 1056 |

#### 5.8.3.4　VES 酸液黏度模型

VES 酸液黏度受 VES 浓度、pH 值、钙镁离子浓度、剪切速率影响。为预测 VES 酸液黏度变化规律,需要建立基于这些参数的黏度计算模型。建立黏度模型的思路为,通过设计一系列实验,测试这些参数对 VES 酸液黏度的影响,明确其影响规律,建立相应的模型,通过数据回归得到模型中的相关系数。

图 5.103 为 pH 值和 VES 浓度对酸液黏度的影响。VES 鲜酸黏度较低,随酸岩反应进行,pH 升高,黏度逐渐增加,pH 值在 0~1 附近黏度发生突变,这是因为随 pH 值升高,表面活性剂分子极性基团带负电,与 $Ca^{2+}$ 之间存在强烈静电吸引,且 $Ca^{2+}$ 浓度越高,这种吸引力越强,正负电荷吸引使表面活性剂单体形成棒状胶束,从而使残酸黏度急剧增加。pH 值高于约 1 以后(取决于 VES 酸液体系),黏度随 pH 值变化不大。

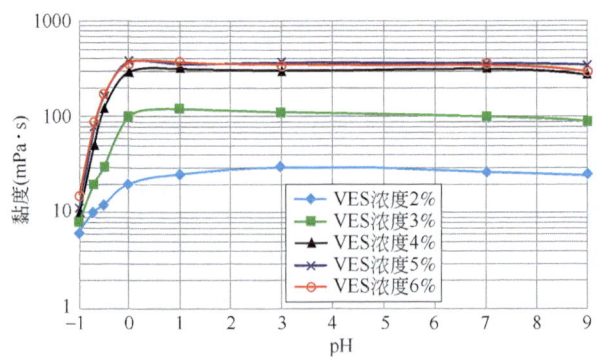

图 5.103　VES 浓度和 pH 值对酸液黏度的影响

图 5.104 为 VES 浓度对黏度的影响。低 VES 浓度下黏度较低，VES 形成棒状胶束需要达到临界浓度；当 VES 浓度达到 4%左右时，黏度发生突变；VES 浓度达到 5%以上后，黏度随 VES 浓度变化较小。

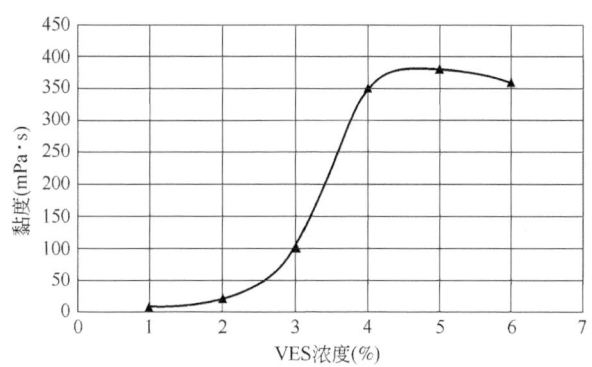

图 5.104　VES 浓度对残酸黏度的影响

图 5.105 为钙离子浓度对黏度的影响，钙离子提供正电荷，吸引带负电荷的 VES 分子，钙离子浓度达到 1.5mol/L 附近时，黏度发生突变；钙离子浓度 2mol/L 以上时，黏度随钙离子浓度变化较小。

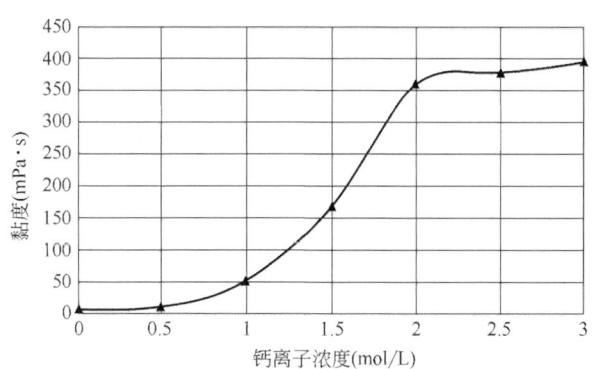

图 5.105　钙离子浓度对 VES 残酸黏度的影响

上述曲线测黏度时剪切速率为 $170s^{-1}$，VES 残酸为幂律流体，黏度受剪切速率影响较大，需测试 VES 残酸黏度随剪切速率变化规律。如图 5.106 所示，在双对数坐标系下，残酸黏度与剪切速率成较好的线性关系，这说明变黏后的残酸为理想的幂律流体。另外，黏度与剪切速率的升高或降低顺序无关。当剪切速率从低到高时，残酸黏度逐渐下降；当剪切速率从高到低时，残酸黏度几乎又按原路径逐渐增加。

基于以上实验规律，建立 VES 酸液黏度模型如下，通过数据拟合来获得模型中的相关系数。

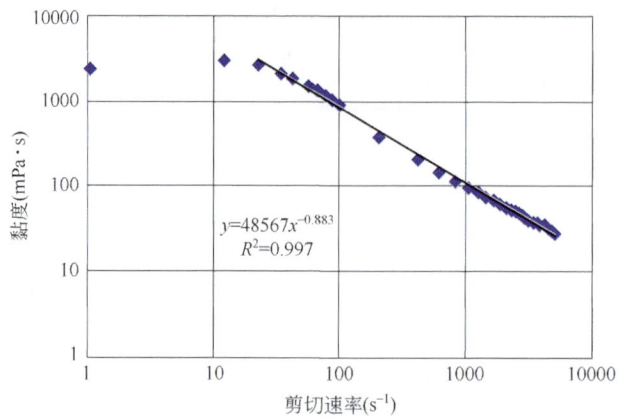

图 5.106 剪切速率对残酸黏度的影响

当 pH≤$a$ 时，有

$$\mu = \mu_0 \tag{5.105}$$

当 pH>$a$ 时，有

$$\mu_s = \min(\max(\mu_0, 48.567 \dot{r}^{-0.883}), b) \tag{5.106}$$

$$\mu = \mu_s \times 0.5\left\{\mathrm{erf}\left[c\left(\frac{C_{\mathrm{VES}}}{C_{\mathrm{VES},0}} - d\right)\right] + 1\right\} \times 0.5\{\mathrm{erf}[e(C_{\mathrm{Ca}} - f)] + 1\} \tag{5.107}$$

式中，$\mu$ 为 VES 酸液有效黏度；$\mu_0$ 为鲜酸黏度；$\dot{r}$ 为剪切速率；$C_{\mathrm{VES},0}$ 为鲜酸中 VES 浓度；$C_{\mathrm{Ca}}$ 为钙离子浓度；erf 为误差函数；$a$ 为黏度发生突变对应的 pH 值；$a$、$b$、$c$、$d$、$e$、$f$ 为依赖于酸液体系的常数，上述酸液体系对应的值分别为 0、2.39、6、0.5、2、1.5。

上述模型结合多孔介质中的剪切速率计算公式[式(5.104)]即可计算多孔介质中 VES 酸液有效黏度。将 VES 酸液黏度模型与酸蚀蚓孔扩展模型结合，形成 VES 酸液驱替模型。图 5.107 至图 5.110 为 VES 酸液驱替模拟结果。图 5.108 为 VES 浓度分布，酸液通过酸蚀蚓孔流动，蚓孔中 VES 浓度最高，蚓孔前端到残酸前缘，VES 浓度逐渐降低。图 5.109 为钙离子浓度分布，酸岩反应生成钙离子，蚓孔中没有酸岩反应，钙离子浓度低；蚓孔前端钙离子浓度较高，因为酸岩反应主要发生在蚓孔前端；蚓孔前端到残酸前缘钙离子浓度逐渐降低。图 5.110 为黏度分布，黏度是 VES 浓度、钙离子浓度、pH 值、剪切速率综合影响的结果，蚓孔中酸浓度较高，酸液黏度低。蚓孔周围黏度较高，因为 pH 值低、VES 浓度高、钙离子浓度高、剪切速率低。蚓孔前端黏度差异较大，VES 浓度、钙离子浓度高的地方，如剪切速率较低，则黏度较高；如剪切速率较高，则黏度较低。残酸前缘及更远位置黏度低，因为 VES 浓度、钙离子浓度低。由于蚓孔覆盖区域压降可忽略，蚓孔前端到残酸前缘部分的黏度分布决定了渗流阻力，暂堵转向不是通过残酸堵塞蚓孔增加渗流阻力实现转向，而是通过残酸暂堵蚓孔前端孔隙介质增加渗流阻力实现转向。另外，随酸液注入，蚓孔向前扩展，残酸向前流动，蚓孔会穿越部分残酸区域，蚓孔周围有较高的 VES 浓度、钙离子浓度和较高的黏度，部分残酸推着向前流动，部分残酸被蚓孔穿越，暂堵效果也会部分减弱。

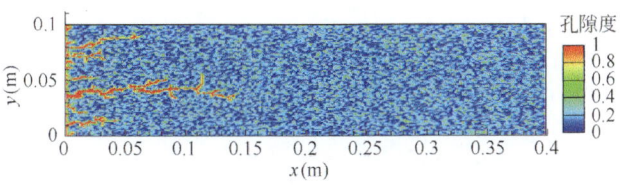

图 5.107　VES 酸液驱替中蚓孔形态

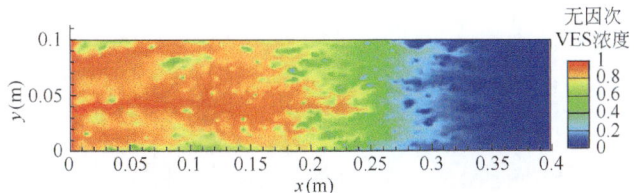

图 5.108　VES 酸液驱替中 VES 浓度分布

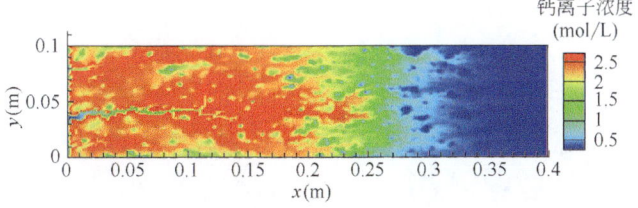

图 5.109　VES 酸液驱替中钙离子浓度分布

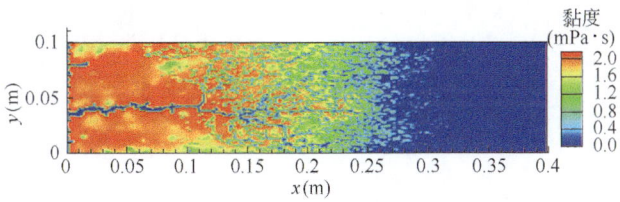

图 5.110　VES 酸液驱替中黏度分布

### 5.8.3.5　VES 酸液驱替数值模拟

VES 酸化模型除了跟踪酸液流动、酸岩反应、孔隙结构变化外，还需要跟踪 VES 分布、阳离子浓度分布、黏度分布，将酸蚀蚓孔扩展模型、VES 黏度变化模型与下述方程结合，形成 VES 酸化模型，有了酸浓度分布、阳离子浓度分布、VES 浓度分布、流场,用 5.8.3.4 节里的模型计算黏度分布。这里假设岩性为石灰岩,生成的阳离子为 $Ca^{2+}$。

阳离子浓度分布方程:

$$\frac{\partial(\phi C_{Ca})}{\partial t}+\frac{1}{r}\frac{\partial}{\partial r}(ru_r C_{Ca})+\frac{1}{r}\frac{\partial}{\partial \theta}(u_\theta C_{Ca})=$$

$$\frac{1}{r}\frac{\partial}{\partial r}\left(r\phi D_{er}\frac{\partial C_{Ca}}{\partial r}\right)+\frac{1}{r}\frac{\partial}{\partial \theta}\left(\frac{\phi D_{e\theta}}{r}\frac{\partial C_{Ca}}{\partial \theta}\right)+0.5k_c a_v(C_f-C_s) \quad (5.108)$$

VES 浓度分布方程:

$$\frac{\partial(\phi C_{VES})}{\partial t}+\frac{1}{r}\frac{\partial}{\partial r}(ru_r C_{VES})+\frac{1}{r}\frac{\partial}{\partial \theta}(u_\theta C_{VES})=$$

$$\frac{1}{r}\frac{\partial}{\partial r}\left(r\phi D_{er}\frac{\partial C_{VES}}{\partial r}\right)+\frac{1}{r}\frac{\partial}{\partial \theta}\left(\frac{\phi D_{e\theta}}{r}\frac{\partial C_{VES}}{\partial \theta}\right) \quad (5.109)$$

式中,$C_{Ca}$ 为钙离子浓度;$C_{VES}$ 为 VES 浓度。

1. VES 酸液驱替规律

图 5.111 显示了常规酸、VES 酸液驱替后形成的蚓孔形态,孔隙空间分布完全一致,蚓孔扩展路径有差异。VES 残酸变黏后堵塞蚓孔前端,增加渗流阻力,根据最小渗流阻力原则,酸液向渗流阻力更低的地方流动,所以造成两种酸液蚓孔路径有差异。

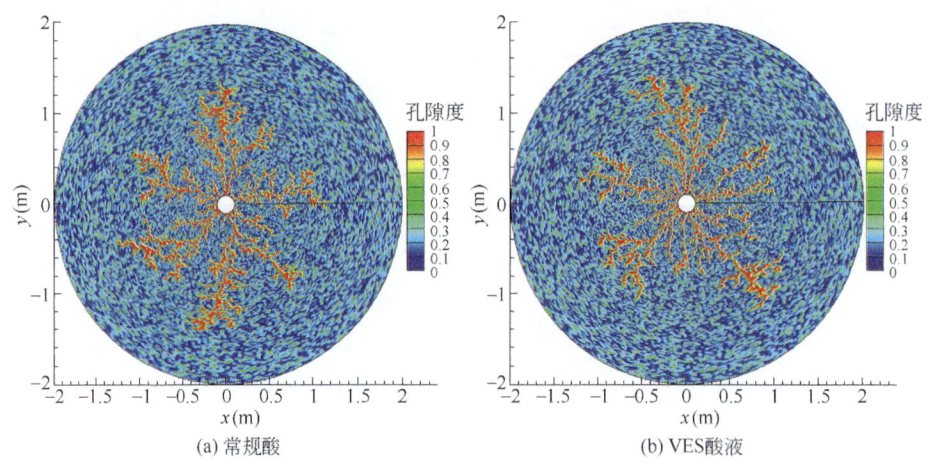

图 5.111　常规酸、VES 酸液蚓孔形态

图 5.112 显示两种酸液对应的蚓孔长度随时间变化。VES 酸液形成的蚓孔略微长于常规酸形成的蚓孔,但差异不明显。VES 酸液驱替中,蚓孔周围残酸黏度较高,限制了酸液向周围扩散,促进酸液向前流动,所以其蚓孔稍微长点。

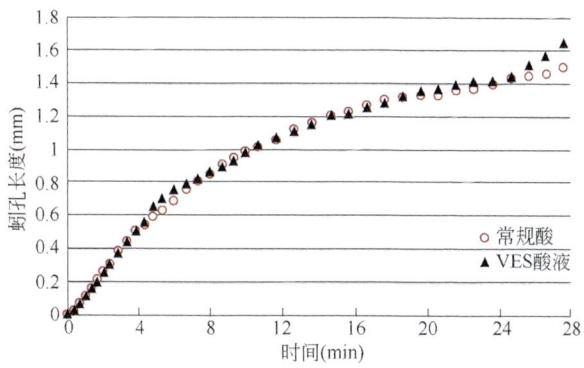

图 5.112　常规酸、VES 酸液蚓孔长度随时间变化

图 5.113 为 VES 酸液不同注酸速度下的溶蚀形态，从图中可以看出，注酸速度从 0.05cm/min 增加到 100cm/min，与常规酸酸化形成相似的溶蚀形态：面溶蚀、主蚓孔、分支蚓孔和均匀溶蚀。VES 鲜酸黏度低，残酸黏度升高，溶蚀形态仍然取决于消耗速度与对流速度比，残酸黏度升高只是改变酸液流动路径。

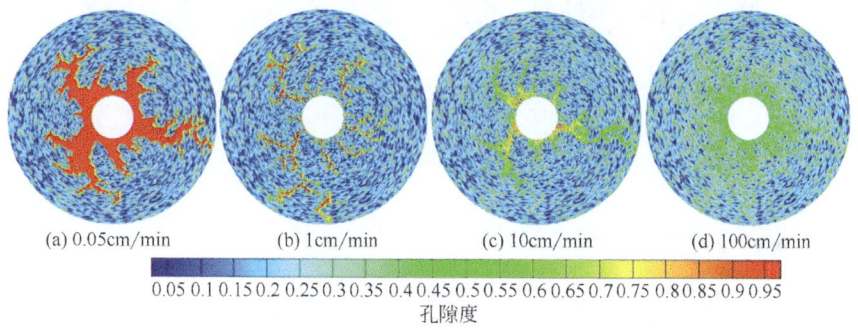

图 5.113　不同注酸速度下的溶蚀形态

图 5.114 为 VES 酸液驱替下初始孔隙度变异系数 $c_v$ 对溶蚀形态的影响，变异系数增加，非均质性变强，孔道吸酸竞争加剧，蚓孔数量变少，蚓孔扩展效率更高。

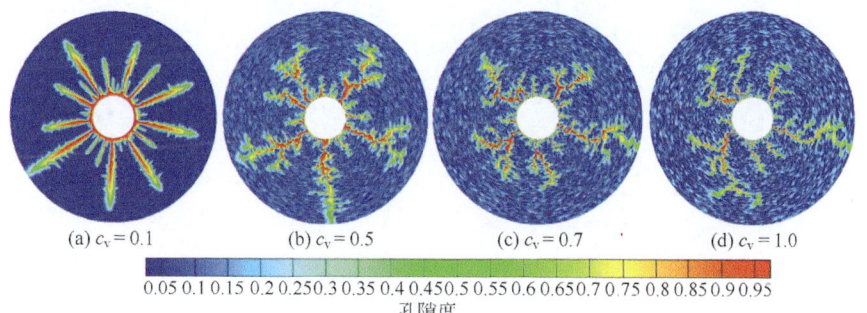

图 5.114　不同孔隙度变异系数下的蚓孔形态图

## 2. VES 酸液线性岩心并联驱替

图 5.115 为渗透率相差 1 倍两岩心（$K_1 = 20\text{mD}$，$K_2 = 40\text{mD}$）的蚓孔形态，图 5.116 为黏度分布，图 5.117 为两岩心的流量分配曲线。从流量分配看，早期转向效果较好；中间短暂时刻，低渗岩心流量还超过高渗岩心；在后期，高渗岩心流量急剧增加，低渗岩心流量急剧降低，这是因为岩心较短，高渗岩心的蚓孔更长，残酸被逐渐驱出岩心，蚓孔逐渐增长至出口，渗流阻力急剧下降。高渗岩心蚓孔先突破，低渗岩心蚓孔达到岩心长度一半左右。该模拟与实验吻合较好，

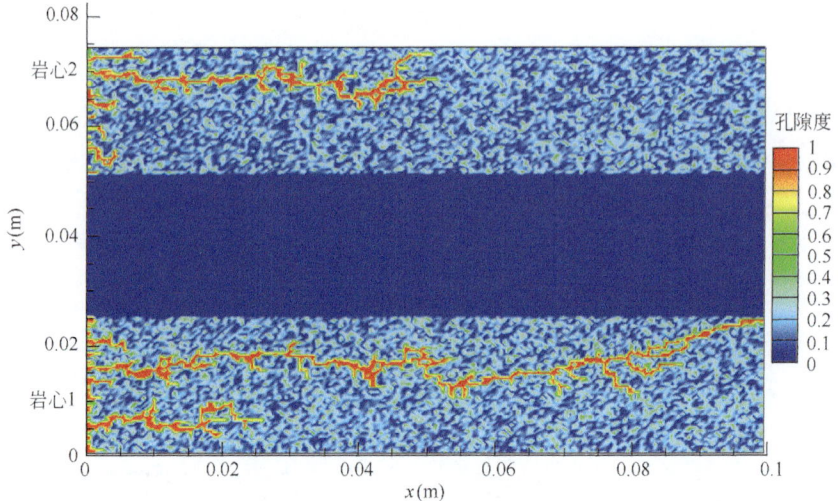

图 5.115　渗透率相差 1 倍两岩心蚓孔形态（$K_1 = 20\text{mD}$，$K_2 = 40\text{mD}$）

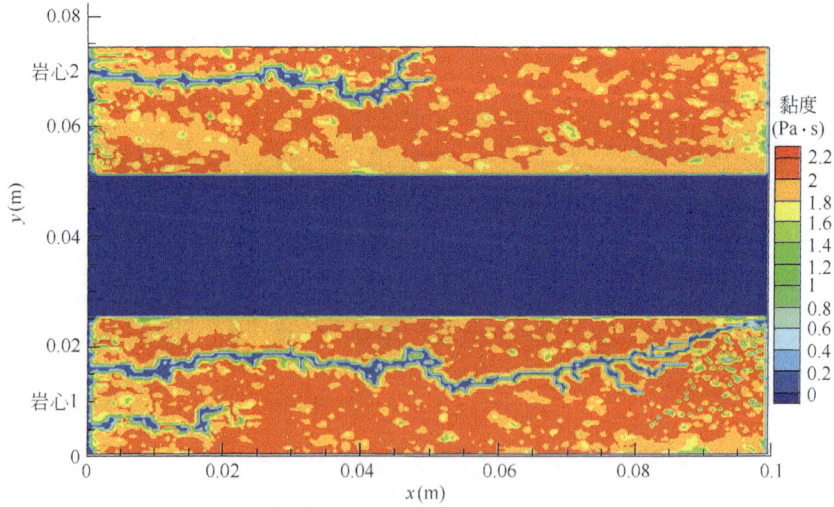

图 5.116　渗透率相差 1 倍两岩心黏度分布（$K_1 = 20\text{mD}$，$K_2 = 40\text{mD}$）

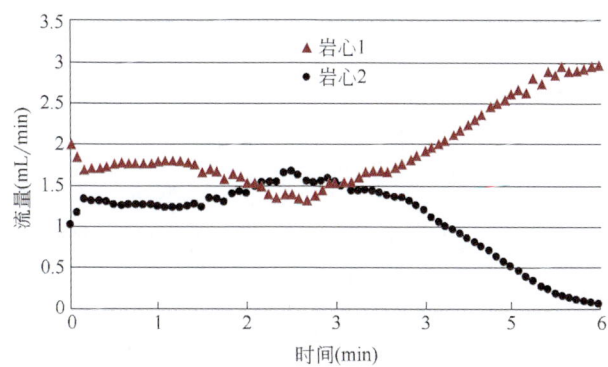

图 5.117 渗透率相差 1 倍两岩心流量分配（$K_1 = 40\text{mD}$，$K_2 = 20\text{mD}$）

流量对应标准尺寸岩心（直径 2.54cm）

如图 5.94 的三岩心并联驱替中，高渗岩心蚓孔最先突破，渗透率居中的岩心蚓孔长度为岩心长度一半左右。残酸既暂堵高渗岩心，也暂堵低渗岩心，酸液分配基于两岩心综合渗流能力，高渗岩心蚓孔扩展更快，最终蚓孔从高渗岩心突破。实验室观察到的转向效果没有地层条件下好，因为当蚓孔较长后，部分残酸被驱出岩心，削弱了残酸暂堵效果，而地层中残酸不会被驱替出去。

图 5.118 至图 5.120 为渗透率相差 4 倍两岩心（$K_1 = 100\text{mD}$，$K_2 = 20\text{mD}$）的 VES 酸液驱替效果。同样，前期转向效果更明显，后期由于高渗岩心蚓孔较长，残酸逐渐驱出，高渗岩心流量急剧增加。由于渗透率差异较大，低渗岩心的蚓孔长度有所改善，但不显著。

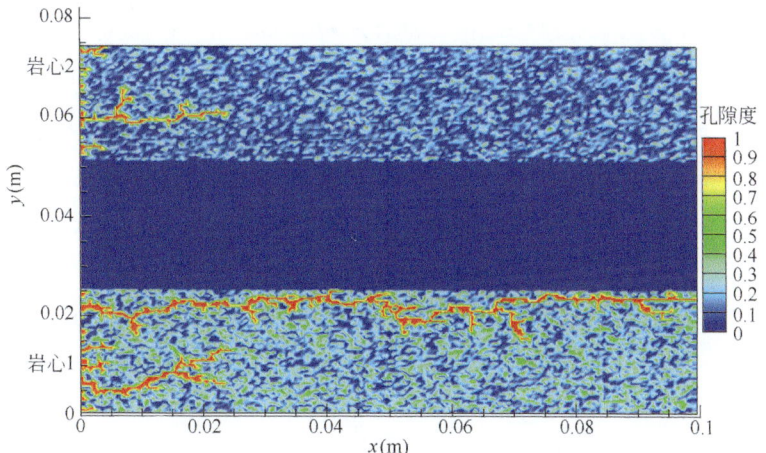

图 5.118 渗透率相差 4 倍两岩心蚓孔形态（$K_1 = 100\text{mD}$，$K_2 = 20\text{mD}$）

前面实验结果展示了剪切对 VES 酸液驱替的影响，数值模拟结果也体现出实验中观察到的规律。图 5.121 为渗透率对 VES 酸液驱替最高压力比的影响，

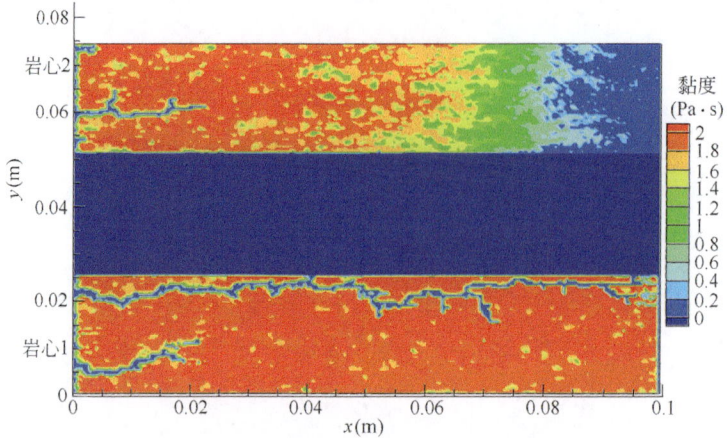

图 5.119　渗透率相差 4 倍两岩心黏度分布（$K_1 = 100\text{mD}$，$K_2 = 20\text{mD}$）

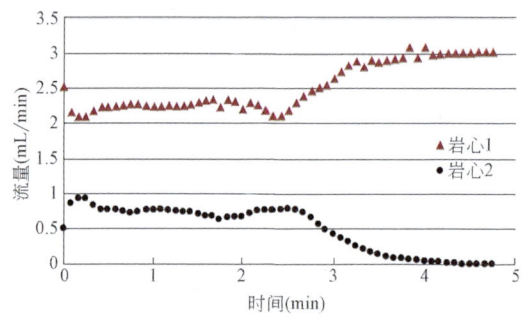

图 5.120　渗透率相差 4 倍两岩心流量分配（$K_1 = 100\text{mD}$，$K_2 = 20\text{mD}$）

流量对应直径 2.54cm 的岩心

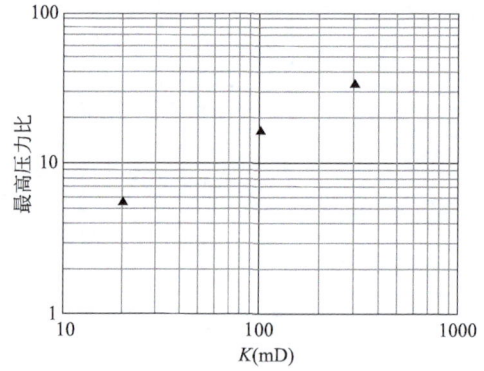

图 5.121　渗透率对最高压力比的影响（$q = 1\text{mL/min}$）

与图 5.102 吻合较好；图 5.122 为变换排量得到的结果（其他条件相同），排量转换为直径 2.54cm 岩心的驱替排量，变换排量影响剪切速率，从而影响残酸有效黏度和最高压力比。

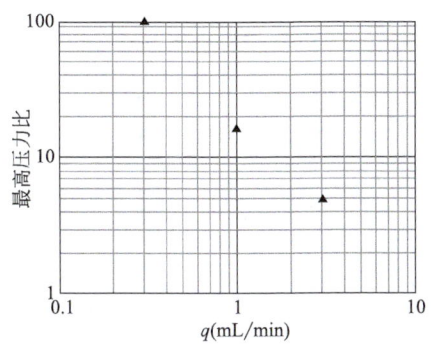

图 5.122　排量对最高压力比的影响（$K=100\text{mD}$）

排量对应直径 2.54cm 的岩心

**3. VES 酸液径向并联驱替**

径向 VES 酸液并联驱替条件下转向效果比线性岩心并联驱替转向效果更明显，模拟范围较大，残酸未被驱出模拟范围。图 5.123 显示了渗透率相差 1 倍时两层流量分配和蚓孔长度，VES 残酸暂堵效果明显，改善了两层的流量差异，但高渗层的流量更高，蚓孔更长。图 5.124、图 5.125 给出了渗透率相差 1 倍时两层的蚓孔形态及黏度分布。

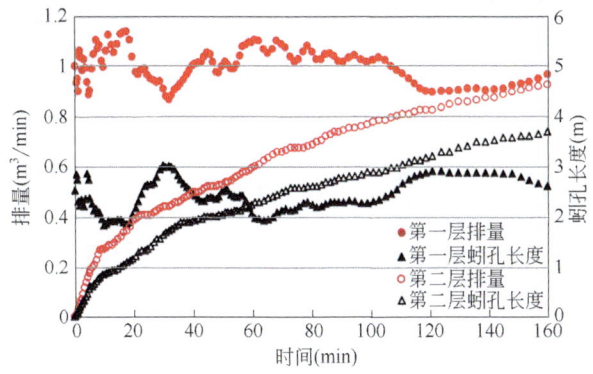

图 5.123　渗透率相差 1 倍时两层流量分配及蚓孔长度（$K_1=40\text{mD}$，$K_2=20\text{mD}$）

图 5.126 为渗透率相差 4 倍时的模拟结果，早期低渗层流量略增加，高渗层略降低；后期两层流量比例变化不大，这也说明 VES 酸液转向效果明显，VES 残酸阻止了两层渗透率较大差异造成的流量分配不均加剧的趋势，低渗层蚓孔也得到较充分发育。图 5.127、图 5.128 给出了渗透率相差 4 倍时两层的蚓孔形态及黏度分布。

图 5.129 为渗透率相差 9 倍时的模拟结果，两层流量分配从头到尾变化不大，VES 残酸防止了渗透率显著差异加剧流量分布不均的不利局面，虽然两层渗透率差异显著，但低渗层也有一定改造。图 5.130、图 5.131 给出了此时两层的蚓孔形态及黏度分布。

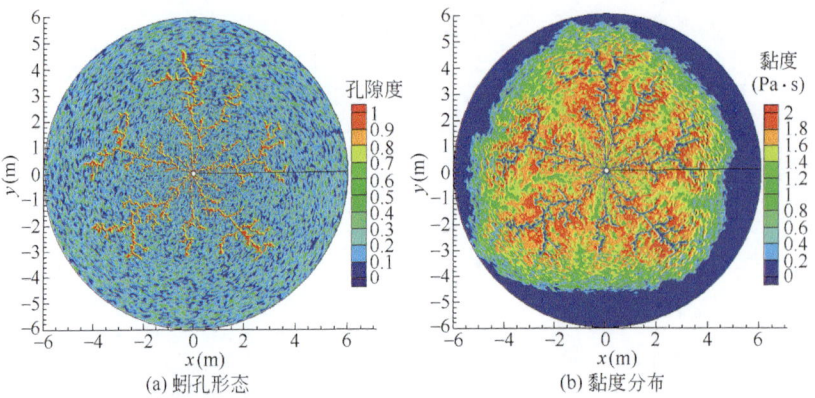

图 5.124　渗透率相差 1 倍时第一层蚓孔形态及黏度分布（$K_1 = 40\text{mD}$）

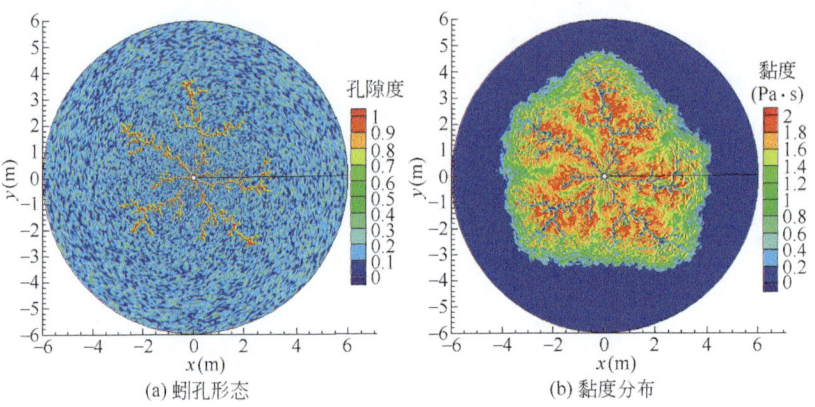

图 5.125　渗透率相差 1 倍时第二层蚓孔形态及黏度分布（$K_2 = 20\text{mD}$）

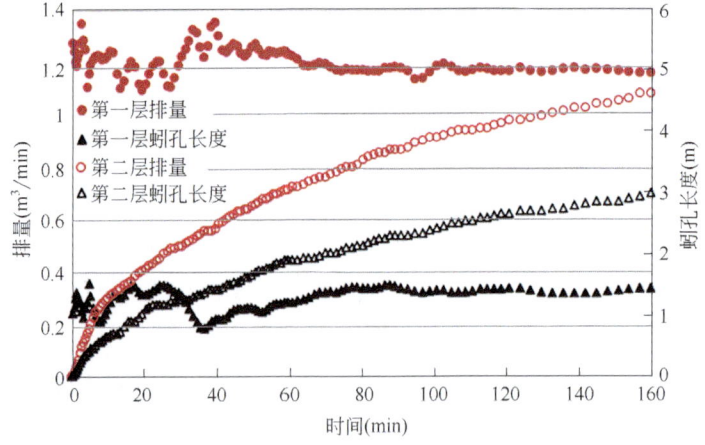

图 5.126　渗透率相差 4 倍时两层流量分配及蚓孔长度（$K_1 = 100\text{mD}$，$K_2 = 20\text{mD}$）

# 第 5 章 碳酸盐岩基质酸化

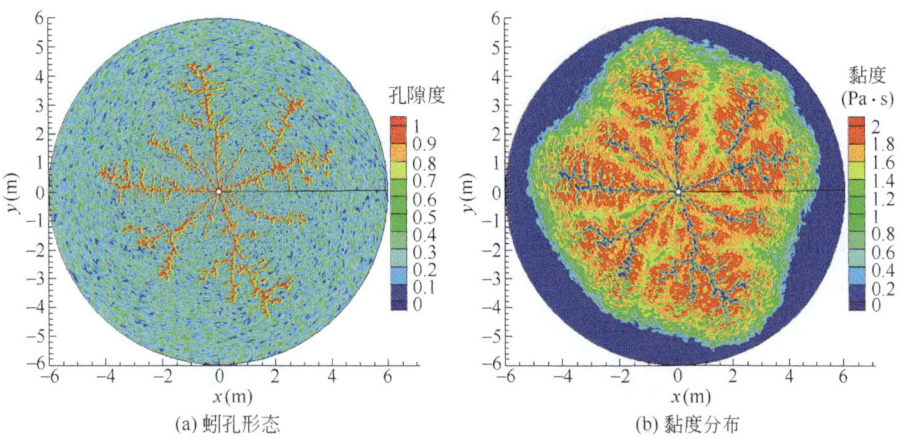

(a) 蚓孔形态　　　　　　　　　　(b) 黏度分布

图 5.127　渗透率相差 4 倍时第一层蚓孔形态及黏度分布（$K_1 = 100\text{mD}$）

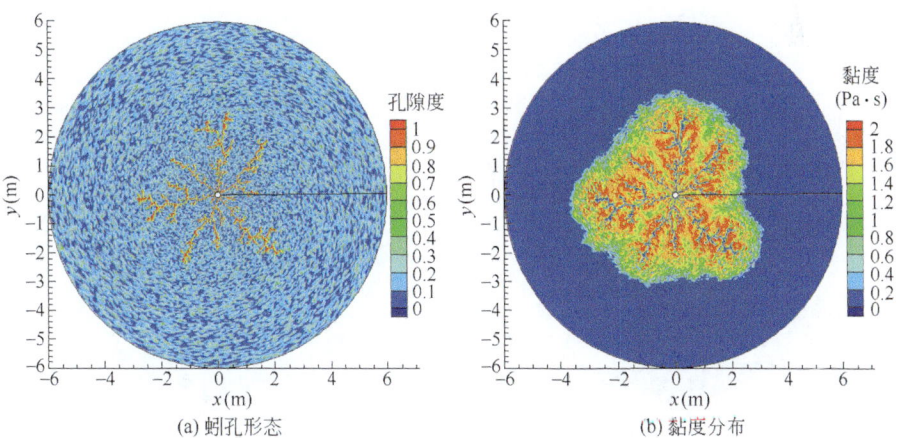

(a) 蚓孔形态　　　　　　　　　　(b) 黏度分布

图 5.128　渗透率相差 4 倍时第二层蚓孔形态及黏度分布（$K_2 = 20\text{mD}$）

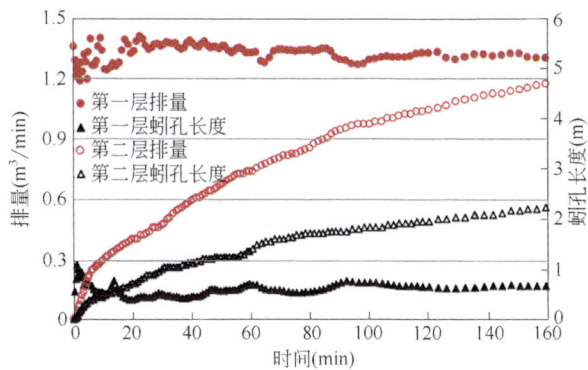

图 5.129　渗透率相差 9 倍时两层流量分配及蚓孔长度（$K_1 = 200\text{mD}$，$K_2 = 20\text{mD}$）

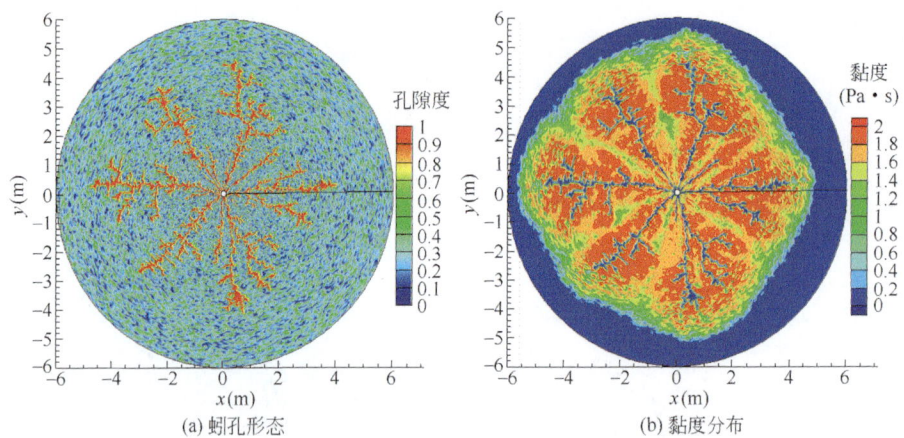

图 5.130　渗透率相差 9 倍时第一层蚓孔形态及黏度分布（$K_1 = 200\text{mD}$）

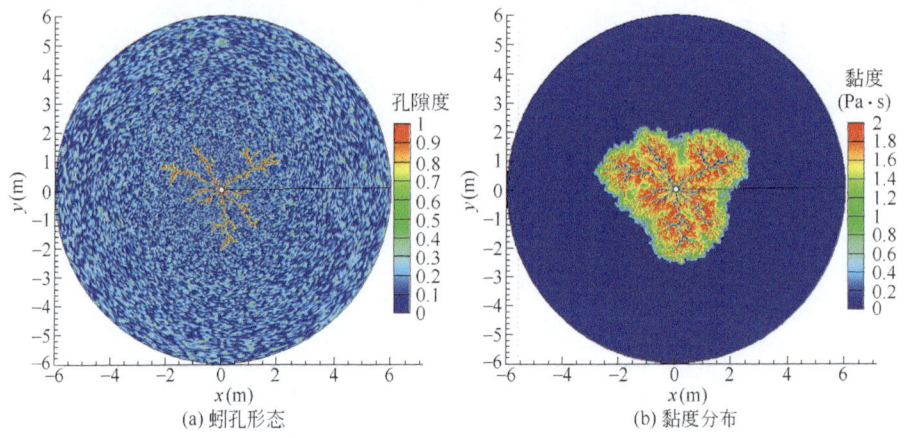

图 5.131　渗透率相差 9 倍时第二层蚓孔形态及黏度分布（$K_2 = 20\text{mD}$）

# 习　　题

1. 碳酸盐岩储层基质酸化中溶蚀模式分哪几种？哪种模式对基质酸化最有利？

2. 如果一碳酸盐岩储层厚 $h = 20\text{m}$，孔隙度 $\phi = 0.15$；储层中一口井泄油半径 $r_e = 300\text{m}$，井筒半径 $r_w = 0.1\text{m}$，裸眼完井，储层存在污染，污染后渗透率为储层原始渗透率的 10%，污染半径 $r_s = 0.5\text{m}$，该井无其他类型表皮系数，通过酸化实现 2m 长蚓孔，计算酸化增产倍比。

3. 对于习题2中的地层，酸化采用20%盐酸，施工排量$1m^3/min$，实验中获得的最优注入速度为$1cm/min$，对应的$PV_{bt}=2$，用几种经验模型计算形成2m长蚓孔需要的酸液用量。

4. 以排量$10mL/min$向半径3mm、管壁为石灰岩的圆管注入20%的酸液。酸液氢离子扩散系数为$D=3\times10^{-9}m^2/s$，忽略管壁酸液滤失、溶蚀对管径扩大的影响。预测圆管中活酸可能的作用距离。

5. 有哪些均匀布酸工艺，各自的优缺点和适应性是什么？

# 参考文献

邓亚平，1985. 油水井的氨基磺酸处理. 石油钻采工艺，13（4）：83-86.

金畅，2005. 蒙特卡洛方法中随机数发生器和随机抽样方法的研究. 大连：大连理工大学.

柳明，2013. VES自转向酸转向机理及数值模拟研究. 北京：中国石油大学（北京）.

马永生，等，1999. 碳酸盐岩储层沉积学. 北京：地质出版社.

杨胜来，魏俊之，2004. 油层物理学. 北京：石油工业出版社：117.

于青春，薛果夫，陈德基. 裂隙岩体一般块体理论. 北京：中国水利水电出版社.

Al-Ghamdi A H, Mahmoud M A, Hill A D, et al, 2009. Diversion and Propagation of Viscoelastic Surfactant Based Acid in Carbonate Cores. Paper SPE 121713 presented at the 2009 SPE International Symposium on Oilfield, The Woodlands, TX, 20-22 April.

Balakotaiah V, West D H, 2002. Shape Normalization and Analysis of the Mass Transfer Controlled Regime in Catalytic Monolith. Chemical Engineering Science, 57（8）：1269-1286.

Brinkman H C, 1947. A Calculation of the Viscous Force Exerted by a Flowing Fluid on Dense Swarm of Particles. Appl Sci Res, 1（1）：27-34.

Buijse M A, 2000. Understanding Wormholing Mechanisms Can Improve Acid Treatments in Carbonate Formations. SPE Prod & Facilities, 15（3）：168-175.

Buijse M A, Glasbergen G A, 2005. Semiemperical Model to Calculate Wormhole Growth in Carbonate Acidizing. Paper SPE 96892 presented at the SPE Annual Technical Conference and Exhibition, Dallas, TX, October 9-12.

Chang F, Qu Q, Frenier W, 2001. A Novel Self-Diverting-Agent Developed for Matrix Stimulation of Carbonate Reservoir. Paper SPE 65033 presented at the SPE International Symposium on Oilfield Chemistry, February 13-16.

Daccord G, Lenormand R, 1987. Fractal Patterns from Chemical Dissolution. Nature, 325：41-43.

Daccord G, Touboul E, Lenormand R, 1989. Carbonate Acidizing: Toward a Quantitative Model of the Wormholing Phenomenon. SPE Prod & Oper, 4（1）：63-68.

Deutsch C V, Journel A G, 1998. GSLIB Geostatistical Software Library and User's Guide. Oxford: Oxford University Press.

Dilgren R E, 1965. Acidizing Oil Formations. US Patent No. 3215199, November, 2.

Dilgren R E, 1967. Acidizing Oil Formations. US Patent No. 3297090, January, 10.

Economides M J, Hill A D, Ehlig - Economides C E, et al, 2013. Petroleum Production Systems. Englewood: Prentice-Hall.

Fredd C N, Fogler H S, 1998a. Alternative Stimulation Fluids and Their Impact on Carbonate Acidizing. SPE J, 3 (1): 34-41.

Fredd C N, Fogler H S, 1998b. Influence of Transportation and Reaction on Wormhole Formation in Porous Media. AIChE J, 44 (9): 1933-1949.

Fredd C N, Fogler H S, 1999. Optimum Conditions for Wormhole Formation in Carbonate Porous Media: Influence of Transport and Reaction. SPE J, 4 (3): 196-205.

Furui K, Burton R C, Burkhead D W, et al, 2012. A Comprehensive Model of High-Rate Matrix Acidizing Stimulation for Long Horizontal Well in Carbonate Reservoirs: Part I-Scaling Up Core-Level Acid Wormholing to Field Treatments. SPE J, 17 (1): 271-279.

Gomaa A M, Wang G Q, Nasr-El-Din H A, 2011. An Experimental Study of a New VES Acid System: Considering the Impact of $CO_2$ Solubility. Paper SPE 141298 presented at the SPE International Symposium on Oilfield Chemistry, The Woodlands, TX, April 11-13.

Hill A D, Zhu D, Wang Y, 1995. The Effect of Wormholing on the Fluid Loss Coefficient in Acid Fracturing. SPE Production and Facilities, 10 (4): 257-263.

Hoefner M L, Fogler H S, 1988. Pore Evolution and Channel Formation during Flow and Reaction in Porous Media. AIChE J, 34: 45-54.

Huang T, Ostensen L, Hill A D, 2000a. Carbonate Matrix Acidizing with Acetic Acid. Paper SPE 58715 presented at the 2000 SPE International Symposium on Formation Damage Control, Lafayette, Louisiana, February 23-24.

Huang T, Hill A D, Schechter R S, 2000b. Reaction Rate and Fluid Loss: the Keys to Wormhole Initiation and Propagation in Carbonate Acidizing. SPE Journal, 5 (3): 287-292.

HungK M, Hill A D, Sepehrnoori K, 1989. A Mechanistic Model of Wormhole Growth in Carbonate Matrix Acidizing and Acid Fracturing. JPT, 41 (1): 59-66.

Isaaks E H, Srivastava R M, 1989. An Introduction to Applied Geostatistics. New York: Oxford University Press.

Kalia N, Balakotaiah V, 2007. Modeling and Analysis of Wormhole Formation in Reactive Dissolution of Carbonate Rocks. Chem Eng Sci, 62 (4): 919-928.

Karimi-Fard M, Durlofsky L J, Aziz K, 2004. An Efficient Discrete-Fracture Model Applicable for General-Purpose Reservoir Simulators. SPE Journal, 9 (2): 227-236.

Kristopher A K, 2009. Viscoelastic Surfactant-Based Systems in the Niagaran Formation. Paper SPE 125754 presented at the SPE Eastern Regional Meeting, Charleston, West Virginia, USA, September 23-25.

Lehmer D H, 1951. Mathematical Methods in Large-Scale Computing Units. Harvard: Harvard University.

Littmann W, 1988. Polymer Flooding. Amsterdam: Elsevier.

Liu Pingli, Xue Heng, Zhao Liqiang, et al, 2016. Simulation of 3D Multi-Scale Wormhole Propagation in Carbonates Considering Correlation Spatial Distribution of Petrophysical Properties. Journal of Natural Gas Science and Engineering, 32: 81-94.

Liu P Y, Yao J, Couples G D, et al, 2017. 3-D Modelling and Experimental Comparison of Reactive Flow in Carbonates under Radial Flow Conditions. Scientific Reports, 7: 17711.

Liu P Y, Yan X, Yao J, et al, 2019. Modeling and Analysis of the Acidizing Process in Carbonate Rocks Using a Two-Phase Thermal-Hydrologic-Chemical Coupled Model. Chemical Engineering Science, 207 (2): 215-234.

Liu P Y, Ren X X, Kong L, et al, 2020. Three-Dimensional Simulation of Acidizing Process in Carbonate Rocks Using the Darcy – Forchheimer Framework. Oil & Gas Science and Technology, 75 (5): 48.

Lungwitz B, Fredd C, Brady M, et al, 2007. Diversion and Cleanup Studies of Viscoelastic Surfactant-Based Self-Diverting Acid. SPE Prod & Oper, 22 (1): 121-127.

McDuff D, Jackson S, Schuchart C, et al, 2010. Understanding Wormholes in Carbonates: Unprecedented Experimental Scale and 3D Visualization. JPT, 62 (10): 78-81.

McLeod H O, 1984. Matrix Acidizing. Journal of Petroleum Technology, 36 (12): 2055-2069.

Panga M K R, Ziauddin M, Balakotaiah V, 2005. Two-scale Continuum Model for Simulation of Wormholes in Carbonate Acidization. AIChE J, 51 (12), 3231-3248.

Pichler T, Frick T P, Economides M J, et al, 1992. Stochastic Modeling of Wormhole Growth in Carbonate Acidizing with Biased Randomness. Paper SPE 25004 presented at the European Petroleum Conference, Cannes, France, November 16-18.

Qin G, Chen R, Gong B, et al, 2012. Data-Driven Monte Carlo Simulations in Estimating the Stimulated Reservoir Volume (SRV) Hydraulic Fracturing Treatments. Paper SPE 154537 presented at the SPE Europec/EAGE Annual Conference, Copenhagen, Denmark, June 4-7.

Rojas M R, Muller A J, Saez A E, 2008. Shear Rheology and Porous Media Flow of Wormlike Micelles Solutions Formed by Mixtures of Surfactants of Opposite Charge. Journal of Colloid and Interface Science, 326: 221-226.

Schechter R S, 1992. Oil Well Stimulation. Englewood: Prentice Hall.

Tardy P M J, Lecerf B, Christanti Y, 2007. An Experimentally Validated Wormhole Model for Self-Diverting and Conventional Acids in Carbonate Rocks under Radial Flow Conditions. Paper SPE 107854 presented at the European Formation Damage Conference, May 30-June 1.

Warren J E, Root P J, 1963. The Behavior of Naturally Fractured Reservoirs. SPE Journal, 3 (3): 245-255.

Williams B B, Gidley J L, Guin J A, et al, 1970. Characterization of Liquid-Solid Reactions: Hydrochlori Acid-Calcium Carbonate Reaction. Ind Eng Chem Fundam, 9 (4): 589-596.

Williams B B, Gidley J L, Schechter R S, 1979. Acidizing Fundamentals. Mono 6 Ser, Society of Petroleum Engineers, Richardson, Texas.

# 第6章 酸 压

低渗碳酸盐岩储层需要大型增产改造才能获得经济产能,水力压裂和酸压均可用于碳酸盐岩储层,但酸压是主要改造方式。酸压过程中,一方面利用水力作用形成裂缝;另一方面依靠酸液在裂缝表面不均匀溶蚀形成粗糙酸蚀裂缝表面,停泵泄压后,裂缝壁面不完全闭合,形成具有较高导流能力的裂缝,改变地层流动形态,提高油气井产能。酸压和水力压裂的目的相同,目标都是形成具有足够长度和导流能力的裂缝,减少油气渗流阻力;主要差别在于形成导流能力的方式不同,水力压裂通过支撑剂支撑裂缝获得导流能力,酸压一般不用支撑剂,依靠粗糙酸蚀裂缝表面自支撑获得导流能力。酸压通常局限于碳酸盐岩储层,很少用于砂岩,由于砂岩与酸液反应速度较慢,在施工时间范围内溶蚀岩石量较少,无法获得粗糙酸蚀裂缝表面,裂缝在高闭合应力下闭合,导流能力低;土酸酸压可能产生大量沉淀堵塞渗流通道。但是,某些储层天然裂缝较发育,天然裂缝由碳酸盐岩充填,通过酸液疏通天然裂缝可获得较高产能,可选择酸压。一般而言,酸压特指碳酸盐岩地层酸压。

本章主要介绍酸压基本原理、酸蚀裂缝导流能力、酸液体系、酸压效果影响因素、酸压工艺、酸压效果影响因素及酸压设计方法。

## 6.1 酸压基本原理

### 6.1.1 酸压机理及适用条件

酸压又称为压裂酸化,在高于地层破裂压力下注入压裂液或酸液,依靠水力作用形成裂缝;注入酸液时,酸液在裂缝表面非均匀刻蚀,形成粗糙酸蚀裂缝表面;施工结束后,粗糙酸蚀裂缝在闭合应力作用下不完全闭合,获得导流能力,形成连接地层与井筒的高导流裂缝。

酸压中,以高排量注入高黏压裂液或酸液,井底压力升到高于地层破裂压力,压开地层,继续注液使裂缝向前扩展,如图 6.1 和图 6.2 所示;在注酸阶段,酸液在裂缝中流动,通过对流、扩散方式运移到裂缝表面与岩石发生反应,溶蚀裂缝面,同时酸液在缝内外压差作用下滤失到地层中。由于非均质性(裂缝面反应速度非均匀分布、滤失速度非均匀分布、裂缝张开宽度分布非均匀等)影响,裂缝面上溶蚀速度不均匀,产生粗糙酸蚀裂缝表面;酸压后,缝内压力降低，裂缝表面接触、变形；由于裂缝面粗糙，裂缝不会完全闭合，溶蚀少的地方支撑裂缝面，溶蚀多的地方保持张开，形成导流能力，获得连接储层和井筒的高导流裂缝。图 6.3 为酸蚀裂缝导流能力实验获得的裂缝表面，裂缝表面凹凸不平清晰可见。酸压用于改造低渗透碳酸盐岩储层，规模较大，作用距离远，可达 120 余米。

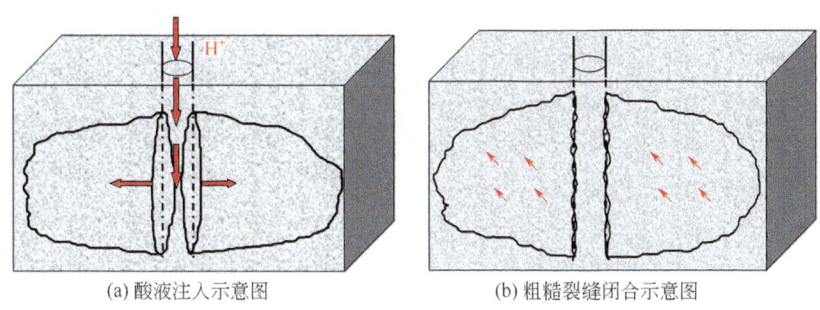

图 6.1  酸压示意图

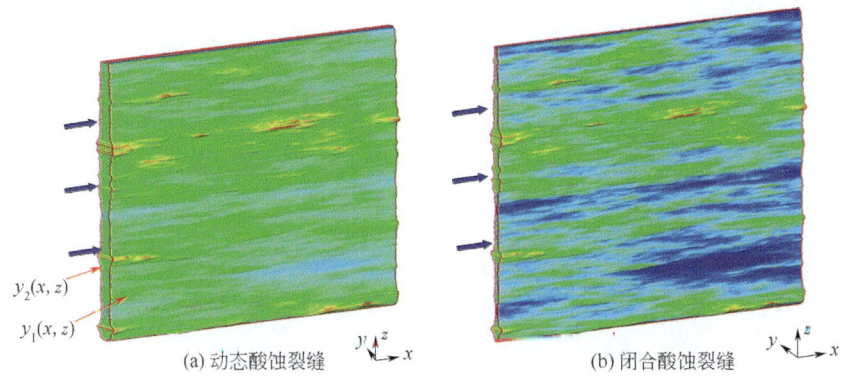

图 6.2  酸压裂缝闭合前、闭合后模拟图

图 6.3  酸蚀裂缝表面刻蚀形态

酸压适用条件：（1）碳酸盐岩地层，碳酸盐岩反应速度较快，在施工时间范围内有足够岩溶量形成粗糙裂缝表面；（2）储层非均质性较强，能产生粗糙

酸蚀裂缝面；（3）地层强度较高，在闭合应力下裂缝不完全闭合，能获得足够的导流能力；（4）低渗储层，需要大型增产改造。

酸压增产机理：（1）裂缝穿越近井带污染，去除污染影响，酸压后流体由储层流向裂缝，再由裂缝流向井筒，去除了近井带污染影响；（2）改变流态，将径向流变为双线性流，消除近井筒汇聚流影响；（3）滤失酸液溶蚀地层，增加人工裂缝附近地层渗流能力；（4）碳酸盐岩储层常发育天然裂缝，滤失酸液通过天然裂缝能进入储层较深部位，连通储层深部。

酸蚀裂缝导流能力来自粗糙酸蚀裂缝表面，粗糙酸蚀裂缝表面形成机理为：粗糙酸蚀裂缝表面来自裂缝表面非均匀溶蚀，非均匀溶蚀由非均质性造成。非均质性包括：（1）矿物成分差异（或杂质）造成裂缝面上反应速度、矿物溶蚀速度非均匀分布；（2）裂缝面上渗透性非均匀分布，造成滤失速度非均匀分布，滤失酸液进入地层前溶蚀裂缝表面，造成裂缝表面溶蚀非均匀分布；（3）岩石物性、压力分布、流场差异、地层条件下非平面缝等因素造成裂缝宽度分布不均匀，酸浓度分布不均匀。这三方面非均质性使裂缝表面溶蚀速度非均匀分布，从而形成粗糙酸蚀裂缝表面。

图6.3为酸蚀裂缝导流能力实验得到的裂缝表面，非均匀刻蚀清晰可见。图6.4为酸压和水力压裂获得导流能力方式对比，水力压裂通过支撑剂支撑裂缝获得导流能力，酸压通过粗糙酸蚀裂缝表面获得导流能力。

低渗碳酸盐岩地层改造可以选择酸压，也可以选择水力压裂，改造方式选择取决于预期的增产效果、NPV（净现值）、可行性。

总体上讲，酸压优点为：（1）碳酸盐储层一般发育天然裂缝，酸压能有效沟通天然裂缝；（2）滤失酸液溶蚀地层，增加裂缝附近地层渗透性能；（3）酸压施工风险较低，不会出现砂堵、支撑剂回流等潜在风险。酸压缺点为：（1）矿物成分较纯的均质地层，裂缝面粗糙度较小，酸蚀裂缝导流能力较低；（2）对于软地层，酸蚀裂缝表面变形严重，裂缝导流能力较低；（3）高闭合应力下，酸蚀裂缝表面容易变形、破碎，裂缝导流能力较低；（4）高温地层中酸岩反应速度较快，酸液有效作用距离较短；（5）酸液滤失严重，活酸作用距离受限。

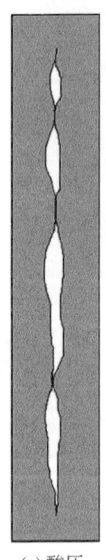
(a) 酸压

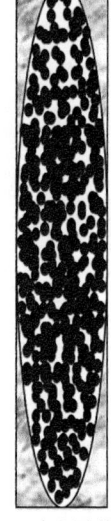
(b) 水力压裂

图6.4 酸压、水力压裂获得导流能力方式对比

水力压裂优点为：（1）相对于酸液，可以形成较长的人工裂缝；（2）裂缝

中有支撑剂，有利于能获得较高导流能力；（3）在软地层、均质地层、高闭合应力地层中，水力压裂可增加裂缝导流能力。但是，碳酸盐岩储层使用水力压裂有如下缺点：（1）由于碳酸盐储层常发育天然裂缝，滤失严重，加砂压裂容易出现砂堵、加砂量受限问题；（2）压裂液为非反应性液体，不具备沟通天然裂缝、连通储层深部功能；（3）压裂液伤害地层。

对比酸压、水力压裂的优缺点，考虑施工可行性，多数碳酸盐岩储层选择酸压改造，当地层较软、非均质性不强、酸蚀裂缝导流能力太低时选择水力压裂。为克服两种工艺的缺点，充分利用其优点，形成了酸压和水力压裂结合的工艺——酸携砂工艺（伊向艺，2014）。

碳酸盐岩储层矿物成分、酸岩反应参见 3.1 节、3.2 节。

## 6.1.2 理论增产倍数

Raymond 和 Binder（1967）推导了直井压裂增产倍比理论公式，主要假设为：（1）油藏水平，流体单相微可压缩；（2）圆形泄油面积，井位于中心；（3）裂缝为对称两翼缝，穿透整个储层；（4）等压线为以井为中心的同心圆。压裂前采油指数为

$$J_0 = \frac{h}{u\int_{r_w}^{r_e} \frac{dr}{2\pi r K(r)}} \tag{6.1}$$

压裂后采油指数为

$$J = \frac{h/u}{\int_{r_w}^{L_f} \frac{dr}{2\pi r K(r) + 2w(r)[K_f(r) - K(r)]} + \int_{L_f}^{r_e} \frac{dr}{2\pi r K(r)}} \tag{6.2}$$

式中，$K(r)$ 为储层渗透率；$K_f(r)$ 为裂缝渗透率；$L_f$ 为单翼裂缝长度；$w(r)$ 为裂缝宽度；$h$ 为储层厚度；$\mu$ 为储层流体黏度。

假设储层均质，裂缝导流能力 $K_f \overline{w}$ 沿缝长均匀分布（$K_f$ 为裂缝等效渗透率；$\overline{w}$ 为等效裂缝宽度），则酸压后、酸压前产能比为

$$\frac{J}{J_0} = \frac{\ln\frac{r_e}{r_w}}{\ln\frac{r_e}{L_f} + \ln\left\{\left[L_f + \frac{\overline{w}}{\pi}\left(\frac{K_f}{K} - 1\right)\right] \middle/ \left[r_w + \frac{\overline{w}}{\pi}\left(\frac{K_f}{K} - 1\right)\right]\right\}} \tag{6.3}$$

考虑地层污染时产能比为

$$\frac{J}{J_0} = \frac{\dfrac{K}{K_d}\ln\dfrac{r_s}{r_w} + \ln\dfrac{r_e}{r_d}}{\dfrac{K}{K_d}\ln\dfrac{r_s + \dfrac{\overline{w}}{\pi}\left(\dfrac{K_f}{K_d}-1\right)}{r_w + \dfrac{\overline{w}}{\pi}\left(\dfrac{K_f}{K_d}-1\right)} + \ln\dfrac{L_f + \dfrac{\overline{w}}{\pi}\left(\dfrac{K_f}{K}-1\right)}{r_s + \dfrac{\overline{w}}{\pi}\left(\dfrac{K_f}{K}-1\right)} + \ln\dfrac{r_e}{L_f}} \quad (6.4)$$

式中，$K_d$ 为污染渗透率；$r_s$ 为污染半径。

对于油藏条件 $r_e = 200\mathrm{m}$，$r_s = 0.1\mathrm{m}$，$K = 1\mathrm{mD}$，增产倍数曲线如图 6.5 所示，其中 $C_{fD} = \dfrac{K_f \overline{w}}{KL_f}$。当地层有污染时，$r_s = 0.5\mathrm{m}$，$K_d = 0.1\mathrm{mD}$，增产倍数曲线如图 6.6 所示。用上述解析解可优化裂缝参数，预测增产倍数。

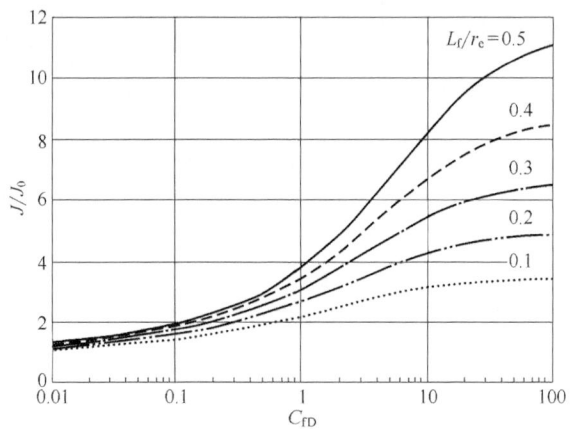

图 6.5　酸压增产倍数曲线（地层无污染）

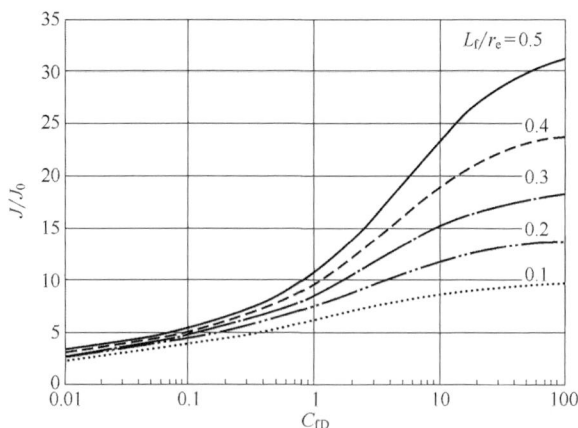

图 6.6　酸压增产倍数曲线（地层有污染）

## 6.2 酸蚀裂缝导流能力

酸蚀裂缝导流能力（$K_f\overline{w}$）定义为裂缝渗透率乘以裂缝宽度。由于酸蚀裂缝表面粗糙，裂缝宽度和渗透率不均匀分布，渗透率和宽度两参数不能分开，或用等效值表示。

每个储层都有自己独有的特征，储层特征不同，酸压裂缝导流能力差异显著；酸液体系不同，获得的导流能力也有差异。碳酸盐岩储层改造时，首先要进行增产方式选择，明确酸压能否获得足够的裂缝导流能力，这需要用目标储层岩板进行酸蚀裂缝导流能力实验，该实验也是酸压基础实验之一。

依据测试时间长短，导流能力分为短期导流能力和长期导流能力，长期导流能力反映导流能力时间效应。

### 6.2.1 酸蚀裂缝导流能力实验

酸蚀裂缝导流能力实验分为两部分：一是裂缝酸液驱替，二是酸蚀裂缝导流能力测试。酸液驱替后将岩板取出，观察裂缝表面刻蚀形态，再测不同闭合应力下的裂缝导流能力。有的将两者结合在一台仪器上完成，如 Corelab 的裂缝导流仪，先在一定宽度裂缝中驱替一定时间酸液，然后让两岩板接触，测试不同闭合应力下的导流能力，这样做的好处是避免岩板取出造成岩板非原位闭合。分两步测试的好处是，可以观察酸蚀后裂缝表面形态，可以称量岩板岩溶量，基于岩溶量计算消耗速度，导流能力测试可用水力压裂导流能力测试装置。

#### 6.2.1.1 实验条件选取

实验条件选择对测试结果影响较大，主要实验条件包括裂缝宽度、实验排量、实验温度（酸液黏度），实验条件应尽量接近地层条件。

1. 裂缝宽度

实验裂缝宽度应选择酸压时地下真实动态裂缝宽度（图6.7），近井带裂缝典型宽度在 8mm 左右，裂缝中部宽度 4~6mm，裂缝远端宽度 1~2mm，一般选择 4mm 以上模拟裂缝中部宽度、近井带裂缝宽度。裂缝宽度如果是在 1~2mm 以下时，其刻蚀形态与裂缝较宽时差异明显。裂缝较宽时，裂缝面各处均得到充分溶蚀；缝宽较窄时，非均质性造成酸液竞争溶蚀明显，更容易出现沟槽（图6.8），有沟槽时，裂缝导流能力很高，因为高闭合应力下沟槽不闭合。如裂缝宽度设置较小，更接近天然裂缝酸蚀。

2. 实验排量

排量影响液体在裂缝中的流动状态（层流、紊流以及传质速度），基于雷诺

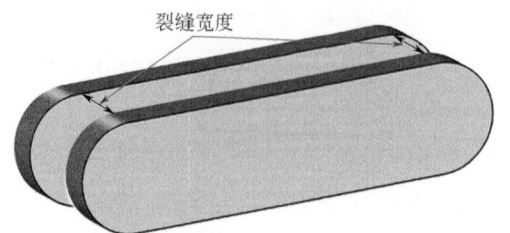

图 6.7　实验岩板及缝宽示意图

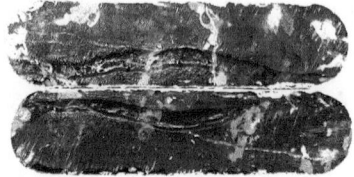

图 6.8　裂缝宽度 1mm 左右时的酸蚀裂缝表面

数相似准则确定排量（Pournik，2008）：

$$N_{Re_f} = \frac{wv_f\rho}{\mu} \tag{6.5}$$

其中　　　　　　　　　　　　$v_f = q/A$

式中，$w$ 为裂缝宽度；$v_f$ 为裂缝中流速；$\rho$ 为液体密度；$\mu$ 为液体黏度；$q$ 为排量；$A$ 为过流面积。

另外两个相关无因次常数为

$$N_{Re_l} = \frac{wv_l\rho}{\mu} \tag{6.6}$$

$$N_{Pe_f} = \frac{v_l\rho}{2D_e} \tag{6.7}$$

式中，$N_{Re_l}$ 为滤失雷诺数；$N_{Pe_f}$ 为滤失 Peclet 数；$v_l$ 为滤失速度；$D_e$ 为有效扩散系数。

由于实验中的裂缝宽度采用实际地层中的裂缝宽度，雷诺数相似实则流速相似，根据实验中的裂缝高度、实际地层中的裂缝高度、现场排量则可计算实验排量。Pournik（2008）计算了现场典型排量下对应的实验参数，现场参数为：缝高 100ft（30.48m），缝宽 1.5in（3.81cm），排量 20bbl/min（3.18m³/min），对应的实验参数如表 6.1 所示。按雷诺数相似准则，实验室排量需要 1.98L/min（实验室缝宽与现场缝宽相等）。离心泵能达到该排量要求，但酸液用量大，实验温度难控制，离心泵泵入高黏酸液存在困难。多数实验采用平流泵，平流泵排量受限，流速未达到实际裂缝中的流速。表 6.1 显示 HCl 可能达到紊流状态，其他黏度稍高的酸液处于层流状态，层流条件下流速对酸岩反应影响稍小。

表 6.1　现场参数下各种酸液体系对应的雷诺数（据 Pournik，2008）

| | HCl | 胶凝酸 | VES 酸 | 乳化酸 |
|---|---|---|---|---|
| 剪切速率（$s^{-1}$） | 242 | 323 | 386 | 272 |
| 黏度（mPa·s） | 0.74 | 37 | 44 | 35 |
| $N_{Re_f}$ | 934 | 19.1 | 16.5 | 18.9 |

3. 实验温度

温度影响液体黏度和酸岩反应速度，实验需采用地层温度。依据加热条件，有的需要预热，比如酸罐置于恒温箱中，恒温箱加热便于温度控制，但需要预热一定时间，使酸液温度达到地层温度。

### 6.2.1.2　酸蚀裂缝导流能力测试仪器及步骤

1. 实验仪器

以裂缝酸液驱替和裂缝导流能力分开测试为例，首先采用酸蚀裂缝驱替仪（图 6.9）进行酸液驱替，导流槽耐酸（哈氏合金），岩板置于导流槽中，两岩板间设置指定宽度模拟裂缝宽度。导流槽垂直，从底部注入酸液，消除重力影响；如平放，排量较低时，酸液沿裂缝底部流动。出口有回压阀，施加回压（超过 7MPa）消除 $CO_2$ 气体影响。酸罐和导流槽置于恒温箱中，便于控制温度。酸液驱替后采用裂缝导流仪测试导流能力，与水力压裂导流能力测试一致。

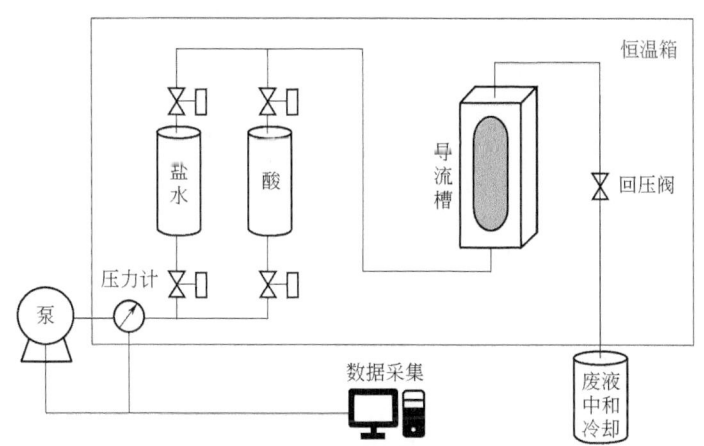

图 6.9　裂缝酸液驱替仪示意图

2. 实验步骤

1) 岩板加工

如用标准导流槽进行实验，岩板长、宽分别为 17.78cm、3.81cm，厚度几厘米，厚度依据实际情况而定。用地层全直径岩样或地面露头加工岩板，然后再打磨，两端为圆弧状，以便放入导流槽中（图 6.10）。为了保证岩板与导流槽间更好地密封，在岩板四周都涂上耐高温密封胶。岩板表面一般磨平，而真实裂缝表面不平，可用劈裂方式产生非平面裂缝更能反映实际情况。

 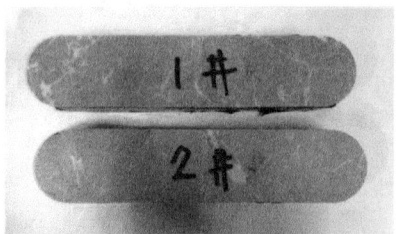

图 6.10 岩板照片

岩板放入盐水中浸泡一定时间，取出擦干后称重。称重的目的是测试酸液驱替后岩板损失质量，基于损失质量可计算反应速度。

2）酸驱替实验前的准备

配制酸液，酸液装于酸罐中，盐水装于液罐中；把岩板装入导流槽中，两块岩板间隔一定宽度，模拟裂缝宽度，连接好管线；整个系统加热至实验温度。

3）酸液驱替

施加回压 7MPa 以上，消除 $CO_2$ 气体影响。设置需要的排量进行酸液驱替，酸液出口用碱中和残酸。达到设计驱替时间后，转为盐水驱替，将管线和导流槽中的酸液驱出，否则导流槽中的酸液在冷却过程中继续与岩板反应，造成实际反应时间比设计的酸岩接触时间更长。酸液完全驱出后冷却，拆洗仪器，取出岩板，将岩板用盐水洗干净。

4）后处理

岩板表面擦干后称重，计算岩板溶蚀质量。观测酸蚀裂缝表面形态，可用三维形貌仪获取表面详细数据。

5）短期导流能力测试

短期导流能力指的是测试时间相对较短，不考虑裂缝表面长期缓慢变形过程，驱替大致达到稳定时获得的导流能力，常规导流能力测试为短期导流能力测试。

将酸蚀岩板装入导流槽中，连接好管线进行导流能力测试，施加一定闭合应力，实验中给定排量，测试驱替压差；当驱替压差稳定后，记录驱替压差，用排量和压差计算导流能力，再重复该过程，进行下一个闭合应力下的导流能力测试。酸蚀裂缝导流能力要测试一系列有效闭合应力下的导流能力，从最低闭合应力开始，逐渐增加闭合应力，增加至地层条件下可能的有效闭合应力，每个闭合应力下驱替需达到稳定状态。一般以一个较低闭合应力开始，比如 5MPa 或

10MPa，不从零开始。零闭合应力表示两裂缝面刚接触而又未发生变形，可操作性差，难以判断什么时候两裂缝面刚好接触。

6）长期导流能力测试

当需要观察导流能力的时间效应时，则需要进行长期导流能力测试，比如几天至十几天。长期导流能力测试中，施加一个有效闭合应力，比如储层条件下的裂缝有效闭合应力，测试导流能力随时间变化规律，由于测试时间较长，间隔可拉长。

7）数据处理及分析

实验结束后，观察实验前后岩板形态。在闭合应力下，裂缝表面会变形，甚至破碎，实验后能直接观察到；闭合应力较高时，可能压断岩板，所以实验中尽量增加岩板厚度。导流能力计算公式为

$$K_\mathrm{f}w = 1.67\frac{q\mu L}{H\Delta p} \tag{6.8}$$

式中，$K_\mathrm{f}w$ 为裂缝导流能力，$\mu m^2 \cdot cm$；$\mu$ 为测试流体黏度，$mPa \cdot s$；$q$ 为排量，$mL/min$；$L$ 为两测压点间的长度，$cm$；$H$ 为岩板高度，$cm$；$\Delta p$ 为测压点间压差，$kPa$。

通过酸蚀裂缝导流能力测试实验还可计算其他参数，比如岩石消耗速度、酸液消耗速度、酸液传质系数，估算酸液有效消耗时间。

酸液消耗速度为

$$r_\mathrm{a} = \nu\frac{m_1 - m_2}{2AtM_\mathrm{carbonate}} \tag{6.9}$$

式中，$r_\mathrm{a}$ 为酸液消耗速度，$\frac{kmol}{m^2 \cdot s}$；$m_1 - m_2$ 为两块岩板酸蚀前后质量损失；$A$ 为岩板面积；$t$ 为通酸时间；$M_\mathrm{carbonate}$ 为碳酸盐岩摩尔质量；$\nu$ 为盐酸与碳酸盐岩化学反应式中的系数，对于方解石，$\nu = 2$，对于白云岩，$\nu = 4$。各变量单位为国际单位。

酸液有效传质系数为

$$k_\mathrm{c} = \frac{r_\mathrm{a}}{C\rho_\mathrm{Acid}/M_\mathrm{HCl}} \tag{6.10}$$

式中，$C$ 为酸液质量分数；$M_\mathrm{HCl}$ 为盐酸摩尔质量；$\rho_\mathrm{Acid}$ 为酸液密度。

如果酸液在岩板中的消耗速度可以代表在裂缝中的消耗速度，则可估计酸液在裂缝中的有效消耗时间，即在实验流动条件下（忽略滤失），酸液一直在裂缝中流动，变成残酸前经过的时间为有效消耗时间，再结合酸液在裂缝中的流速，则可估算活酸液作用距离。这一信息对于酸压中预测合理的活酸作用距离较为重要。实际裂缝中，酸液浓度随距离增加而降低，生成物增多，消耗速度会降低，

酸液还会滤失。这种方法估算的是假设有足够多的酸液供滤失条件下，仅酸岩反应造成的酸液消耗所决定的酸液消耗时间，这种方法只是估计消耗时间的大致量级。酸液有效消耗时间估算为

$$t_e = \frac{wC\rho_{Acid}}{2r_a M_{HCl}} \tag{6.11}$$

式中，$w$ 为缝宽。

### 6.2.1.3 酸蚀裂缝导流能力测试实例

下面为 20% 胶凝酸、90℃ 条件下白云岩酸蚀裂缝导流能力测试结果，酸蚀后岩板表面较粗糙（图 6.11），沟槽明显。导流能力数据如表 6.2 和图 6.12 所示。在半对数坐标上，导流能力与有效闭合应力的关系近似直线，低闭合应力下导流能力较高，达到上千达西·厘米，导流能力随闭合应力增加下降较快，40MPa 有效闭合应力下约 20D·cm。酸岩接触时间对导流能力影响明显，40min、60min、80min 接触时间下导流能力差异明显，对于本实验，酸岩接触时间 60min 以上可获得较高导流能力。导流能力随酸岩接触时间变化规律是酸压中选择酸岩接触时间（注酸时间）的重要依据。通过该实验，可获得储层非均质性、酸蚀裂缝表面形态、酸蚀裂缝导流能力、注酸时间影响、酸液消耗时间等重要信息，用于酸压设计，如用不同酸液体系进行实验，可对比、优选酸液体系。

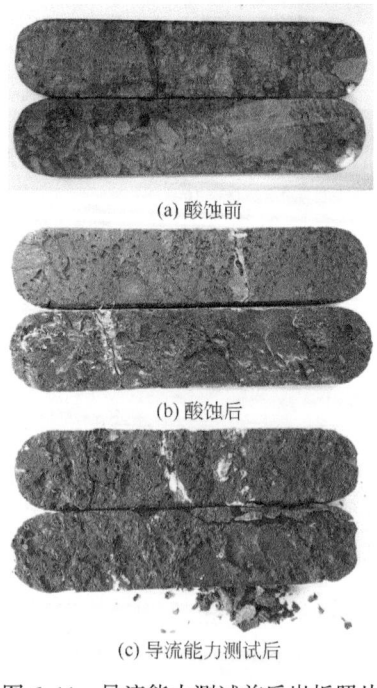

(a) 酸蚀前

(b) 酸蚀后

(c) 导流能力测试后

图 6.11 导流能力测试前后岩板照片

表 6.2　导流能力测试数据

| 编号 | 酸岩接触时间（min） | 岩溶量（g） | 有效闭合应力（MPa） | | | | | | | | |
|---|---|---|---|---|---|---|---|---|---|---|---|
| | | | 10 | 15 | 20 | 25 | 30 | 35 | 40 | 45 | 50 |
| | | | 酸蚀裂缝导流能力（D·cm） | | | | | | | | |
| 1 | 40 | 18.62 | 522.3 | 275.3 | 107.5 | 60.4 | 36.9 | 18.2 | 9.6 | 5.2 | 4.4 |
| 2 | 60 | 26.41 | 1568.6 | 616.1 | 288.4 | 36.9 | 68.7 | 35.9 | 19.2 | 12.2 | 9.7 |
| 3 | 60 | 28.31 | 1312.7 | 701.3 | 260.9 | 110.7 | 66.4 | 30.7 | 18.6 | 11.9 | 8.5 |
| 4 | 80 | 45.58 | 2232.6 | 989.5 | 305.8 | 244.2 | 80.2 | 61.4 | 26.4 | 15.6 | 12.6 |

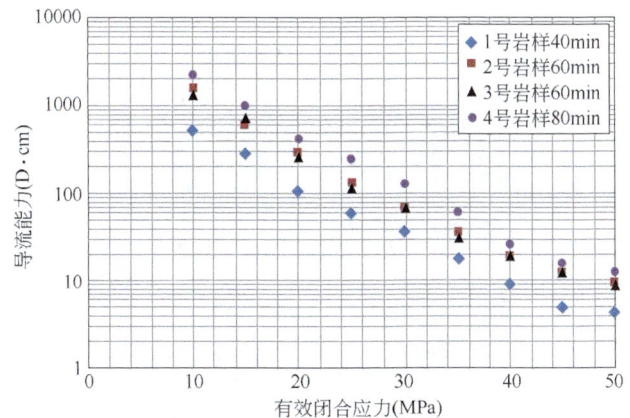

图 6.12　闭合应力、酸岩接触时间对导流能力的影响

表 6.3 为基于岩溶量计算的氢离子传质系数、酸液有效消耗时间，每组岩板矿物组成不完全一样，计算的数值有差异，但能大体反映消耗规律。

表 6.3　基于酸液驱替数据计算的参数

| 编号 | 酸岩接触时间（min） | 岩溶量（g） | 平均岩溶量（g/min） | 酸液消耗速度 [kmol/(m²·s)] | 氢离子扩散系数（m²/s） | 传质系数（m/s） | 酸液有效消耗时间（min） |
|---|---|---|---|---|---|---|---|
| 1 | 40 | 18.62 | 0.465 | $1.0\times10^{-5}$ | $1.76\times10^{-9}$ | $2.16\times10^{-6}$ | 23.1 |
| 2 | 60 | 26.41 | | | | | |
| 3 | 60 | 28.31 | | | | | |
| 4 | 80 | 38.18 | | | | | |

有的碳酸盐岩含有石膏，石膏不溶于盐酸，这类岩板酸液溶蚀及导流能力与常规碳酸盐岩差异明显。图 6.13 为溶蚀前后岩板照片（其矿物组成见表 6.4），颜色偏浅的地方为石膏，颜色偏暗的地方主要为白云石。酸岩接触时间为 60min，岩溶量为 12.10g，仅白云岩、菱铁矿溶解，裂缝表面非均匀溶蚀明显，

白云岩较多的地方溶蚀形成了沟槽。岩溶量较少，低闭合应力下导流能力较低，但导流能力随闭合应力下降较慢（图 6.14），高闭合应力下的导流能力与图 6.12 对应的导流能力相当。

(a) 酸蚀前

(b) 酸蚀后

(c) 导流能力测试后

图 6.13　膏岩岩板导流能力测试前后照片

表 6.4　膏岩岩板矿物组成

| 序号 | 硬石膏（%） | 白云石（%） | 菱铁矿（%） |
| --- | --- | --- | --- |
| 1 | 85 | 13.9 | 1.2 |
| 2 | 78.6 | 19.6 | 1.8 |
| 3 | 79.4 | 19.3 | 1.3 |
| 4 | 75.7 | 23.2 | 1.2 |

图 6.15 为长期导流能力实例，实验采用塔里木盆地石灰岩露头，胶凝酸 130℃驱替 60min 后分别测试 100MPa、70MPa、50MPa 闭合应力下的长期导流能力。导流能力在初期下降较快，48h 后下降变缓，120h 后导流能力趋于稳定，稳定导流能力与初期相比降幅较大。

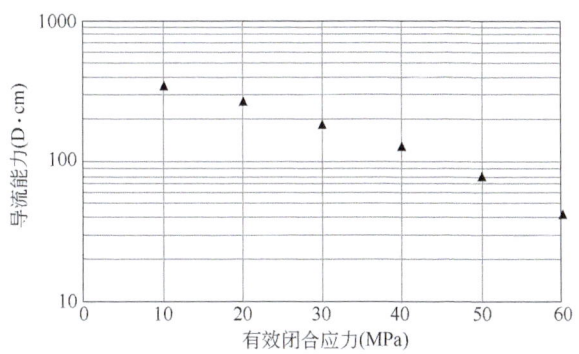

图 6.14　膏岩岩板导流能力随闭合应力变化

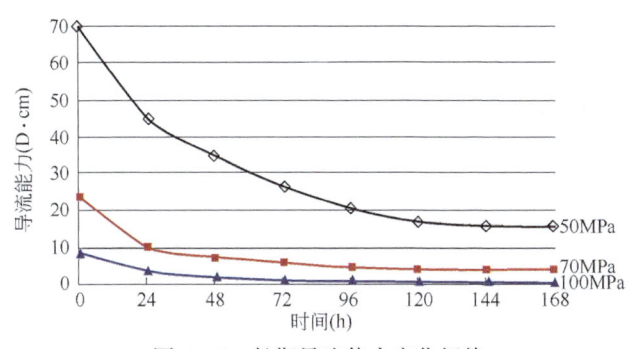

图 6.15　长期导流能力变化规律

## 6.2.2　岩板粗糙度计算

通过三维表面形貌仪（图 6.16）可获得粗糙酸蚀裂缝表面形貌数据（表面凸起高度分布），分析表面形态特征。表面刻蚀形态特征描述参数主要有峰度（峰态系数）、接触率、标准方差、表面粗糙度等。

图 6.16　三维表面形貌仪扫描岩板表面

(1) 峰度。

峰度又称峰态系数，记为 $k$，计算公式为

$$k(z_i) = \frac{1}{N} \sum_{i=1}^{N} (z_i - \bar{z})^4 / \sigma^4 \qquad (6.12)$$

式中，$z_i$ 为表面起伏度；$\bar{z}$ 为平均起伏度；$\sigma$ 为标准方差。

峰度是指分布曲线顶峰的尖平程度，一般可表现为三种形态：尖顶峰度、平顶峰度、标准峰度（正态分布）。$k>3$ 表示尖顶峰度，$k<3$ 表示平顶峰度，$k=3$ 表示正态分布。

(2) 接触率。

两粗糙裂缝面接触时，凸起地方接触，支撑裂缝面，其他地方张开形成导流能力。接触率是接触面积与整个裂缝面积之比。三维表面形貌仪得到的形态为无应力、无变形下的裂缝形态。不施加闭合应力时，两岩板接触率较低；在较高闭合应力下，裂缝面变形严重，接触率增加，高闭合应力下的接触率更大。

(3) 标准方法。

标准方差 $\sigma$ 的计算公式为

$$\sigma = \sqrt{\frac{1}{N} \sum_{i=1}^{N} (z_i - \bar{z})^2} \qquad (6.13)$$

酸蚀裂缝导流能力测试中，初始裂缝表面可为平面或劈裂的非平面。劈裂加工较难，常采用平面岩板。图 6.17 和图 6.18 为初始岩板为平面的岩板酸蚀后形态，表面粗糙度参数（标准方差）如表 6.5 所示。

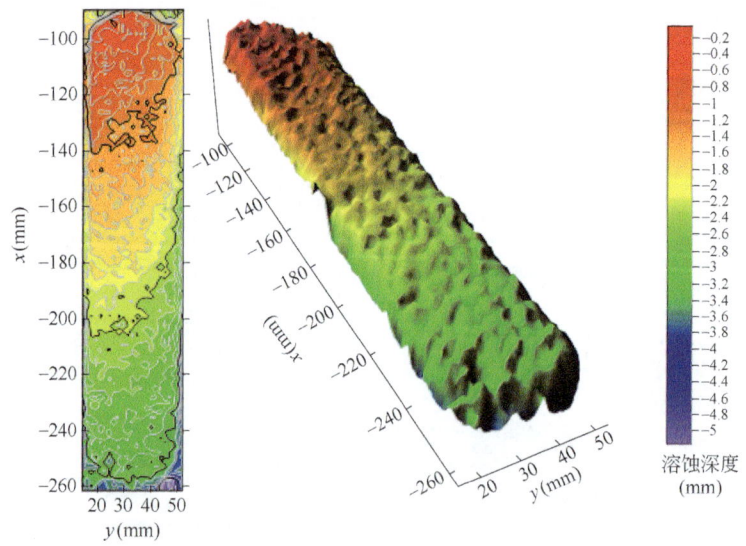

图 6.17　酸岩接触时间（30min）岩板裂缝表面形态 1

# 第6章 酸 压

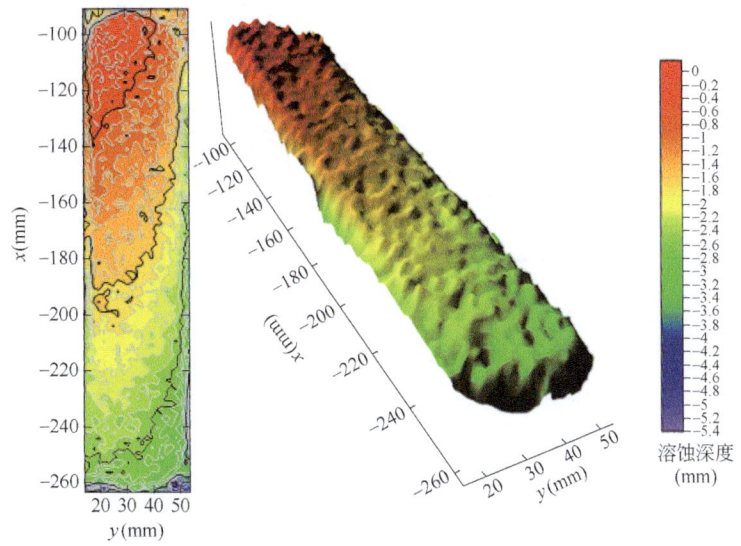

图 6.18 酸岩接触时间（30min）岩板裂缝表面形态 2

表 6.5 酸蚀裂缝表面粗糙度参数

| 序号 | 最大波峰高度（μm） | 最大凹陷高度（μm） | 剖面最大起伏度（μm） | 粗糙度（mm）标准方差 | 测量长度（mm） | 表面粗糙度 |
|---|---|---|---|---|---|---|
| 1 | 2634 | 910 | 1724 | 1.923 | 160 | 4.31 |
| 2 | 2616 | 884 | 1732 | 1.627 | 160 | 4.33 |

（4）表面粗糙度。

Barton 和 Choubey（1977）给出的表面粗糙度经验公式为

$$J = 400 \frac{R_y}{L} \tag{6.14}$$

式中，$J$ 为表面粗糙度；$R_y$ 为表面起伏度，mm；$L$ 为取样长度，mm。

图 6.19 是 Barton 和 Choubey 给出的 10 种典型剖面，粗糙度值根据结构面的粗糙度在 0~20 之间变化，平坦及平滑结构面为 5，平坦起伏结构面为 10，粗糙起伏结构面为 20。对于具体的结构面，可以对照粗糙度典型剖面目测粗糙度值，也可以通过经验公式进行计算。Barton 和 Choubey 在现场岩石力学实验的基础上提出直边法测量粗糙度，并根据 200 多组结构面统计分析得出了粗糙度值的经验公式，即式(6.14)。

杜时贵（1996）经过检验认为，Barton 和 Choubey 直边法物理意义明确，精度能满足要求，而且简便快捷，是比较合理的粗糙度测量方法。但是 Barton 和 Choubey 将粗糙度最大值限定为 20，则限制了起伏较大的岩体结构面粗糙度的测量。实际工程中，岩体结构面的粗糙度平均值确实一般不大于 20，但沿某一方

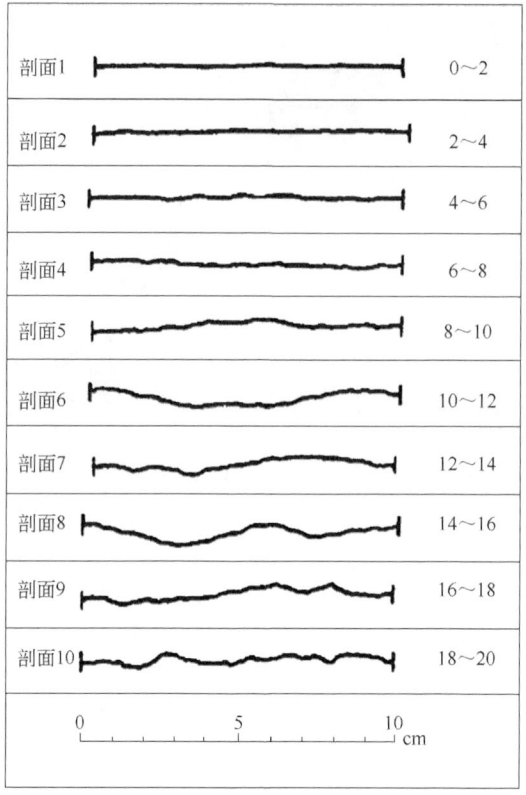

图 6.19 粗糙度标准曲线

向某一具体位置的岩体结构面表面轮廓曲线的粗糙度值可能大于 20。换言之，虽然整个样本空间的粗糙度不大于 20，但某些样本点的粗糙度可能大于 20。同时，他对 Barton 和 Choubey 方法进行了修正，并给出另一种计算粗糙度的经验公式：

$$J = 0.8589 e^{\frac{0.6444}{L}} \arctan\left(8 \frac{R_y}{L}\right) \tag{6.15}$$

分别使用 Barton 和 Choubey 的经验公式和杜时贵经验公式，对四块劈裂形成的裂缝表面进行粗糙度计算，如表 6.6 所示。表 6.5 计算了平面岩板酸蚀裂缝表面粗糙度，比表 6.7 中未酸蚀劈裂岩板表面的表面粗糙度低，这是由劈裂岩板表面起伏所致。劈裂岩板两表面完全吻合，无错位时导流能力微小，单面裂缝的表面粗糙度并不直接与酸蚀裂缝导流能力正相关，双面裂缝刻蚀宽度对应的粗糙度与导流能力正相关。

# 第6章 酸 压

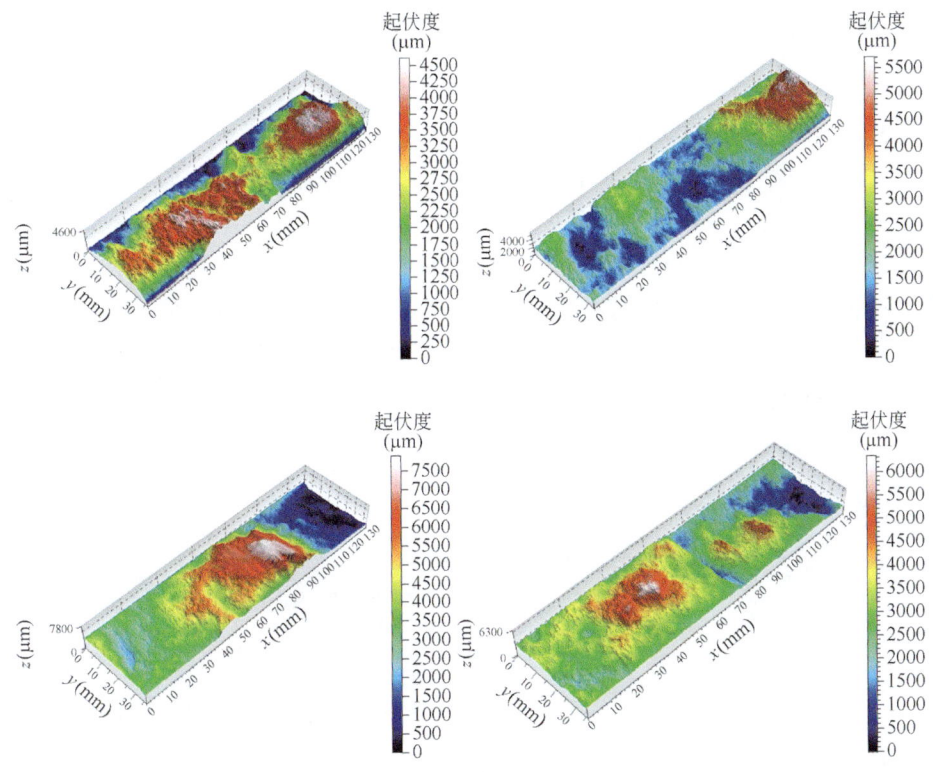

图 6.20 劈裂岩板表面形态

表 6.6 劈裂岩板扫描数据

| 编号 | 均方根高度（μm） | 峰度 | 最大波峰高度（μm） | 最大凹陷高度（μm） | 最大高度（μm） | 算术平均高度（μm） |
|---|---|---|---|---|---|---|
| 1 | 1107 | 2.03 | 2222 | 2391 | 4613 | 937 |
| 2 | 1066 | 3.54 | 3623 | 2094 | 5717 | 831 |
| 3 | 1832 | 2.26 | 4356 | 3581 | 7938 | 1489 |
| 4 | 1051 | 3.03 | 3452 | 2895 | 6347 | 825 |

表 6.7 劈裂岩板粗糙度

| 编号 | 剖面最大起伏度（mm） | 测量长度（mm） | 表面粗糙度 | |
|---|---|---|---|---|
| | | | Barton 和 Choubey 经验公式 | 杜时贵经验公式 |
| 1 | 4.613 | 130 | 14.2 | 14.3 |
| 2 | 5.717 | 130 | 17.6 | 17.5 |
| 3 | 7.938 | 130 | 24.4 | 23.5 |
| 4 | 6.347 | 130 | 19.5 | 19.3 |

## 6.2.3 酸蚀裂缝导流能力计算经验公式

酸蚀裂缝表面粗糙不平，凹凸随机分布，而酸压裂缝导流能力恰恰得益于非均匀刻蚀。裂缝表面在闭合应力下接触变形，甚至破碎，三维裂缝表面变形行为十分复杂。裂缝导流能力很难通过粗糙裂缝表面形态直接计算，所以，酸蚀裂缝导流能力往往通过经验公式计算。Nierode—Kruk 经验公式（1973）是酸蚀裂缝导流能力计算常用的经验公式，从五十年前建立沿用至今，后面出现一些改进模型，改进模型大多基于该模型思路发展而来。该公式基于酸蚀裂缝导流能力实验测试结果（表 6.8）建立，导流能力是理想岩溶缝宽（全部岩溶量转换为缝宽）、闭合应力和岩石嵌入强度的函数，公式如下：

$$K_f w = C_1 e^{-C_2 \sigma_c} \tag{6.16}$$

其中
$$C_1 = 1.47 \times 10^7 w_i^{2.47} \tag{6.17}$$

$$C_2 = (13.9 - 1.3 \ln S_{rock}) \times 10^{-3} \quad 0 < S_{rock} < 20000 \text{psi} \tag{6.18}$$

$$C_2 = (3.8 - 0.28 \ln S_{rock}) \times 10^{-3} \quad 20000 \text{psi} < S_{rock} < 500000 \text{psi} \tag{6.19}$$

$$w_i = \frac{VX}{2(1-\phi) h_f x_f} \tag{6.20}$$

式中，$K_f w$ 为导流能力，mD·ft；$w_i$ 为理想岩溶缝宽，即岩溶量（体积）除以岩板面积，in；$\sigma_c$ 为闭合应力，psi；$S_{rock}$ 为岩石嵌入强度，psi；$V$ 为酸液体积；$X$ 为体积溶解力；$\phi$ 为孔隙度；$h_f$ 为裂缝高度；$x_f$ 为裂缝长度。

式(6.20) 中各参数用一致单位，最后缝宽转换为 in。

表 6.8 导流能力实验数据（据 Nierode 和 Kruk，1973）

| 岩石类型 | 最大导流能力 (mD·in) | $S_{rock}$ (psi) | 闭合应力（psi） | | | | |
|---|---|---|---|---|---|---|---|
| | | | 0 | 1000 | 3000 | 5000 | 7000 |
| | | | 导流能力（mD·in） | | | | |
| San Andres 白云岩 | $2.7 \times 10^6$ | 76600 | $1.1 \times 10^4$ | $5.3 \times 10^3$ | $1.2 \times 10^3$ | $2.7 \times 10^2$ | $6.0 \times 10^0$ |
| San Andres 白云岩 | $5.1 \times 10^8$ | 63800 | $1.2 \times 10^6$ | $7.5 \times 10^5$ | $3.0 \times 10^5$ | $1.2 \times 10^5$ | $4.7 \times 10^4$ |
| San Andres 白云岩 | $1.9 \times 10^7$ | 62700 | $2.1 \times 10^5$ | $9.4 \times 10^4$ | $1.9 \times 10^4$ | $3.7 \times 10^3$ | $7.2 \times 10^2$ |
| Canyon 石灰岩 | $1.3 \times 10^8$ | 88100 | $1.3 \times 10^6$ | $7.6 \times 10^5$ | $3.1 \times 10^5$ | $4.8 \times 10^4$ | $6.8 \times 10^3$ |
| Canyon 石灰岩 | $4.6 \times 10^7$ | 30700 | $8.0 \times 10^5$ | $3.9 \times 10^5$ | $9.4 \times 10^4$ | $2.3 \times 10^4$ | $5.4 \times 10^3$ |
| Canyon 石灰岩 | $2.7 \times 10^8$ | 46400 | $1.6 \times 10^6$ | $6.8 \times 10^5$ | $1.3 \times 10^5$ | $2.3 \times 10^4$ | $4.4 \times 10^3$ |
| Cisco 石灰岩 | $1.2 \times 10^5$ | 67100 | $2.5 \times 10^3$ | $1.3 \times 10^3$ | $3.4 \times 10^2$ | $8.8 \times 10^1$ | $2.3 \times 10^1$ |
| Cisco 石灰岩 | $3.0 \times 10^5$ | 14800 | $7.0 \times 10^3$ | $3.4 \times 10^3$ | $8.0 \times 10^2$ | $1.9 \times 10^2$ | $4.4 \times 10^1$ |
| Cisco 石灰岩 | $2.0 \times 10^6$ | 25300 | $1.4 \times 10^5$ | $6.2 \times 10^4$ | $1.3 \times 10^4$ | $2.7 \times 10^3$ | $5.7 \times 10^2$ |
| Capps 石灰岩 | $3.2 \times 10^5$ | 13000 | $9.7 \times 10^3$ | $4.2 \times 10^3$ | $7.6 \times 10^2$ | $1.4 \times 10^2$ | $2.5 \times 10^1$ |

续表

| 岩石类型 | 最大导流能力 (mD·in) | $S_{rock}$ (psi) | 闭合应力 (psi) | | | | |
|---|---|---|---|---|---|---|---|
| | | | 0 | 1000 | 3000 | 5000 | 7000 |
| | | | 导流能力 (mD·in) | | | | |
| Capps 石灰岩 | $2.9 \times 10^5$ | 30100 | $1.8 \times 10^4$ | $6.8 \times 10^3$ | $9.4 \times 10^2$ | $1.3 \times 10^2$ | $1.8 \times 10^1$ |
| Indiana 石灰岩 | $4.5 \times 10^6$ | 22700 | $4.6 \times 10^5$ | $1.5 \times 10^5$ | $1.5 \times 10^4$ | $1.5 \times 10^3$ | $1.5 \times 10^2$ |
| Indiana 石灰岩 | $2.8 \times 10^7$ | 21500 | $7.9 \times 10^5$ | $3.0 \times 10^5$ | $4.3 \times 10^4$ | $6.3 \times 10^3$ | $9.0 \times 10^2$ |
| Indiana 石灰岩 | $3.1 \times 10^8$ | 14300 | $7.4 \times 10^6$ | $2.0 \times 10^6$ | $1.4 \times 10^5$ | $1.0 \times 10^4$ | $7.0 \times 10^2$ |
| Austin 白垩 | $3.9 \times 10^6$ | 11100 | $5.6 \times 10^4$ | $1.6 \times 10^3$ | $1.3 \times 10^0$ | — | — |
| Austin 白垩 | $2.4 \times 10^6$ | 5600 | $3.9 \times 10^4$ | $1.2 \times 10^3$ | $1.2 \times 10^0$ | — | — |
| Austin 白垩 | $4.8 \times 10^5$ | 13200 | $1.0 \times 10^4$ | $1.7 \times 10^3$ | $4.9 \times 10^1$ | $1.4 \times 10^0$ | — |
| Clearfork 白云岩 | $3.6 \times 10^4$ | 35000 | $3.4 \times 10^3$ | $1.7 \times 10^3$ | $4.1 \times 10^2$ | $1.0 \times 10^2$ | $2.4 \times 10^1$ |
| Clearfork 白云岩 | $3.3 \times 10^4$ | 11800 | $9.3 \times 10^3$ | $1.6 \times 10^3$ | $4.5 \times 10^1$ | $1.3 \times 10^0$ | — |
| Greyburg 白云岩 | $8.3 \times 10^6$ | 14400 | $2.5 \times 10^5$ | $4.0 \times 10^4$ | $1.0 \times 10^3$ | $2.5 \times 10^1$ | — |
| Greyburg 白云岩 | $3.9 \times 10^6$ | 12200 | $2.1 \times 10^5$ | $7.9 \times 10^4$ | $1.0 \times 10^4$ | $1.5 \times 10^3$ | $2.0 \times 10^2$ |
| Greyburg 白云岩 | $3.2 \times 10^6$ | 16600 | $8.0 \times 10^4$ | $1.5 \times 10^4$ | $4.8 \times 10^2$ | $1.6 \times 10^1$ | — |
| San Andres 白云岩 | $1.0 \times 10^6$ | 46500 | $8.3 \times 10^4$ | $4.0 \times 10^4$ | $9.5 \times 10^3$ | $2.2 \times 10^3$ | $5.2 \times 10^2$ |
| San Andres 白云岩 | $2.4 \times 10^6$ | 76500 | $1.9 \times 10^4$ | $6.8 \times 10^3$ | $8.5 \times 10^2$ | $1.0 \times 10^2$ | $1.3 \times 10^1$ |
| San Andres 白云岩 | $3.4 \times 10^6$ | 17300 | $9.4 \times 10^3$ | $2.8 \times 10^3$ | $2.5 \times 10^2$ | $2.3 \times 10^1$ | — |

Nierode—Kruk 经验公式来源于实验结果拟合，其思路为：如图 6.12 所示，在半对数坐标中，导流能力与闭合应力近似呈直线关系，所以可构造公式 (6.16)，$C_1$ 为闭合应力为零时的导流能力，图 6.12 中的拟合直线外延得到零闭合应力下的导流能力 $C_1$。导流能力随有效闭合应力下降快慢由 $C_2$ 决定。

平行板导流能力理论计算公式为

$$K_f w = \frac{w^3}{12} \tag{6.21}$$

式中，$w$ 为平行板宽度。

依据平行板导流能力计算公式，可假设零闭合应力下粗糙裂缝表面导流能力公式 $C_1$ 为

$$C_1 = a w_i^b \tag{6.22}$$

Nierode 和 Kruk 依据其实验结果拟合得到参数 $C_2$、$a$ 和 $b$ 如式 (6.17) 至式 (6.19) 所示。注意公式中的单位，拟合实验结果得到的系数值与单位有关。Nierode 和 Kruk 考虑了岩石嵌入强度对导流能力的影响（$C_2$）。

Nierode—Kruk 经验公式基于的导流能力实验没考虑滤失，公式中理想岩溶缝宽对导流能力影响较大，如将滤失酸液溶蚀的岩石加到理想岩溶缝宽里，会高

估导流能力 (Beg 等, 1998)。该公式里, 导流能力与岩溶量 (等效于酸岩接触时间) 正相关, 是指岩板在不过度溶蚀的时间范围内 (比如 100min 以内), 导流能力随酸岩接触时间增加而增加, 如酸岩接触时间过长, 后面的岩溶量并不增加裂缝粗糙度, 为无效溶蚀, 并不相应增加导流能力。

实验岩板尺寸较小, 不能代表大尺度和就地条件下的非均质性; 各个储层岩性、反应速度、非均质性、岩石力学性质、闭合应力差异较大, 导流能力变化规律差异也较大, 依据 Nierode 和 Kruk 的实验结果建立起来的经验公式不一定适用于其他储层, 但可借鉴 Nierode—Kruk 经验公式的思路, 构造通用的导流能力计算公式, 再用具体储层的实验数据来拟合参数, 拟合后的公式就能更好地适应目标储层, 具体如下, 导流能力公式可表示为

$$K_f w = (K_f w)_0 e^{-c\sigma_c} \tag{6.23}$$

$$(K_f w)_0 = a w_i^b \tag{6.24}$$

公式(6.23) 利用了半对数坐标中导流能力随有效闭合应力 ($\sigma_c$) 变化呈近似直线关系, 公式(6.24) 利用了平行板导流能力理论公式$(K_f w)_0 = w_i^3/12$。

对式(6.23)、式(6.24) 两边取对数得

$$\ln(K_f w) = \ln(K_f w)_0 - c\sigma_c \tag{6.25}$$

$$\ln(K_f w)_0 = \ln a + b \ln w_i \tag{6.26}$$

$\ln(K_f w)$ 与 $\sigma_c$ 成直线关系, 可以通过斜率求出 $c$; $\ln(K_f w)_0$ 与 $\ln w_i$ 成直线关系, 可以通过斜率和截距求出 $a$ 和 $b$。下面列举了拟合 $a$、$b$、$c$ 的实例, 通过图 6.21 拟合直线得到 $c = 0.13$ (三条线取平均值)。

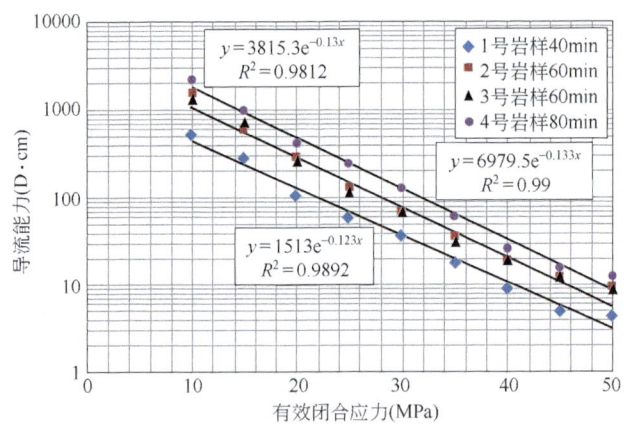

图 6.21 导流能力拟合曲线

通过图 6.21 拟合直线外延得到零闭合应力下的导流能力, 如表 6.9 所示。

表 6.9 拟合相关数据

| 编号 | 酸岩接触时间（min） | 岩溶量（g） | $(K_fw)_0$ | $\ln(K_fw)_0$ | $w_i$(mm) | $\ln w_i$ |
|---|---|---|---|---|---|---|
| 1 | 40 | 18.62 | 1513 | 7.32 | 2.88 | 1.06 |
| 2 | 60 | 26.41 | 3815.3 | 8.25 | 4.08 | 1.41 |
| 3 | 60 | 28.31 | 4047.7 | 8.31 | 4.38 | 1.48 |
| 4 | 80 | 45.58 | 6979.5 | 8.85 | 7.04 | 1.95 |

通过图 6.22 拟合直线得到 $a = 304.9$，$b = 1.67$，最后得到导流能力经验公式为

$$K_fw = 304.9 w_i^{1.67} e^{-0.13\sigma_c} \tag{6.27}$$

拟合的系数与变量单位有关。式（6.27）中，导流能力单位为 D·cm；$w_i$ 单位为 mm，$\sigma_c$ 单位为 MPa。例如，$w_i = 5$mm，$\sigma_c = 40$MPa，用式（6.23）计算导流能力为 $K_fw = 24.7$D·cm。

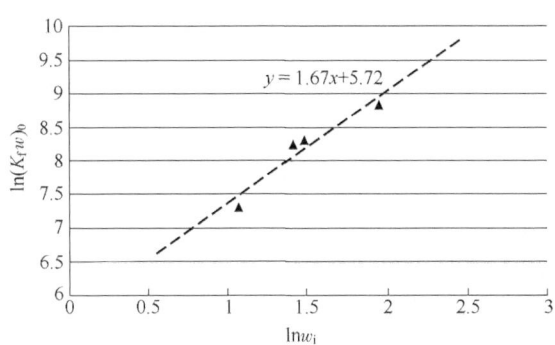

图 6.22 理想岩溶缝宽与零闭合应力下导流能力拟合曲线

Mou 等（2010）、Deng 等（2012）考虑了非均质性空间分布、酸蚀裂缝表面形态对导流能力的影响，通过数值模拟方式建立了中尺度下导流能力计算模型，但模型需要参数较多，参数较能准确获取，使用较复杂。

### 6.2.4 酸蚀裂缝导流能力影响因素

酸蚀裂缝导流能力决定因素为：酸蚀裂缝表面形态和裂缝表面抗变形能力。酸蚀裂缝表面形态取决于：

（1）裂缝表面非均质性，包括酸岩反应速度分布与滤失分布。

① 酸岩反应速度分布。裂缝面矿物组成不同，造成酸岩反应速度不同；反应速度差异越大，越有利于形成非均匀刻蚀。

② 滤失分布。滤失酸液具有溶蚀能力，进入地层前溶蚀裂缝表面，滤失非均匀分布促进非均匀刻蚀。

（2）流动状态。低黏紊流影响传质速度，促进非均匀刻蚀，增加裂缝粗糙度。

（3）岩溶量（酸岩接触时间）。一定酸岩接触时间范围内，增加酸岩接触时间，增加裂缝粗糙度。

裂缝表面抗变形能力取决于：

（1）闭合应力。闭合应力越高，裂缝变形越严重。

（2）岩石力学性质。岩石强度高，抗变形能力强；软地层裂缝变形严重，导流能力低。

（3）裂缝表面形态也影响抗变形能力，最有利的酸蚀裂缝表面形态为沟槽，沟槽抗变形能力强，高闭合应力下不闭合，如裂缝宽度较小时，形成类似于蚓孔的刻蚀形态，导流能力非常高。

粗糙酸蚀裂缝表面在闭合应力下的变形是一个复杂的三维问题，较难以理论计算，裂缝表面变形依赖于：裂缝表面形态、闭合应力和裂缝面岩石力学性质。裂缝表面岩石强度受酸蚀影响，对于渗透性较好、滤失明显的岩板，滤失酸液对岩石力学性质影响明显；对于致密、滤失很小的岩板，酸蚀对力学性质影响较小，因为酸液只在裂缝表面溶蚀。Pournik（2008）测量了酸蚀前后裂缝面嵌入强度变化，如表6.10、图6.23所示，由于嵌入强度测量破坏裂缝面，酸蚀前后测量的表面不是同一个裂缝面，所以酸蚀后有的裂缝面嵌入强度增加了。总体而言，酸蚀前后嵌入强度变化范围为$-30\%\sim 30\%$，强度高的岩石嵌入强度变化较小，较软的岩石嵌入强度变化较大。图6.23还显示，在45°线两侧的点数比例差异不大。除酸蚀影响外，测量随机性也有一定影响。对于岩石强度较高的储层，只要非均质性稍好，酸蚀裂缝导流能力一般都能满足要求，对于岩石强度较低的、非均质性较弱的地层，导流能力可能无法满足要求；地层一般都存在较强非均质性（或足够的酸岩接触时间能产生粗糙酸蚀裂缝表面），相对于非均质性，岩石强度对导流能力的影响更明显。

表6.10　酸蚀前后裂缝面嵌入强度统计（据 Pournik，2008）

| 岩板标号 | 岩石类型 | 酸液 | 酸岩接触时间（min） | 嵌入强度 | | |
|---|---|---|---|---|---|---|
| | | | | 酸蚀前（psi） | 酸蚀后（psi） | 变化（%） |
| ALC10 | Indiana 石灰岩 | 胶凝酸 | 5 | 29797 | 31098 | 4 |
| ALC9 | | 胶凝酸 | 10 | 28028 | 25878 | -8 |
| ALC8 | | 胶凝酸 | 15 | 29461 | 21315 | -28 |
| IL4 | | 胶凝酸 | 20 | 31928 | 35819 | 12 |
| IL2 | | 胶凝酸 | 20 | 37896 | 39184 | 3 |
| IL3 | | 胶凝酸 | 30 | 27579 | 33569 | 22 |
| IL1 | | 胶凝酸 | 30 | 39817 | 41504 | 4 |

续表

| 岩板标号 | 岩石类型 | 酸液 | 酸岩接触时间（min） | 嵌入强度 | | |
|---|---|---|---|---|---|---|
| | | | | 酸蚀前（psi） | 酸蚀后（psi） | 变化（%） |
| ALC7 | Indiana 石灰岩 | HCl | 5 | 32792 | 25766 | -21 |
| ALC2 | | HCl | 10 | 37108 | 34238 | -8 |
| ALC5 | | HCl | 10 | 38255 | 29181 | -24 |
| ALC1 | | HCl | 15 | 44363 | 32871 | -26 |
| ALC6 | | HCl | 15 | 37210 | 25038 | -33 |
| ILS9 | | HCl | 20 | 34383 | 38065 | 11 |
| CD1 | San Andres 白云岩 | 胶凝酸 | 20 | 50739 | 50903 | 0.3 |
| CD2 | | 胶凝酸 | 20 | 56660 | 50246 | -11 |
| CD3 | | 胶凝酸 | 30 | 57716 | 58545 | 2 |
| CD5 | | 胶凝酸 | 30 | 67029 | 59811 | -11 |
| ACC7 | Cream Chalk | HCl | 5 | 21315 | 18544 | -13 |
| ACC6 | | HCl | 10 | 18390 | 17196 | -6 |
| ACC1 | | HCl | 15 | 22939 | 20042 | -13 |
| ACC10 | | 胶凝酸 | 5 | 21357 | 32960 | 54 |
| ACC9 | | 胶凝酸 | 10 | 19951 | 25724 | 29 |
| ACC15 | | 胶凝酸 | 10 | 27161 | 19620 | -28 |
| ACC3 | | 胶凝酸 | 15 | 17592 | 22953 | 30 |
| ACC11 | | 胶凝酸 | 20 | 25755 | 28637 | 11 |
| ACC13 | | 胶凝酸 | 20 | 23694 | 23217 | -2 |
| ACC12 | | 胶凝酸 | 30 | 24728 | 30172 | 22 |
| ACC14 | | 胶凝酸 | 30 | 27951 | 22743 | -19 |
| PBC 1&2 | Macae 石灰岩 | 胶凝酸 | 20 | 32319 | 23450 | -27 |
| PBC 11&12 | | 胶凝酸 | 30 | 29301 | 26950 | -8 |
| PBC 15&16 | | 胶凝酸 | 20 | 24520 | 25061 | 2 |
| PBC 3&4 | | HCl | 30 | 33600 | 28318 | -16 |
| PBC 7&8 | | HCl | 20 | 29380 | 28260 | -4 |
| PBC 17&18 | | HCl | 20 | 36906 | 30153 | -18 |
| PBC 9&10 | | VES | 20 | 24993 | 19793 | -21 |
| PBC 5&6 | | VES | 30 | 26887 | 23946 | -11 |
| PBC 19&20 | | VES | 20 | 26456 | 36132 | 37 |
| PBC 13&14 | | 乳化酸 | 30 | 22395 | 16018 | -28 |

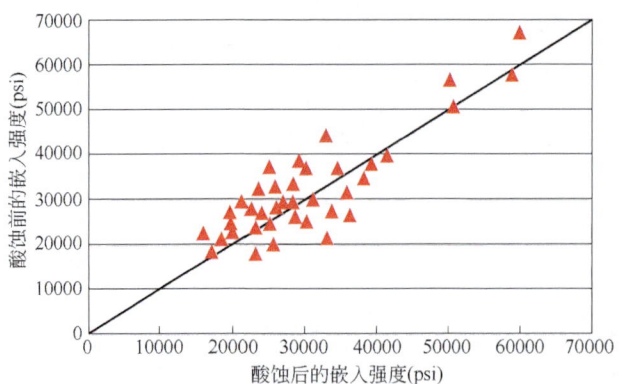

图 6.23 酸蚀前后裂缝面嵌入强度变化（据 Pournik，2008）

Deng 等（2009）进行了酸蚀裂缝表面二维变形研究。沿裂缝高度方向取一截面，将截面简化为椭圆，计算椭圆在闭合应力下的变形，如图 6.24 所示。计算每一个截面的变形后再组合成整个裂缝长度方向的宽度分布，再计算导流能力。

$$\bar{a} = \sum_{i=1}^{n} a_i / n \tag{6.28}$$

$$a_c = 1 - \sum_{i=1}^{n} 2a_i / L \tag{6.29}$$

$$\overline{\Delta w} = \frac{4\sigma_c \bar{a}}{\pi G} \frac{\nu-1}{(1-a_c)^2} \left\{ \ln \left[ \cos \frac{(1-a_c)\pi}{2} \right] \right\} \tag{6.30}$$

式中，$n$ 为整个高度 $L$ 方向上的椭圆个数；$a_i$ 为椭圆半长；$G$ 为剪切模量；$\nu$ 为泊松比；$\sigma_c$ 为有效闭合应力；$a_c$ 为接触比例；$\overline{\Delta w}$ 为裂缝变形宽度；如 $\overline{\Delta w}$ 大于裂缝最小宽度，则裂缝闭合，更多地方接触，增加接触面积。

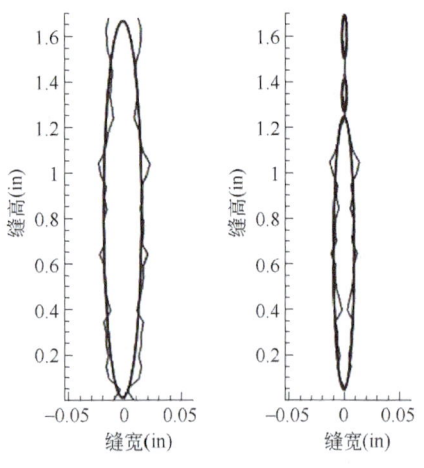

图 6.24 接触面变形图（据 Deng，2009）

单个椭圆在闭合应力下的宽度变化为（Jaeger 等，2007）

$$\Delta w = w_0(z) - w(z) = \frac{(\kappa+1)\sigma_c}{2G}(a^2-z^2)^{0.5} \tag{6.31}$$

式中，$w_0(z)$ 为闭合应力为零时的宽度；$a$ 为椭圆长轴半长；$G$ 为剪切模量；$z$ 为坐标，原点在椭圆中心；$\kappa$ 为 Muskhelishvili 系数，平面应变条件下 $\kappa=3-4\nu$，平面应力条件下 $\kappa=(3-\nu)/(1+\nu)$。

$w(0)$ 为椭圆中部的最大宽度。$\frac{w_0(0)}{2a} \leqslant \frac{(\kappa+1)\sigma_c}{4G}$ 意味着裂缝闭合，取典型值 $\sigma_c=40\text{MPa}$，$G=12000\text{MPa}$，$\nu=0.25$，$w(0)=1\text{mm}$ 时，$2a$（裂缝高度）大于 40cm 时，裂缝就会完全闭合，这说明要得到较高的导流能力，必须具有局部非均质性，使沟槽不闭合。除此之外，还需要具有宏观非均质性，使沟槽相互连接，形成贯穿裂缝的沟槽。

## 6.3　酸液滤失及降滤失措施

酸液滤失定义为从主裂缝中流入到地层中的那部分酸液。酸液在裂缝中流动时，在缝内外压差作用下，部分流向地层中，部分留在主裂缝中，如图 6.25（俯视图）所示。由于地层具有渗透性能，存在缝内外压差，酸液滤失与水力压裂滤失一样不可避免，而且酸液滤失更严重。严重的酸液滤失被认为是限制活酸作用距离的主要因素。酸液滤失对预测活酸作用距离尤为重要，酸压中很多工艺围绕降低酸液滤失展开。本节介绍酸液滤失计算及降滤失措施。

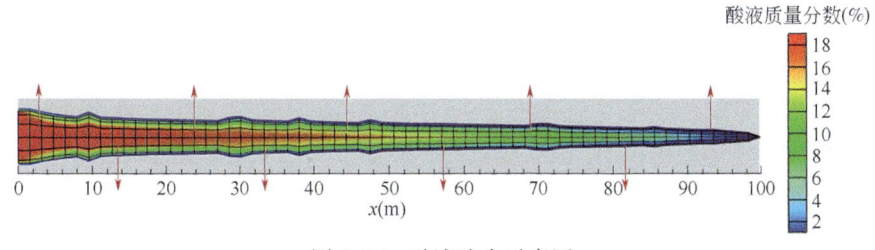

图 6.25　酸液滤失示意图

### 6.3.1　酸液滤失计算

酸压中，酸液在裂缝中流动时，溶蚀裂缝壁面上的岩石，在缝内外压差下向地层中流动，由裂缝流到地层中的那部分液体为滤失。酸压中，快速的酸岩反应和严重的酸液滤失是限制活酸作用距离的主要因素，通常认为酸液滤失影响更严重。酸液滤失严重的原因在于：(1) 酸岩反应使裂缝壁面不能形成有效降低滤失的滤饼；(2) 酸岩反应溶蚀岩石，形成蚓孔，增加渗透性能；(3) 裂缝性地层中，酸液选择性地流经天然裂缝，酸溶作用急剧增加裂缝导流能力，使酸液滤失到油气藏较深部位。

由于存在酸岩反应，酸岩反应改变渗透性能，所以酸液滤失预测难度较大。酸液滤失分两类讨论，一是孔隙型储层，二是裂缝型储层。

#### 6.3.1.1 孔隙型储层

对于孔隙型储层，可借用水力压裂滤失计算模型思路。图 6.26 为滤失示意图（俯视图，取对称的一半）。假设滤失液体活塞式驱替地层流体，由于没有滤饼，滤失分为两部分：侵入带和压缩带。

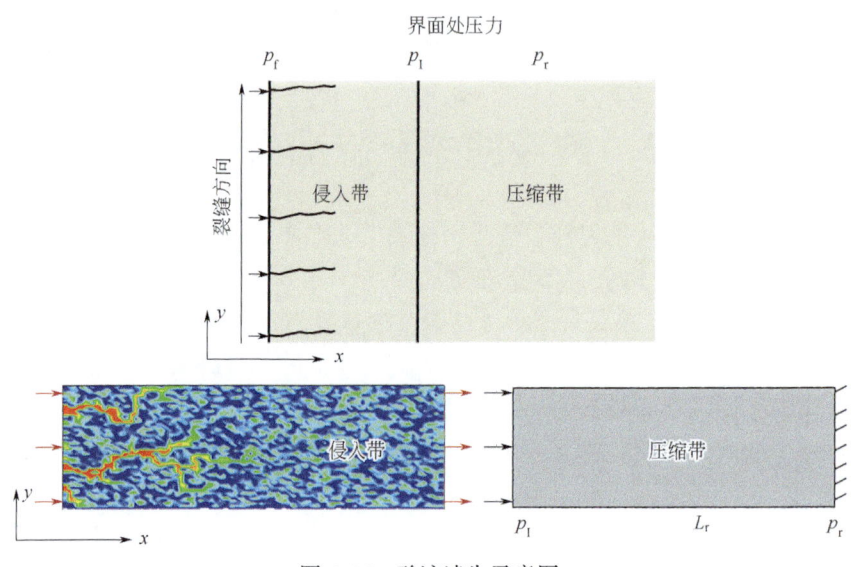

图 6.26 酸液滤失示意图

Hill 等 (1995) 推导了酸液滤失模型，压缩带与水力压裂相同，用相同的方法计算压缩带滤失系数 $C_c$；侵入带由于酸溶作用生产蚓孔，降低渗流阻力，考虑蚓孔影响时侵入带滤失系数为 $C_{v,wh}$。这两个滤失系数计算公式为

$$C_c = \sqrt{\frac{\phi c_t K}{\pi \mu_r}} (p_f - p_r) \tag{6.32}$$

$$C_{v,wh} = \sqrt{\frac{\phi K}{2\mu_a \left(1 - \frac{1}{Q_{ibt}}\right)}} (p_f - p_r)^{\frac{1}{2}} \tag{6.33}$$

综合滤失系数（去掉滤饼控制的滤失系数）为

$$C_{\text{wh}} = \frac{-\dfrac{1}{C_c} + \sqrt{\dfrac{1}{C_c^2} + \dfrac{4}{C_{v,\text{wh}}^2}}}{2\dfrac{1}{C_{v,\text{wh}}^2}} \tag{6.34}$$

式中，$p_f$ 为裂缝中压力；$p_r$ 为油藏压力；$c_t$ 为综合压缩系数；$\phi$ 为孔隙度；$K$ 为渗透率；$\mu_r$ 为油藏流体黏度；$\mu_a$ 为酸液黏度；$Q_{\text{ibt}}(\text{PV}_{\text{bt}})$ 为岩心酸液驱替中的突破孔隙体积倍数，式(6.33)隐含假设 $Q_{\text{ibt}}$ 大于 1，否则根号里出现负数。

综合滤失系数大小取决于 $C_{v,\text{wh}}$ 和 $C_c$ 间的相对大小。对于油藏，$C_c$ 较小，$C_{v,\text{wh}}$ 影响较小；对于气藏，$C_c$ 较大，$C_{v,\text{wh}}$ 影响较大。$C_{v,\text{wh}}$ 依赖于参数 $Q_{\text{ibt}}$，$Q_{\text{ibt}}$ 较难准确获取，局部的 $Q_{\text{ibt}}$ 难以代表全局的 $Q_{\text{ibt}}$。

为考虑酸蚀蚓孔对滤失的影响，可通过数值模型模拟酸液滤失（Zhang 等，2014），将酸蚀蚓孔扩展模型和油藏渗流模型耦合模拟侵入带和滤失带流动规律，从而获得酸液滤失规律，模型还能考虑酸液黏度的影响。图 6.27 为油藏中酸液滤失速度、滤失量随时间变化，图中有三条线，1 为酸液滤失，2 为非反应性液体滤失（无滤饼影响），3 为非反应性液体滤失（有滤饼影响）。1 为数值模拟结果，2 和 3 是用水力压裂滤失解析模型计算得到的。Ⅲ 表示酸液滤失与非反应性液体滤失间的差异；Ⅱ 表示非反应性液体有无滤饼时的差异；Ⅰ 表示无滤饼时，有无酸岩反应造成的滤失差异。油藏压缩系数较小，酸蚀蚓孔对滤失的影响并不显著，酸岩反应造成无滤饼对滤失的影响较大。

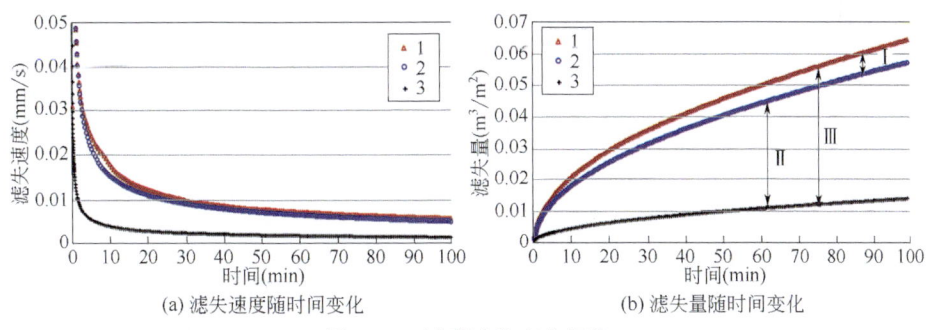

图 6.27 油藏滤失变化规律

气藏（图 6.28）的滤失规律与油藏有所差别，蚓孔对滤失的影响更显著。无论对于油藏还是气藏，酸液滤失比压裂液滤失大得多。对于油藏，无滤饼对滤失的影响显著，蚓孔影响次之，因为油藏压缩系数较小；而对于气藏，无滤饼和酸蚀蚓孔对滤失影响都较显著，因为气藏压缩系数较大。

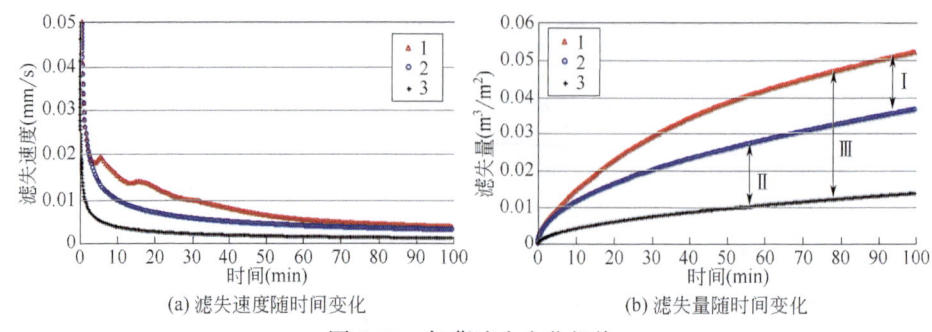

图 6.28 气藏滤失变化规律

图 6.29 和图 6.30 显示了酸液黏度对滤失的影响。对于油藏，黏度变化对滤失影响不如气藏显著，由于油藏压缩系数较小，侵入带对滤失的影响不显著；由于气藏压缩系数较大，侵入带对滤失的影响更大，因而液体黏度对滤失影响更显著。

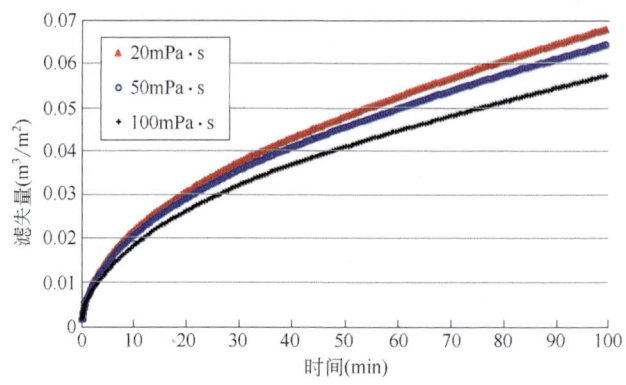

图 6.29 酸液黏度对滤失的影响（油藏）

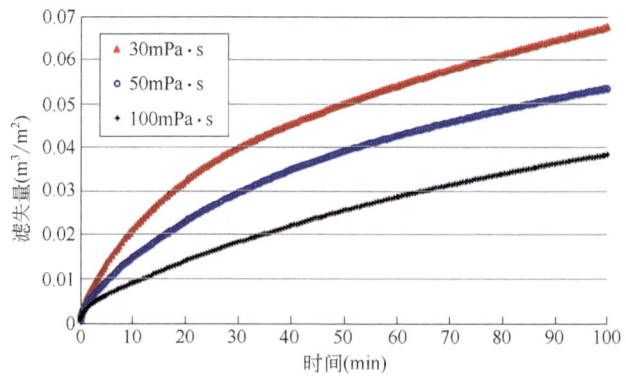

图 6.30 酸液黏度对滤失的影响（气藏）

## 6.3.1.2 裂缝型储层

碳酸盐岩储层常发育天然裂缝,酸液沿天然裂缝可进入储层深部,酸溶作用急剧增加裂缝导流能力,裂缝型储层酸液滤失无法用解析模型预测滤失。Mou 等(2012)建立裂缝型储层酸液滤失数值模型,假设天然裂缝分布具有周期性,取一个单元进行模拟,如图 6.31 和图 6.32 所示。微裂缝和基质归为双重介质部分,主天然裂缝周期性分布,两主天然裂缝间的部分为模拟单元,将储层中的渗流规律与天然裂缝中的流动反应规律结合模拟酸液滤失。

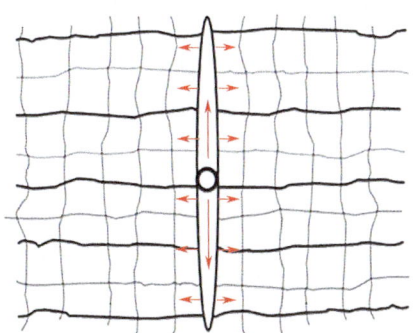

图 6.31 裂缝型储层酸液滤失示意图(垂直裂缝,俯视图)

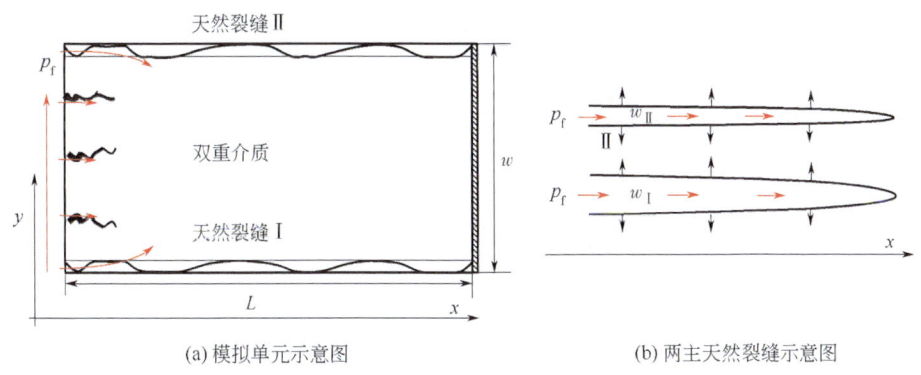

(a) 模拟单元示意图　　　　　　　　(b) 两主天然裂缝示意图

图 6.32 模拟单元及主天然裂缝示意图

$p_f$—人工裂缝压力;$w_I$—主天然裂缝 I 的宽度;$w_{II}$—主天然裂缝 II 的宽度;
$w$—模拟单元宽度;$L$—模拟单元尺度

图 6.33 为酸浓度对滤失的影响,0%为非反应性液体,酸浓度对滤失影响较大。图 6.34 显示滤失酸液通过主天然裂缝和其余部分滤失的比例,初期,通过主天然裂缝和其余部分滤失的比例接近;随酸岩反应进行,主天然裂缝导流能力急剧增加,通过主天然裂缝的滤失增加,而后主天然裂缝主导酸液滤失;通过天然裂缝,酸液能进入储层较深部位,对滤失影响较大。

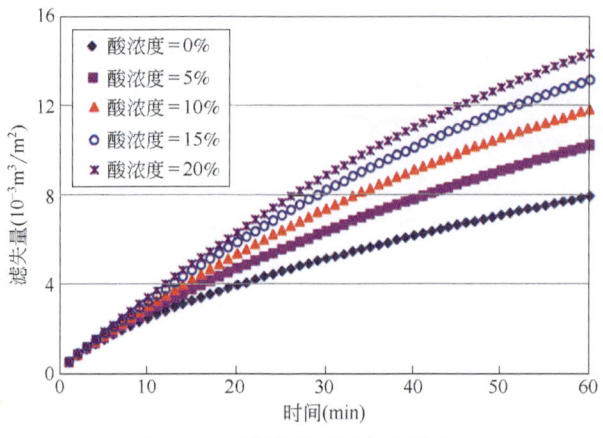

图 6.33 酸浓度对滤失的影响

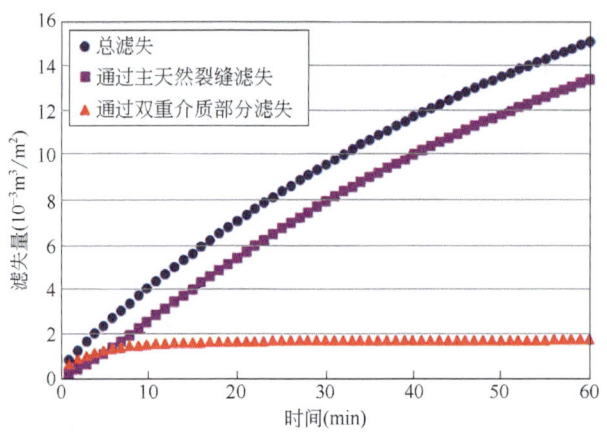

图 6.34 经过主天然裂缝和其他部分滤失酸液对比

图 6.35 为天然裂缝宽度对滤失的影响,裂缝宽度在 10μm 以下时,滤失随宽度变化较小;裂缝宽度在 10μm 以上时,增加裂缝宽度,酸液滤失增加显著,也说明主天然裂缝主导滤失,微裂缝影响不明显。

这些认识为降滤失技术研究提供了依据,比如裂缝型油藏可通过暂堵方式降低裂缝导流能力,从而降低滤失;通过前置注入非反应性液体,增加油藏压力,降低酸液滤失压差,从而降低滤失。

## 6.3.2 酸液滤失实验

酸液滤失实验仅反映侵入带一小部分渗流区域的流量和驱替压差变化规律,实为酸液驱替实验。岩心较短,驱替液体流出岩心,酸蚀蚓孔向前扩展,实验中驱替压差逐渐降低或排量逐渐增加,所以不能反映侵入带规律。

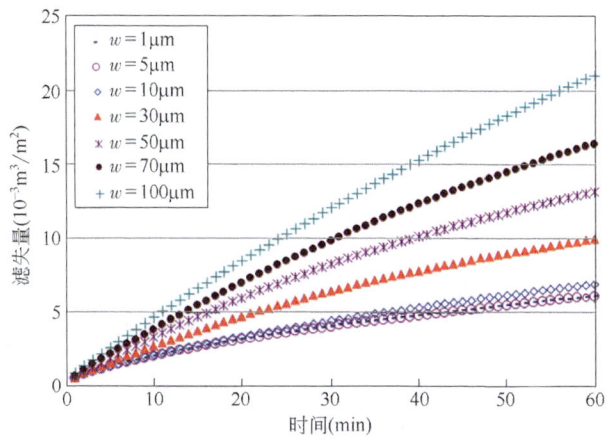

图 6.35 天然裂缝宽度对滤失的影响

岩心酸液驱替实验通常有两种实验条件：（1）给定驱替压差，监测流量随时间变化；（2）给定排量，监测驱替压差随时间变化。除岩心驱替实验外，卫玮等（2011）采用如图 6.36 所示的仪器进行过实验，$p_2$ 由回压调节器控制，用于控制回压，$p_1$-$p_2$ 为驱替压差，使酸液在一定压差下流过岩心，从而测定酸液的滤失速度。实验中，将酸液从岩心端面注入岩心，用岩心两端的压差来模拟酸压中的滤失压差，通过测量流量变化规律来研究滤失规律。该方法类似于给定驱替压差，监测流量随时间变化的岩心酸化驱替，也不能真实反映酸液滤失规律。

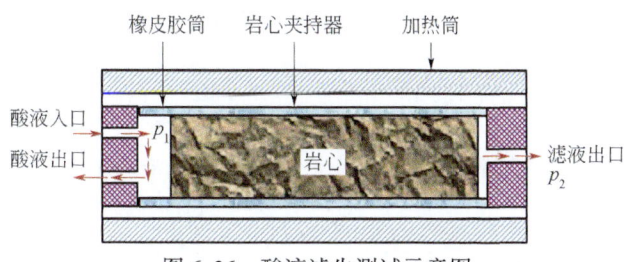

图 6.36 酸液滤失测试示意图

## 6.3.3 降低酸液滤失措施

### 6.3.3.1 概述

严重的酸液滤失被认为是限制活酸作用距离的主要因素，酸压很多工艺也是围绕降低酸液滤失展开的。酸液滤失取决于两方面：渗流阻力和滤失动力。滤失动力为缝内外压差，渗流阻力包括液体黏度、孔渗、天然裂缝和蚓孔。孔渗、天然裂缝发育程度为储层本身物性，无法改变，降滤失措施多数围绕滤失阻力展开，比如增加液体黏度，或通过暂堵增加渗流阻力。目前主要的降滤失措施包括：

（1）使用降滤失剂。使用固体材料堵塞酸蚀蚓孔、天然裂缝，增加渗流阻力，降低酸液滤失。常见的降滤失剂有粉砂、粉陶、油溶性树脂、可降解暂堵材料。气相泡沫渗流阻力较高，也可用于降滤失。

（2）增加酸液黏度。酸液黏度是渗流阻力，增加酸液黏度能有效降低滤失，比如采用胶凝酸、交联酸。增稠酸液一是降低酸液滤失，二是降低酸岩反应速度。乳化酸、泡沫酸也具有降滤失作用。

（3）使用降滤失工艺。如前置液酸压、多级交替注入等可降低酸液滤失。前置液酸压中，压裂液造缝，滤失压裂液填充孔、缝，增加后期注入酸液的滤失阻力，从而降低酸液滤失。多级交替注入是常用酸压工艺，通过交替注入酸液和非反应性液体，非反应性液体填充天然裂缝或酸蚀蚓孔，增加渗流阻力，具有降低酸液滤失的作用。早期采用前置液酸压工艺，后来一般采用多级交替注入方式。前置液酸压中，高黏前置液堵塞效果较好，降滤失效果明显，但较难进入较深部分，一旦注入酸液，很容易溶穿压裂液堵塞部位（现场施工曲线常见到注酸时压力明显下降现象），使酸液滤失急剧增加，多级交替注入则可避免该问题。

（4）降低酸液滤失压差。对于油藏，前期注入大量滑溜水，增加裂缝附近地层压力；注入酸液时，酸液滤失压差降低了，从而降低酸液滤失。滑溜水还能起到补充地层能量作用。气藏不宜采用该方式，因为大量注入水可能引起水锁等问题。塔里木盆地缝洞型碳酸盐岩油藏酸压常采用该方法，该方法也可以归到降滤失工艺里。

### 6.3.3.2 降滤失剂评价

降滤失剂用于堵塞酸蚀蚓孔或天然裂缝。地层条件下，天然裂缝开度不大，天然裂缝酸蚀也会形成蚓孔。降滤失剂评价是评价降滤失剂对酸蚀蚓孔的堵塞作用、对流量的降低作用。实际暂堵过程为：携带液将暂堵剂带入裂缝中，再由裂缝随滤失液体进入蚓孔，堵塞蚓孔前端，形成高阻力带，从而降低酸液滤失。实验室测试方法为用带暂堵剂的酸液进行驱替，一方面酸液溶蚀岩石形成蚓孔，另一方面降滤失剂暂堵蚓孔，与不加暂堵剂的实验进行对比，评价暂堵效果。实验管线较细，无法将暂堵剂与酸液混合注入，否则容易堵塞管线，通常将暂堵剂置于岩心前某个位置，注酸时，酸液携带暂堵剂进入岩心。可用空心岩筒用于驱替岩心前，将降滤失剂置于承压筒中，酸液携带暂堵剂流动。如实验装置采用粗管线，可将降滤失剂与液体混合，但需要管线耐酸。

暂堵剂评价实验通常给定排量，监测压差变化规律。下面列举了粉陶和可降解暂堵剂的评价结果，实验中定排量（3mL/min），测量驱替压差变化。为观测暂堵剂在岩心中的赋存状态，用劈裂岩心进行实验，实验后打开裂缝可观测降滤失剂分布。粉陶为100目，酸液为胶凝酸。图6.37为驱替后的照片，驱替后形成了蚓孔，粉陶在蚓孔中清晰可见。图6.38为粉陶加量对驱替压差的影响：不加粉陶，驱替压差很低，蚓孔快速突破；随粉陶量增加，驱替压差明显增加，突破时间变长，驱替压差超过4MPa，有明显降滤效果。

(a) 粉陶　　　　　(b) 实验岩心　　　　　(c) 实验后岩心剖面

图6.37　粉陶及岩心实验前后照片

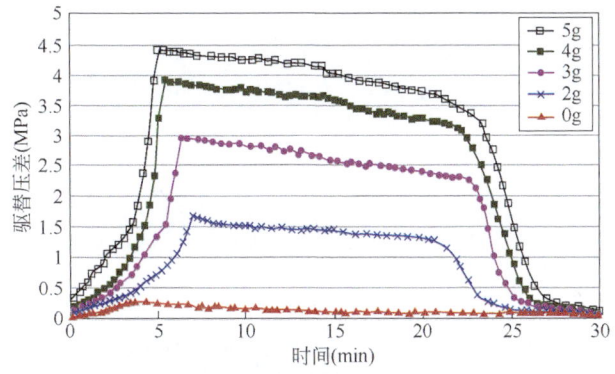

图6.38　粉陶加量对驱替压差的影响

图6.39对比了各种降滤失剂的降滤效果，5mm可降解纤维的驱替压差最高，能保持超过8MPa的驱替压差20min左右，几种暂堵剂均有明显降滤效果。

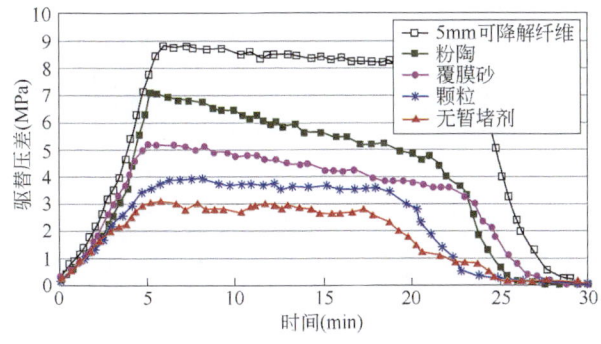

图6.39　各种暂堵剂降滤效果对比

### 6.3.3.3 多级交替注入降低酸液滤失

多级交替注入是常用的酸压工艺。室内无法评价多级交替注入降低酸液滤失的效果，因为实验岩心较短，酸蚀蚓孔突破后，液体无法堵塞蚓孔。可通过数值模拟方式评价多级交替注入的降滤效果。Mou等（2015）建立了多级交替注入酸压滤失模型，本质是通过数学模型跟踪酸液流动、酸岩反应、多种液体分布（黏度）、油藏流体流动来计算滤失。图6.40为多级交替注入示意图，每一段液体为一级。

图6.40 多级交替注入示意图

黏度分布与流场相互影响，流场决定流体分布，从而决定黏度分布，反过来黏度分布又影响流场。图6.41显示了不同时间（每级结束的时刻）下黏度分

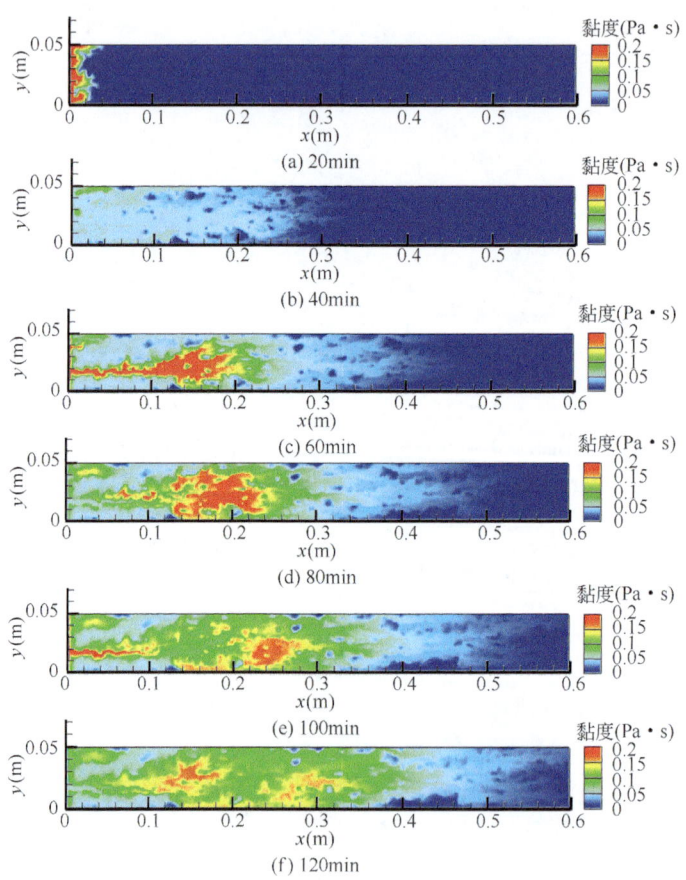

图6.41 六级交替注入时的黏度分布

布,为六级注入,即三段压裂液、三段酸液。图 6.41(a) 为注完第一段压裂液时的黏度分布,压裂液黏度较高,滤失速度较低,侵入深度较浅。图 6.41(b) 为注完第一段酸液时的黏度分布,酸液黏度较低,酸岩反应去除压裂液形成的滤饼,酸溶蚀生成蚓孔,滤失急剧增加,侵入带深度增长较快。图 6.41(c) 注入第二段压裂液时,液体只沿蚓孔流动,观察到明显的高黏区域,与蚓孔位置对应;蚓孔前端为孔隙介质,压裂液分散开来。图 6.41(c) 至图 6.41(f) 表明黏度分布呈区域分布,蚓孔前端有两个高黏区域,为第三级和第五级压裂液形成,第一级压裂液被酸液分散,这是需要多级交替注入的原因,前置注入的压裂液由于酸岩反应被穿越而降低降滤失效果。由于蚓孔前端有多个高黏区域,渗流阻力大大增加,从而降低了酸液滤失。虽然蚓孔中充满高黏压裂液,由于蚓孔渗流阻力很小,蚓孔中的压裂液增加流动阻力作用较小,蚓孔前端的高黏区域是增加渗流阻力的关键。

图 6.42 模拟了多级交替注入级数对酸液滤失的影响,各组模拟总的酸液滤失时间相同。仅注入酸液时,酸液滤失远远高于交替注入时的酸液滤失量。交替注入时,酸液滤失随较注入级数增加而降低;当注入级数达到 6 级后,酸液滤失量变化较小。考虑现场可操作性,6 级左右即可。

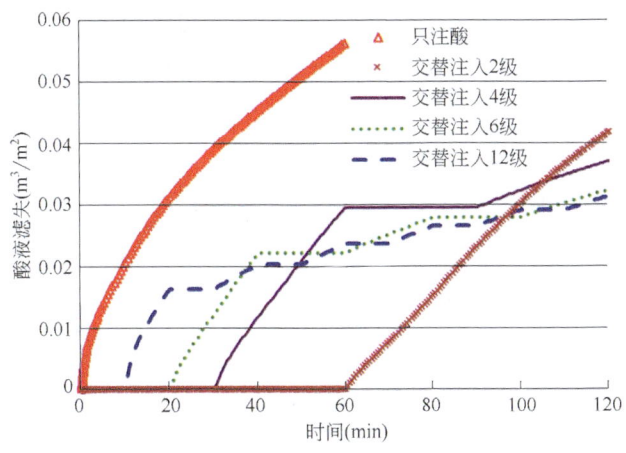

图 6.42 交替注入级数对酸液滤失的影响

### 6.3.3.4 前置注入大量滑溜水降低酸液滤失

塔里木盆地缝洞型碳酸盐岩油藏采用前置注入大量滑溜水降低酸液滤失工艺,大量前置注入滑溜水还有冷却裂缝表面、降低酸岩反应速度的作用。降滤失的原理是通过大量注入滑溜水,补充地层能量,提高裂缝附近地层压力,降低酸液滤失压差,从而降低酸液滤失。Mou 等(2016)建立了裂缝型储层酸压滑溜水+酸液滤失数学模型,分析了滤失规律、滑溜水用量对酸液滤失的影响。

图 6.43 显示前置注入滑溜水时间为 0h、2h、4h、7h 的滤失量随时间变化，此滤失量为滑溜水加酸液滤失量总和，曲线拐弯的地方为酸液滤失开始时间。滑溜水注入阶段，没有酸岩反应，滤失规律为非反应性液体滤失规律。酸液滤失阶段，酸岩反应减少了渗流阻力，滤失量显著增加，在滤失曲线上出现明显拐点，拐点前是滑溜水滤失量，拐点后为酸液滤失。酸液滤失时间定为 2h，总注入时间随滑溜水注入时间而变化。当不注入滑溜水时，滤失曲线只反映酸液滤失规律，如图 6.43 所示，一开始滤失增加很快，后来增长速度放缓，因为到后期油藏压缩性影响明显。在酸液滤失中，主天然裂缝主导滤失，通过微裂缝与基质的滤失酸液比例较小。当顺序注入滑溜水和酸液时，在滑溜水注入阶段，滤失量增长较慢；注入酸液阶段，滤失量陡然增加。滑溜水注入时间越长，裂缝附近压力上升越高，降低了酸液滤失压差，酸液滤失量增长越缓慢。

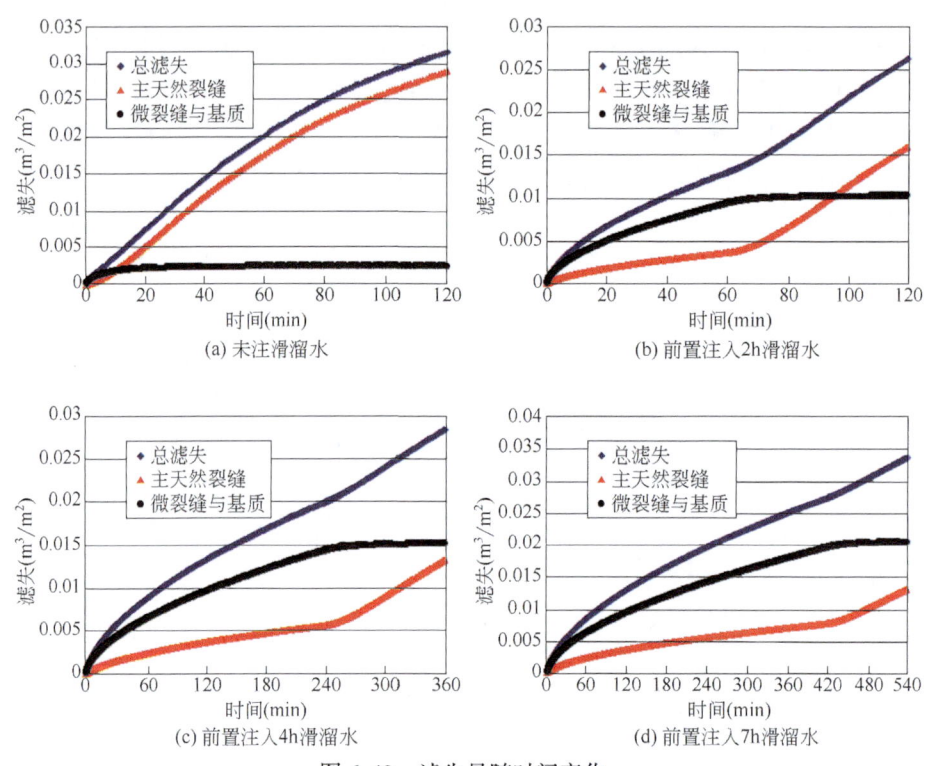

图 6.43 滤失量随时间变化

图 6.44 为酸液滤失量随滑溜水注入时间的变化。当滑溜水注入时间较短时，酸液滤失量随滑溜水注入时间增加而降低很快；注入一定时间后，降低幅度明显减缓。该图表明，曲线拐点在 150min 左右，通过该曲线可优化滑溜水注入量。

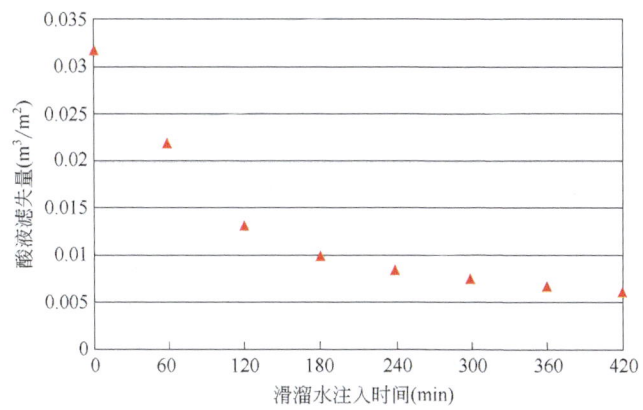

图 6.44 滑溜水注入时间对酸液滤失量的影响

## 6.4 酸液体系

酸液体系是酸压中最重要的材料，酸液体系性能一定程度上决定酸压效果，可供选择的酸液体系是酸压工艺选择的基础。本节对酸液体系类型、酸液体系性能指标、相关实验进行介绍。

### 6.4.1 酸液体系分类

酸压中，酸液体系的作用是扩展裂缝，溶蚀裂缝表面，形成粗糙裂缝表面。酸压后液体破胶返排，不对地层产生负面影响。对酸液体系的要求为：

（1）黏度不能太低，否则滤失严重，反应速度过快，造缝能力弱，作用距离短；黏度过高又影响破胶，伤害地层。

（2）适度增黏，保持一定黏度既能降低滤失，又是很好的缓速方法。

（3）为增加活酸作用距离，需要缓速，但不宜过度缓速，因为在施工时间内，需要足够岩溶量才能获得较高导流能力。

（4）表面反应速度较快，总体反应速度受传质控制，缓速主要从传质方面做工作。

（5）用量大，需考虑成本问题。

酸压使用的酸液体系包括 HCl 体系、固体酸和自生酸体系，由于酸液用量较大，考虑到成本和效果问题，主要使用 HCl 体系。HCl 体系一般由 15%~28% HCl+添加剂组成，常规盐酸由于酸岩反应速度快和滤失严重不满足酸压要求，所以 HCl 体系是 HCl 增黏的酸液体系，既增加黏度，又降低反应速度。

#### 6.4.1.1 HCl 体系

（1）稠化酸，又称为胶凝酸，由 HCl、稠化剂和添加剂配制而成。稠化剂为高分子聚合物，如工业合成的聚合物聚丙烯酰胺。胶凝酸黏度一般 50mPa·s 以下，用玻璃棒挑挂具有明显的拉丝现象，但无法完全挑挂。由于胶凝酸具有比普通盐酸高得多的黏度，所以具有较好的缓速性能（显著降低氢离子传质速度）、降滤性能。同时胶凝酸与清水比具有显著的降阻性能，摩阻约为清水的 40%~60%，可满足深井、大排量施工要求。胶凝酸在地层温度条件下经过一定时间自动破胶，便于返排，因此现场使用较广泛。

（2）交联酸，又称为冻胶酸，由 HCl、稠化剂、交联剂以及添加剂配制而成。交联剂通过与稠化剂高分子链上某些基团作用形成空间网络结构，获得类似于果冻的高黏酸液，室温条件下能完全挑挂，黏度可达几百毫帕·秒。由于黏度高，交联酸具有较好的缓速、降滤和耐温性能，使用较广泛（伊向艺，2006）。交联酸分为地面交联酸和地下交联酸（顾名思义就是交联发生在地面还是地下）。由于酸液流动、反应发生在地层裂缝中，只要裂缝中酸液发生交联，黏度达到需求即可，地下交联酸是在地下进入裂缝前发生交联。地面交联酸是酸液进入高压管线或井筒后交联，地面用稠化剂配置成基液，泵注时再混入交联剂。地面泵液管线分为低压管线和高压管线，液体通过低压管线吸入管汇，再进入泵车，经过泵车加压后进入高压管汇，高压液体然后进入井筒。如果进入泵车前交联，则黏度太高，吸入困难。由于交联酸黏度高，能携带支撑剂，利用酸压和水力压裂的优点，出现了交联酸携砂酸压工艺（伊向艺等，2014；罗云等，2008）。交联酸需要通过破胶剂破胶，保证破胶返排效果，否则会造成储层伤害。

（3）变黏酸，即酸液黏度随条件改变，分为两大类：聚合物类和表面活性剂类（郑云川等，2002）。聚合物类变黏酸是通过控制聚合物交联来实现变黏，控制条件为 pH 值或温度（吴兴国等，2005），pH 升高或温度升高，触发交联，形成交联酸，黏度急剧增加，在合适的 pH 值、温度条件下又破胶，降低黏度，利于返排。变黏酸鲜酸黏度较低，便于注入，当进入裂缝中反应后，黏度升高，有利于降低滤失，或暂堵高渗带实现均匀布酸。表面活性剂类变黏酸为 VES 变黏酸（与前面碳酸盐岩基质酸化里的 VES 酸为同一类），通过 pH、阳离子浓度、VES 浓度控制形成棒状胶束来控制黏度。VES 鲜酸酸液黏度较低，易于注入，残酸黏度较高，有暂堵、均匀布酸的功能。但是，VES 酸液鲜酸黏度低，滤失大、反应速度快，作用距离有限，在酸压中应用较少，由于具有较好的清洁性能和均匀布酸功能，在基质酸化中应用较多。

（4）泡沫酸，是酸液与气体在起泡剂作用下，形成稳定的细小气泡和液滴分散体（谯天杰等，2003）。泡沫酸始于 20 世纪 70 年代，泡沫干度大致 60%~90%

(泡沫干度是泡沫中气体体积与泡沫总体积之比)。泡沫酸的优点是具有较好的缓速、降滤、返排、防水敏效果,气泡、液滴分散分布,气泡起到隔离酸液的作用,具有较好的缓速作用;泡沫具有较高流动阻力,降滤失效果较好;泡沫升温膨胀,有利于返排;泡沫携带能力强,利于将不反应微粒带到地面;泡沫酸含液体少,对低压水敏气藏具有适应性;泡沫在孔隙介质中渗流阻力较高,用于基质酸化中具有较好的均匀布酸效果。泡沫酸缺点是密度低,静液柱压力较低,对于深井、施工压力高的地层适应性较差,一般用于2500m以内的地层,现场需要液氮、泡沫发生器等设备,使用受到一定限制;耐温较低,不适用于高温地层。

(5) 乳化酸。乳化酸是酸液与油相通过乳化剂形成油包酸或酸包油的乳液 (冯英, 2004), 油包酸较多, 外相为原油、煤油、柴油或烃类。为配制油包酸型乳液, 需选用 "HLB" 值 (亲水亲油平衡值) 为 3~6 的表面活性剂作为 W/O 型乳化剂, 如酰胺类 (烷基酰胺)、胺盐类 (十二烷基苯磺酸胺)、酯类 (山梨糖醇甘油酸酯, span80) 等。乳化剂吸附在油相和酸液界面上形成韧性薄膜, 可防止酸滴聚结而破乳。乳液要求稳定, 所以乳化剂类型及用量、油酸体积比应根据地层条件, 通过实验方法确定。国内外乳化剂用量常用 0.1%~1%, 油酸体积比为 1:9~1:1, 常用比例为 3:7。乳化酸黏度较高, 可达几百毫帕·秒, 具有较好的降滤、造缝、缓速功能。油包酸乳液具有非常好的缓速性能, 乳液液滴较小, 酸液分散包裹, 阻止了酸液与岩石接触, 只有升温破乳, 或液体通过较小尺寸的孔道, 油膜被挤破而破乳时, 酸液才能接触岩石发生反应。乳化酸除了缓速功能, 还具有缓蚀功能, 酸液不与金属设备直接接触, 能很好地解决防腐问题, 但现场使用时为保险起见, 一般仍在酸液中加入适量缓蚀剂。乳化酸的主要问题在于摩阻较大, 比普通酸高出 20% 以上, 在深井、排量要求高的井中使用受限, 为此, 施工时可用 "水环" 法降低油管摩阻, 以提高排量。另外乳化酸用到油, 需考虑安全性问题。

(6) 化学缓速酸, 该体系在酸中加入化学缓速剂, 来达到降低反应速度的目的, 比如在酸中加入一种特殊的表面活性剂, 该表面活性剂与岩石表面具有比酸更强的亲和性, 吸附在岩石表面, 延缓酸液与岩石接触, 或形成油湿性表面, 从而起到缓速作用。还有一种表面活性剂能与反应生成的二氧化碳形成泡沫, 泡沫起到隔离酸液与岩石表面的作用, 从而起到缓速作用 (Crowe 等, 1990)。

#### 6.4.1.2 固体酸

固体酸是以固体形态存在的酸。

(1) 粉末酸。氨基磺酸和氯乙酸为白色粉末状晶体 (Williams 等, 1979), 便于运输、储存, 腐蚀性小, 易溶于水。其水溶液在 60℃ 以下不水解, 60℃ 以上开始缓慢水解, 70℃ 以上开始明显水解。水解反应放缓了酸液供应速度, 具有缓速功能, 不利之处在于可能生成硫酸钙沉淀 (邓亚平, 1985)。氨基磺酸在

82.2℃（180℉）分解，推荐用于温度低于 71.1℃（160℉）的地层。氯乙酸比氨基磺酸更稳定，酸性更强。粉末酸用液体携带入裂缝中，逐渐释放酸液，具有缓速、增加活酸作用距离的功能。

（2）将酸（比如硝酸）固化成颗粒，用非反应性流体携带固体酸颗粒进入裂缝中，固体酸颗粒沉降或悬浮于裂缝中。注完固体酸后，再注入释放液，固体酸与释放液接触，溶解并释放大量氢离子，在裂缝壁面反应形成非均匀刻蚀。固体酸用于增加活酸作用距离，实现深穿透（王绍先等，2008；赵立强等，2004）。

#### 6.4.1.3 自生酸体系

为增加活酸作用距离，人们研制了自生酸体系。该体系用两种物质（A 剂和 B 剂）混合在裂缝中升温逐渐生成氢离子，具有延迟释放功能，主要目的是实现深穿透，达到 HCl 体系作用不到的范围。自生酸的基本原理是甲醛或聚甲醛与氯化铵反应生成盐酸（王洋等，2016）。自生酸为了降低滤失、增加作用距离，也需要增稠，常用黄原胶增稠。图 6.45 为自生酸导流能力评价实验，高温条件下自生酸生酸强度较高，酸蚀裂缝导流能力较高，高于交联酸，低于胶凝酸。

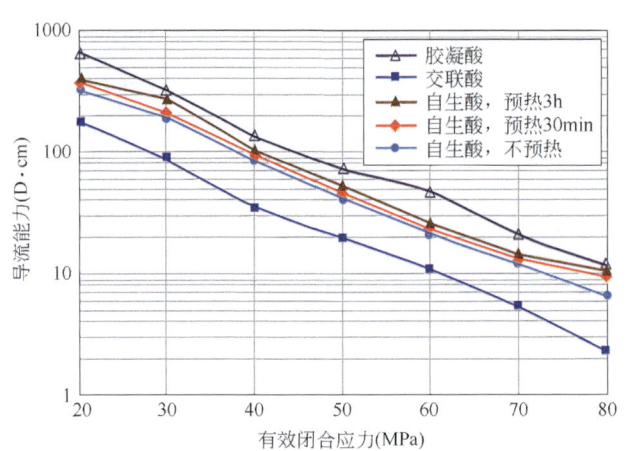

图 6.45　自生酸与常规酸导流能力对比（60min 酸岩接触时间）

表 6.11 总结了目前主要的酸液体系的大致性能及特征，这些参数指标会随技术发展而改变。

表 6.11　主要酸液体系大致性能及特征

| 序号 | 酸液类型 | 大致耐温和典型黏度 | 备注 |
| --- | --- | --- | --- |
| 1 | 胶凝酸 | 160~180℃，50mPa·s 以下 | 缓速、降阻、降滤、伤害低，最常用 |
| 2 | 交联酸 | 160℃，黏度可高于 200mPa·s | 缓速、降滤，破胶不好容易伤害储层 |

续表

| 序号 | 酸液类型 | 大致耐温和典型黏度 | 备注 |
|---|---|---|---|
| 3 | 乳化酸 | 140℃，40mPa·s 以下 | 缓速，摩阻较高，裂缝性储层基质酸化应用较多；配制较复杂，存在一定风险 |
| 4 | 自生酸 | 90~160℃，生酸强度达到 12%~15% 左右 | 缓慢释放，增加酸蚀作用距离 |
| 5 | 泡沫酸 | 90~120℃，黏度较低 | 缓速，降滤，返排较快，摩阻较高，静液柱压力低，干度较高，低压水敏性储层基质酸化使用较多 |
| 6 | VES 变黏酸 | 120℃，残酸黏度可高于 200mPa·s | 鲜酸黏度低，残酸黏度高，基质分流酸化使用较多 |
| 7 | 聚合物变黏酸 | 150℃，黏度可高于 200mPa·s | 酸浓度、温度控制交联 |

为增加活酸作用距离，酸液体系都会缓速，缓速方式包括使用化学缓速剂、乳化、泡沫、增黏、有机酸，还有注入前置液降温。

酸液体系里除了酸还有很多添加剂，增加酸液黏度的添加剂是主要添加剂，比如稠化剂、交联剂（有时这两种又称为主剂），其他添加剂主要包括缓蚀剂、助排剂、铁离子稳定剂、防膨剂等，添加剂介绍参见 4.3.4 节。

## 6.4.2 酸液体系评价

酸液体系综合性能是酸液体系优选的依据。酸液体系优选需要进行一系列评价实验测试，酸液体系评价实验是酸压基础实验之一，评价实验针对一些性能指标开展。HCl 体系主要性能指标包括：

（1）酸岩反应速度：酸岩反应动力学参数（表面反应速度）、传质速度或氢离子扩散系数。

（2）酸蚀裂缝导流能力。酸蚀裂缝导流能力除了受酸液体系影响外，还取决于储层物性。

（3）流变性能（耐温、耐剪切）。

（4）破胶返排性能。

（5）与地层配伍性能。

自生酸体系评价指标主要包括生酸强度、生酸规律（酸浓度随温度、时间变化规律）、酸蚀裂缝导流能力、与地层配伍性能等。

### 6.4.2.1 酸岩反应速度

酸岩总体反应速度由表面反应速度和传质速度决定。中高温条件下，碳酸盐岩与 $H^+$ 表面反应速度快，总体反应速度基本受传质速度控制，测量酸液传质速度更有意义。传质速度由传质系数或氢离子扩散系数表征。

酸岩反应动力学参数（表面反应速度）、氢离子扩散系数测量参见第 3 章。知道浓度梯度时，用氢离子扩散系数计算传质速度；只有酸液平均浓度时，则用传质系数计算传质速度。传质系数与流动条件有关，由于酸压中酸液在裂缝中流动，在 6.2 节中的酸蚀裂缝导流能力实验中讲述过一种测量传质系数的方法。酸岩反应速度用旋转圆盘仪测量高黏酸液时误差较大，通过酸蚀裂缝导流能力实验获得的参数更能反映实际条件下的反应速度。李沁（2013）进行了高黏酸液传质系数研究，建立了基于黏度、缝宽的传质系数模型。

#### 6.4.2.2 流变性能

酸液流变性能采用耐酸流变仪进行测量，主要步骤为：

(1) 酸液配制。以常用的胶凝酸和交联酸为例进行说明。胶凝酸配制过程中，首先检测增稠剂的溶胀性能、增稠性能，边搅拌边添加稠化剂，间隔一定时间用玻璃棒挑挂检测稠化剂增稠情况，观察拉丝现象，好的稠化剂溶胀充分，拉丝现象明显。交联酸先配制增稠剂基液，观察基液性能，再加交联剂，观察交联性能。交联酸的重要指标之一是交联时间，交联时间一般几分钟，太长、太短均不好。如交联时间太短，现场施工时进入高压管线之前交联，泵注困难；如交联时间太长，进入裂缝中黏度未达黏度要求，影响酸压效果。图 6.46 为胶凝酸、交联酸配制过程中挑挂照片，胶凝酸拉丝现象明显，逐渐回落至烧杯中；交联酸黏度较高，室温条件下可完全挑挂，不掉落。

(a) 胶凝酸　　　　　　　　(b) 交联酸

图 6.46　胶凝酸、交联酸挑挂照片

(2) 流变测试。酸液配制好后，用耐酸流变仪测试在指定温度、剪切速率下（裂缝中、井筒中的剪切速率，常用 $100s^{-1}$ 或 $170s^{-1}$）的黏度，流变曲线如图 6.47、图 6.48 所示，温度逐渐升高到设定温度，黏度随升温和剪切逐渐降低，逐渐趋于稳定，一般黏度稳定段测定 60min 以上，稳定黏度视为酸液黏度，通过黏温曲线判断酸液耐温性能、耐剪切性能以及有效黏度。图 6.49 为温控变黏酸流变曲线，当温度达到一定值，触发交联，黏度大幅增加。

#### 6.4.2.3 破胶返排性能

施工完毕，酸液破胶返排，增加返排率，减少对储层的污染。破胶返排性能

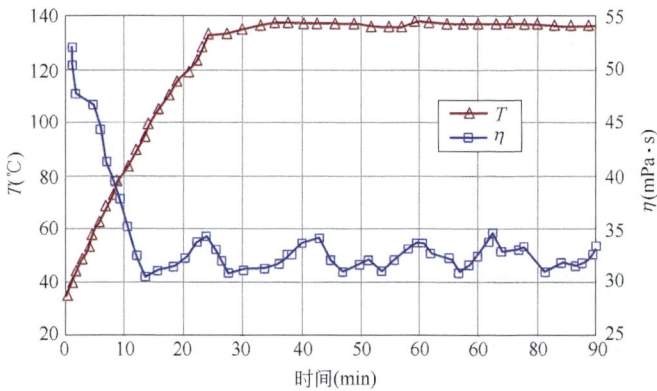

图 6.47 胶凝酸流变曲线

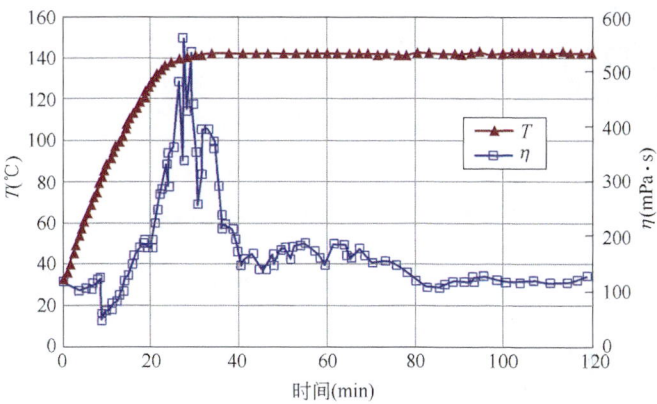

图 6.48 交联酸流变曲线

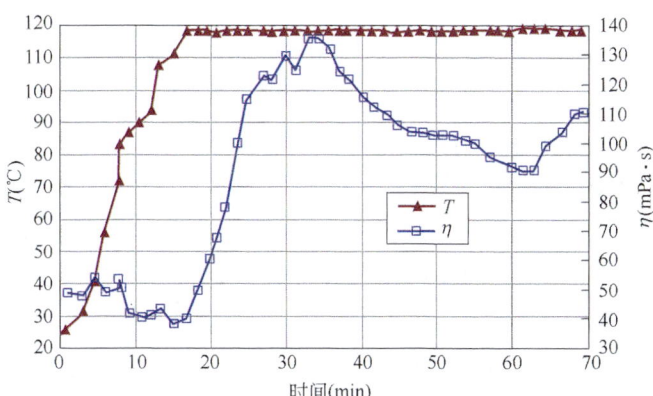

图 6.49 变黏酸流变曲线

通过破胶返排实验来评价，主要评价两方面：残酸破胶后的黏度和表面张力。交联酸加破胶剂在储层温度下破胶，胶凝酸在储层温度下不加破胶剂破胶，破胶后用流变仪测量黏度，如图 6.50、图 6.51 所示，要求破胶后黏度低于 5mPa·s，表面张力一般二十多毫牛/米。

图 6.50　胶凝酸破胶后照片

#### 6.4.2.4　与地层配伍性能

残酸与地层配伍性能是指破胶残酸对地层的伤害程度，伤害率较低，说明与地层配伍性好，反之，则与地层配伍性不好。增黏酸液含有聚合物，残酸通常对地层有一定伤害，只要伤害率在一定范围（比如十几个百分点以下），伤害对产能影响较小；如伤害率较高，则需要优选酸液体系，降低残酸伤害。残酸所在位置不同，则伤害产生的影响不同，依据所在位置，分为残酸对基质的伤害、残酸对微裂缝的伤害、残酸对酸蚀裂缝导流能力的伤害。

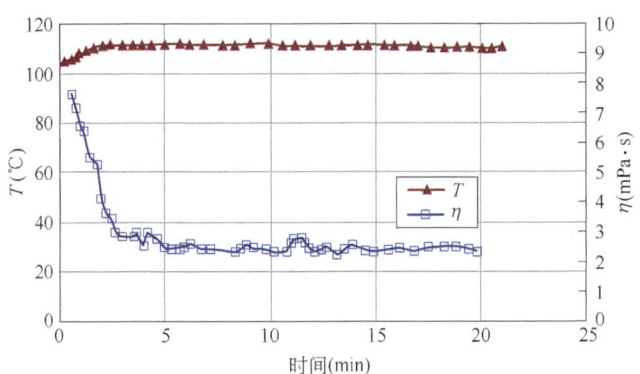

图 6.51　胶凝酸破胶后流变曲线

**1. 残酸对基质的伤害**

基质伤害实验测试过程主要为：（1）配制破胶残酸；（2）测试岩心渗透率；（3）岩心残酸伤害；（4）岩心反向盐水驱替；（5）测试伤害后渗透率，计算伤害率，对比污染前后渗透率的变化评价残酸对地层的伤害程度。表 6.12 显示了一种胶凝酸残酸伤害实验结果。由于残酸含聚合物、杂质，对岩心有一定伤害，十几个百分点的伤害率属于常见数据。伤害率与岩心渗透率有关，渗透率越高，反向驱替时聚合物容易驱出，伤害率越低；反之，伤害率越高。注意，需用无反应活性的残酸进行实验，如有反应活性，碳酸盐岩反应会增加渗透性能，反映不出残酸的伤害。

**表 6.12 胶凝酸残酸伤害测试结果**

| 岩心编号 | 污染前渗透率（mD） | 污染后渗透率（mD） | 伤害率（%） |
|---|---|---|---|
| 1 | 2.79 | 2.26 | 19.56 |
| 2 | 4.59 | 3.70 | 17.72 |
| 3 | 1.33 | 1.09 | 19.36 |
| 4 | 5.46 | 4.44 | 18.21 |

残酸伤害对孔隙内部带来的变化可用 CT 扫描观察，如图 6.52、图 6.53 所示，从左到右分别为岩心入口、中间、出口位置，岩心长度 5cm，入口、中间处孔隙变化较明显，出口处孔隙无明显变化。该岩心较致密，渗透率 0.38mD，虽然污染程度较严重，但侵入深度较浅。

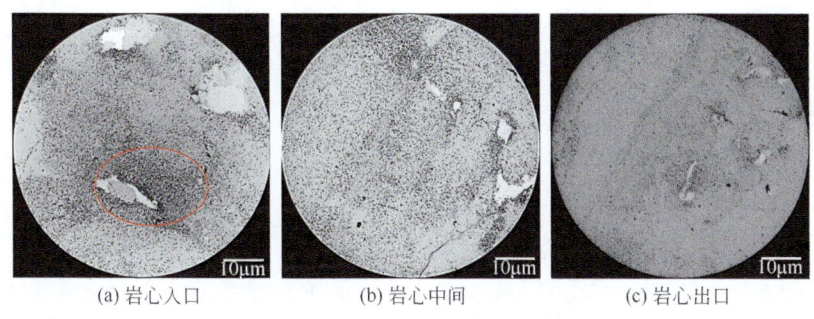

图 6.52 伤害前岩心电镜扫描照片

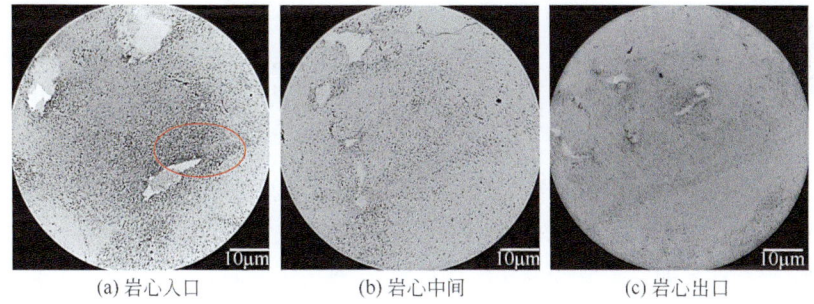

图 6.53 伤害后岩心电镜扫描照片

**2. 残酸对微裂缝的伤害**

碳酸盐岩储层常发育天然裂缝，天然裂缝往往是重要渗流通道，残酸能通过天然裂缝进入较深部位。用带天然裂缝的岩心或人工劈裂的岩心进行残酸伤害实验，可以判断残酸对微裂缝的伤害程度。先测渗透率，再进行残酸污染，再用盐水反向驱替，再测伤害后渗透率。微裂缝渗透率较高，反向驱替时，部分残酸能驱替出来，部分残酸滞留裂缝里，导致渗透率下降。图 6.54、表 6.13 显示了一种胶凝酸残酸天然裂缝伤害实验结果，伤害率超过 10%，残酸对天然裂缝造成的伤害率较低。

(a) 伤害前　　　　　　　　(b) 伤害后

图 6.54　劈裂岩心残酸伤害前后照片

表 6.13　天然裂缝残酸伤害测试结果

| 岩心编号 | 伤害前渗透率（mD） | 伤害后渗透率（mD） | 残酸伤害率（%） |
|---|---|---|---|
| 1 | 2.43 | 2.2 | 18.57 |
| 2 | 4.36 | 4.16 | 14.53 |
| 3 | 30 | 29.47 | 11.76 |

3. 残酸对酸蚀裂缝导流能力的伤害

残酸对酸蚀裂缝导流能力可能造成伤害，酸蚀裂缝导流能力严重依赖于闭合应力，测残酸对导流能力的伤害时，需选择接近地层条件下的有效闭合应力，低闭合应力下的残酸伤害不测，由于导流能力很高，反向驱替时残酸被驱替出裂缝，体现不出残酸污染。测试步骤为：（1）对岩板进行酸液驱替；（2）施加一较低闭合应力（比如几兆帕）使裂缝闭合，注入残酸污染；（3）施加储层条件下的闭合应力，用盐水进行反向驱替，达到稳定后测裂缝导流能力；（4）测试对比组酸蚀裂缝导流能力（其他条件相同，无残酸污染），对比污染对导流能力的影响。表 6.14、图 6.55 为残酸伤害实验结果，酸岩接触时间为 60min，由于酸蚀裂缝导流能力较高，残酸破胶效果较好，残酸对导流能力影响较小，因为反向驱替时残酸容易驱出。

表 6.14　残酸伤害测试结果

| 编号 | 酸岩接触时间（min） | 岩溶量（g） | 有效闭合应力（MPa） | | | | | | |
|---|---|---|---|---|---|---|---|---|---|
| | | | 10 | 20 | 30 | 40 | 45 | 50 | 60 |
| | | | 酸蚀裂缝导流能力（D·cm） | | | | | | |
| 1 | 60 | 56.2 | 1478.4 | 630.6 | 335.7 | 131.3 | 94.7 | 56.5 | 31.8 |
| 2 | 60 | 52.2 | — | — | 350.8 | 140.2 | 85.5 | 51.6 | — |
| 3 | 60 | 53.7 | — | — | 310.6 | 125.7 | 80.6 | 50.8 | — |

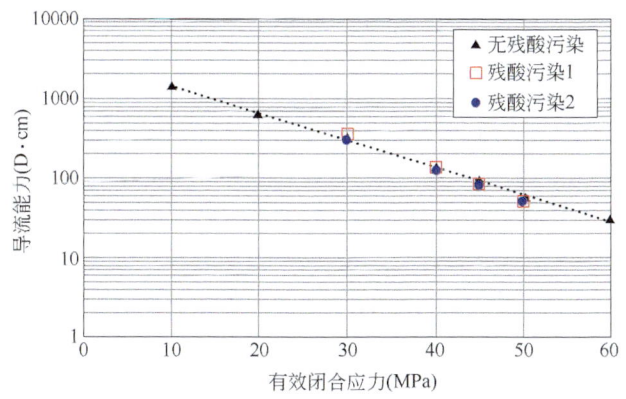

图 6.55 残酸污染对导流能力的影响

#### 6.4.2.5 酸液体系综合性能

酸液体系除了增稠剂外，还有其他添加剂，优选酸液体系时，除了优选主剂外，还要优选其他添加剂及加量，添加剂参见 4.3.4 节。通过实验优选出每种单剂加量后，将所选的添加剂与酸液复配，测试相互之间的配伍性，配制成完整的酸液体系后，再进行各项指标测试。

## 6.5 酸压工艺

目前主要酸压工艺有：前置液酸压工艺、多级交替注入工艺、多级交替注入+闭合酸化工艺、闭合酸化工艺、平衡酸压工艺、超大规模酸压工艺、复合酸压工艺（多种降低滤失和缓速工艺复合）、体积酸压工艺、分段（分层）酸压工艺、暂堵转向酸压（压裂）工艺等。

在进行酸压设计时，需要进行酸压工艺优选。工艺没有先进与否之分，只有是否适合目标储层之分。每个储层都有自身特点，所面临的问题不同，因此要根据储层特点和要解决的问题进行工艺优选。某一地区的改造经验可为另一个地区提供借鉴，具体到一个储层，需要具体问题具体分析，虽然工艺大的方面类似，但其工艺细节与参数因井层而异。下面介绍各种酸压工艺的主要特征。

（1）前置液酸压工艺。该工艺注入顺序为前置液+酸液+顶替液，前置液用于造缝、降温、降低酸液滤失。该工艺希望利用压裂液和酸液黏度差异形成黏性指进和酸蚀沟槽，一般认为低黏液体驱替高黏液体，黏度差异 50mP·s 以上可造成黏性指进，但是，形成酸蚀裂缝导流能力需要局部非均质性，尺度较大的沟槽在高闭合应力下会闭合，这种黏性指进对导流能力贡献有限。该工艺早期使用较多，后被多级交替注入工艺取代。

(2) 多级交替注入工艺。多级交替注入工艺由前置液酸压工艺发展而来，其注入顺序为压裂液+酸液+…+压裂液+酸液+顶替液，该工艺是主流深度酸压工艺，利用压裂液与酸液黏性差异、压裂液对蚓孔的填充作用，降低酸液滤失，增加活酸作用距离。多级交替注入工艺由 Coulter 等于 1976 首次提出，20 世纪 80 年代中期开始得到较为广泛的应用，20 世纪 90 年代成为实现深度酸压的主流工艺。目前该工艺应用较多，随着酸压难度越来越大，一次酸压改造用到多种液体组合，通过交替注入增加有效酸蚀缝长。多级交替注入工艺除了降低酸液滤失、降低酸岩反应速度外，还会影响酸蚀裂缝表面形态，非反应性液体反复覆盖裂缝表面，从而影响酸液在裂缝表面的溶蚀形态。该工艺适用于高温和滤失较严重的地层。

(3) 多级交替注入+闭合酸化工艺。多级交替注入完毕后，降低排量，让裂缝在闭合状态下低排量注入酸液，利用前面形成的粗糙酸蚀裂缝表面，通过宽窄缝隙竞争吸酸，加剧裂缝表面非均匀刻蚀，增加近井裂缝导流能力。裂缝闭合状态下酸液流速较慢，酸液消耗速度较快，活酸作用距离有限。

(4) 闭合酸化工艺。在软地层（如白垩层）、均质地层酸压中，较难获得足够的裂缝导流能力，或导流能力在高闭合应力下较低，闭合酸化工艺可增加这类储层裂缝导流能力。该工艺顺序为先压开地层，裂缝到达一定距离后，让裂缝闭合，在低于裂缝开启压力下注入酸液，形成非均匀刻蚀，获得裂缝导流能力。闭合状态下裂缝竞争吸酸，加剧溶蚀差异，形成沟槽，沟槽在地层闭合应力下不闭合，从而获得导流能力。该工艺的缺点是，注入排量较低，活酸作用距离有限。

(5) 平衡酸压工艺。对于有气顶、底水的储层，不希望裂缝高度过度延伸沟通气顶或底水；对于低温白云岩致密储层，需要更长的酸岩接触时间来增加导流能力，但又不希望裂缝过度延伸，这类储层可采用平衡酸压工艺。平衡酸压工艺的原理是，在形成预期尺寸的裂缝后，在低于裂缝延伸压力而高于裂缝闭合压力条件下注入酸液，即保持酸液注入量与酸液滤失和反应量之间平衡，使得裂缝既不闭合又不延伸，通过延长酸液与裂缝壁面接触时间，保证裂缝壁面上有足够岩溶量，目的是增加刻蚀程度，提高裂缝导流能力，控制裂缝尺寸。该工艺设计的要点为：①选择施工参数，形成预期裂缝尺寸；②平衡设计，保持注入量与滤失量间平衡，或保持井底压力在裂缝延伸压力之下、闭合应力之上。

(6) 超大规模酸压工艺。对于深层、高温裂缝型碳酸盐岩油藏，需要大型改造才能获得经济产能，但是严重的酸液滤失、快速的酸岩反应限制了活酸作用距离。针对这类储层，发展了超大规模酸压工艺，顺序注入滑溜水+酸液+过顶替液。通过前置注入大量滑溜水（2000~3000$m^3$ 以上），冷却裂缝，降低酸岩反应速度,增加裂缝附近地层压力,降低酸液滤失压差,从而降低酸液滤失;酸液用量较大,增加酸蚀缝长;过量顶替,将近井带鲜酸顶入裂缝远端,增加酸蚀缝长。滑溜水还有补充地层能量、置换原油的作用,该工艺在塔里木盆地使用较多。

(7) 复合酸压工艺。为充分利用各种工艺的优势,各种工艺可以复合使用,旨在降低酸液滤失和酸岩反应速度,增加有效酸蚀缝长,增加油气藏接触体积。低渗碳酸盐岩油气藏改造需要造长缝,若微裂缝发育,酸液滤失严重,需要降酸液滤失;地层温度高,酸岩反应速度快,需降低酸岩反应速度;闭合应力高,导流能力较低,需增加裂缝导流能力。复合工艺可从三方面组合:不同液体体系复合、酸压与水力加砂压裂工艺复合、高能气体压裂与酸压工艺复合等。

(8) 体积酸压工艺。对于致密碳酸盐岩,如存在形成复杂裂缝的条件,利用天然裂缝、层理、低水平主应力差地质条件,采用低黏酸液、大排量施工方式,形成复杂裂缝,提高缝控体积。

(9) 分段(分层)酸压工艺。对于垂向上有多层或水平井酸压,需要进行分层(段)改造,跟分层(段)有关的工艺称之为分段(分层)酸压工艺,参见6.8节。

(10) 暂堵转向酸压(压裂)工艺。该工艺也适用于水力压裂。致密储层改造中,期望获得更复杂裂缝,或使裂缝延伸到一定距离后转向别的方向,增加油气藏接触体积,可通过缝内暂堵方式阻止裂缝进一步向前扩展,增加施工净压力,开启天然裂缝,使裂缝向其他方向延伸,增加裂缝复杂程度。直井多层改造中,通过缝口暂堵实现分层改造,或段内多薄层通过暂堵压开各小层。水平井改造中,可通过缝口暂堵实现分段改造,或段内多簇射孔通过暂堵实现各簇起裂扩展。暂堵转向工艺参见6.9节。

## 6.6 酸压模拟

酸压施工设计或较大尺度缝内酸液流动反应规律研究依赖于酸压模拟,酸压模型是描述酸压中裂缝扩展、多种液体流动、酸岩反应、液体滤失、裂缝表面变化这个过程的一系列微分方程、本构方程、初始条件、边界条件。由于存在酸岩反应、孔隙结构变化、裂缝表面溶蚀,其建模过程比水力压裂更复杂。目前常用酸压软件是在水力压裂模拟基础上加上酸岩反应发展而来。酸压模拟中的关键点之一在于对滤失的处理,软件采用水力压裂滤失计算模型,虽然考虑了无滤饼、酸岩反应对滤失的影响,但忽略了非均质性影响,比如碳酸盐岩储层往往发育微裂缝,微裂缝对滤失影响较大,酸液滤失预测较困难。导流能力计算采用

Nierode—Kruk 模型（Nierode 和 Kruk，1973），该模型对一些储层适应性较差，计算数值可能与实际差距较大；另外在活酸作用距离预测方面，该模型不考虑裂缝宽度方向的浓度梯度，酸液消耗通过传质系数计算，传质系数与宽度有关，造成预测活酸作用距离与实际差异较大。总体而言，目前软件在裂缝扩展方面考虑较多，在酸液反应、滤失、粗糙酸蚀裂缝面、导流能力方面考虑偏少，即在滤失和决定酸压本质的非均匀刻蚀方面考虑较少。

酸压模拟可简化从两方面考虑：裂缝扩展和酸岩反应。在裂缝扩展方面，如用非反应性液体造缝，或裂缝外沿为残酸时，酸液对裂缝扩展影响较小，与水力压裂中的裂缝扩展类似，可用水力压裂裂缝扩展模型。裂缝形成后，再注入酸液，重点是酸液流动、酸岩反应、酸液滤失、裂缝表面溶蚀。活酸作用距离不取决于动态裂缝几何尺寸，而主要取决于酸液的滤失和消耗速度。裂缝扩展参见水力压裂模型，本书侧重于模拟裂缝形成后酸岩作用、酸液滤失、粗糙裂缝表面溶蚀、导流能力，预测活酸作用距离、酸蚀裂缝导流能力分布。

## 6.6.1 控制方程

酸压模拟示意图如 6.56 所示，不考虑裂缝高度变化（通过裂缝扩展模拟取平均高度），模型假设：（1）流体不可压缩；（2）牛顿流体；（3）酸岩反应不影响体积流速；（4）忽略重力影响。每个时间步求稳态流场，每步更新流场。基于物质平衡原理、酸岩反应规律推导出以下控制方程（Mou，2009）。

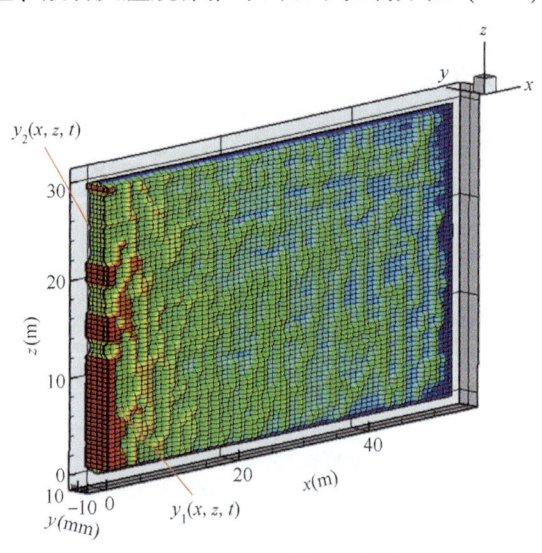

图 6.56 酸压模拟示意图

（1）Navier—Stokes 方程求解流场。

以上基于假设，求解稳态不可压缩 Navier—Stokes 方程获得流场。

质量守恒方程：

$$\nabla \cdot \boldsymbol{u} = 0 \quad (6.35)$$

动量方程：

$$\rho(\boldsymbol{u} \cdot \nabla)\boldsymbol{u} = -\nabla p + \mu(\nabla^2 \boldsymbol{u}) \quad (6.36)$$

其中

$$\boldsymbol{u} = (u_x, u_y, u_z)$$

式中，$\boldsymbol{u}$ 为速度矢量；$\rho$ 为液体黏度；$\mu$ 为黏度，由于多种液体交替注入，$\mu$ 随流体分布变化。

(2) 酸浓度分布方程。

由于 $x$ 和 $z$ 方向对流主导了酸液运移，忽略这两个方向的扩散作用，基于物质平衡原理有酸浓度方程：

$$\frac{\partial C_D}{\partial t} = -\boldsymbol{u} \nabla \cdot C_D + D_e \nabla \cdot \nabla C_D \quad (6.37)$$

其中

$$C_D = \frac{C}{C_i}$$

式中，$C_i$ 为注入酸液浓度（摩尔浓度）；$D_e$ 为氢离子有效扩散系数。

在 $x$、$z$ 方向，相对于对流运动，扩散作用较弱，可忽略，扩散作用在缝宽方向（$y$）明显。

(3) 裂缝宽度变化方程。

裂缝宽度变化方程为

$$\frac{\partial y_1(x,z,t)}{\partial t} = \frac{\beta M_{\mathrm{acid}} C_i}{\rho_r (1-\phi)} \left( \eta v_L C_D + D_e \frac{\partial C_D}{\partial y} \right) \bigg|_{y=y_1} \quad (6.38)$$

$$\frac{\partial y_2(x,z,t)}{\partial t} = \frac{\beta M_{\mathrm{acid}} C_i}{\rho_r (1-\phi)} \left( \eta v_L C_D - D_e \frac{\partial C_D}{\partial y} \right) \bigg|_{y=y_2} \quad (6.39)$$

式中，$M_{\mathrm{acid}}$ 为盐酸摩尔质量；$\eta$ 为滤失酸液进入地层前溶蚀裂缝表面的比例（Dong，2001）；$\beta$ 为酸液质量溶解力；$\rho_r$ 为岩石密度；$y_1(x,z,t)$ 和 $y_2(x,z,t)$ 为两裂缝面位置；$v_L$ 为滤失速度。

(4) 多种液体注入时，跟踪液体分布方程。

多种液体注入时，跟踪液体分布方程为

$$\frac{\partial (C_{P,i})}{\partial t} = -\nabla \cdot (\boldsymbol{u} C_{P,i}) + \frac{\partial}{\partial y}\left( D_e \frac{\partial C_{P,i}}{\partial y} \right) \quad (6.40)$$

式中，$C_{P,i}$ 为某种液体的浓度分布（0~1）。

依据液体分布计算黏度分布：

$$\mu = \sum_{i=1}^{N} C_{P,i} \mu_{P,i} \quad (6.41)$$

式中，$\mu_{P,i}$ 为某种液体的黏度；$N$ 为液体数目。

(5) 边界条件、初始条件。

边界条件：

$$\iint u_x \mathrm{d}y\mathrm{d}z \Big|_{x=0} = Q_{\mathrm{inj}} \tag{6.42}$$

$$u_y |_{y=y_1,y_2} = v_1 \tag{6.43}$$

$$u_x |_{y=y_1,y_2} = 0 \tag{6.44}$$

$$u_z |_{y=y_1,y_2} = 0 \tag{6.45}$$

$$u_x, u_y, u_z |_{z=0,H} = 0 \tag{6.46}$$

$$C_{\mathrm{D}}(0,y,z,t) = 1 \quad (\text{注酸时}) \tag{6.47}$$

$$C_{\mathrm{P},i}(0,y,z,t) = 1 \quad (\text{注某种液体时}) \tag{6.48}$$

$$\frac{\partial C_{\mathrm{D}}}{\partial z}\Big|_{z=0,H} = 0 \tag{6.49}$$

在裂缝表面上，由酸岩反应决定酸液浓度，该边界条件隐式给定（Romero 等，1998）：

$$D_e C_i \frac{\partial C_{\mathrm{D}}}{\partial y} = E_f (C_i C_{\mathrm{D}} - C_{\mathrm{eqm}})^n (1-\phi) \Big|_{y_1} \tag{6.50}$$

$$-D_e C_i \frac{\partial C_{\mathrm{D}}}{\partial y} = E_f (C_i C_{\mathrm{D}} - C_{\mathrm{eqm}})^n (1-\phi) \Big|_{y_2} \tag{6.51}$$

式中，$C_{\mathrm{eqm}}$ 为考虑可逆反应的平衡浓度，对弱酸较重要；$n$ 为反应级数；$E_f$ 为反应速度常数；$\phi$ 为孔隙度。

初始条件：

$$C_{\mathrm{D}}(x,y,z,0) = 0 \tag{6.52}$$

$$C_{\mathrm{P}}(x,y,z,0) = 0 \tag{6.53}$$

$$\mu(x,y,z,0) = \mu_r \tag{6.54}$$

$$y_1(x,z,0) = y_1^0(x,z) \tag{6.55}$$

$$y_2(x,z,0) = y_2^0(x,z) \tag{6.56}$$

式中，$\mu_r$ 为油藏流体黏度；$y_1^0(x,z)$ 和 $y_2^0(x,z)$ 为两裂缝面的初始位置。

## 6.6.2 裂缝描述

由于裂缝形状不规则，裂缝面上渗透率、岩性分布不均匀，裂缝需要数值描述。渗透率分布决定滤失分布，岩性分布决定酸岩反应速度分布。裂缝有两个面，数值描述两个裂缝面的位置，两个裂缝面合在一起表征一个裂缝。

渗透率分布、岩性分布不完全随机，而是表现出空间关联性和方向性。比如，沿层理方向关联性较强，垂直于层理方向关联性较弱；在平行于层理方向常观察到渗透率条带，岩性在层理方向也呈条带状。与基质酸化里生成空间关联的孔隙度分布相同，采用 GSLIB（Deutsch 和 Journel，1998）的半变差模型生成空间关联的随机数，再用这些随机数生成孔隙度（渗透率）和岩性分布。

#### 6.6.2.1 初始裂缝形状

初始裂缝面可能不规则，一是宽度可能不均匀，二是裂缝面可能有起伏，采用空间关联随机数和裂缝平均宽度生成如图 6.57 所示的裂缝宽度分布。考虑到裂缝长度、高度远远大于裂缝宽度，常假设裂缝为规则的平行板。

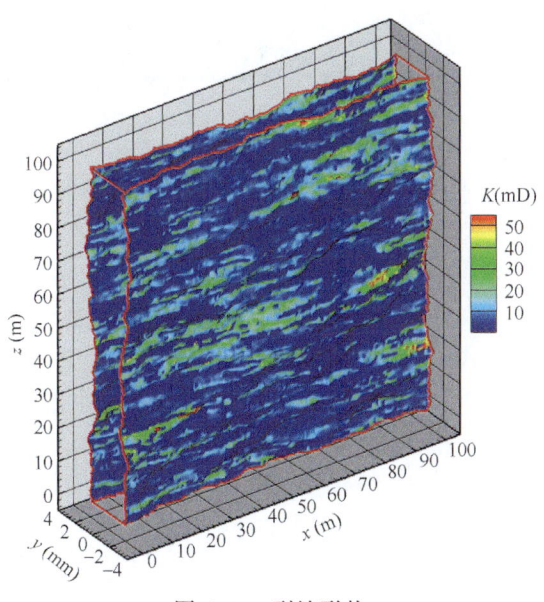

图 6.57 裂缝形状

#### 6.6.2.2 渗透率分布

先用 5.6.1.2 节的方法生成裂缝面上孔隙度分布，再用式（5.43）计算渗透率分布，基于平均孔隙度、孔隙度变异系数、平均渗透率则能生成渗透率分布。孔隙度呈正态分布，渗透率与孔隙度为幂函数关系，所以渗透率呈对数正态分布。同样地，通过关联长度来控制渗透率分布的空间关联性，比如，图 6.58 显示水平无因次关联长度为 0.01、垂向无因次关联长度 0.01 的渗透率分布，图 6.59 为水平无因次关联长度为 0.5、垂向无因次关联长度 0.06 的渗透率分布，水平方向强关联，所以得到条带状分布。

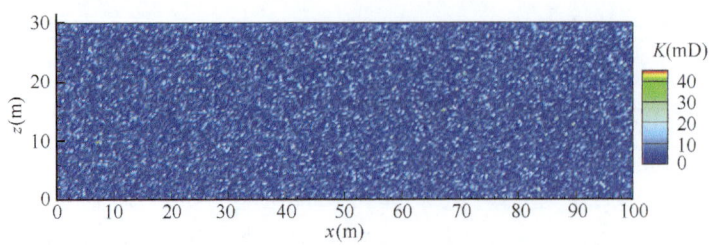

图 6.58　随机渗透率分布（水平无因次关联长度为 0.01；垂向无因次关联长度为 0.01）

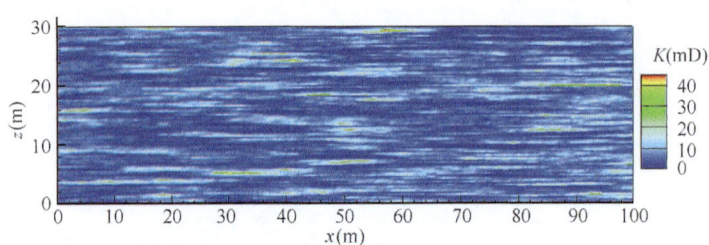

图 6.59　空间强关联渗透率分布（水平无因次关联长度为 0.5；垂向无因次关联长度为 0.06）

### 6.6.2.3　岩性分布

从化学成分讲，碳酸盐岩储层岩性包括石灰岩、白云岩、HCl 不溶物（石膏、石英、黏土等）。Blatt 等（1980）认为，岩性分布呈条带状，岩性能突然从白云岩变为石灰岩。采用类似于生成渗透率分布的方法生产岩性分布，首先采用较大的关联长度生成空间强关联的随机数，再用岩性所占比例生成岩性分布。图 6.60 为石灰岩和白云岩两种岩性分布（$x$ 方向无因次关联长度 0.31，$y$ 方向无因次关联长度 0.08，石灰岩占 40%，白云岩占 60%），图 6.61 为石灰岩、白云岩和石膏三种岩性分布（$x$ 方向无因次关联长度 0.31，$y$ 方向无因次关联长度 0.08，石灰岩占 40%，白云岩占 40%，石膏占 20%），通过测井曲线或矿物成分测试可获得岩性组成及分布。

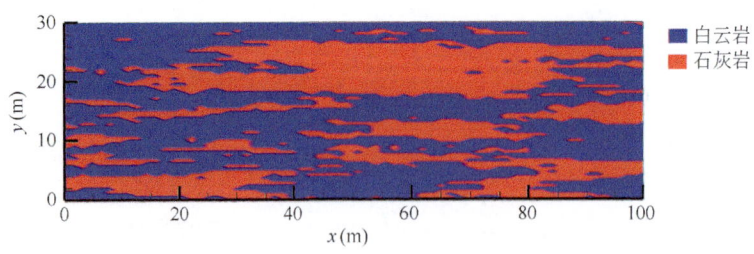

图 6.60　石灰岩、白云岩分布两种岩性

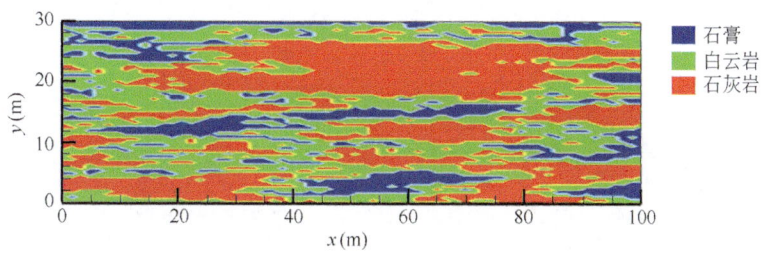

图 6.61　石灰岩、白云岩、石膏三种岩性分布

#### 6.6.2.4　天然裂缝分布

对于裂缝型储层，天然裂缝对滤失影响较大，需在人工裂缝壁面上加上天然裂缝分布。用 5.6.1.3 节的方法生成天然裂缝分布，这里裂缝参数只考虑天然裂缝密度（线密度）、长度、倾角。图 6.62 为天然裂缝分布，基质平均渗透率 1mD，天然裂缝密度 0.5 条/m，长度 1~15m，倾角 60°~90°。

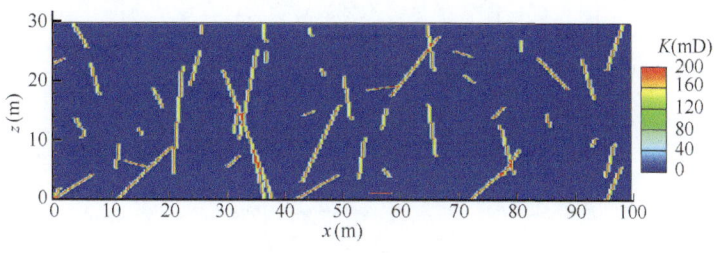

图 6.62　天然裂缝分布

### 6.6.3　数值求解

由于裂缝面不规则，酸溶蚀使裂缝壁面随时间变化，数值计算中生成网格、施加边界条件不方便，为克服这一困难，采用贴体坐标方式（Crank，1984）将不规则、移动的边界转换为固定规则坐标进行计算。由于 $L$、$H \gg w$，所以可定义新坐标如下：

$$\xi = \frac{x}{L} \qquad 0 \leqslant \xi \leqslant 1 \qquad (6.57)$$

$$\eta = \frac{y - y_1(x,z,t)}{b(x,z,t)} \qquad 0 \leqslant \eta \leqslant 1 \qquad (6.58)$$

$$\zeta = \frac{z}{H} \qquad 0 \leqslant \zeta \leqslant 1 \qquad (6.59)$$

其中

$$b(x,z,t) = y_2(x,z,t) - y_1(x,z,t) \qquad (6.60)$$

在新坐标系下，不规则的移动边界可转化为规则、固定边界，如图6.63所示。

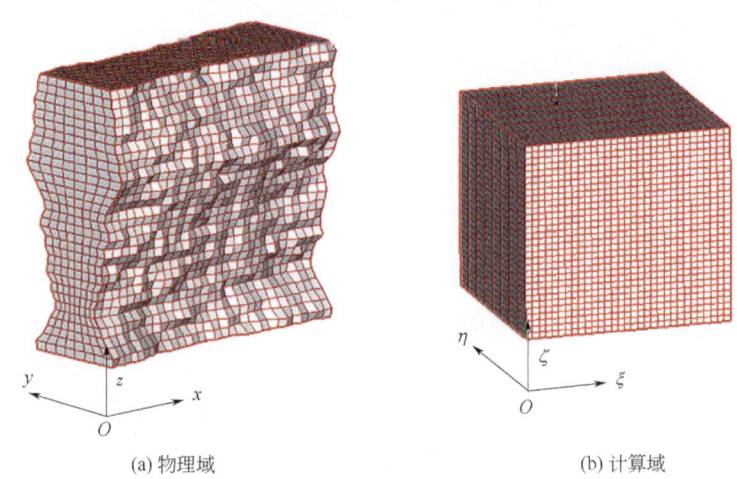

(a) 物理域　　　　　　　　(b) 计算域

图6.63　贴体坐标将物理域转换为计算域示意图

在上述坐标定义下，需要将前面的控制方程转换为新坐标系下进行计算，详细推导参见 Mou（2009），数值求解过程如下：

（1）生成（孔隙度）渗透率、天然裂缝、岩性分布、两裂缝面位置。

（2）基于边界条件进行坐标变换，生成网格。

（3）求解 Navier—Stokes 方程，获得速度场、压力场，需迭代求解。

（4）基于速度场求解酸物质平衡方程，获得浓度分布。

（5）求解液体分布方程，获得液体分布，更新黏度分布。

（6）基于酸浓度分布、酸岩反应更新裂缝表面形状。

（7）更新裂缝长度、边界条件。

（8）重复步骤（2）~（7）直到完成所有泵注时间，获得酸蚀裂缝表面形态、裂缝长度，计算酸蚀裂缝导流能力分布。

## 6.6.4　数值模拟

### 6.6.4.1　酸蚀裂缝导流能力驱替实验模拟

上述模型可用于模拟酸蚀裂缝导流能力驱替实验结果，也可通过模拟实验结果来验证模型正确性。另外，通过拟合实验结果可反过来获得氢离子扩散系数。

图6.64为有滤失时的实验结果和模拟结果，由于数模中无法使用岩板表面真实的渗透率分布，岩板面积较小，假设均匀岩性分布，数模只是拟合实验结果总体趋势，而不是具体刻蚀表面细节。图6.65对比了岩板中线从入口到出口处的刻蚀深度，总体深度吻合，验证了上述模型的可靠性。

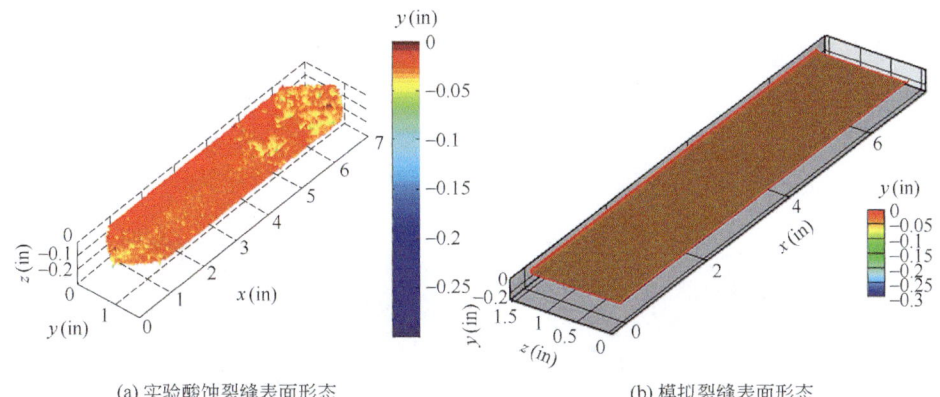

(a) 实验酸蚀裂缝表面形态      (b) 模拟裂缝表面形态

图 6.64 实验酸蚀裂缝表面形态和模拟裂缝表面形态（据 Mou，2009）

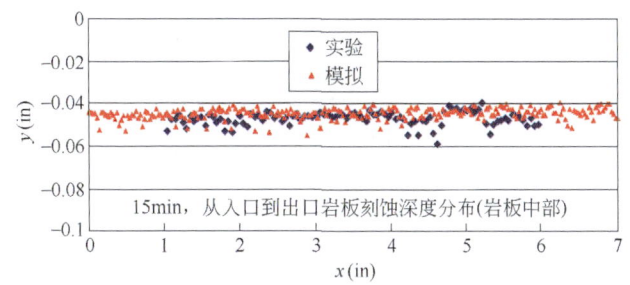

图 6.65 岩板中线处实验刻蚀深度与模拟刻蚀深度对比（沿岩板长度方向）
（据 Mou，2009）

第 3 章酸岩反应动力学参数测试中，用取样浓度代替酸液平均浓度，对于高黏酸液，误差较大；另外，小岩心表面反应规律与裂缝中的反应规律有所差异，测试的氢离子扩散系数在 $10^{-10}\mathrm{m}^2/\mathrm{s}$ 级别，用该参数模拟的酸蚀裂缝长度较长。酸蚀裂缝导流能力驱替实验更真实反映酸压裂缝中的反应规律，用上述模型来拟合实验结果获得该参数更准确。实验中，岩板质量可准确测量，所以采用岩板质量变化来计算酸岩反应速度和氢离子扩散系数更可靠。图 6.66、图 6.67 和

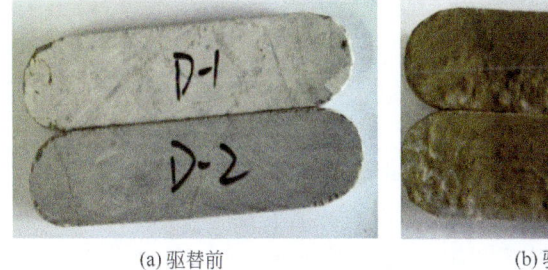

(a) 驱替前      (b) 驱替后

图 6.66 胶凝酸驱替前后岩板表面形状

表 6.15 为胶凝酸和交联酸驱替后的岩板表面形态和岩溶量，由于石灰岩总体反应速度受传质控制，所以可以通过改变氢离子扩散系数来拟合岩板质量变化，从而确定氢离子扩展系数。通过大量模拟，得到胶凝酸（黏度 30mPa·s 左右）氢离子扩散系数约 $2.5×10^{-9}m^2/s$，交联酸（黏度 100mPa·s 左右）氢离子扩散系数约 $1.3×10^{-9}m^2/s$。酸蚀裂缝表面形态见图 6.68。

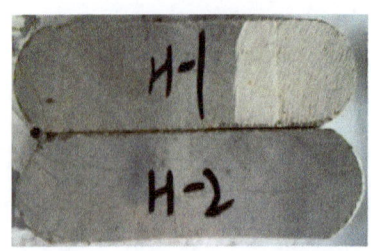
(a) 驱替前

(b) 驱替后

图 6.67　交联酸驱替前后岩板表面形状

表 6.15　酸岩接触时间、岩溶量

| 酸液类型 | 酸岩接触时间 (min) | 岩溶量 (g) |
| --- | --- | --- |
| 胶凝酸 | 40 | 32.7 |
| 交联酸 | 40 | 21.2 |
| 胶凝酸 | 60 | 43.1 |
| 交联酸 | 60 | 29.4 |

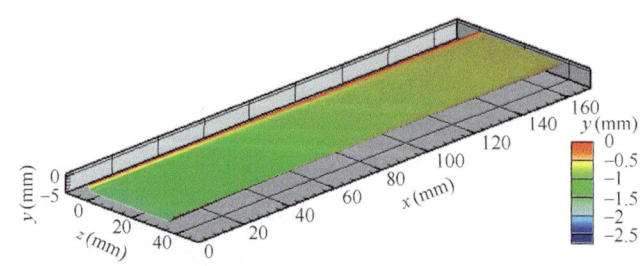

图 6.68　酸蚀裂缝表面形态（氢离子扩散系数为 $2.5×10^{-9}m^2/s$）

实验中，受驱替泵限制，排量往往每分钟几十毫升。通过尺寸比例计算，该排量远远小于实际施工排量，通过数学模型可模拟实际施工排量下的酸蚀规律研究。现场排量取 $5m^3/min$（40m 缝高），相当于 576mL/min 的实验排量，对比现场排量和实验排量（50mL/min）下的模拟结果，发现排量对岩溶量影响明显，如图 6.69 所示。排量会影响传质速度（氢离子扩散系数）（李沁，2013）。图 6.69 是在保持氢离子扩散系数相同的模拟结果，实际差异会更大，因此，实际地层条件下近井裂缝带中的酸岩反应速度比酸蚀裂缝导流能力实验测试的结果更快。实际酸压中有滤失，现场排量反映的是裂缝入口附近的流动状况，在裂缝中远端，流速降低较多。

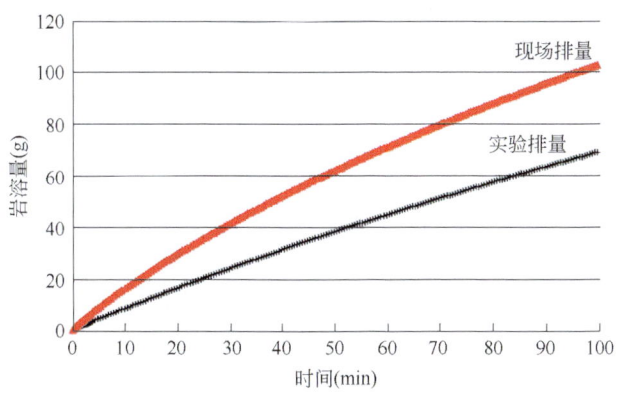

图 6.69 排量对岩容量的影响

#### 6.6.4.2 活酸作用距离模拟

活酸作用距离由滤失、酸液消耗速度、施工参数（排量、液量）决定，这里讨论典型施工参数下滤失、酸液消耗速度对活酸作用距离的影响。在滤失、酸液消耗速度这两个影响因素中，滤失被认为是限制活酸作用距离的主要因素。滤失大，裂缝难以向前扩展，液体所到达距离较近，活酸作用距离就会较短。酸液滤失问题可通过降滤失工艺或增大液体用量来解决。当液体作用距离足够长时，活酸作用距离是酸压关心的问题，这里模拟水力裂缝达到足够长度时的活酸作用距离。6.6.4.1 节通过模拟实验结果获得胶凝酸酸和交联酸氢离子扩散系数约 $2.5\times10^{-9}\,\text{m}^2/\text{s}$ 和 $1.3\times10^{-9}\,\text{m}^2/\text{s}$。实际施工排量下液体流速比实验室能高十多倍，李沁（2013）通过实验测试了流速对氢离子扩散系数的影响，速度相差五六倍，氢离子扩散系数差异达一倍多，所以在模拟实际施工时将氢离子扩散系数增加一倍，实际氢离子扩散系数可能比这更高。模拟缝高 40m、排量 $5\text{m}^3/\text{min}$ 下的酸液作用距离，图 6.70 为注胶凝酸时的酸浓度分布（水力作用距离约 120m），活酸作用距离约 100m；当水力裂缝作用距离 150m 时（图 6.71），活酸作用距离能增加约 10m，说明增加的水力裂缝主要为无效缝长。图 6.72 为注交联酸时的酸浓度分布，作用距离约 150m。

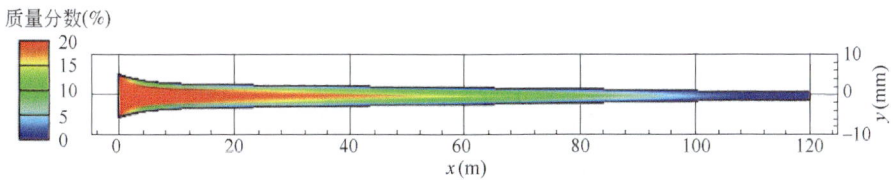

图 6.70 酸浓度分布（胶凝酸，水力裂缝作用距离约 120m）

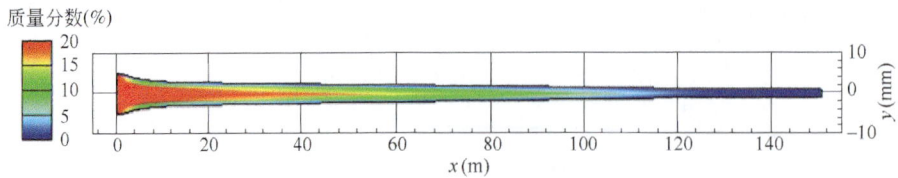

图 6.71 酸浓度分布（胶凝酸，水力裂缝作用距离约 150m）

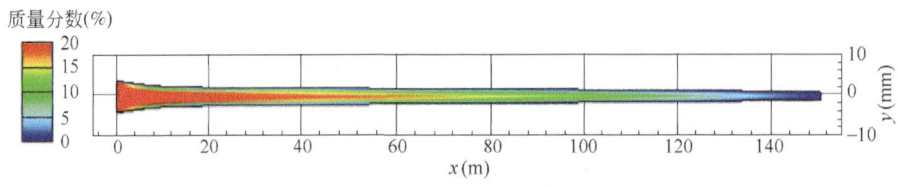

图 6.72 酸浓度分布（交联酸，水力裂缝作用距离约 150m）

滤失对活酸作用距离的影响较难对比，因为各种储层滤失差异较大。图 6.73 模拟的是顺北裂缝型储层的活酸作用距离，该地区常采用前置注入大量滑溜水、多级交替注入方降低酸液滤失，总液量超过 2000m³，酸量达 700m³，活酸作用距离接近 140m。

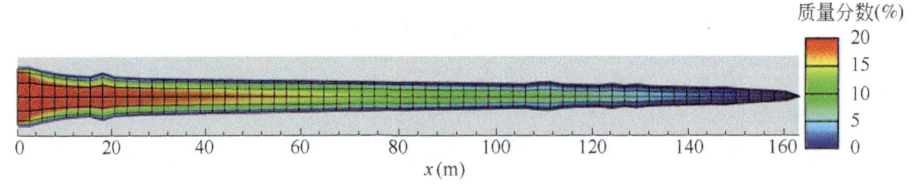

图 6.73 酸浓度分布（多级交替注入）

### 6.6.4.3 酸蚀裂缝表面刻蚀形态影响因素分析

粗糙酸蚀裂缝表面由非均匀刻蚀造成，非均匀刻蚀主要由酸液滤失（滤失酸液进入地层前溶蚀裂缝表面）和反应速度非均匀分布造成；渗透率非均匀分布以及天然裂缝造成滤失非均匀分布，酸岩反应加剧滤失非均质性；岩性差异造成反应速度差异，即使碳酸盐岩储层矿物成分较纯，由于含有杂质，反应速度也有差异。酸蚀裂缝导流能力实验表明，岩性较纯的岩板，酸蚀裂缝表面粗糙度更小，复杂岩性岩板酸蚀裂缝表面更粗糙；有滤失的实验，岩板表面有小孔，由滤失酸液溶蚀造成。

1. 渗透率分布影响

渗透率影响酸液滤失速度，滤失酸液进入地层前溶蚀裂缝表面（Dong，2001），从而影响滤失酸蚀裂缝表面形态。模拟渗透率影响时，岩性均匀分布。图 6.74 为随机渗透率分布和对应的酸蚀裂缝表面形态，近井带粗糙裂缝表面较明显,从裂缝入口到裂缝远端,酸浓度逐渐降低,裂缝远端粗糙面不明显。

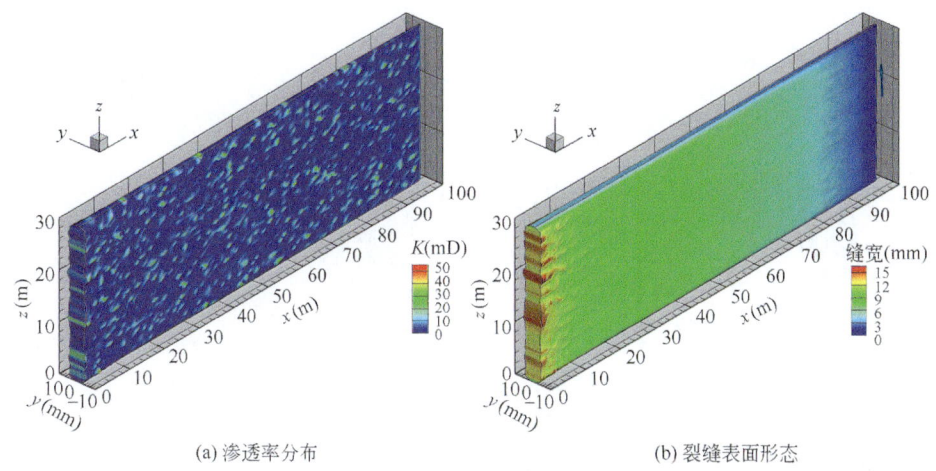

(a) 渗透率分布　　　　　　　　　　　(b) 裂缝表面形态

图 6.74　渗透率分布对酸蚀裂缝表面形态的影响(随机分布)

图 6.75 为长度方向强关联渗透率分布和对应的酸蚀裂缝表面,渗透率呈明显条带状,酸蚀裂缝表面有明显沟槽,特别是近井带及中部裂缝,远井带由于酸浓度较低、岩溶量较小,沟槽不明显。

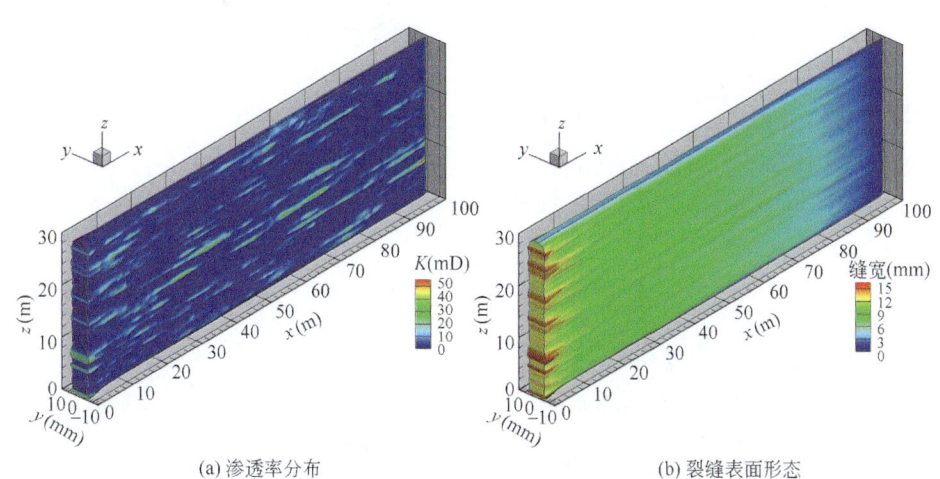

(a) 渗透率分布　　　　　　　　　　　(b) 裂缝表面形态

图 6.75　渗透率分布对酸蚀裂缝表面形态的影响(长度方向强关联分布)

图 6.76 为天然裂缝对酸蚀裂缝表面形态的影响,裂缝型储层发育天然裂缝,基质往往较致密,天然裂缝渗透率比基质高很多,故主导滤失,天然裂缝所在地方滤失量大,刻蚀明显,刻蚀沟槽与天然裂缝分布对应,裂缝远端沟槽不明显,这是由于远端酸液浓度较低、岩溶量较小。

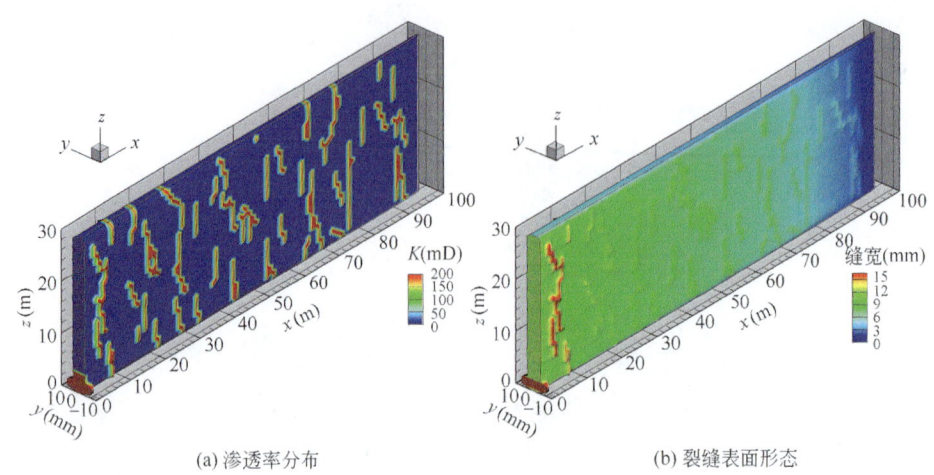

(a) 渗透率分布  (b) 裂缝表面形态

图 6.76　天然裂缝对酸蚀裂缝表面形态的影响

**2. 岩性分布影响**

岩性造成的刻蚀差异来自反应速度差异。在中高温条件下，石灰岩与白云岩的表面反应速度都较快，总体反应速度受传质控制；当温度较低时，表面反应速度对总体反应速度的影响更明显，白云岩与石灰岩反应速度差异较明显。这里模拟只考虑岩性差异（石灰岩和白云岩）对溶蚀速度的影响，不考虑杂质的影响，石灰岩所在地方的表面反应速度一样，白云岩所在地方的表面反应速度一样。

图 6.77 为 60℃时酸蚀裂缝表面形态和裂缝表面酸浓度分布。60℃条件下，白云岩表面反应速度与传质速度在同一级别，总体反应速度受传质速度和表面反应速度共同控制，所以白云岩所在地方的酸浓度较高；石灰岩表面反应速度快，远远高于传质速度，所以石灰岩所在的表面酸浓度很低；石灰岩与白云岩所在位置的酸浓度差异明显，裂缝表面刻蚀深度差异也较明显。

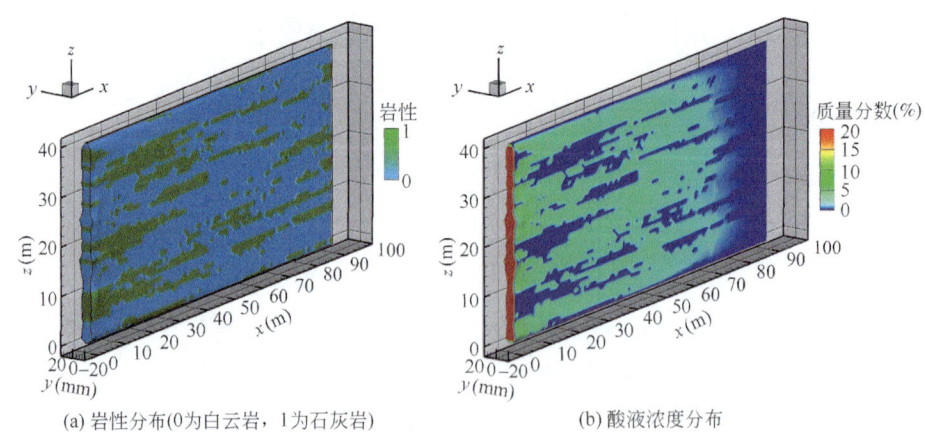

(a) 岩性分布(0为白云岩，1为石灰岩)　　(b) 酸液浓度分布

图 6.77　岩性分布及裂缝表面酸浓度分布（60℃）

图 6.78 为 120℃时酸蚀裂缝表面形态和裂缝表面酸浓度分布。120℃条件下，石灰岩和白云岩表面速度均较快，远远高于传质速度，总体反应受传质控制，虽然白云岩表面反应速度低于石灰岩，但两种岩性所在位置的酸浓度均较低，裂缝表面刻蚀深度差异不明显。数值模拟结果也印证了 3.3 节的酸岩反应分类，石灰岩、中高温白云岩与盐酸反应受传质控制，中低温白云岩与盐酸反应受表面反应和传质共同控制。

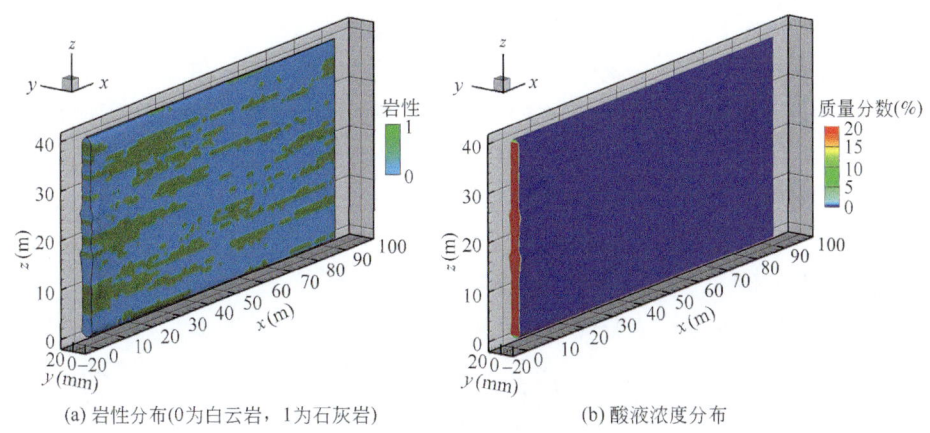

图 6.78　岩性分布及裂缝表面酸浓度分布（120℃）

图 6.79 为石灰岩、白云岩、石膏三种岩性条件下（60℃）的裂缝表面溶蚀形态和酸浓度分布。石膏不溶于酸，石膏所在位置酸浓度明显高于其他地方，酸蚀裂缝表面刻蚀形态更复杂。因此，复杂岩性以及一些杂质有利于增加裂缝面刻蚀非均质性，增加酸蚀裂缝表面粗糙度。

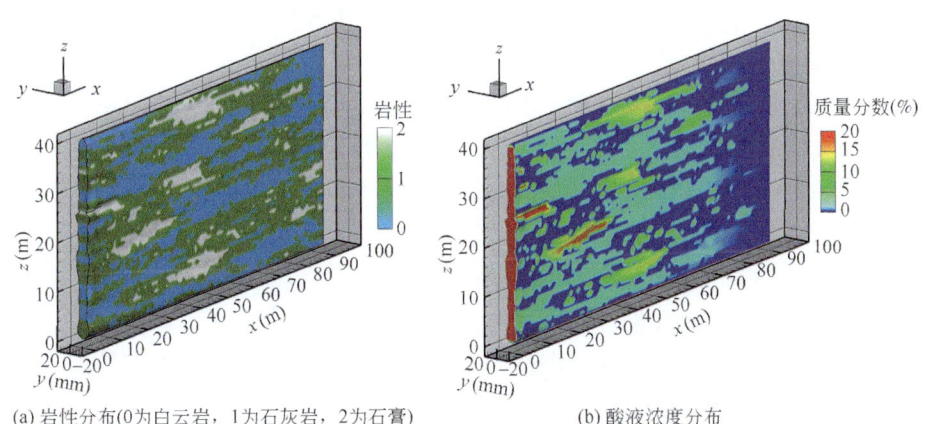

图 6.79　岩性分布及裂缝表面酸浓度分布（60℃）

## 6.7　活酸作用距离

### 6.7.1　活酸作用距离影响因素

酸压中，酸液在裂缝中流动、在裂缝壁面反应、滤失到地层中，酸液浓度沿缝长方向逐渐降低。当酸液失去反应活性后变成残酸时，酸液继续在裂缝中流动对导流能力无贡献，活酸作用距离是酸压中一重要参数。酸压中有三个缝长概念：动态缝长、活酸作用距离、有效酸蚀缝长，其定义如下：依靠水力作用形成的裂缝长度为动态缝长；酸液变成残酸前在裂缝中流经的距离称为活酸作用距离；活酸作用距离内，且有一定岩溶量、在储层闭合应力条件下具有一定导流能力的裂缝长度称为有效酸蚀长。

动态缝长大于活酸作用距离，活酸作用距离大于有效酸蚀缝长。酸压仅仅追求动态缝长是不够的，必须形成较长的有效酸蚀缝长。

由于酸岩反应速度快，酸液滤失严重，酸压中活酸作用距离较短，增加活酸作用距离常常是酸压追求的目标之一。活酸作用距离取决于以下三方面影响：

（1）酸岩反应速度。酸岩反应速度取决于酸液类型、温度、岩石类型、黏度（黏度影响传质速度）。酸液类型对酸岩反应速度影响较大，比如高黏酸液、乳化酸、泡沫酸氢离子扩散速度较低，酸岩总体反应速度较慢；就地自生酸放缓了氢离子供应速度，从而起到缓速作用。温度对酸岩反应速度影响较大，既影响表面反应速度，又影响传质速度。对于传质控制的反应，温度对表面反应速度的改变对总体反应速度影响不大；升温会增加传质速度，且升温会降低酸液黏度，也增加传质速度，从而增加总体反应速度。对于传质速度和表面反应速度共同控制的反应，温度对两个速度影响均较大，从而对总体反应速度影响较大。岩性（石灰岩和白云岩）对酸岩反应速度的影响为：中高温条件下，石灰岩和白云岩与酸的反应均受传质控制，两种岩性的总体反应速度差异不大；低温条件下，石灰岩与酸液的反应仍受传质控制，白云岩的反应受两个过程控制，白云岩的总体反应速度低于石灰岩，有利于增加活酸作用距离。在压力条件下，压力一般高于7MPa，二氧化碳部分溶于液体中，自由气状态的二氧化碳为液态或超临界状态，压力对酸岩反应总体反应速度影响较小。黏度对传质速度影响明显，高黏酸液传质速度低，总体反应速度慢。

（2）酸液滤失。酸液滤失受缝内外压差、渗透率、非均质性（蚓孔，天然裂缝）、酸液黏度、降滤失措施（降滤失剂）等控制。

（3）裂缝中酸液流速（排量）。

依据活酸作用距离的影响因素，提高活酸作用距离的措施包括：

(1) 降低酸岩反应速度。

① 前置注入液体，降低地层温度，从而降低反应速度。

② 使用缓速酸液，降低反应速度。缓速酸见酸液体系介绍。

③ 酸液在裂缝中保持足够黏度，增加酸液黏度能降低氢离子传质速度，从而降低反应速度；增加黏度还能降低滤失，增加裂缝宽度，降低面容比。

④ 增加裂缝宽度，降低面容比，降低酸液消耗速度。

对于石灰岩或中高温白云岩，酸岩复相反应受传质控制，传质速度可用 Fick 定律描述，裂缝中的酸液消耗速度可描述为

$$-\frac{\partial C}{\partial t}=D_e\frac{S}{V}\frac{\partial C}{\partial y}=D_e\frac{2}{w}\frac{\partial C}{\partial y} \tag{6.61}$$

式中，$\frac{\partial C}{\partial y}$ 为边界层浓度梯度；$V$ 为裂缝体积；$S$ 为裂缝表面积；$w$ 为裂缝宽度；$\frac{S}{V}$ 为面容比；$C$ 为酸液浓度；$D_e$ 为氢离子有效扩散系数，$y$ 为垂直于裂缝壁面方向。

式(6.61)表明，降低面容比，有利于降低酸液消耗速度。

(2) 降低酸液滤失。

① 增加酸液黏度，增加滤失渗流阻力，降低酸液滤失。增加酸液黏度也有利于降低反应速度。

② 使用降滤失剂，降低酸液滤失。

③ 前置注入滑溜水，增加人工裂缝附近地层压力，降低酸液滤失压差，从而降低酸液滤失。

④ 多级交替注入，用高黏压裂液堵塞蚓孔、天然裂缝，提高渗流阻力，从而降低酸液滤失。

(3) 增加裂缝中酸液流速。提高排量，增加裂缝中酸液流速，从而增加活酸作用距离。提高排量也会增加氢离子传质速度、增加酸液消耗速度，但高排量对增加活酸作用距离的贡献大于对酸液消耗速度的增加作用。提高排量还会增加净压力，从而增加裂缝高度，在缝高不失控条件下，酸压中尽量提高排量来增加活酸作用距离。

## 6.7.2 酸浓度分布、活酸作用距离预测

酸压的目的是形成具有导流能力的裂缝。酸压不能仅追求动态裂缝尺寸，必须力求增加活酸作用距离，因为活酸到达的地方才有矿物溶蚀，才能形成导流能力。酸液在裂缝中边流动、边滤失、边反应，到达一定距离后会变成残酸。活酸作用距离存在界限，活酸可能的作用距离是设定酸压目标距离的依

据,因此预测活酸作用距离非常重要。活酸作用距离预测有解析模型和数值模拟两种方式。

#### 6.7.2.1 解析模型

考虑滤失的酸液平行板流动反应模型如图 6.80 所示,假设:(1) 裂缝宽度均匀分布,不随酸岩反应变化;(2) 裂缝面上滤失速度均匀分布;(3) 稳态二维层流流动;(4) 流体不可压缩;(5) 忽略酸岩反应对流动的影响。当注酸时间足够长,达到稳定状态时,可建立解析模型,预测酸液可能的作用距离(作用近距离上限)。

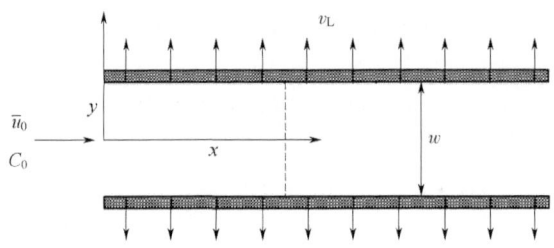

图 6.80 带滤失的酸液平行板流动反应示意图

裂缝中速度分布为(Berman,1953)

$$u(x,y) = (\bar{u}_0 - v_L x) f'(\eta) \tag{6.62}$$

$$v(x,y) = v_L f(\eta) \tag{6.63}$$

$$f(\eta) = \frac{\eta}{2}(3-\eta^2) + \frac{N_{Re^*}}{280}\eta(-\eta^6 + 3\eta^2 - 2)$$

$$+ \frac{3N_{Re^*}^2}{280}\eta\left(\frac{\eta^{10}}{990} - \frac{\eta^8}{36} + \frac{\eta^6}{70} + \frac{146}{2310}\eta^2 - \frac{703}{13860}\right) + o(N_{Re^*}^3) \tag{6.64}$$

其中 $\eta = 2y/w$

式中,$v_L$ 为滤失速度;$w$ 为裂缝宽度;$u$ 为 $x$ 方向速度(裂缝长度方向);$v$ 为 $y$ 方向速度(裂缝宽度方向);$\bar{u}_0$ 为入口处平均流速。

Terrill(1965)认为,$|N_{Re^*}| < 7$ 时该解精确。

稳态条件下酸浓度分布方程为

$$u(x,y)\frac{\partial C}{\partial x} + v(x,y)\frac{\partial C}{\partial y} = D_e \frac{\partial^2 C}{\partial y^2} \tag{6.65}$$

边界条件为

$$C_{(x=0)} = C_0; \quad C_{(y=\pm w/2)} = 0 \tag{6.66}$$

定义无因次变量:

$$\Gamma = C/C_0 \tag{6.67}$$

$$\xi = 2x/w \tag{6.68}$$

则式(6.60)变为

$$\left(1-\frac{N_{\text{Re}^*}}{N_{\text{Re}}}\right)f'(\eta)\frac{\partial \Gamma}{\partial \xi}+\frac{N_{\text{Re}^*}}{N_{\text{Re}}}f(\eta)\frac{\partial \Gamma}{\partial \eta}=\frac{N_{\text{Re}^*}}{N_{\text{Pe}}N_{\text{Re}}}\frac{\partial^2 \Gamma}{\partial \eta^2} \tag{6.69}$$

边界条件变为

$$\Gamma_{(\xi=0)}=1, \Gamma_{(\eta=\pm1)}=0 \tag{6.70}$$

无因次变量定义为

$$N_{\text{Re}^*}=\frac{v_L w \rho}{2\mu} \tag{6.71}$$

$$N_{\text{Re}}=\frac{\bar{u}_0 w \rho}{2\mu}=\frac{Q\rho}{4h\mu} \tag{6.72}$$

$$N_{\text{Pe}}=\frac{v_L w}{2D_e} \tag{6.73}$$

式中，$C_0$ 为注入酸液浓度；$Q$ 为排量；$\mu$ 为黏度；$D_e$ 为有效扩散系数；$h$ 为缝高；$\rho$ 为密度。

Terrill(1965)通过分离变量获得了方程的解：

$$\frac{C}{C_0}=\sum_{n=0}^{\infty}G_n\left(1-\frac{N_{\text{Re}^*}}{N_{\text{Re}}}\xi\right)^{2\lambda_n^2/(3N_{\text{Pe}})} \tag{6.74}$$

$$\frac{N_{\text{Re}^*}}{N_{\text{Re}}}\xi=\frac{x}{L} \tag{6.75}$$

$$\frac{C}{C_0}=\sum_{n=0}^{\infty}G_n\left(1-\frac{x}{L}\right)^{2\lambda_n^2/(3N_{\text{Pe}})} \tag{6.76}$$

如果 $0.001<N_{\text{Re}^*}<1$，$N_{\text{Pe}}<8$，用前五项计算即可。

$$\lambda_n=\sum_{i=0}^{3}g_{i,n}N_{\text{Pe}}^i+\sum_{i=1}^{2}h_{i,n}N_{\text{Re}^*}^i \tag{6.77}$$

$$G_n=\sum_{i=0}^{3}\bar{g}_{i,n}N_{\text{Pe}}^i+\sum_{i=1}^{2}\bar{h}_{i,n}N_{\text{Re}^*}^i \tag{6.78}$$

式(6.77)、式(6.78)中的系数见表6.16、表6.17。

表6.16 计算 $\lambda_n$ 的系数

| $n$ | $g_{0,n}$ | $g_{1,n}\times 10$ | $g_{2,n}\times 10^3$ | $g_{3,n}\times 10^4$ | $h_{1,n}\times 10^3$ | $h_{2,n}\times 10^3$ |
|---|---|---|---|---|---|---|
| 0 | 1.68231 | -2.26693 | 6.7544 | -1.8408 | 6.7593 | -4.6274 |
| 1 | 5.67053 | -0.69600 | 17.2931 | -2.9304 | 1.0032 | -3.4376 |

续表

| $n$ | $g_{0,n}$ | $g_{1,n}\times 10$ | $g_{2,n}\times 10^3$ | $g_{3,n}\times 10^4$ | $h_{1,n}\times 10^3$ | $h_{2,n}\times 10^3$ |
| --- | --- | --- | --- | --- | --- | --- |
| 2 | 9.66842 | -0.39587 | 10.7745 | -0.5564 | -5.7028 | -0.4705 |
| 3 | 13.66772 | -0.27662 | 7.9375 | -0.1358 | -9.1500 | -0.5668 |
| 4 | 17.66740 | -0.21305 | 6.3431 | -0.0373 | -12.4496 | -0.71169 |

表 6.17 计算 $G_n$ 的系数

| $n$ | $\bar{g}_{0,n}\times 10$ | $\bar{g}_{1,n}\times 10^4$ | $\bar{g}_{2,n}\times 10^4$ | $\bar{g}_{3,n}\times 10^5$ | $\bar{h}_{1,n}\times 10^4$ | $\bar{h}_{2,n}\times 10^4$ |
| --- | --- | --- | --- | --- | --- | --- |
| 0 | 9.10378 | -2.38279 | 14.9298 | -8.97017 | -7.08188 | -1.18392 |
| 1 | 0.53126 | 1.88909 | -12.5375 | 8.13482 | 4.01538 | 0.35148 |
| 2 | 0.15272 | 0.39035 | -1.6607 | 0.680785 | 1.03940 | 0.51540 |
| 3 | 0.06807 | 0.07330 | -0.4172 | 0.111312 | 0.58639 | 0.141225 |
| 4 | 0.03739 | 0.01901 | -0.1503 | 0.027559 | 0.35277 | 0.056322 |

图 6.81 为不同 $N_{Pe}$ 下无因次酸浓度沿裂缝分布。$N_{Pe}$ 越大，无因次酸浓度沿长度方向分布较高，但滤失越大，对应裂缝越短；反之，$N_{Pe}$ 越小，无因次酸浓度沿长度方向分布较低，但滤失越小，对应裂缝越长。最终活酸作用距离取决于无因次酸浓度分布和裂缝长度。

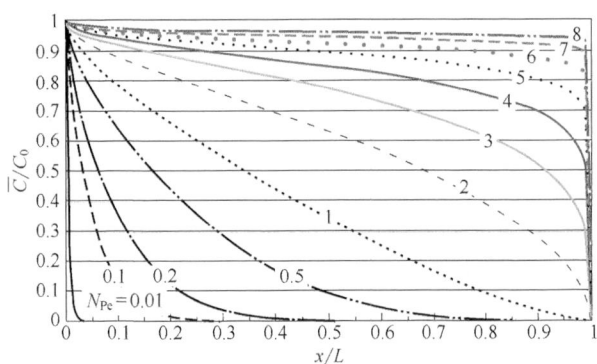

图 6.81 裂缝长度方向平均酸浓度分布

例如，某井酸压施工中，酸液氢离子有效扩散系数 $D_e=5\times 10^{-9} m^2/s$，排量 $Q=4 m^3/min$，裂缝高度 $H=33m$，平均裂缝宽度 $w=3mm$。当注酸时间足够长时，裂缝充分扩展，裂缝长度达到 $L=150m$，预测活酸作用距离。

注酸达到一定时间后，注入与滤失达到平衡，裂缝无动力向前扩展，酸液继续在裂缝中流动，在裂缝表面反应，增加活酸作用距离和导流能力。注入与滤失达到平衡时有：

$$v_L = \frac{Q}{4hL} = \frac{4\text{m}^3/\text{min}}{4\times33\text{m}\times150\text{m}} = 2.02\times10^{-4}\text{m/min} \quad (6.79)$$

$$N_{Pe} = \frac{2.02\times10^{-4}\text{m/min}\times3\text{mm}}{2\times5\times10^{-9}\text{m}^2/\text{s}} = 1.01 \quad (6.80)$$

通过 6.85 图版，查阅得到酸浓度降到 50%时，$x/L=0.34$，距离为 51m；酸浓度降到初始浓度的 10%时，$x/L=0.79$，距离为 118.5m。如氢离子扩散系数更低，预测出的活酸作用距离更长。

#### 6.7.2.2 数值模拟

数值模拟预测活酸作用距离参见 6.6.4.2 节。

### 6.7.3 酸蚀缝宽分布

酸压的目的是形成具有导流能力的裂缝，酸液在裂缝中边流动、边滤失、边反应溶蚀，沿缝长方向，酸浓度逐渐降低，酸岩接触时间逐渐降低，岩溶量逐渐减少；酸蚀裂缝导流能力计算经验公式里的理想岩溶缝宽依据岩溶量计算，酸蚀缝宽沿缝长分布是酸压设计的重要信息。

图 6.82 为酸液流动、反应、溶蚀示意图，在 $x$ 和 $x+\Delta x$ 间消耗的酸液为

$$wh\overline{Cut}_A\Big|_x - wh\overline{Cut}_A\Big|_{x+\Delta x} \quad (6.81)$$

式中，$t_A$ 为注酸时间，非总注入时间，因为可能注入非反应性液体；$h$ 为储层厚度；$w$ 为裂缝宽度；$\overline{C}$ 为酸浓度（质量分数）；$\overline{u}$ 为流速。

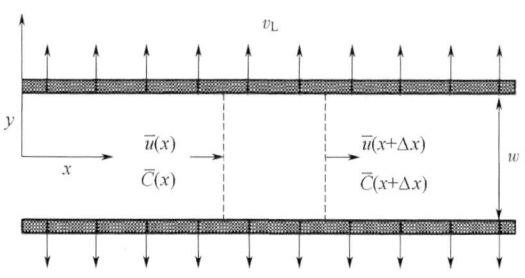

图 6.82 带滤失和反应的裂缝中酸液流动示意图

该单元消耗的酸液包括两部分，一部分是滤失（占比 $F$），一部分是在裂缝壁面反应消耗（占比 $1-F$）。酸液溶蚀岩石的体积为

$$\frac{\beta hwt_A\rho_A}{\rho_r}\left(\overline{Cu}\Big|_x - \overline{Cu}\Big|_{x+\Delta x}\right)[F\times f+(1-F)] \quad (6.82)$$

式中，$\beta$ 为 100%盐酸质量溶解力；$\rho_r$ 为岩石密度；$\rho_A$ 为酸液密度；$f$ 为滤失酸液中溶蚀裂缝壁面岩石的酸液所占比例，滤失酸液只有一部分溶蚀裂缝壁面（Dong，2000）。

溶蚀体积为

$$w_i(1-\phi)h\Delta x = \frac{\beta h w t_A \rho_A}{\rho_r}\left(\overline{Cu}\bigg|_x - \overline{Cu}\bigg|_{x+\Delta x}\right)[F\times f+(1-F)] \quad (6.83)$$

式中，$w_i$ 为理想岩溶缝宽。当 $\Delta x \to 0$ 时，则有

$$w_i(1-\phi) = -\frac{\beta w t_A \rho_A}{\rho_r}\frac{d(\overline{Cu})}{dx}[F\times f+(1-F)] \quad (6.84)$$

当裂缝面上滤失速度均匀分布且恒定时，有

$$\overline{u} = \overline{u}_0(1-x/L) \quad (6.85)$$

$$q = 2\overline{u}_0 wh \quad (6.86)$$

所以有

$$w_i = -\frac{\beta q t_A C_0 \rho_A}{2\rho_r h(1-\phi)}[F\times f+(1-F)]\frac{d}{dx}\left[\left(1-\frac{x}{L}\right)\frac{\overline{C}}{C_0}\right] \quad (6.87)$$

式中，$q$ 为排量；$C_0$ 为注入酸液浓度（质量分数）。

将式(6.76) 代入式(6.87) 得到

$$w_i = \frac{\beta q t_A C_0 \rho_A}{2\rho_r h(1-\phi)L}[F\times f+(1-F)]\sum_{n=0}^{\infty}G_n\left(1+\frac{2\lambda_n^2}{3N_{Pe}}\right)\left(1-\frac{x}{L}\right)^{2\lambda_n^2/(3N_{Pe})} \quad (6.88)$$

用 6.7.2 节中的实例数据和式(6.88) 得到如图 6.83 所示的理想岩溶缝宽分布曲线，注入时间 80min，$F=0.85$，$f=0.3$。近井带溶蚀缝宽较大，溶蚀缝宽沿缝长方向下降较快。该模型基于酸液流动、反应达到稳态的假设条件获得，酸岩接触时间沿缝长分布均匀，这样增加了裂缝远端的岩溶量。实际情况是，所有注入酸液均经过缝口流向裂缝远端，近井带裂缝酸岩接触时间更长，溶蚀缝宽更宽；远近带裂缝酸岩接触时间更短，溶蚀缝更窄。

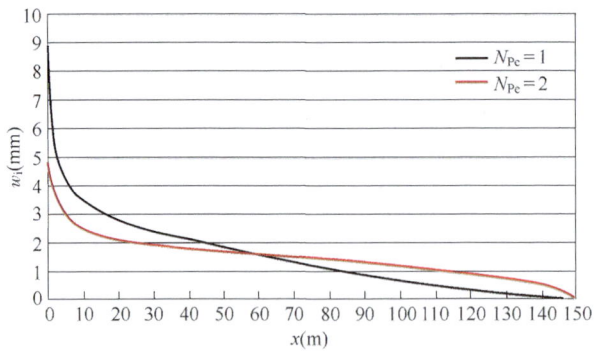

图 6.83 理想溶蚀缝宽沿缝长分布

## 6.8 分段（层）酸压

压裂时，裂缝面垂直于最小主应力，浅地层垂向应力为最小主应力，形成水平缝；地层较深时，水平应力最小，形成垂直缝，这里讨论垂直缝情况。对于水平井，依据井筒方向与最小主应力方向，压裂时形成的裂缝形态各不相同，水平井筒沿最小水平主应力方向时，压裂形成垂直于井筒的横切缝；井筒沿最大水平主应力方向时，压裂形成沿井筒的纵向缝；井筒与最小水平主应力方向有一定夹角时，压裂形成转向缝。通常水平井筒沿最小水平主应力方向，通过分段改造形成垂直于井筒的多条横切缝，增加油藏接触体积，有利于改善开发效果，水平井需要采用分段压裂，分段压裂则需要采用分段工艺。对于多层油藏直井压裂，为压裂各层，也需要采用分层工艺，直井分层压裂与水平分段压裂差异较大。分段酸压涉及较多方面，这里仅讨论分段工艺。

### 6.8.1 水平井分段酸压

#### 6.8.1.1 工具分段

（1）封隔器滑套分段酸压。封隔器滑套分段酸压中，全井段射孔，下入带封隔器的管柱。封隔器坐封后，将水平段分隔成多段，从趾部到跟部顺序改造。第一段与油管连通，直接改造，后面的段需要通过投球打开滑套与油管连通。投球打开滑套后坐封于球座，封隔前面已施工井段，即可进行本段施工。在每一段内，还可多簇射孔，实现一段多簇压裂。段内多簇射孔时，可配合化学暂堵促进各簇均衡扩展。裸眼完井时，井壁粗糙，有的井壁有天然裂缝，裸眼封隔器要求更高，有失封风险。该方法的优点是一趟管柱全井段改造，高效；缺点是，由于使用多个封隔器，井筒水平，管柱重量增加摩阻，存在管柱被卡住取不出的风险（如果改造后无后期治理问题，将管柱留在井筒中生产用，则不存在该问题）。

（2）泵送桥塞分段酸压。该工艺用于套管完井，桥塞需要依赖套管坐封。该工艺从趾部到跟部顺序改造，改造完一段，下入桥塞堵坐封，分隔前面已改造井段。在每一段内可多簇射孔，配合化学暂堵促进各簇均衡扩展，提高效率。桥塞分为可溶桥塞和可钻桥塞。可溶桥塞改造完后溶解；可钻桥塞改造完后下钻头一趟钻掉。该工艺的优点是，效率较高，施工风险较小，不存在管柱被卡井筒的风险；套管管径大，有利于大排量施工。该工艺的缺点是，桥塞有移位风险，如桥塞坐封不牢固，压力较高，可造成桥塞移位；如桥塞移位过大，液体进入已改造井段。

（3）连续油管带双封分段酸压。套管完井时，一次全井段射孔，该工艺用两个封隔器卡住要改造的井段进行改造，改造完一段后解封封隔器回拖到下一段坐封再改造。裸眼完井时，该工艺用双封隔器卡住目标段顺序改造各段。该工艺的优点是通过移动管柱逐段改造，精准控制每一改造段；缺点是，连续油管尺寸较小，排量受限，封隔器多次坐封解封，容易出现可靠性问题，效率较低。

（4）连续油管带底封分段酸压。该工艺用于套管完井，封隔器封隔前面已改造段，连续油管进行喷砂射孔，环空进液改造本段。本段改造后，解封封隔器，移到下一段重复该过程。该工艺的缺点是封隔器多次坐封解封，容易出现可靠性问题，效率较低。

（5）水力喷射分段酸压。该工艺是利用水力喷射的自封原理进行分段改造，喷射点高速低压，液体从周围进入喷射裂缝段，不用工具实现自封隔，射孔改造一体化，套管、裸眼完井均可。该工艺的优点是分段简便，任意位置改造，灵活；缺点是，喷嘴流量受限，需环空补液。

#### 6.8.1.2 化学暂堵分段

化学暂堵分段是指利用可降解暂堵剂暂堵前面已改造裂缝，再改造新缝，可单独使用，也可配合工具使用，比如段内多簇射孔时，段内可用化学暂堵方式实现多簇裂缝起裂、促进各裂缝均衡改造；裸眼完井、套管完井均可使用。化学暂堵分段为缝口暂堵，即用暂堵剂封堵前面改造裂缝的缝口，再泵注时阻止液体进入前面已改造裂缝，憋起更高的压力改造其他段。套管完井暂堵效果会好于裸眼完井，一是套管完井指定了裂缝起裂位置；二是暂堵剂封堵缝口时，有射孔孔眼，用尺寸较大的暂堵球加上颗粒暂堵剂组合封堵效果更好。裸眼完井时，起裂位置依据力学条件自主选择，无法人为控制，用各种尺寸暂堵剂组合封堵缝口。化学暂堵分段的优点是，省去起下工具时间，操作灵活方便，施工风险较低，也可与分段工具配合使用。化学暂堵分段的缺点是，裸眼完井起裂位置无法控制，无论裸眼完井还是套管完井，起裂顺序无法控制；对暂堵剂性能要求高，特别是施工时间较长时，需要可靠的长效暂堵剂；分段较多，或段内簇数较多时，暂堵可靠性降低。

### 6.8.2 直井分层酸压

多层油气藏，层间间隔往往不会太大，有的间隔较小、层较薄，下封隔器分层改造不经济，或不具备可行性。直井分层改造的策略往往是，大段上采用工具分段（参见工具分段适应性介绍），段内多层采用化学暂堵分层改造。有的井不具备使用工具的条件，则只能使用化学暂堵分层。

## 6.9 暂堵转向压裂（酸压）

### 6.9.1 暂堵转向压裂技术需求

6.8 节中水平井分段压裂方法之一为化学暂堵分段，暂堵转向还有其他功能，使用较多。暂堵转向既用于水力压裂，也用于酸压，工艺类似。暂堵转向有以下需求：

（1）非常规储层改造，缝内暂堵形成复杂缝，增加油藏接触体积。Gomaa 等（2016）研究了水力压裂、酸压中远井暂堵转向可行性，图 6.84 为缝内暂堵转向增加裂缝复杂程度示意图。

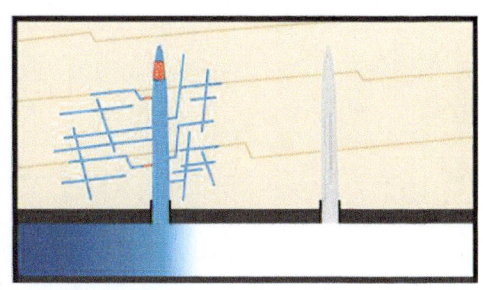

图 6.84　缝内暂堵形成复杂裂缝示意图（据 Gomaa 等，2016）

（2）水平井段内多簇射孔压裂中，通过缝口暂堵，实现各簇起裂，促进各簇均衡扩展。段内多簇射孔时，由于非均质性造成各簇起裂差异，即使大排量注入，也可能无法压开各簇，一旦有簇起裂，能量消耗，再难压开其他簇。通过缝口暂堵，阻止液体继续进入已压开裂缝，升高压力，可压开其他射孔簇，实现各簇起裂扩展。

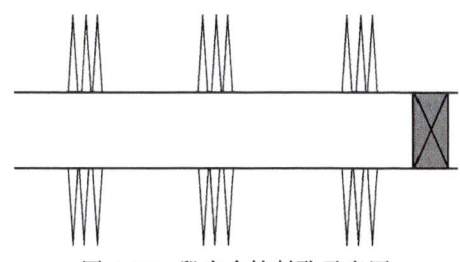

图 6.85　段内多簇射孔示意图

（3）薄互层改造中，通过缝口暂堵，可压开各小层。图 6.86 为薄互层油藏实例，层间隔距离较小，层薄，用工具分段不具备可行性，或不经济，通过缝口暂堵可实现各小层改造。

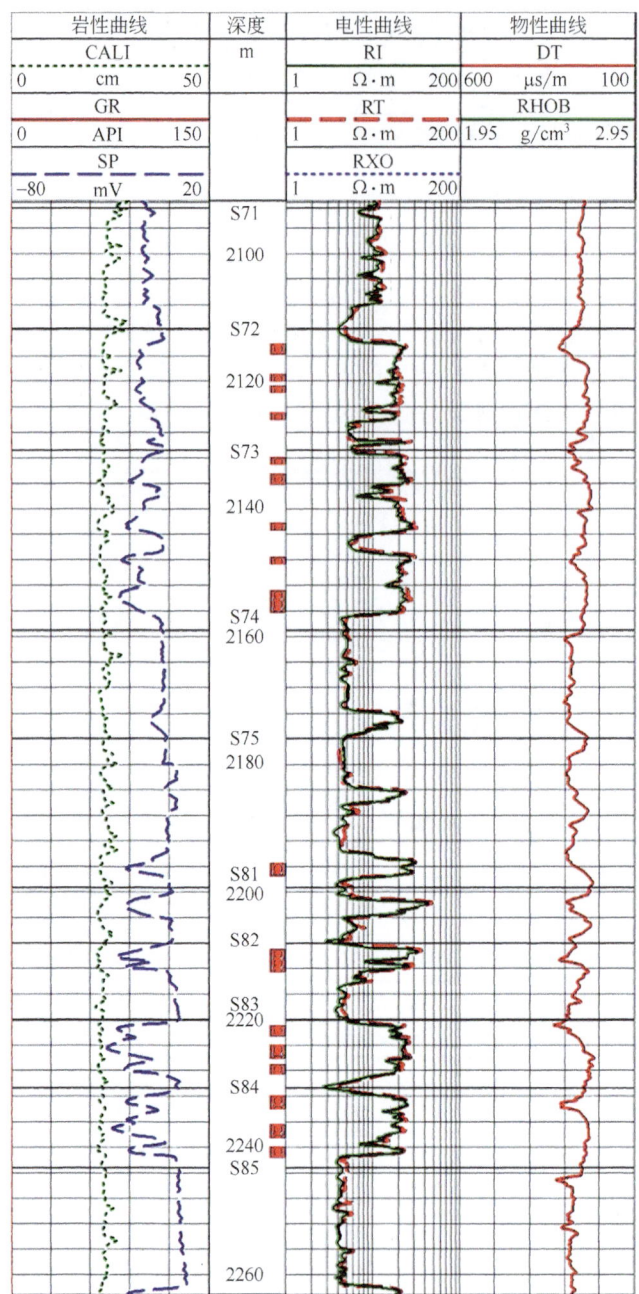

图 6.86　薄互层油藏测井解释图

(4) 重复压裂。重复压裂分两种：一是老缝改造；二是堵老缝、压新缝。对于老缝改造，在改造老缝的同时，通过缝内暂堵使裂缝向新地方延伸。如原来改造地方含油气较少了,需暂堵老缝,压开新缝。图 6.87 为 Barnett 页岩气重复压裂实例(Potapenko 等,2009),页岩气递减快,初次压裂 4 年后重复压裂,水平段 2000ft 长,原来 5 簇射孔,射孔间距较大,缝间某些位置未开采到;重复压裂堵老缝、压新缝,在原来 5 簇射孔间新增 4 簇射孔,簇间距约 275ft。

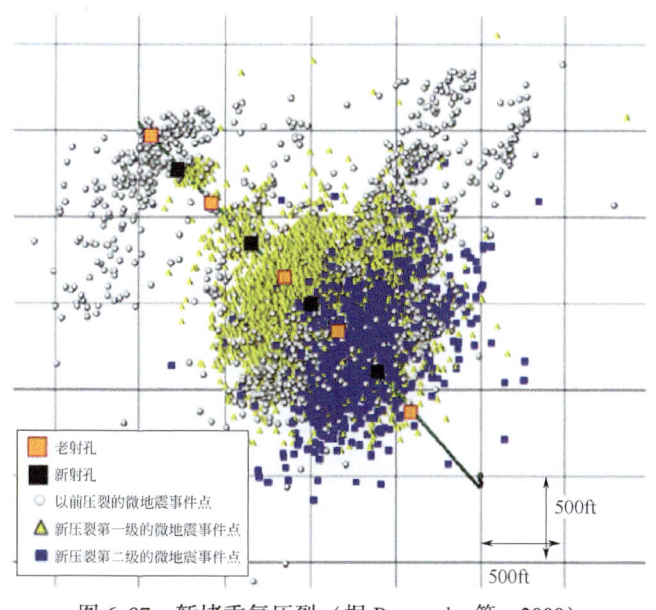

图 6.87　暂堵重复压裂(据 Potapenko 等,2009)

(5)分散储集体定向改造。该方法用于塔里木盆地缝洞型碳酸盐岩储层,缝洞型储层储集体分散随机分布(图 6.88),储集体间封隔性强,只有沟通到才能有效动用。地层水平主应力差较高(超过 20MPa),压裂时裂缝沿最大水平主应力方向延伸,难以沟通非最大水平主应力方向的储集体。通过暂堵来改变水压分布、地应力场分布,从而改变裂缝走向,使其沿非最大水平主应力方向扩展,连通非最大主应力方向储集体。

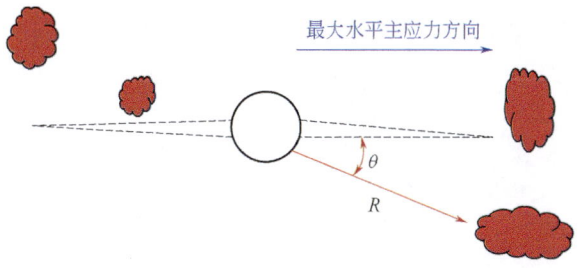

图 6.88　分散储集体定向改造示意图

$\theta$—储集体与最大水平主应力方向的夹角;$R$—储集体到井筒的距离

（6）暂堵防压裂窜扰。非常规储层开发方式主要为水平井密集布井+大规模体积压裂，常出现压裂窜扰问题，"压裂窜扰"成为国内外非常规油气压裂普遍面临的难题，以负面影响为主。井间压裂窜扰直接影响有邻井压力扰动、井组整体产能变化、邻井套变/套损、邻井出现井控问题、支撑剂侵入邻井等。据统计，国外20余个页岩油气田压裂窜扰中（Gupta等，2021），69%~82%的母/子井受到负面影响，而只有18%~31%的母/子井受到正面影响，高地层压力可以减少压裂窜扰的负面影响。威远超80井次发生压裂窜扰，产量正面冲击占14%，无变化11%，负面冲击占75%；压窜后产量平均恢复率71.69%，影响产量天数7~453d，平均影响天数97.5d。通过缝内暂堵，防止某些裂缝过度延伸，促进各簇裂缝均衡扩展，从而防止裂缝窜扰。

暂堵分为缝内暂堵和缝口暂堵。缝内暂堵改变水压分布、地应力场分布，从而改变裂缝走向，使裂缝转向延伸，或开启天然裂缝，形成复杂裂缝。缝口暂堵通过暂堵剂封堵已压开裂缝，升高压力，使裂缝在新位置起裂扩展，实现水平井多段压裂、段内多簇压裂，或直井分层压裂。为验证暂堵转向压裂可行性，研究暂堵条件下裂缝扩展规律，暂堵剂类型、加量、注入程序对裂缝扩展的影响，需进行暂堵转向压裂物理模拟实验。

### 6.9.2 暂堵转向压裂物理模拟

#### 6.9.2.1 暂堵压裂物理模拟装置

暂堵压裂模拟装置主要由三轴应力加载系统、高压泵、控制系统、数据采集系统、暂堵剂注入系统、辅助装置等部分组成，该装置可对30cm或40cm见方的岩样开展压裂实验。三轴应力加载系统对$x$、$y$、$z$轴三方向加载应力，模拟地层三向主应力。由于需要注入暂堵剂，为防止暂堵剂堵塞管线，管线内径需在10mm以上。图6.89为暂堵压裂模拟装置及结构示意图。

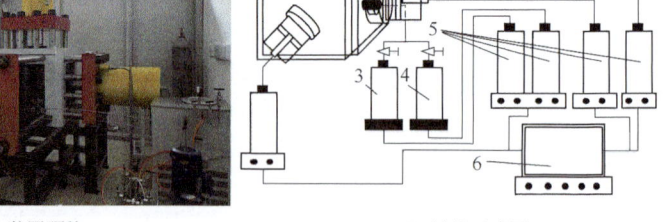

(a) 装置照片　　　　(b) 结构示意图

图6.89　暂堵转向压裂物理模拟装置及结构示意图

1—岩样加载腔；2—井筒；3—转向剂容器；4—压裂液容器；5—加载泵；6—控制台

## 6.9.2.2 暂堵转向压裂实验

### 1. 实验材料

实验材料主要包括：30cm 见方的岩样、暂堵剂和压裂液。

图 6.90 为碳酸盐岩实验岩样，岩样中心钻取井眼，根据需要进行固井，如钻孔深 20cm，钢制井筒 10cm 长，用高强度环氧树脂胶水固井后中间留 10cm 裸眼井段。

(a) 1号岩样

(b) 3号采样

图 6.90 实验岩样

暂堵剂（图 6.91）为可降解材料，制成不同形状及尺寸。岩样尺寸较小，形成的裂缝较窄，尺寸较小的暂堵剂才能进入裂缝内，尺寸较大的暂堵剂容易形成缝口暂堵。

(a) 20/50目颗粒

(b) 0.8～1.2mm颗粒

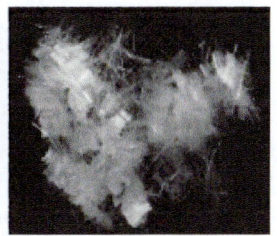
(c) 纤维

图 6.91 暂堵剂

### 2. 实验步骤

（1）岩样制备：将岩样切割成 30cm 见方的立方试件，钻井眼、固井。

（2）压裂液、暂堵液制备：制备压裂液，将暂堵剂与压裂液按设定比例混合均匀，置于中间容器中。

（3）三个方向主应力加载：为模拟储层地应力状态，根据不同井型，对岩样施加垂向应力 $\sigma_v$、最大水平应力 $\sigma_H$ 和最小水平应力 $\sigma_h$。为了防止压前层理缝开启，在施加三轴应力时，先施加上覆岩层压力，避免层理在压前发生剪切破裂，之后，平稳施加水平两向应力。

（4）压裂液或暂堵剂注入：根据设计的泵注程序，泵入压裂液或暂堵剂。

（5）裂缝扩展监测：在注入过程，实时采集泵压数据。

(6) 压后裂缝形态观测：压裂后，首先观察试件表面裂缝形态，然后剖开试样，根据压裂液流动路径和暂堵剂的分布，分析暂堵对裂缝延伸的影响。如需要在剖开前获得岩样内部裂缝形态，先进行 CT 扫描，然后再剖开岩样观察。

### 6.9.2.3 暂堵转向规律

实验分三大类：缝内暂堵转向压裂实验、直井缝口暂堵转向压裂实验、水平井暂堵分段压裂实验。

本实验的难点在于，在缝内暂堵转向压裂实验中，岩样尺寸较小，压裂形成的裂缝宽度窄（毫米级以下），如何让暂堵剂进入缝内，形成暂堵带，升高施工压力是实验难点。水平井缝口暂堵分段压裂易实现，可重复性最好。缝内暂堵与实际存在一定差异，实验中没有滤失，没有暂堵剂浓度增加过程，暂堵剂浓度太低则暂堵效果不好，而实际地层中液体边流动边滤失，暂堵剂浓度增加，有利于形成暂堵带。

1. 缝内暂堵转向压裂实验

缝内暂堵转向压裂如图 6.92 所示，压开裂缝后，注入暂堵剂。暂堵剂在裂缝内形成高阻力带，增加施工压力，开启其他地方裂缝，使裂缝转向延伸。

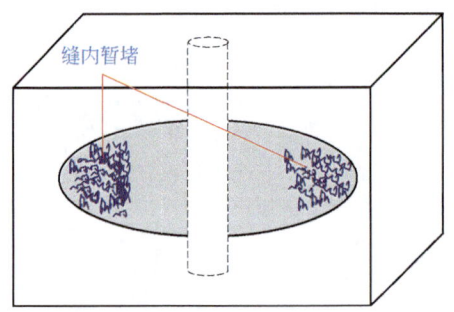

图 6.92　缝内暂堵转向压裂示意图

下面为一个缝内暂堵转向压裂实例，实验条件为：垂向应力最大，水平应力差 8MPa，暂堵剂为 0.7%可降解纤维（<1mm），先注入压裂液压开裂缝，再注入纤维暂堵液。注入压裂液阶段压力较低，岩石无明显破裂显示（岩样有天然裂缝连通井筒）；注入暂堵剂阶段压力波动上升（图 6.93）。压后裂缝形态如图 6.94 所示，形成了复杂裂缝形态，共有两条缝，第一条缝从左边到右上，第二条缝从井筒到右边，纤维在裂缝中呈分散铺设状态。从裂缝面颜色判断，暂堵后开启的裂缝为层理面。

2. 直井缝口暂堵压裂实验

直井缝口暂堵转向压裂的目的是用暂堵剂封堵已压开裂缝缝口，升高压力，使裂缝在井筒其他方位开启并扩展，将裂缝引到非最大水平主应力方向延伸，如图 6.95 所示。

# 第 6 章 酸 压

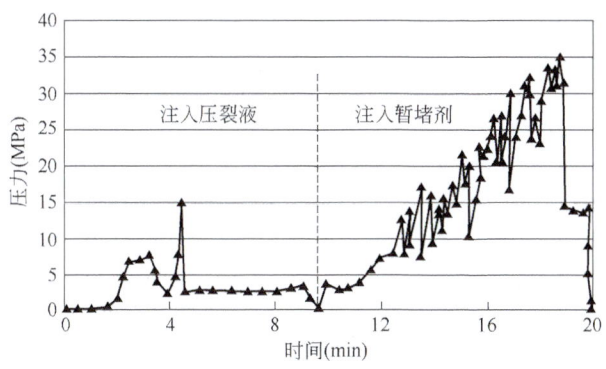

图 6.93 注入压力曲线

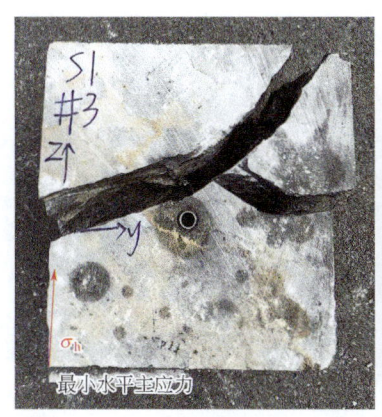
(a) 岩样照片

(b) 裂缝形态

图 6.94 压后岩样照片及裂缝形态

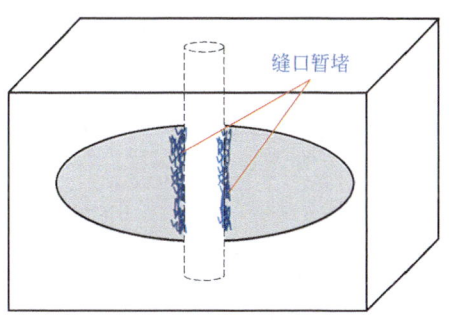

图 6.95 直井缝口暂堵转向示意图

下面为一个直井缝口暂堵转向压裂实例,实验条件为:垂向应力最大,水平应力差 13MPa,暂堵剂为 0.7% 可降解纤维(1~2mm),先注压裂液压开裂缝,再注暂堵剂。注入压裂液阶段,施工压力有一明显尖点,岩石有明显破裂显示;注入暂堵剂阶段,压力上升明显,且波动明显,如图 6.96 所示。压后形成两条缝，第一条垂直于最小水平主应力，第二条缝为层理缝，缝口暂堵效果较好，憋起的高压使层理缝开启，如图 6.97 所示。

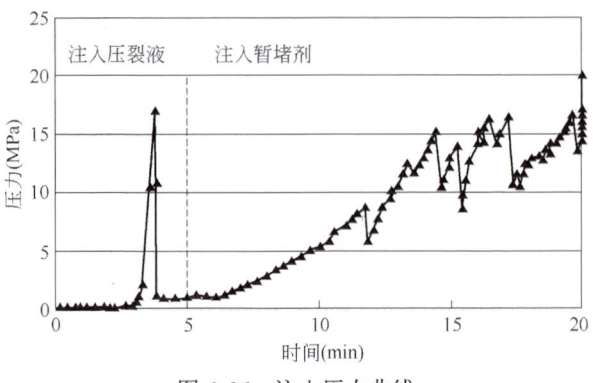

图 6.96 注入压力曲线

(a) 岩样照片

(b) 裂缝形态

(c) 层理面

图 6.97 压后岩样照片

### 3. 水平井缝口暂堵分段压裂实验

水平井暂堵分段压裂实验采用一段暂堵、两段压裂方式，注入方式为压裂液+暂堵剂+压裂液，通过暂堵剂封堵第一次压开的裂缝，升高压力，压开第二条裂缝，实现无工具分段压裂，如图 6.98 所示。

实验 1 的实验条件：垂向应力最大，水平主应力差 17MPa，水平井裸眼段长 10cm；暂堵剂类型为 0.5%可降解纤维（3mm、1.5mm、0.75mm 纤维各占三分之一）；泵注方式为压裂液+暂堵剂+压裂液。

注入压力曲线如图 6.99 所示，压力曲线上有两个明显尖点，岩石有两次明显破裂。注入暂堵剂阶段，压力上升显著，说明纤维对裂缝缝口堵塞效果较好，第二条裂缝延伸压力明显高于第一段。压后形成了两条垂直于井筒的裂缝，岩样有层理面，升高压力后，层理面开启，与水力裂缝一起形成复杂裂缝，如图 6.100 所示。

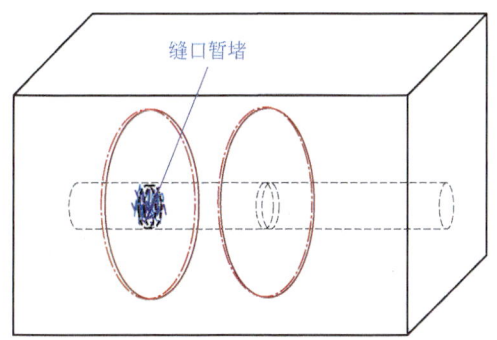

图 6.98 水平井暂堵分段压裂实验示意图

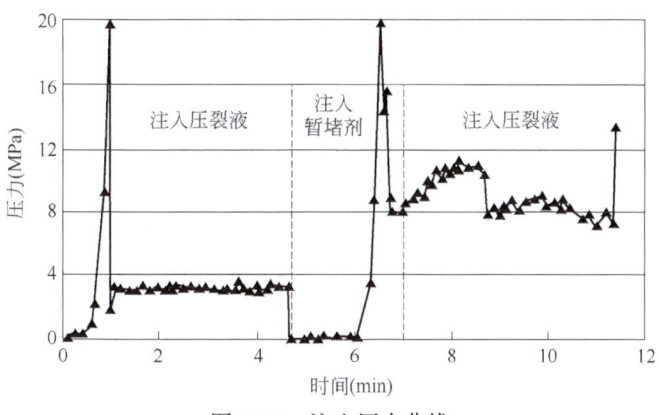

图 6.99 注入压力曲线

图 6.100 压后岩样照片

实验 2 的实验条件：垂向应力最大，水平主应力差 17MPa，水平井裸眼段长 10cm；暂堵剂类型为 0.8% 可降解纤维（6mm）、0.8% 颗粒球（0.8~1.2mm）；泵注方式为压裂液+暂堵剂+压裂液。

注入压力曲线如图 6.101 所示，前期纯压裂液注入阶段压力曲线有一明显尖点，说明岩石破裂明显；注入暂堵剂阶段，压力上升明显；再注入压裂液阶段，压力较高，波动较大。压后形成了垂直于井筒的两条裂缝，还有层理缝开启，与主裂缝一起形成较复杂的裂缝网络，如图 6.102 所示。压后岩样进行了CT扫描，以观察内部裂缝形态。CT 图像上清晰可见两条垂直于井筒的主裂缝以及一些微裂缝；CT 扫描后剖开岩样直接观察裂缝形态，CT 扫描获得裂缝形态与观察的裂缝形态基本一致，缝口封堵效果较好，暂堵剂位于第一条裂缝缝口位置。

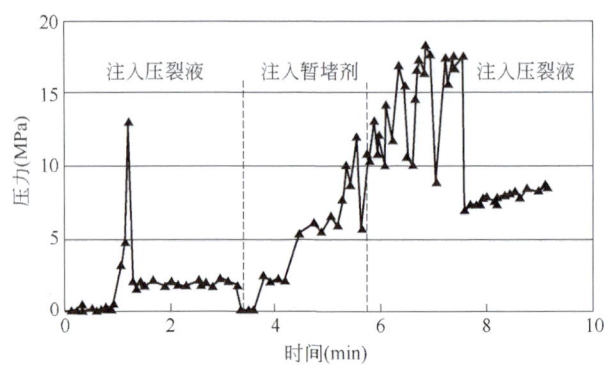

图 6.101　注入压力曲线

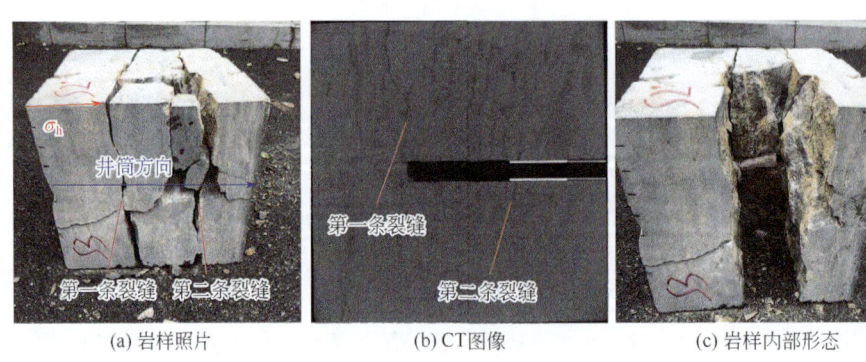

图 6.102　压后岩样照片

## 6.9.3　暂堵转向材料性能评价

### 6.9.3.1　暂堵材料

暂堵剂要求材料可降解，又称为可降解暂堵剂。可降解材料有多种类型，如纤维素类、聚丙烯酰类、天然胶类、聚酯类、聚酯材料与天然多糖类化合物相结合生物高分子材料等，不管哪种材料，只要能满足暂堵需求即可。暂堵需求包括：耐温性能、稳定性能、降解性能、封堵性能；施工时具有较好的稳定性能、封堵性能，满足封堵要求；施工结束后，材料能自动降解返排，不对储层产生负面影响。材料加工成各种形状，如纤维，不同粒径颗粒，有的规则，有的不规则，颗粒粒径一般在 7mm 以下，粉末一般 20/60 目；8mm 以上一般加工成球或绳结，球或绳结用于封堵射孔炮眼、缝口，根据孔眼大小制作成不同尺寸。图 6.103、图 6.104 为常见暂堵材料照片。单纯用暂堵球封堵射孔炮眼效果不好，因为射孔炮眼不规则，施工磨蚀使孔眼变大，球无法密封炮眼，且向上的炮眼暂堵球容易脱落。更可靠的方法是球与颗粒、粉末组合使用，球尺寸小于炮眼入口尺寸，球在炮眼中架桥，颗粒粉末填充孔隙，这种结构封堵严实，可靠性高，球不会掉落。绳结暂堵剂既有较大的结，又有附着在结上的线绳，结起到架桥作用，线绳起到填充缝隙、增大摩擦力、防止脱落作用，封堵炮眼作用比光滑的暂堵球更好。

图 6.103 暂堵剂照片

(a) 绳结暂堵剂　　　　　　　　　　(b) 暂堵球

图 6.104 绳结暂堵剂、暂堵球照片

暂堵剂耐温和稳定时间根据需求定制，根据稳定时间长短，分为长效暂堵剂和短效暂堵剂。长效暂堵剂稳定时间达到几天，比如水平井施工时间较长，需要这种暂堵剂；短效暂堵剂作用时间从几十分钟到几小时。

### 6.9.3.2 评价指标

暂堵剂暂无行业评价标准，施工要求和现场实践形成了关于暂堵剂主要评价指标、指标范围和评价方法，主要评价指标有：密度、耐温、开始溶解时间、完全溶解时间、暂堵转向压力、降解率。

暂堵颗粒常见尺寸：20/60目粉末，1~7mm（常细分为1~3mm、3~5mm、5~7mm；1~5mm与粉末组合常用于缝内暂堵；5~7mm与更细颗粒组合用于缝口暂堵），8mm以上一般为球状，封堵射孔炮眼。典型密度范围1~1.25g/cm³。暂堵转向压力有时又称为承压强度或封堵强度，即暂堵层提供的裂缝转向所需的压力增量，一般几兆帕，高的十几兆帕。开始溶解时间为暂堵层提供稳定支撑的时间，缝内暂堵一般几十分钟就够，因为当本级裂缝施工完后，不再需要封内暂堵再发挥作用；缝口暂堵稳定时间取决于段内多簇射孔施工时间，一般几个小时。降解率反映暂堵剂降解程度，典型要求98%以上，即基本完全降解，对储层及裂缝不产生负面影响。这几个参数中多数采用常规方法测试，本书特地介绍暂堵转向压力和降解率测试。

1. 暂堵球暂堵转向压力和承压时间测试

用游标卡尺测量球直径，将球装入承压评价仪的球座中，要求球的尺寸与球座尺寸匹配（一般设置为球直径≥1.25倍球座孔眼直径），然后连接好加压设备，实验前对装置及管线进行试压，比如试压40MPa，稳压不刺不漏为合格。试压合格后，再开始进行球承压实验，从5MPa、10MPa、15MPa、20MPa、25MPa、30MPa逐级加压，每级稳压1min后升压，当加压到30MPa后稳压1h，若1h内球不破坏，则视为球承压强度≥30MPa，且承压时间≥1h。测试的压力和稳定时间根据需求设定。

2. 颗粒暂堵剂转向压力测试

用裂缝导流槽暂堵剂驱替仪（或类似的暂堵剂驱替装置）进行颗粒暂堵转向压力测试，将暂堵剂与携带液混合配制成暂堵液 $x$mL，暂堵剂浓度 $x\%$，装入液罐中。将裂缝宽度调整为 $x$mm，设定排量开始驱替，记录驱替压力变化规律，当驱替压力达到 $y$MPa 时，转为恒压驱替模式（若保持恒流驱替模式，压力会一直上升），观察其稳定时间，其稳定时间视为封堵时间，$y$MPa 为暂堵转向压力。

3. 降解率测定

称取 $m_1$ 质量的暂堵剂放入老化罐中，加入足量水，拧紧罐盖，放入设定温度的恒温箱加热一定时间后，停止加热，待老化罐冷却至室温，卸压开罐。取一张滤纸，称其质量 $m_2$，用滤纸过滤溶液，烘干至恒重并称量其质量 $m_3$。溶解率 $\eta_d$ 为

$$\eta_d = \frac{m_1 - (m_3 - m_2)}{m_1} \times 100\% \quad (6.89)$$

式中，$m_1$ 为暂堵剂质量；$m_2$ 为滤纸质量；$m_3$ 为滤纸和未降解暂堵剂的质量。

### 6.9.3.3 暂堵剂转向压力测试

暂堵转向压裂实验试件尺寸较小（30cm 见方），产生的裂缝宽度较小，与现场裂缝宽度差异较大。因此，暂堵转向压裂实验无法获得暂堵剂尺寸、用量、组合等参数与缝宽间的关系，需通过裂缝导流槽暂堵剂驱替实验获得。该实验可模拟实际缝宽条件下的暂堵情况，从而建立缝宽与暂堵剂参数关系。

1. 实验设备

用裂缝导流槽暂堵剂驱替仪测试暂堵剂转向压力，设备如图 6.105 所示，核心部分为导流槽、岩板室和暂堵液容器。导流槽用于安装岩板室。岩板室分为上、下两片，分别用于安装两块实验岩板，上下两片岩板室之间的距离可以调节（模拟缝宽）。岩板 3D 打印而成，可重复使用，其表面形貌用水力压裂形成的裂缝表面 3D 扫描获得。暂堵液容器与导流槽连接管线内径足够大（比如 10mm 以上），防止暂堵剂堵塞管线。

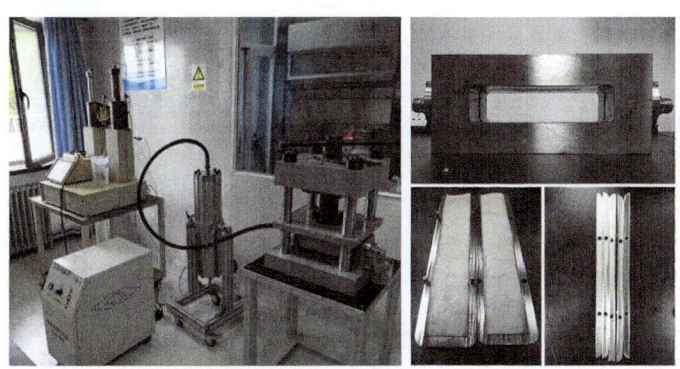

图 6.105 裂缝导流槽暂堵剂驱替仪

2. 实验步骤

（1）配制一定量暂堵液（暂堵剂+携带液，混合均匀），装入容器中；

（2）根据所需评价的裂缝宽度，调整金属岩板间的垫片厚度，将金属岩板放入导流室腔体；

（3）将导流室放置在压机上，连接管线；

（4）用压机对导流室施加一定围压；

(5) 开启注液泵，定排量注入暂堵液，待泵压达到目标转向压力后转为定压驱替，稳定一段时间后停泵；

(6) 取出岩板，观察暂堵剂形成的暂堵带形态。

**3. 实验现象**

下面以两组实验说明驱替过程中压力变化规律、形成的暂堵层形态。

实验1：排量60mL/min，缝宽4mm，携带液为瓜尔胶压裂液，暂堵剂为1.5%纤维+0.8%颗粒（3~4mm）+0.5%颗粒（0.8~1.2mm）。压力曲线如图6.106所示，前面压力缓慢上升，约10min后压力快速上升至20MPa，转为定压驱替，稳定时间超过80min。大小颗粒与纤维组合能形成致密暂堵层，小颗粒填充大颗粒间的孔隙，纤维填充细孔隙。

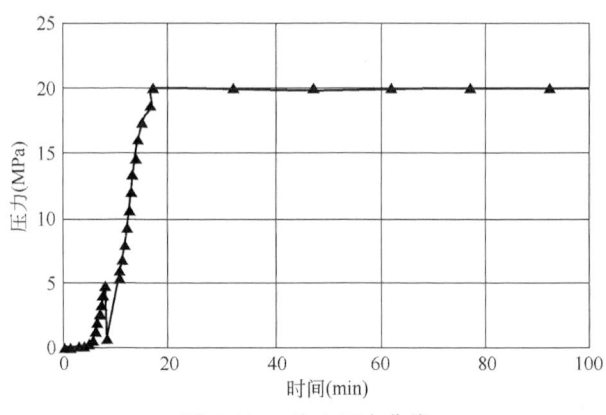

图6.106 注入压力曲线

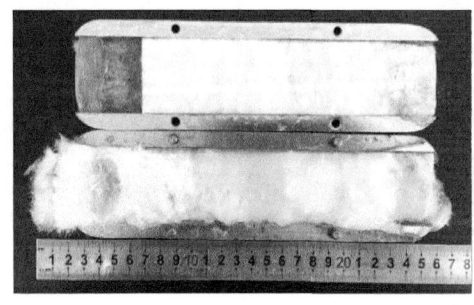 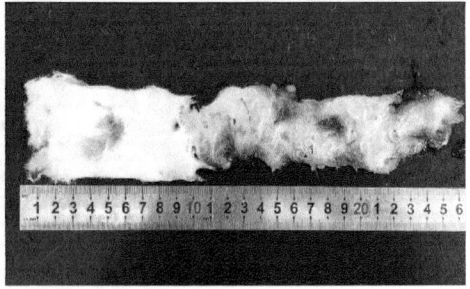

图6.107 实验后暂堵层照片

实验2：排量60mL/min，缝宽6mm，携带液为瓜尔胶压裂液，暂堵剂为3%颗粒（1~5mm）+2%粉末（20/60目）。起压较快，升压较快，约10min后压力达到15MPa，转为定压驱替，稳定时间超过50min，形成了从入口到出口的致密暂堵层。

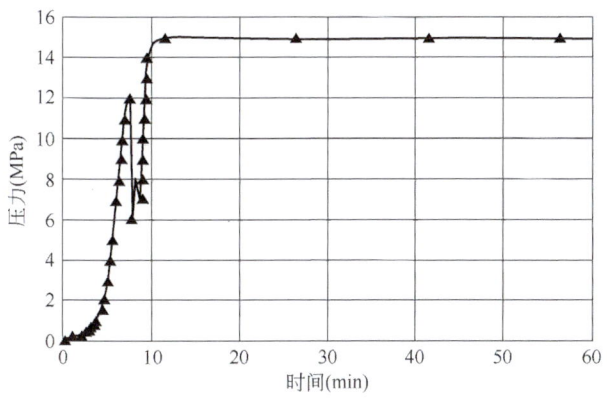

图 6.108 注入压力曲线

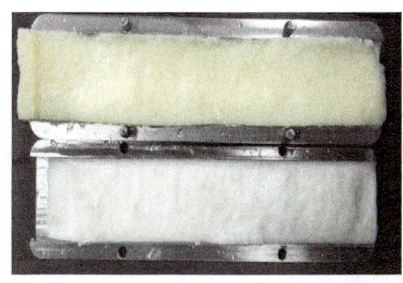 

图 6.109 实验后暂堵层照片

### 6.9.3.4 暂堵球承压强度测试

测试暂堵球承压强度需要用到球座模拟射孔，如图 6.110 所示，内孔逐渐变细。暂堵球坐于内孔上，用一加压装置（如岩心驱替装置）与该球座配合使用。球座置于岩心夹持器内，将暂堵球置于球座，启泵驱替，升压很快，当压力升到测试值后，转为恒压驱替，稳定给定时间，即为暂堵球承压强度和承压时间，压力曲线如图 6.111 所示。测试时，球座出口朝下，利用重力坐封。

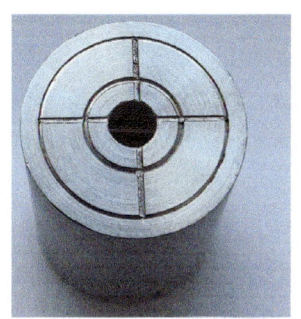 

图 6.110 球座照片

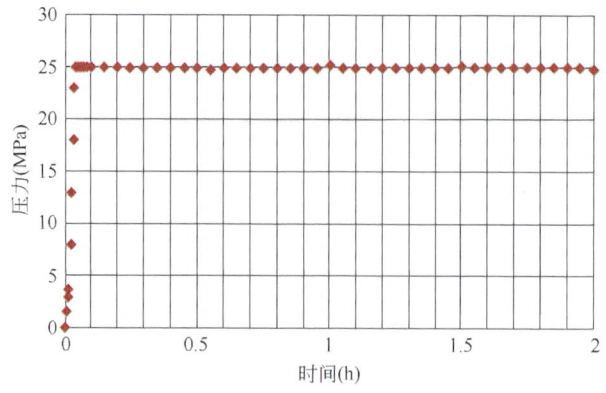

图 6.111　暂堵球承压曲线

#### 6.9.3.5　暂堵剂可降解性能

施工结束后，随温度升高、液体浸泡时间增长，暂堵剂自动降解，降解后返排出来，不对储层造成负面影响。如施工中出现与暂堵剂相关的问题，关井一段时间，暂堵剂部分降解后则可继续施工。温度低于100℃时，可用烧瓶进行降解实验，高于100℃时，用密封的反应釜进行降解实验，在不同的时间观察暂堵剂形态直至完全降解（图 6.112）。

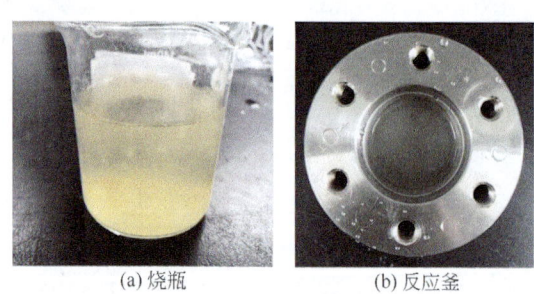

(a) 烧瓶　　　　　　　(b) 反应釜

图 6.112　暂堵剂降解实验照片

### 6.9.4　暂堵转向压裂现场应用

井 A 为薄互层直井，储层垂向跨度超过 70m，储层厚度 18m，有 6 个小层，前面压裂过一次，本次为同层重复压裂。封隔器投球分上下两段改造，下段两次缝内暂堵，上段两次缝内暂堵、一次缝口暂堵。施工曲线如图 6.113 所示，由于是重复压裂，第一级压裂没有明显起裂显示，压力较平稳，加缝内暂堵剂后，压力上涨明显 3~5MPa；加缝口暂堵剂时压力上涨明显，约几兆帕。缝内暂堵剂在混砂车上添加，加缝内暂堵剂时降低排量，加完暂堵剂后提至正常施工排量，保持裂缝开度，使暂堵剂进入缝内；暂堵剂运移至裂缝远端，裂缝宽度变窄，加上滤失，逐渐封堵裂缝，压力逐渐升高，压力升高一定值后，裂缝在新的地方起裂延伸，实现裂缝转向。缝口暂堵用球和颗粒组合，由于球尺寸较大，不能在混砂车上添加，要么停泵打开井口加入暂堵球，要么用特殊泵将球或大颗粒（7mm以上）直接泵入高压管汇，然后低排量泵入液体，在混砂车上加入颗粒暂堵剂。当暂堵剂达到缝口时，不提排量注入压力上升明显，是缝口暂堵的明显标志，然后提至正常施工排量进行下一级施工。该井改造效果明显，改造前产油约 1t/d，改造后初期产油超过 10t/d。

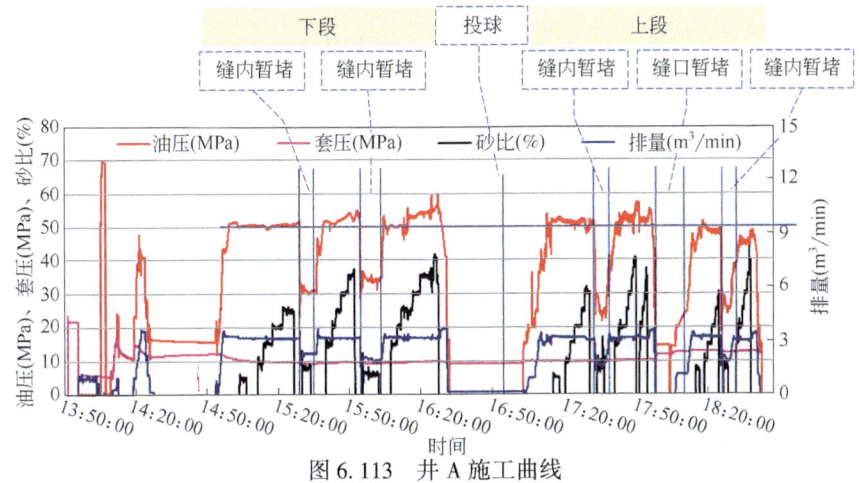

图 6.113　井 A 施工曲线

井 B 为水平酸压井（缝洞型），采用纤维缝口暂堵分段酸压，施工曲线如图 6.114 所示。分段酸压井施工曲线明显有别于水力压裂井，水力压裂施工曲线较规则，酸压施工曲线跳跃明显。对于缝洞型储层，施工压力起伏较大，遇到裂缝、溶洞时，压力突然下降，裂缝溶洞逐渐填充后压力又回升；注入酸液时，如

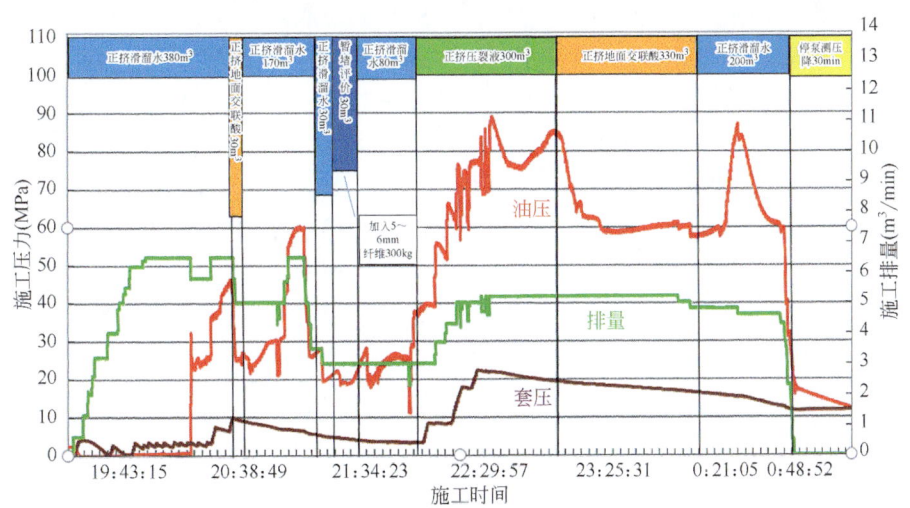

图 6.114　井 B 施工曲线

储层较发育，滤失较严重，压力有明显下降。图 6.114 曲线中间一段低排量注入暂堵剂段塞，前后两段分别改造两个储集体。泵注暂堵剂后，未提排量条件下，压力上升明显，判断缝口暂堵到位，然后排量提至正常排量施工，压力上升较高，新缝起裂现象明显。

## 6.10　酸压设计

酸压设计是指根据目标井层特性，在设备能力和可选材料条件下，以获得最大产量或经济效益为目标，选择合适的液体体系，优化裂缝参数、施工参数，设计合适的泵注程序，形成经济可行的酸压方案。

酸压设计主要内容介绍如下：

(1) 储层资料收集整理、储层特征分析。

首先收集目标井层资料，主要包括井基本数据、完井数据、储层参数、流体物性、岩石力学参数、测录井数据、岩心分析数据、修井数据、生产数据、改造历史等，基于这些数据分析储层特征，基于储层特征进行酸压工艺、酸液体系选择。

(2) 酸液体系优选，配方优化。

基于储层特征，比如储层温度、天然裂缝是否发育、渗透率级别、储层敏感性及矿物成分等，通过一系列实验进行酸液体系（包括添加剂）优选、配方优化，测试的主要指标包括黏温性能、破胶返排性能、与储层配伍性能、酸蚀裂缝导流能力、酸岩反应速度。

(3) 裂缝参数优化及产量预测。

需要优化的裂缝参数为缝长和裂缝导流能力，对于水平井还要优化裂缝条数（裂缝间距），优化裂缝参数时还能进行产能预测。酸压优化裂缝参数与水力压裂优化裂缝参数类似，优化方法包括解析方法和油藏数值模拟方法，优化对象分为整体压裂优化设计和单井优化设计。整体压裂（酸压）优化设计考虑井间的关系，以井组形式建模；单井优化设计只考虑目标井，以泄油面积给定。下面以单井直井为例讲述裂缝参数优化。

① 解析方法。解析方法是通过计算增产倍比来优化裂缝参数，增产倍比是酸压后采油指数与酸压前采油指数之比 $J/J_0$，体现增产效果好坏，是酸压设计重要指标之一，是产能预测、经济评价必不可少的参数。解析方法优化裂缝参数见 6.1.2 节。

② 油藏数值模拟方法。建立单井油藏数值模拟模型，在裂缝处用加密方式或用细网格形式模拟裂缝，在裂缝所在网格用高渗透率表示裂缝（图 6.115 为储层的一半，红色为裂缝），通过给定一系列裂缝长度和导流能力组合来计算日产量和累计产量随裂缝参数变化。

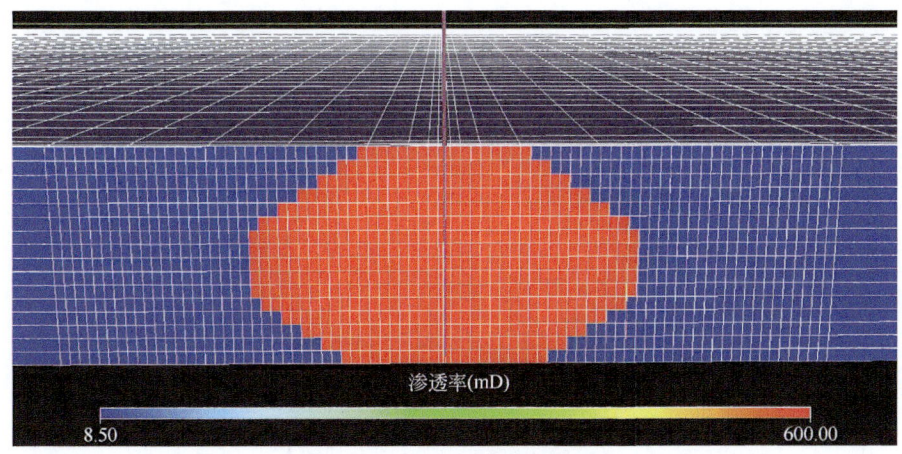

图 6.115　酸压裂缝模拟图

通过模拟可得如图 6.116、图 6.117 所示的曲线，增油量随裂缝长度、导流能力增加而增加，初期增长较快，随后发生拐弯，后面慢慢趋平，取拐弯附近的参数为最优裂缝参数。严格来讲，需要进行经济评价获得最优参数，但经济评价涉及参数多，多以产能为目标优化参数。最优裂缝参数地层供液能力与裂缝输送能力相匹配，低渗透储层需要缝长较长、导流能力较低的裂缝，因为地层供液能力较低；高渗透储层需要缝较短、导流能力较高的裂缝，因为地层供液能力强。产能预测指在优化的裂缝参数下产能如何变化，如图 6.118 所示，常预测三年的产量变化，同时预测不改造时的产量进行对比，两种差异为改造增量。

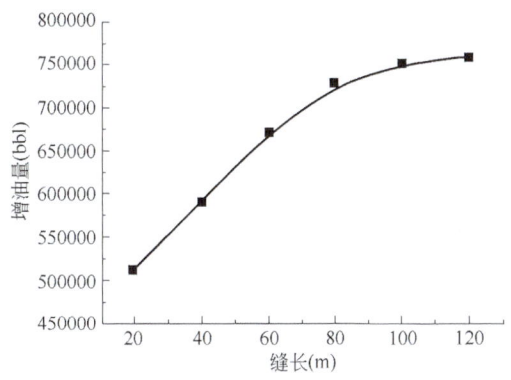

图 6.116　裂缝长度对增油量的影响

缝长和导流能力两个参数取不同值可形成很多组合，优化参数时常采用以下策略：因为最优的裂缝参数是地层供液能力与裂缝输送能力间的匹配，所以在优化裂缝长度时，给一个较高的导流能力，消除导流能力的影响；得到优化的裂缝

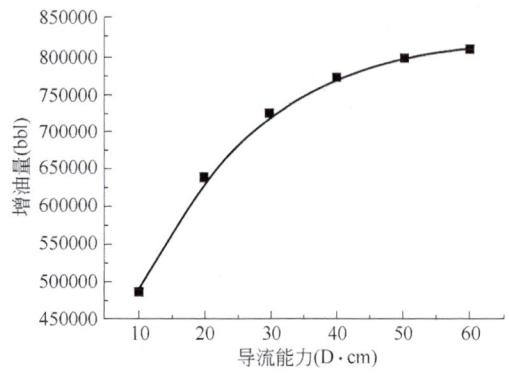

图 6.117 裂缝导流能力对增油量的影响

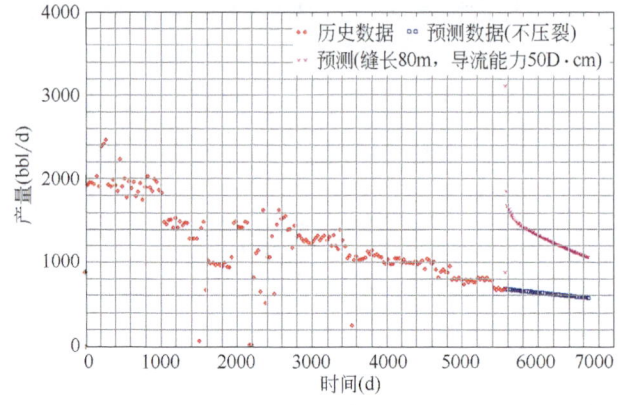

图 6.118 酸压产能预测

长度后,固定裂缝长度,变化裂缝导流能力来优化导流能力;再用优化的导流能力复核前面优化的缝长,变化应不大。

上述例子为孔隙型储层,对于裂缝型储层或缝洞型储层,比如鄂尔多斯盆地马家沟组储层、塔里木盆地碳酸盐岩储层,这类储层较难建立准确的地质模型,较难准确优化裂缝参数,以经济、可行的裂缝参数为目标。

优化的裂缝参数用作参考值,还应与酸压能实现的有效酸蚀缝长结合,活酸作用距离受酸岩反应、酸液滤失限制只能达到一定距离,如优化的缝长比活酸可能作用的距离长,则目标缝长只能取活酸作用距离,反之取前面优化的参数。

(4) 施工参数优化。

主要施工参数包括酸液(液体)用量和排量。依据泵注顺序、液量、排量,设计出泵注程序,现场施工人员按照泵注程序施工。施工参数优化采用酸压模拟软件实现,基于目标裂缝参数,模拟排量、液量对缝长、导流能力、缝高的影响规律来确定参数。排量优化中涉及施工压力预测,排量对摩阻影响较大,施工压力 $p_t$ 可通过下式估算:

$$p_t = p_c + p_{net} - \Delta p_{PE} + \Delta p_F \tag{6.90}$$

式中,$p_c$ 为裂缝闭合应力;$p_{net}$ 为净压力;$\Delta p_{PE}$ 为静液柱压力;$\Delta p_F$ 为摩阻。

排量、管径对摩阻影响较大,特别是深井、大排量时,$\Delta p_F$ 值较高,摩阻是选择管径的依据之一。

图 6.119 显示了一组现场测试的管柱尺寸、排量对摩阻的影响。$p_c$ 为储层已知参数,$\Delta p_{PE}$ 取决于液体密度,$\Delta p_F$ 需要现场测试数据,基于这些数据,能估算施工压力,再依据施工压力和排量选择车组。

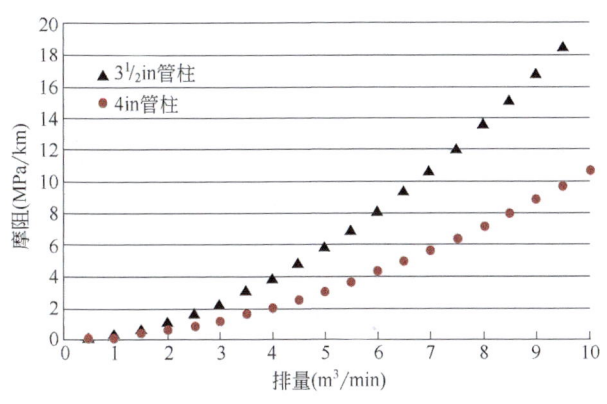

图 6.119 排量、管柱对摩阻影响

(5) 车组、工具、管柱设计。

① 车组确定。施工所需最大水功率为 $P_w = p_t \times Q \times 22.6$(hP),根据可供选择的车组功率,取一定百分比(如 60%、80%)为有效水功率计算车组数。比如 2500 型车组,车组数目 $= P_w \div (2500 \times 80\%)$ 台。根据施工规模、施工压力、施工时间,留一定备用车组,仪表车、管汇车、水泥车、供液车、其他辅助车辆根据施工需要确定。

② 管柱、工具。工具主要指分段(层)工具、射孔设备、酸罐、液罐等,分段工具参见 6.8 节。如用油管酸压,都带顶封封隔器,该封隔器分隔环空与井底,避免酸液进入环空接触套管;如用套管酸压,需特别做好套管防腐蚀。酸罐、液罐根据设计的液量配置。

管柱设计指确定管柱尺寸及组合、下入深度。常见管柱尺寸有 $2\tfrac{7}{8}$in、3in、$3\tfrac{1}{2}$in、4in、$4\tfrac{1}{2}$in。小管柱经济、摩阻高,根据施工压力对摩阻的要求确定管柱尺寸。

(6) 现场实施。

现场实施主要指施工前准备、酸压实施、施工紧急预案。施工前准备包括井场准备、井筒准备、配液材料准备、液体检测、液体配制、设备准备、管线连接等。施工紧急预案指对可能出现的风险进行预估,并准备相应的应急预案。酸压实施指在一切准备就绪的情况下按照泵注程序表实施酸压,并采集相应的数据。

(7) 返排。

制定酸压后返排制度,施工完关井一定时间开始返排,依据压力情况选择油嘴尺寸。表 6.18 为常见油嘴尺寸选择参考。如无法自喷排液,选择气举或抽汲等人工辅助排液方式。准确记录返排时的油套压力、流量及液量;间隔一定时间取样,描述液体颜色,检测残酸 pH 值和密度,必要时将样品送实验室检测分析。

表 6.18 返排油嘴与压力关系参考

| 压力 (MPa) | >20 | 10~20 | 5~10 | <5 |
|---|---|---|---|---|
| 油嘴 (mm) | 4 | 5 | 6 | 7 |

# 习 题

1. 酸蚀裂缝导流能力实验中,酸液驱替完毕,闭合两岩板,施加一定闭合应力测试导流能力。有效闭合应力为 40MPa,流量 $q=50\text{mL/min}$,岩板长度为 17.78cm,高度为 3.81cm,实验稳定驱替压差 0.01MPa,液体黏度为 1mPa·s。计算该闭合应力下酸蚀裂缝导流能力。

2. 某实验得到表 6.19 所示的实验数据,采用酸蚀裂缝导流能力经验公式通用形式,$k_f w = a w_i^b e^{-c\sigma_c}$,通过数据拟合确定参数 $a$、$b$、$c$。

表 6.19 酸蚀裂缝导流能力数据

| 酸岩接触时间 (min) | 岩溶量 (g) | 有效闭合应力 (MPa) | | | | | | |
|---|---|---|---|---|---|---|---|---|
| | | 20 | 30 | 40 | 50 | 60 | 70 | 80 |
| | | 导流能力 (D·cm) | | | | | | |
| 20 | 19.8 | 246.11 | 122.6 | 60.34 | 31.12 | 15.12 | 7.16 | 4.38 |
| 40 | 34.5 | 401.28 | 190.39 | 88.74 | 46.97 | 26.24 | 13.59 | 7.01 |
| 60 | 58.2 | 643.47 | 321.58 | 165.28 | 78.61 | 46.99 | 20.57 | 11.63 |

3. 假如一碳酸盐岩储层酸压施工采用胶凝酸(浓度为 20%)施工,酸液氢离子有效扩散系数 $D_e = 7 \times 10^{-9} \text{m}^2/\text{s}$,排量 $Q = 4\text{m}^3/\text{min}$,裂缝高度 $H = 30\text{m}$,平均裂缝宽度 $w = 3.5\text{mm}$。当注入 $300\text{m}^3$ 酸液后,裂缝长度 120m,此时裂缝扩展效率 $\eta \to 0$。计算酸浓度降低一半时的作用距离及活酸作用距离。

4. 假如某石灰岩地层酸压施工采用胶凝酸(浓度为 20%)施工,地层孔隙度为 0.1,裂缝高度 $H = 30\text{m}$,酸液氢离子有效扩散系数 $D_e = 7 \times 10^{-9} \text{m}^2/\text{s}$,密度

$\rho_A = 1098 \text{kg/m}^3$,排量 $Q = 4\text{m}^3/\text{min}$。假设液体效率 $\eta = 0.1$ ($F = 1-\eta$),$f = 0.4$,计算注入 80min 时平均裂缝宽度。若此时对应的缝长为 100m,滤失与注入达到平衡,计算滤失速度,计算裂缝宽度沿缝长缝长分布。假如地层有效闭合应力为 50MPa,用习题 2 中的导流能力经验公式计算导流能力沿缝长分布。

5. 一口碳酸盐岩油井(直井)进行酸压设计,泄油半径为 300m,储层渗透率为 1mD,孔隙度为 0.1,含油饱和度为 0.65,层厚为 20m,地层油黏度为 1mPa·s,综合压缩系数为 $4\times10^{-9}\text{Pa}^{-1}$。试优化裂缝参数,并与可能的活酸作用距离对比,推荐裂缝长度。

6. 活酸作用距离的影响因素有哪些,如何提高活酸作用距离?

# 参考文献

邓亚平,1985. 油水井的氨基磺酸处理. 石油钻采工艺,13(4):83-86.

杜时贵,郭霄,2003. 岩体结构面粗糙度系数 JRC 的研究现状. 水文地质工程地质,S1:30-33.

冯英,陈建波,李建波,等,2004. 乳化酸配方室内研究. 钻采工艺,27(6):83-87.

李沁,2013. 高粘度酸液酸压反应动力学行为研究. 成都:成都理工大学.

罗云,刘爱华,王俊明,2008. 交联酸加砂酸化压裂技术在复杂岩性油藏的应用. 石油学报,29(2):267-269.

谯天杰,张友彩,岑岚,等,2003. 泡沫酸化工艺对川中低压裂缝性油藏适应性的认识. 钻采工艺,26:103-105.

王绍先,陈学,吴文刚,等,2008. 微胶囊固体硝酸酸化液实验研究. 西南石油大学学报(自然科学版),30(5):129-132.

王洋,袁清芸,李立,2016. 塔河油田碳酸盐岩储层自生酸深穿透酸压技术. 石油钻采技术,44(5):90-93.

卫玮,颜晋川,刘斌,等,2011. 酸液滤失性评价及控滤对策. 钻井液与完井液,28(3):66-68.

吴兴国,王小泉,丁培芳,2005. 深井超深井温控交联酸的特点与室内性能调试. 石油与天然气工业,34(4):296-298.

伊向艺,2006. 碳酸盐岩储层交联酸酸压技术研究与应用. 成都:成都理工大学.

伊向艺,卢渊,赵振峰,等,2014. 碳酸盐岩储层携砂酸压技术研究与应用. 北京:科学出版社.

赵立强,刘欣,刘平礼,等,2004. 新型碳酸盐岩油气层酸压技术:固体酸酸压技术. 天然气工业,24(10):96-98.

郑云川,赵立强,刘平礼,等,2005. 两性表面活性剂酸液体系在基质酸化及酸压中的应用. 天然气工业,25(12):71-73,9.

Barton N,Choubey V,1977. The Shear Strength of Rock Joints in Theory and Practice. Rock Mechanics, 10 (1): 1-54.

Beg M S, Kunak A O, Gong M, 1998. A Systematic Experimental Study of Acid Fracture Conductivity. SPE Prod & Oper, 13 (4): 267-271.

Berman A S, 1953. Laminar Flow in Channels with Porous Walls. J Appl Phys, 24: 1232-1235.

Blatt H, Middleton G, Murray R, 1980. Origin of Sedimentary Rocks. 2nd ed. Englewood Cliffs: Prentice-Hall Inc.

CoulterA W, Crowe C W, Barrett N D, et al, 1976. Alternate Stages of Pad Fluid and Acid Provide Improved Leakoff Control for Fracture Acidizing. Paper SPE 6124 presented at the SPE Annual Fall Technical Conference and Exhibition, October 3-6.

Crank J, 1984. Free and Moving Boundary Problems. New York: Clarendon Press.

Crowe C W, McGowan G R, Baranet S E, 1990. Investigation of Retarded Acids Provides Better Understanding of Their Effectiveness and Potential Benefits. SPE Prod & Oper, 5 (2): 166-170.

Deng J Y, Hill A D, Zhu D, 2009. A Theoretical Study of Acid Fracture Conductivity Under Closure Stress. Paper SPE 124755 prepared at the 2009 SPE Annual Technical Conference and Exhibition held in New Orleans, Louisiana, USA, October 4-7.

Deng J Y, Mou J Y, Hill A D, et al, 2012. A New Correlation of Acid Fracture Conductivity Subject to Closure Stress. SPE Production & Operations, 27 (2): 158-169.

Deutsch C V, Journel A G, 1998. GSLIB-Geostatistical Software Library and User's Guide. 2nd ed. New York: Oxford University Press.

Dong C, 2001. Acidizing of Naturally-Fractured Carbonate Formations. Austin: The University of Texas.

Gomaa A M, Nino-Penaloza A, McCartney E, et al, 2016. Engineering Solid Particulate Diverter to Control Fracture Complexity: Experimental Study. Paper SPE 179144 presented at the SPE Hydraulic Fracturing Technology Conference, The Woodlands, Texas, USA, February 9-11.

Gupta I, Rai C, Devegowda D, et al, 2021. Fracture Hits in Unconventional Reservoirs: A Critical Review. SPE J, 26 (1): 412-434.

Hill A D, Zhu D, Wang Y M, 1995. The Effect of Wormholing on the Fluid-Loss Coefficient in Acid Fracturing. SPE Production & Facilities, 10 (4): 257-264.

Jaeger J C, Cook N G W, Zimmerman R W, 2007. Fundamentals of Rock Mechanics. Malden: Blackwell Pub.

Li K D, Wu L Z, Rao X, et al, 2016. Fracturing Design Optimization for Shale Gas Horizontal Wells Using Microseismic and Production Logging Analysis. Paper SPE 181787 presented at the SPE Asia Pacific Hydraulic Fracturing Conference held in Beijing, China, August 24-26.

Mou Jianye, 2009. Modeling Acid Transport and Non-Uniform Etching in a Stochastic Domain in Acid Fracturing. College Station: Texas A&M University.

Mou J Y, Hill A D, Zhu D, 2010. A New Acid Fracture Conductivity Model Based on the Spatial Distributions of Formation Properties. Paper SPE 127935 presented at the 2010 SPE International Symposium and Exhibition on Formation Damage Control, Lafayette, Louisiana, February 10-12.

Mou J Y, Zhang S C, Zhang Y, 2012. Acid Leakoff Mechanism in Acid Fracturing of Naturally Fractured Carbonate Oil Reservoirs. Transport in Porous Media, 91: 573-584.

Mou J Y, Zhang S C, 2015. Modeling Acid Leakoff during Multistage Alternate Injection of Pad and Acid in Acid Fracturing. Journal of Natural Gas Science and Engineering, 26: 1161-1173.

Mou J Y, Li C Y, Zhang S C, et al, 2016. Research on Acid Leakoff Reduction by Injecting Large Volume of Slick Water in Acid Fracturing of Naturally Fractured Oil Reservoirs. Oxidation Communications, 39 (3-I): 2354-2365.

Nierode D E, Kruk K F, 1973. An Evaluation of Acid Fluid Loss Additives, Retarded Acids, and Acidized Fracture Conductivity. Paper SPE 4549 presented at the Fall Meeting of the Society of Petroleum Engineers of AIME, September 30-October 3.

Potapenko D I, Tinkham S K, Lecerf B, et al, 2009. Barnett Shale Refracture Stimulations Using a Novel Diversion Technique. Paper SPE 119636 presented at the SPE Hydraulic Fracturing Technology Conference, The Woodlands, Texas, January19-21.

Pournik Maysam, 2008. Laboratory-Scale Fracture Conductivity Created by Acid Fracturing. College Station: Texas A&M University.

Raymond L R, Binder G G, 1967. Productivity of Wells in Vertically Fractured, Damaged Formations. Journal of Petroleum Technology, 19 (1): 120-130.

Romero J, Gu H, Gulrajani S N, 1998. Three-Dimensional Transport in Acid Fracturing in Acid Fracturing Treatments: Theoretical Development and Consequences for Hydrocarbon Production. Paper SPE 39956 presented at the 1998 SPE Rocky Mountain Regional/Low-Permeability Reservoirs Symposium and Exhibition, Denver, Colorado, April 5-8.

Terrill R M, 1965. Heat Transfer in Laminar Flow between Parallel Porous Plates. Int J Heat Mass Transfer, 8: 1491-1497.

Wade R T, Cantrell R C, Poupon A, et al, 1965. Production Logging-The Key to Optimum Well Performance. Journal of Petroleum Technology, 17 (2): 137-144.

Williams B B, Gidley J L, Schechter R S, 1979. Acidizing Fundamentals. Monograph 6 Series, Society of Petroleum Engineers, Richardson, Texas.

Zhang Y, Yang S L, Zhang S C, et al, 2014. Wormhole Propagation Behavior and Its Effect on Acid Leakoff under In Situ Conditions in Acid Fracturing. Transport in Porous Media, 101 (1): 99-114.

# 第 7 章 酸化效果评价

酸化效果评价是酸化措施中的重要环节。通过酸化效果评价可明确工艺、酸液体系的适应性，并进行工艺、酸液体系改进，为后面的改造提供依据和指导。

## 7.1 基质酸化效果评价

### 7.1.1 基质酸化效果评价方法

酸化效果评价主要评价酸化后产能、表皮系数、吸酸剖面和酸化后产液剖面，评价方法主要有：产能评价、试井获得表皮系数、流量计测产液剖面、示踪剂测吸酸剖面、DTS（distributed temperature sensing）测吸酸剖面或酸化后产液剖面、酸化施工数据解释获得表皮系数。

（1）产能评价。

该方法通过现场生产测试，绘制酸化前后的流入动态（inflow performance relationship，IRR）曲线，通过 IPR 曲线可获得产能指数，计算酸化后产能增幅。

（2）试井解释。

该方法在酸化前后进行试井分析，获得表皮系数，对比酸化前后表皮系数变化来判断酸化效果。试井解释获得总表皮系数，要判断污染表皮系数的解除情况，则需要从总表皮系数中分离出污染表皮系数。

表 7.1 显示了某碳酸盐岩油藏酸化后通过试井解释的表皮系数，酸化后得到 -3 左右的表皮系数，解堵增产效果明显。

表 7.1 某储层酸化后试井解释结果

| 井名 | 射孔段（m） | 层位 | 厚度（m） | 试井表皮系数 | 酸液量（$m^3$） | 用酸强度（$m^3/m$） |
| --- | --- | --- | --- | --- | --- | --- |
| A | 4068.20~4187.00 | 1 | 89.30 | -2.83 | 118 | 1.32 |
| B | 4030.94~4161.62 | 1 | 58.52 | -3.65 | 80 | 1.37 |
| C | 4219.50~4373.80 | 2 | 93.00 | -2.76 | 94 | 1.01 |

（3）产液剖面测试。

产液剖面是生产测井的一部分信息，生产测井可获得流量、密度、温度、油气水含量沿井筒等信息，生产测井的流量计可获得产液剖面（何种液体来自哪里，量多少）(Wade 等，1965)。

该方法可用于测试酸化前后产液剖面，通过对比酸化前后产液剖面，判断酸化改善产液剖面的效果。对于多层井或水平井，有的地方渗透率低，供液未达到预期，可通过酸化改善供液不足的层段。

图 7.1 为产液剖面测试评价酸化效果的现场实例（Fahim 等，2011），该水平井酸化前，产液主要集中在 8700~9000ft 段，9000~9300ft 段基本不供液，为动用这段采取了酸化措施。刚酸化完的产液剖面与酸化前变化不大，当注入液体返排完毕后，产液剖面得到了较好的改善，9000~9300ft 段得到较好的动用。

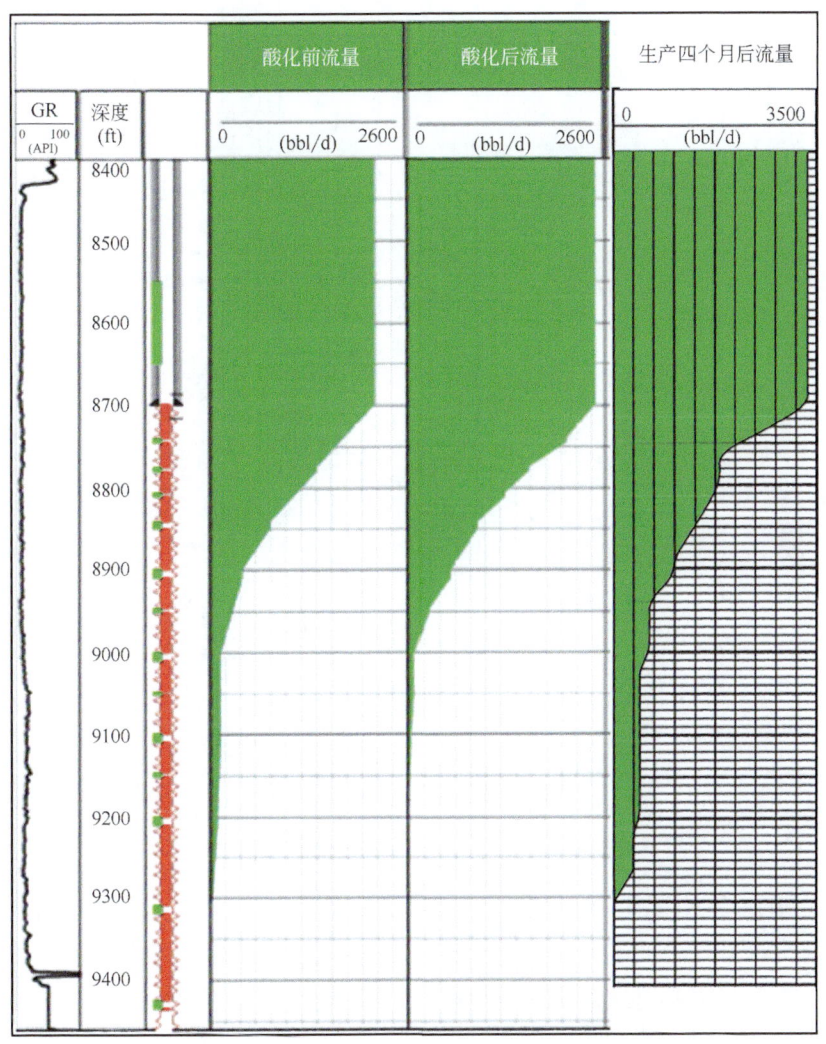

图 7.1　酸化前、酸化后、酸化后四个月时产液剖面测试结果（据 Fahim 等，2011）

(4) 示踪剂测吸酸剖面。

示踪剂监测的原理是，示踪剂（放射性同位素）置于载体中（小颗粒），随液体进入井筒。由于示踪剂载体无法进入地层中，从而附着于井壁上，进液多的井壁上示踪剂多、放射性强，施工后测放射性强度，依据放射性强弱计算吸酸剖面，判断酸液转向效果。图 7.2 为某石灰岩储层，射孔完井，最上部有一贼层。该井进行了两次酸化：第一次酸化用岩盐转向，转向效果不理想；第二次在 6886ft 处用封隔器封隔上部贼层，下部用岩盐转向，吸酸剖面得到明显改善。

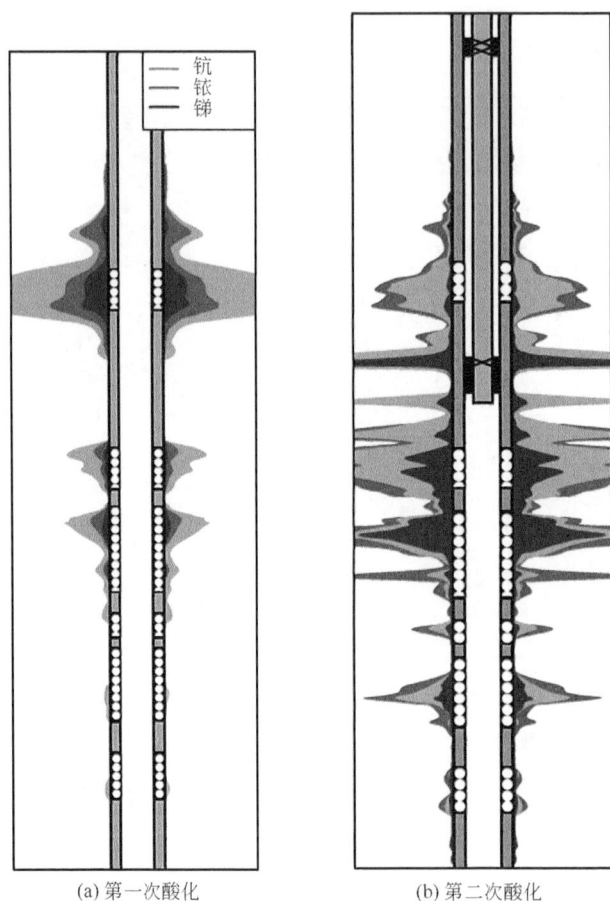

(a) 第一次酸化　　(b) 第二次酸化

图 7.2　同一井两次酸化措施示踪剂监测结果对比（据 Economides 和 Nolte，2000）

(5) DTS 测吸酸剖面或酸化后产液剖面。

DTS 是运用安装于井筒内的光纤获得连续的沿井筒的温度信息，基于温度信息反演出流量分布信息。模型包括正模型和反演模型，正模型分析流量分布对温度剖面的影响规律，在反演模型中运用这些规律来量化流量分布，通过最小化目标函数使正模型计算的数据与测量的数据误差最小。图 7.3 为墨西哥某海上碳酸盐岩储层酸化时利用 DTS 获取各段进酸情况实例（Lopez 等，2014），注入温度剖面、回暖温度剖面反应两射孔段吸酸剖面，上面射孔段吸酸多。

（6）酸化施工数据解释获得表皮系数。

该方法在 7.1.2 节中介绍。

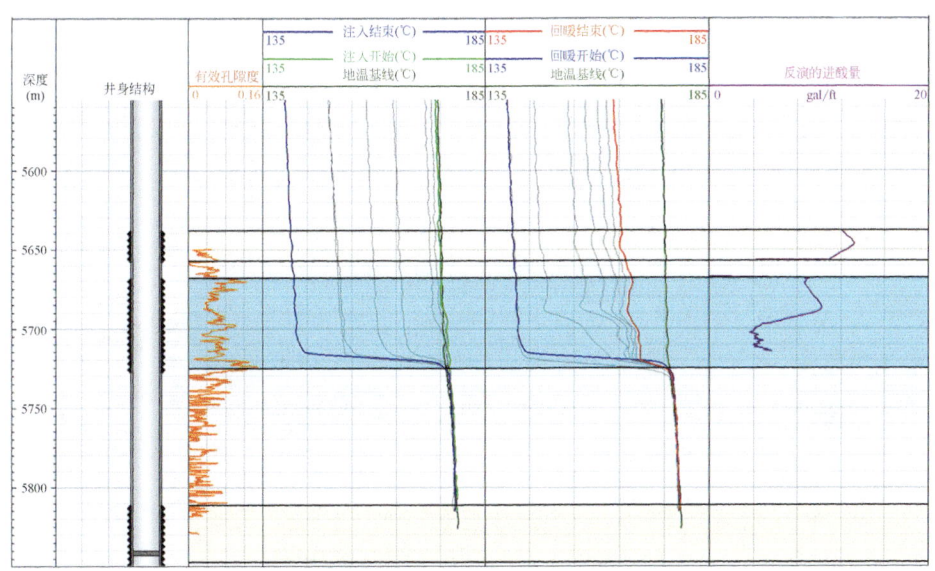

图 7.3　DTS 曲线及解释结果

## 7.1.2　基质酸化施工数据解释

酸化施工数据解释有时又称为实时监测（real-time monitoring），由于基本上是事后解释，无法做到施工时实时解释，所以称为酸化施工数据解释更合理。酸化施工都会采集排量和压力数据（井口压力），排量和压力的变化规律是地层注酸时发生变化的综合反映，随着污染逐步解除，渗流能力逐渐增强，注入压力逐渐下降，或排量逐渐增加；当效果不好时，也有压力上升或排量下降的可能，排量和压力数据能用来判断酸化效果演化过程。酸化施工数据解释就是使用压力和排量数据，基于压力瞬态响应理论来计算表皮系数，通过表皮系数的变化从而诊断出井（层）对酸化作业的响应。表皮系数是储层伤害程度的量化参数，酸化施工中表皮系数的变化规律可判断施工有效性，其规律可用于一个地区后面的酸化措施中。

通过井底流压和排量计算表皮系数变化具有局限性，监测到的压力变化可能由其他方面造成，如注入液体黏度变化、转向剂产生的拟表皮系数、多相流、多层流动、天然裂缝等。

酸化施工数据解释方法目前主要有以下几种。

### 7.1.2.1 Paccaloni（1979）方法

基质酸化在不压开地层条件下以最大排量注入，井底压力上限为破裂压力：

$$p_{bd} = FG(H) \tag{7.1}$$

式中，$FG$ 为破裂压力梯度；$H$ 为储层深度。

采用拟稳态流公式计算表皮系数：

$$p_{bd} - p_r = \frac{q_{i,max}\mu}{2\pi Kh}\left(\ln\frac{0.472 r_e}{r_w} + S\right) \tag{7.2}$$

最大井口压力为

$$p_{ti,max} = p_{bd} - \Delta p_{PE} + \Delta p_F \tag{7.3}$$

式中，$\Delta p_{PE}$ 为静液柱压力；$\Delta p_F$ 为摩阻；$q_{i,max}$ 为最大注入排量；$p_r$ 为油藏压力；$\mu$ 为黏度；$K$ 为渗透率；$h$ 为地层厚度；$r_e$ 为泄油半径；$r_w$ 为井筒半径；$S$ 为表皮系数。

酸化时注入液体仅影响较小范围，用为酸液影响半径 $r_b$（建议 4ft）计算表皮系数：

$$S = \frac{2\pi Kh\Delta p}{\mu q_i} - \ln\frac{r_b}{r_w} \tag{7.4}$$

以表皮系数 $S$ 为参数，绘制 $p_{ti}$—$q_i$ 曲线，再在图上绘制一条破裂压力曲线，形成图版，如图 7.4 所示。把施工数据点投射到图版上，形成从左到右的序列，左边代表高表皮系数，右边代表低表皮系数。数据点落在哪条曲线或就近曲线上，读出对应表皮系数。通过该方法可判断表皮系数变化趋势，如按将施工数据点投射到该图上，按时间顺序数据点从左向右分布，则说明酸化效果明显。

该方法的局限性为：由于忽略了瞬态流效应，会高估表皮系数（Prouvost 和 Economides，1989；Paccaloni 和 Tambini，1993）；排量突然改变会造成较大误差，但通常不会很严重，因为知道表皮系数变化趋势比表皮系数绝对值更重要。

### 7.1.2.2 Prouvost—Economides 方法

为克服 Paccaloni（1979）方法未考虑瞬态流影响造成的不足，Prouvost 和 Economides（1989）提出了一种方法，瞬态流计算公式为

$$\frac{p_{wf} - p_i}{q_i} = \frac{162.6\mu}{Kh}\left(\lg t + \lg\frac{K}{\phi\mu c_t r_w^2} - 3.23 + 0.87S\right) \tag{7.5}$$

式中，$p_{wf}$ 为井底压力；$p_i$ 为初始油藏压力；$q_i$ 为排量；$\mu$ 为黏度；$K$ 为渗透率；

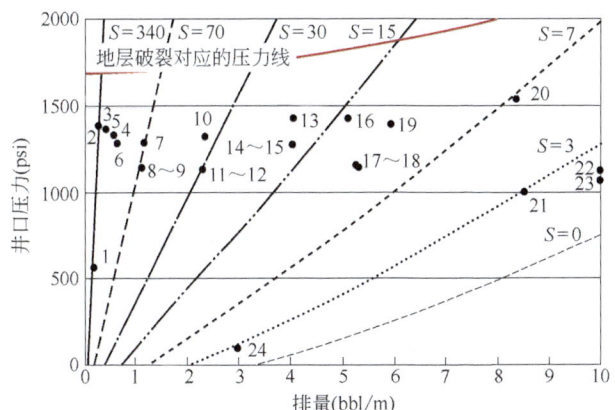

图 7.4　通过排量、压力数据读取表皮系数图版（据 Paccaloni 和 Tambini，1993）
1~24 为监测点编号

$h$ 为地层厚度；$\phi$ 为孔隙度；$c_t$ 为综合压缩系数；$t$ 为时间；$r_w$ 为井筒半径；$S$ 为表皮系数。式(7.5) 采用英制单位。

公式(7.5) 表明，注入指数倒数随表皮系数下降而下降；由于瞬态流影响，注入指数倒数随 $\lg t$ 增加而增加。

采用真实测量数据可得

$$\frac{p_{\mathrm{wf,meas}}-p_i}{q_i}=\frac{162.6\mu}{Kh}\left(\lg t+\lg\frac{K}{\phi\mu c_t r_w^2}-3.23+0.87S\right) \quad (7.6)$$

如果不考虑表皮系数变化，可以计算 $p_{\mathrm{wf}}$ 如下：

$$\frac{p_{\mathrm{wf,sim}}-p_i}{q_i}=\frac{162.6\mu}{Kh}\left(\lg t+\lg\frac{K}{\phi\mu c_t r_w^2}-3.23+0.87S_0\right) \quad (7.7)$$

式(7.6) 减式(7.7) 得到

$$S(t)=S_0-\frac{Kh}{141.2qBu}[p_{\mathrm{sim}}(t,S_0)-p_{\mathrm{meas}}(t)] \quad (7.8)$$

式中，$p_{\mathrm{wf,meas}}$ 为测量压力；$p_{\mathrm{wf,sim}}$ 为模拟压力；$S_0$ 为初始表皮系数。

通过测量压力和计算压力可计算表皮系数随时间变化。图 7.5、图 7.6 给出了一个计算实例。实际施工中，监测 $\frac{p_{\mathrm{wf,meas}}-p_i}{q_i}$ 与 $\lg t$ 的关系，如果注入指数倒数随时间下降，说明改造效果良好；如果趋平或增加，说明改造效果不好。

#### 7.1.2.3　Hill—Zhu 方法

酸化中排量会变，前面两种方法对于变排量不适应，为考虑排量变化的影

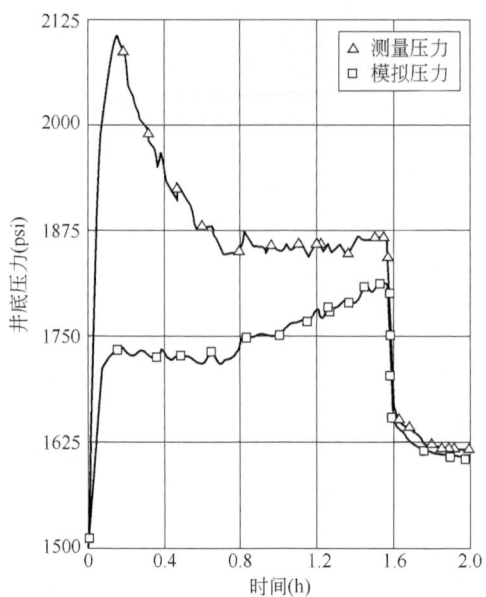

图 7.5 测量井底压力和模拟井底压力（模拟时表皮系数采用 0）
（据 Prouvost 和 Economides，1989）

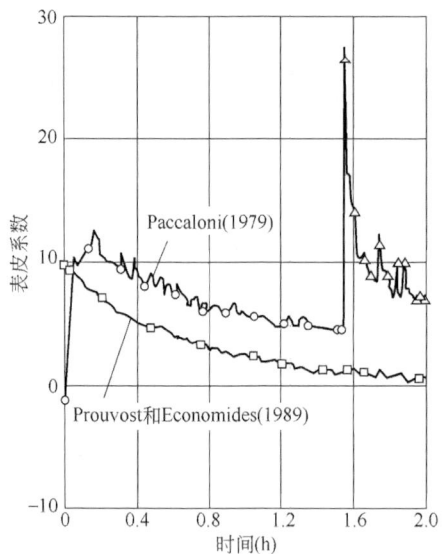

图 7.6 表皮系数随时间变化（据 Prouvost 和 Economides，1989）

响，Hill 和 Zhu（1994）提出了一种方法。单相、定排量、瞬态流线源解为

$$\frac{p_{wf}-p_i}{q}=m(\lg t+b) \tag{7.9}$$

其中

$$m = \frac{162.6B\mu}{Kh} \tag{7.10}$$

$$b = \lg\frac{K}{\phi\mu c_t r_w^2} - 3.23 + 0.87S \tag{7.11}$$

如排量随时间变化，可用叠加时间来考虑排量变化产生的影响，将变化的排量分成 $N$ 个定排量段，利用叠加原理可得

$$\frac{p_{wf} - p_i}{q_N} = m(\Delta t_{\sup} + b) \tag{7.12}$$

叠加时间 $\Delta t_{\sup}$ 为

$$\Delta t_{\sup} = \sum_{j=1}^{N} \frac{q_j - q_{j-1}}{q_N} \lg(t_N - t_{j-1}) \tag{7.13}$$

该方法的使用步骤为：

(1) 计算 $m$。

(2) 计算叠加时间 $\Delta t_{\sup}$。

(3) 计算 $b = \frac{p_{wf} - p_i}{q_N m} - \Delta t_{\sup}$。

(4) 计算 $S = \frac{1}{0.87}\left(b - \lg\frac{K}{\phi\mu c_t r_w^2} + 3.23\right)$。

图 7.7 显示了注入指数倒数随叠加时间变化规律，如果注入指数倒数随叠加时间逐渐降低，说明酸化效果明显，反之说明酸化效果甚微。

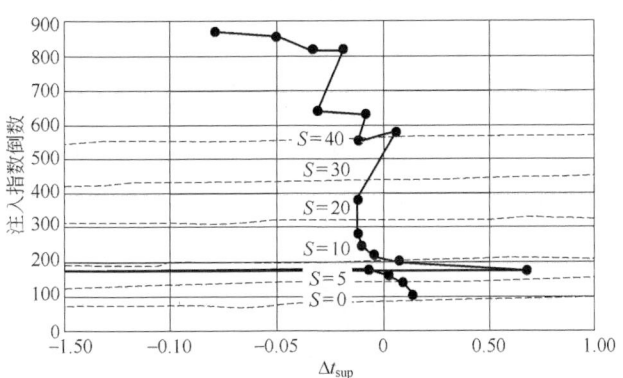

图 7.7　注入指数倒数随叠加时间变化

(据 Hill 和 Zhu, 1994; Economides 和 Nolte, 2000)

施工中采集的压力数据为井口压力，公式中使用的是井底压力，需要进行转化。井口压力加静液柱压力、减去摩阻就得到井底压力，由于基质酸化排量较小，摩阻通常不高，主要是静液柱压力，单相液体液柱压力可简单计算得到，伴

有气体或泡沫酸则计算较难。

用上面的方法也可得到气藏、水平井的表皮系数模型,只是公式中的 $m$ 和 $\Delta t_{\text{sup}}$ 定义不同。Goode 和 Thambynayagam(1987)给出了水平井模型。水平井模型的局限性在于未考虑非均质性、计算一个表皮系数。

该方法计算表皮系数随时间变化时,需要知道初始表皮系数。初始表皮系数很难准确获取,可先估算一个近似值,得到表皮系数随时间变化曲线后,将曲线整体上下移动。对于砂岩地层,最理想的效果是将表皮系数降到零,表皮系数曲线整体移动到最终表皮系数在零以上附近;对于碳酸盐岩油藏,可能得到负的表皮系数,表皮系数值取决于蚓孔长度,较难确定最终表皮系数值,可取典型的 $-2\sim-4$,这样估算出初始表皮系数量级。表皮系数绝对值是一方面,更重要的一方面是表皮系数变化趋势,基于表皮系数变化趋势可进行酸化效果评价,比如酸液用量是否足够或过量,酸液体系是否适应地层。

下面列举了基于 Hill 和 Zhu(1999)的方法解释表皮系数的实例。图 7.8 为墨西哥湾某油田酸化实例,油藏压力为 4200psi,渗透率为 150mD,层厚 57ft,井深 8000ft,采用一级暂堵、两级酸化方式,酸化施工数据如图 7.8 所示,解释出的表皮系数随时间变化如图 7.9 所示。基于曲线变化趋势可得到以下认识:该地层对 HCl 酸敏,注 HCl 阶段表皮系数上升明显;土酸效果明显,第一级主体酸量不足,表皮系数下降趋势还很明显,应继续注酸;转向剂阶段表皮系数上升明显,说明封堵效果较好;第二级主体酸阶段表皮系数下降明显,且后期还有继续下降的趋势,应继续注酸。该图也表明表皮系数下降趋势比绝对值更重要,只要表皮系数下降趋势明显,还应继续注酸。

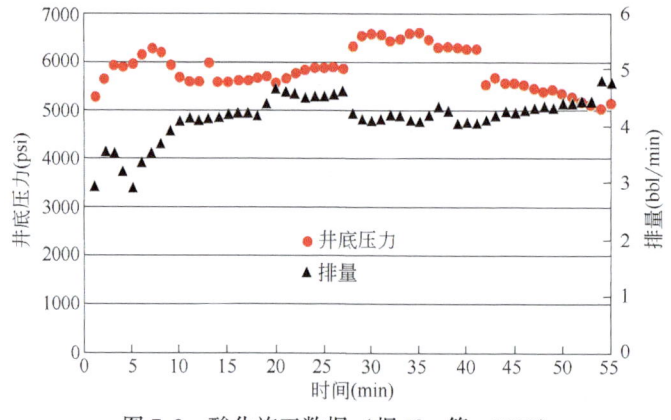

图 7.8 酸化施工数据(据 Zhu 等,1999)

图 7.10 显示了施工数据监测的另一个实例,油藏压力为 3100psi,渗透率为 150mD,层厚 132ft,井深 7460ft,采用两级酸化、一次暂堵。从解释的曲线可以

得到以下认识：HCl 效果明显，可增加 HCl 用量，可能该储层只用 HCl 即可；土酸不适应；转向效果不理想。

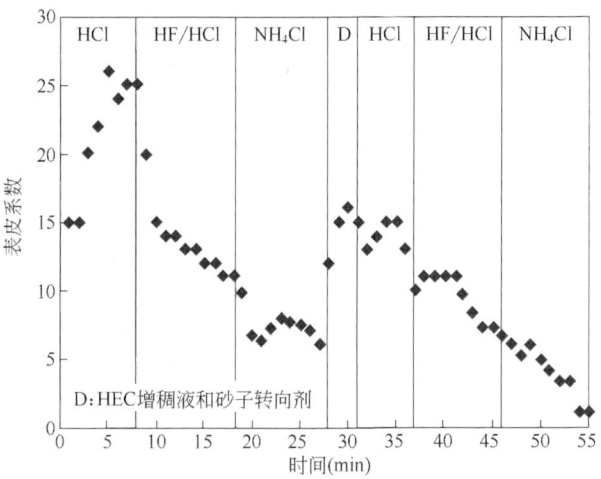

图 7.9　表皮系数随时间变化（据 Zhu 等，1999）

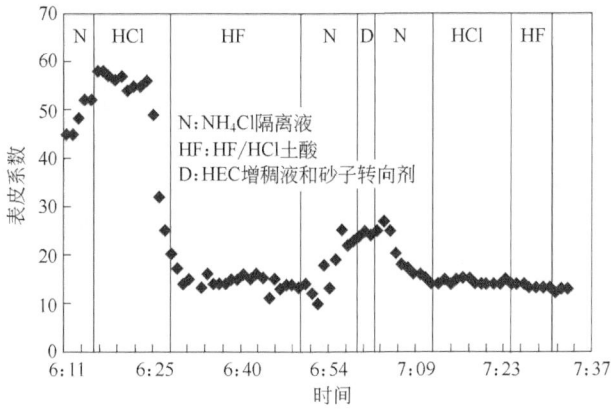

图 7.10　解释的表皮系数随时间变化（据 Zhu 等，1999）

## 7.2　酸压效果评价

酸压效果评价主要包括酸压施工曲线分析、摩阻分析、施工曲线拟合（人工裂缝形态分析）、压降曲线分析、排液分析、生产数据分析（产能）等，如有现场监测，还可分析动态裂缝形态。有效酸蚀缝长和导流能力通过试井分析获得。

## 7.2.1 动态裂缝尺寸

(1) 施工曲线拟合。

酸压设计时，给定地层参数、完井参数、管柱数据、地层流体数据、液体体系参数等，可通过酸压软件模拟给定泵注程序下裂缝形态、施工压力，通过广泛模拟来优化施工参数、设计泵注程序。酸压施工中监测井口压力、排量随时间变化，通过对比模拟的压力数据和实际施工压力，可以判断原模拟的准确性。酸压模拟输入参数较多，有些参数存在不确定性，对不确定的参数进行调整，可以使模拟的施工压力与实际监测的施工压力吻合，该过程即为施工压力拟合（Economides 和 Nolte，2000）。当施工压力拟合时，可认为模拟的裂缝形态与实际的相吻合，即得到实际的裂缝尺寸。该裂缝尺寸为动态裂缝尺寸，非有效酸蚀缝长，有效酸蚀缝长取决于活酸作用距离。该方法需要反复调整参数多次模拟，固定确定性参数，调整不确定性参数。输入参数较多，尽量减少不确定性参数，不确定性参数越少，准确性越高，拟合越快。该方法的缺点是存在多解性，多个参数组合可得到同样的压力曲线，对储层越了解、可调参数越少，拟合可靠性越高。图7.11为某储层酸压施工压力拟合实例。

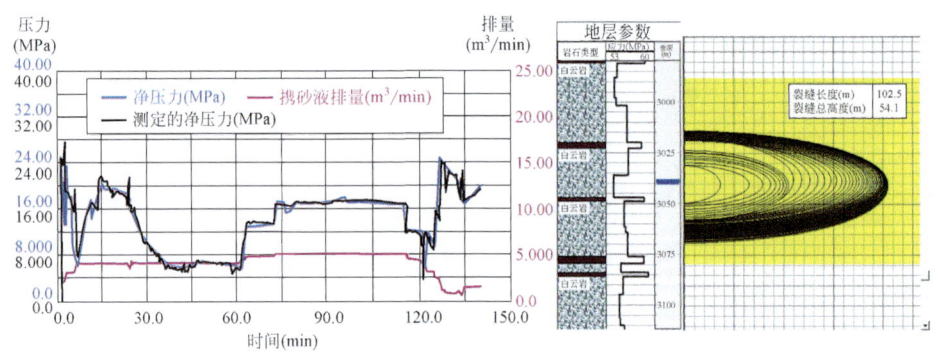

图 7.11　施工曲线拟合

(2) 微地震监测。

压裂时，裂缝扩展使应力松弛，储层能量一部分以弹性波（声波）的形式释放，产生小地震，即微地震。通过监测压裂过程中的声波信号获得裂缝形态的方法为压裂过程中的微地震监测技术（Jupe 等，1998；Rutledge 和 Phillips，2001）。微地震监测主要包括数据采集、震源成像和精细反演几个关键步骤。依据数据采集位置，微地震监测分为地面微地震监测和井下微地震监测，当地层较浅时，采用地面微地震监测；当地层较深时，为保证数据精度，用井下微地震监测。井下微地震监测还分为本井微地震监测和邻井微地震监测。通过反演，获得大量微地震源点在空间的分布，该分布构成了一个在宏观上反映裂缝形态的几何散点图。该方法可获得裂缝位置、裂缝高度、裂缝长度、裂缝延伸方向信息；受制于精度限制，不能获得准确的裂缝信息，比如微地震事件点分布高度可能和实际缝高差异较大，微地震事件点平面覆盖长度可能和裂缝长度也有差距，但微地震事件点分布反映裂缝总体特征，比如裂缝位置、裂缝方向、是复杂缝还是简单缝。另外，在较深储层（比如3500m以深），监测精度受限，井下微地震监测要求邻井距离较近。

图 7.12 为一缝洞型碳酸盐岩酸压微地震监测结果，监测到微地震事件数目 113 个，解释缝长 293m，缝高 85m，监测到的酸压裂缝形态较复杂，呈现"裂缝带"特点。

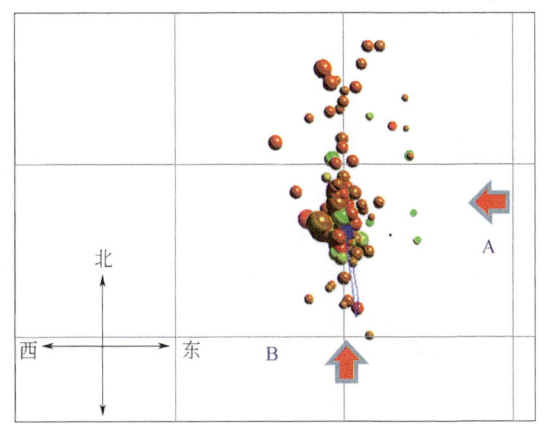

(a) 微地震事件

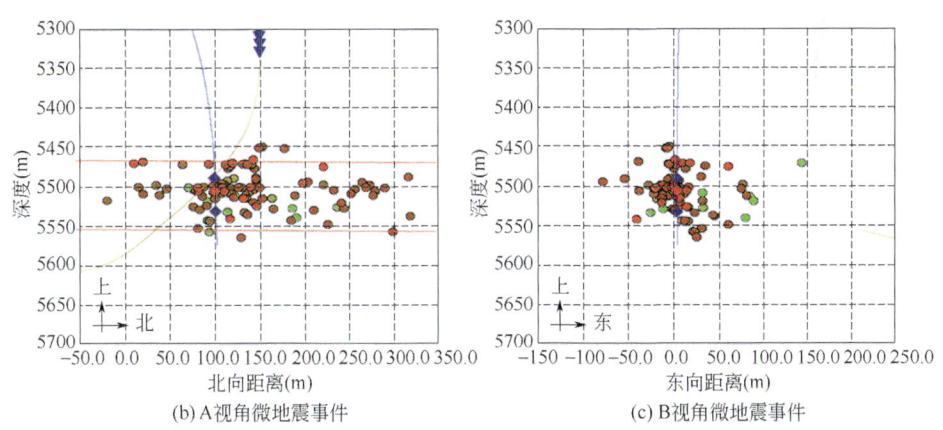

(b) A 视角微地震事件　　　　　　　(c) B 视角微地震事件

图 7.12　微地震监测结果

（3）测斜仪。

压裂在层中形成具有一定宽度、长度的裂缝。压裂引起地层岩石变形，变形场向各方向传递，引起地面变形，形成一定倾角。这种变形通过测斜仪测量，通过反演获得裂缝参数（Griffin 等，2000a，2000b）。依据安装位置，测斜仪监测分为地面监测和邻井井下监测两种方式。由于压裂引起的地面或邻井变形场极小，需要仪器具有极高的灵敏度，仪器容易受环境干扰，反演可靠度难以保证。

## 7.2.2 有效酸蚀缝长和导流能力

裂缝动态尺寸反映酸压中裂缝扩展情况，但酸压后对生产有贡献的是有效酸蚀缝长和导流能力，目前通过实测数据获得这两者信息的途径有生产数据分析和试井。改造后，在正常生产过程中进行试井测试，解释有效酸蚀缝长和导流能力。试井解释出来的数据可能也和实际差异较大，由于裂缝复杂，难有较好的地质模型描述，试井解释依赖于储层厚度、渗透率。碳酸盐岩储层往往没有明显隔层，非均质性非常强，这些数据都难取准，影响解释结果精度。

### 7.2.2.1 生产数据分析

生产数据分析（RTA，Rate Transient Analysis）通过分析日常的生产数据，如井底流压、日产油（气）量等，可以获取地层参数、裂缝半长、导流能力、泄流体积等重要参数。其基本原理是利用流量重整压力代替井底流压，将变产量/压力生产过程转化为定产量/压力过程，得到与试井分析中形态相似的重整压力和压力导数曲线，从而可将试井理论中的压力降落分析方法应用于生产数据分析。将流量重整拟压力和其对应的导数曲线与物质平衡时间的关系绘制在双对数坐标图中，便可以利用试井分析理论对其进行分析。图7.13 和图7.14 为一个生产数据拟合实例。

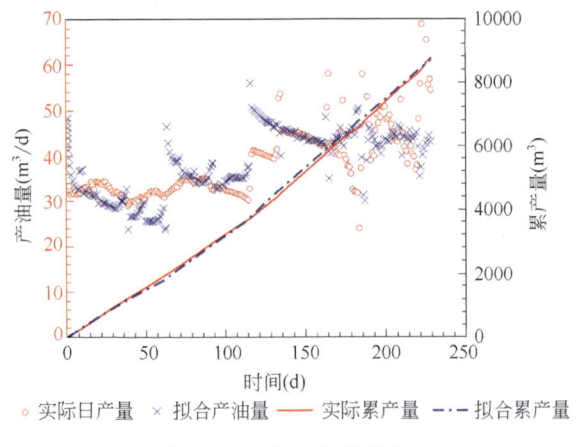

图7.13 生产曲线拟合

### 7.2.2.2 试井

酸压后通过试井解释可获得有效酸蚀缝长和导流能力。试井通过关井压力恢

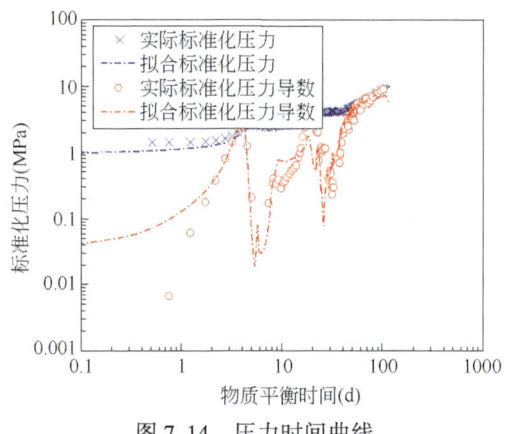

图 7.14 压力时间曲线

复或生产压力降落绘制压差及压力导数曲线、压差与$\sqrt{t}$图版,计算缝长与导流能力(刘能强,2008)。对于压裂井,生产可能出现的流态为:井筒存储、裂缝存储线性流(时间很短,通常被井筒存储掩盖)、双线性流(压力导数曲线斜率 1/4)或地层线性流(压力导数曲线斜率 1/2,裂缝无限导流能力)、拟径向流、拟稳态流。

双线性流阶段或地层线性流阶段确定裂缝长度:

$$x_f = \frac{0.159qB}{hm''}\sqrt{\frac{\mu}{\phi C_t K}} \tag{7.14}$$

双线性流阶段确定裂缝导流能力:

$$K_f w = \frac{1.2219qB}{\sqrt{\phi \mu C_t K}}\left(\frac{q\mu B}{hm''}\right)^2 \tag{7.15}$$

式中,$x_f$ 为裂缝半长,m;$q$ 为产量,m³/d;$\mu$ 为黏度,mPa·s;$\phi$ 为孔隙度;$C_t$ 为压缩系数,MPa$^{-1}$;$h$ 为储层厚度,m;$B$ 为体积系数;$K$ 为渗透率,mD;$m''$ 为图 7.15 中的导数。

图 7.16 为某酸压井试井曲线,分为三个阶段,第一阶段为井筒存储阶段,第二阶段地层线性流阶段,第三阶段拟径向流阶段。井筒存储阶段后压力导数曲线上呈现斜率 1/2 特征,所以为地层线性流阶段(裂缝无限导流)。裂缝无限导流指相对于地层供给能力,裂缝导流能力非常高,$C_{fD}>40$。基于线性流阶段解释的有效酸蚀缝长为 106m(半长)。拟径向流阶段呈现波动特征反映缝洞型储层特征。

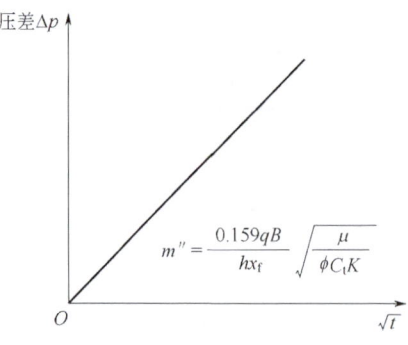

图 7.15 压差与$\sqrt{t}$关系曲线

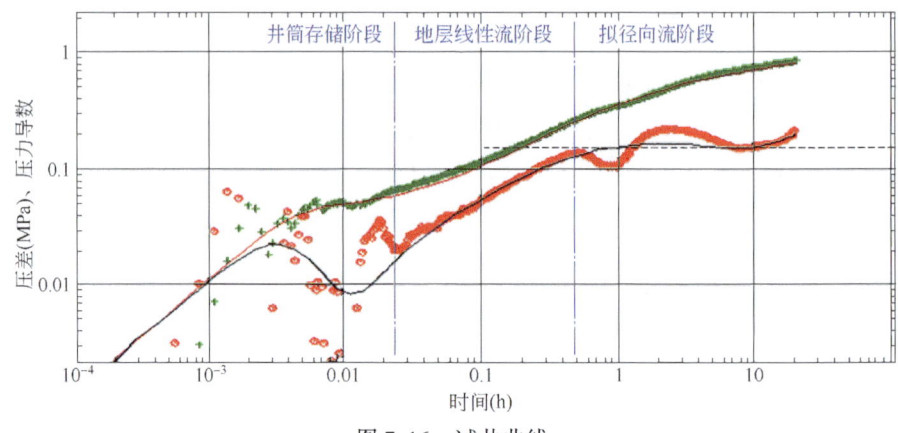

图 7.16 试井曲线

## 7.2.3 施工曲线定性分析

与水力压裂施工曲线相比,酸压施工曲线复杂得多,是由复杂的裂缝延伸规律和液体滤失规律所致。通过定性分析施工曲线,可获得一些认识:破裂是否明显,储层是否发育,滤失是否严重,降滤措施是否有效等。图 7.17 为某酸压施工曲线,该储层为裂缝型储层,本次施工采取多级交替注入。由于储层发育天然裂缝,因此没有明显破裂点。注滑溜水阶段,压力降幅达到20MPa左右,应该是裂缝延伸过程中碰到大的缝洞;而后压力回升,注压裂液阶段,压力有小幅波动。注第一级酸时,压力持续下降,压力降幅达到10MPa左右,是由酸溶作用增加滤失所致,说明酸液滤失严重;注压裂液阶段,压力回升,且相对较稳定,压裂液填充裂缝或溶蚀孔道,降滤失效果明显;注第二级酸液时,压力在较短时间内下降明显,而后平稳,是由酸液溶蚀压裂液覆盖地方滤失增加所致。该曲线表明,多级交替注入降滤效果明显,储层较发育,总体压力下降较明显。

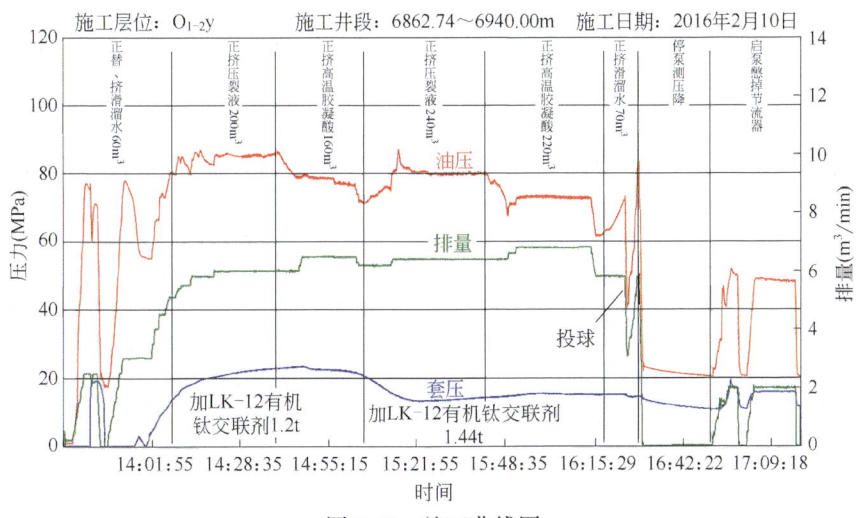

图 7.17 施工曲线图

## 7.2.4 施工摩阻分析

酸压施工中如果排量高,对于深井,摩阻损失较大,准确预测摩阻才能预测施工压力、选择施工设备。室内可用摩阻仪测量摩阻,但摩阻仪管径较小、长度较短,预测的摩阻难以外延到实际中。施工数据可用于计算摩阻,同一种液体,改变排量时,压力随之改变,压力改变主要来自摩阻变化,因此通过几个排量下的井口压力可计算摩阻,用于后期压裂设计中预测施工压力。图 7.18 为根据实际施工数据获得摩阻曲线,摩阻与排量关系可近似为幂函数形式:

$$\Delta p_{\mathrm{f}} = aq^b \tag{7.16}$$

式中,$\Delta p_{\mathrm{f}}$ 为摩阻;$q$ 为排量;$a$ 和 $b$ 两参数可通过数据回归获得,随管径、压裂液类型而变。图 7.18 为 3½in 管柱的摩阻,高排量、深井摩阻可达 50~60MPa。

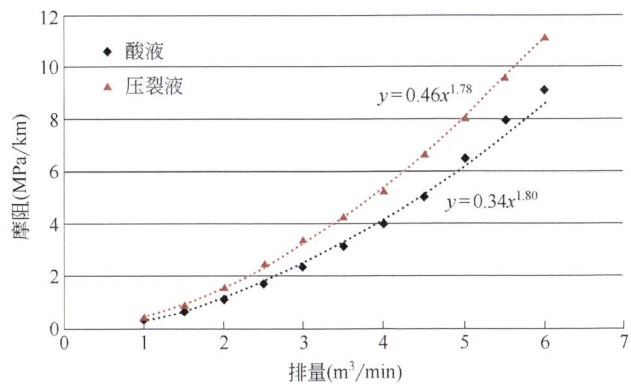

图 7.18 现场施工摩阻数据

## 7.2.5 压降曲线分析

施工结束后,裂缝中的液体继续滤失到地层中,压力逐渐降低,然后裂缝闭合。利用压后压降数据可获得滤失系数、瞬时停泵压力、裂缝闭合应力、裂缝长度、天然裂缝是否发育等信息。

压降曲线分析采用 $G$ 函数分析方法, Nolte (1986) 引入一无因次函数——$G$ 函数,也称无因次时间。Castillo (1987) 发现在压裂测试后用 $G$ 函数与压降数据绘图,理想条件下(滤失系数恒定,滤失速度为滤失系数除以滤失时间平方根;注入时裂缝面积与时间为幂律关系;闭合期间,裂缝面积和裂缝柔度为常数;压裂液不可压缩;地层闭合应力为常数)为一直线,该直线斜率可用于计算滤失系数。当二者关系偏离直线时,说明流型发生变化,Nolte (1986) 认定此时裂缝闭合,由此可确定裂缝闭合压力 $p_c$。该方法的前提是理想条件,实际情况往往偏离理想条件。Castillo (1987) 与 Mukherjee 等 (1991) 发现,滤失系数依赖于压力。Barree 和 Mukherjee (1996) 建立了组合 $G$ 函数曲线,把 $p$、$dp/dG$ 和 $G(dp/dG)$ 绘制在同一个图上进行压降分析。

酸液滤失比水力压裂滤失更复杂:裂缝表面由于酸岩反应不形成滤饼;酸岩反应形成蚓孔,增加渗透性能;发育天然裂缝时,酸溶蚀急剧增加天然裂缝导流能力,天然裂缝导流能力依赖于压力;如未采用过量顶替,停泵后裂缝中仍有鲜酸,酸岩反应使滤失更复杂。酸压压降曲线往往没有水力压裂压降曲线规则,图 7.19 显示了某碳酸盐岩储层酸压后压降曲线 $G$ 函数分析,$dp/dG$ 曲线中间没

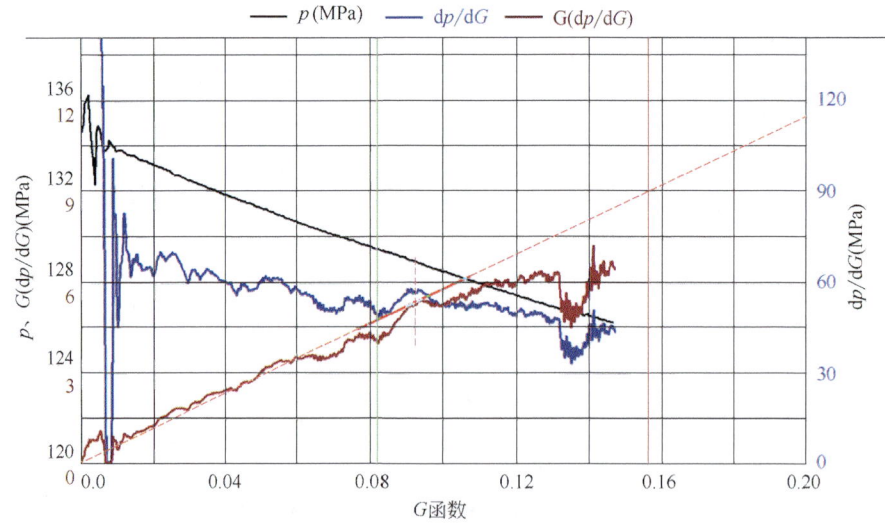

图 7.19 基于压降曲线的 $G$ 函数分析

有一段较好的水平线，$G=0.08$ 附近有一小段近似水平部分；$G(\mathrm{d}p/\mathrm{d}G)$ 曲线波动较明显，中间有一段线性较好的部分，依据 $\mathrm{d}p/\mathrm{d}G$ 和 $G(\mathrm{d}p/\mathrm{d}G)$ 曲线的转折点判断裂缝闭合。该井拟合结果如下：瞬时停泵压力为 134MPa，裂缝长度为 158m，滤失系数为 $0.0012\mathrm{m}/\mathrm{min}^{0.5}$，闭合应力为 129.5MPa，净压力为 4.7MPa。$G(\mathrm{d}p/\mathrm{d}G)$ 曲线早期部分向上偏离拟合线，说明微裂缝发育。虽然滤失系数依赖于压力，通过该方法获得的滤失系数大致范围对酸压模拟具有较好的指导意义。定性上讲，对于缝洞型储层，如果瞬时停泵压力较低，压力下降快，说明储层较发育，裂缝中液体向外扩散较快，压后效果更好；反之，说明储层不发育，渗透性能差，压后效果往往不好。

## 7.2.6 分段改造评价

### 7.2.6.1 示踪剂监测

用于油田的化学示踪剂有传统化学示踪剂、放射性同位素、非放射性同位素和新型（微量）化学示踪剂（孟令韬等，2022），分段改造监测评价使用放射性同位素和新型（微量）化学示踪剂较多。非放射性同位素示踪剂克服了放射性的缺点，但使用时需要中子活化。放射性同位素示踪剂是将放射性同位素固化在支撑剂上，压裂后测试放射性同位素示踪曲线，通过测试支撑剂分布确定分段改造裂缝起裂位置、裂缝高度信息（王路伟等，2019）。新型化学示踪剂可探测浓度很低（Woodroof 等，2003），又称微量化学示踪剂，具有辨识度较高的光学特征，用光谱检测器和色谱仪能检测出来。水平井压裂段数较多，要求同体系示踪剂种类较多，该示踪剂可定制成多种化学可辨识的示踪剂族，每段里添加一种示踪剂，示踪剂与添加段间具有对应关系。示踪剂浓度（光强度值）与液体产出量成正相关性，从而通过测各种示踪剂浓度得到各段对产液的贡献比例。示踪剂分为油性和水性，油性示踪剂溶于油中，水性示踪剂溶于水中，从而监测产油、产水情况。该示踪剂可添加在压裂液中，也可固化于支撑剂上（Katashov 等，2022）或完井管柱上（Qamber 等，2019）。添加在压裂液中的示踪剂随压裂液流动（耿宇迪等，2017），返排时随压裂液排出，主要监测压裂液返排情况（Woodroof 等，2003）。固化于支撑剂上或完井管柱上的示踪剂采用聚合物为载体，覆膜于支撑剂上，或嵌于完井管柱上，当载体遇到油或水时，油性示踪剂元素释放于油中，水性示踪剂释放于水中，可监测压裂液返排情况，也可监测生产情况，计算各段产油、产水贡献率（Qamber 等，2019）。压裂时，各段分别注入不同示踪剂，返排、生产时，间隔一定时间对产出液取样，测试各种示踪剂浓度，通过分析示踪剂浓度随时间变化规律，计算压裂液返排情况，以及各段产油、产水贡献率（赵政嘉等，2015）。

#### 7.2.6.2 基于流量计的产液剖面测试

产液剖面是生产测井里的一部分信息,生产测井的流量计可获得产液剖面,产液剖面测试用于分段改造井可获得各改造层(段)的产液贡献(Li 等,2016)。流量计分为连续测量型(适用于高产井)和点测型(集流型,适用于低产井)。流量计测产液剖面对直井适应性较好,对水平井适应性稍差。由于水平段流体分层流动,水平段起伏对流速影响较大,引起水、气滞留(Kuchuk 等,1998)。为克服水平段起伏导致的流速和各相含量变化给产液剖面测试带来的困难,需要准确测量每相含量及流速,为此人们改进了测井工具(Farran 等,2005)。水平井产液剖面测试需要额外的输送工具,测井工具用连续油管或电缆输送,用电缆输送时,电力驱动牵引装置带动电缆及测井工具前进;用连续油管输送时,水压驱动机械振动工具带动连续油管及测井工具前进(Duthie 等,2020)。

#### 7.2.6.3 基于 DTS 的产液剖面测试

DTS(distributed temperature sensing)测试分段改造后的产液剖面可确定各段贡献。图 7.20 为科威特某碳酸盐岩油藏分段酸压中用 DTS 获取酸压后各级流量贡献的实例(Gorgi 等,2019),灰色曲线为 DTS 温度基线,蓝色曲线为返排时温度剖面,绿色曲线为模拟的温度剖面;柱状图为反演的各级流量贡献,第 7 级贡献最多。

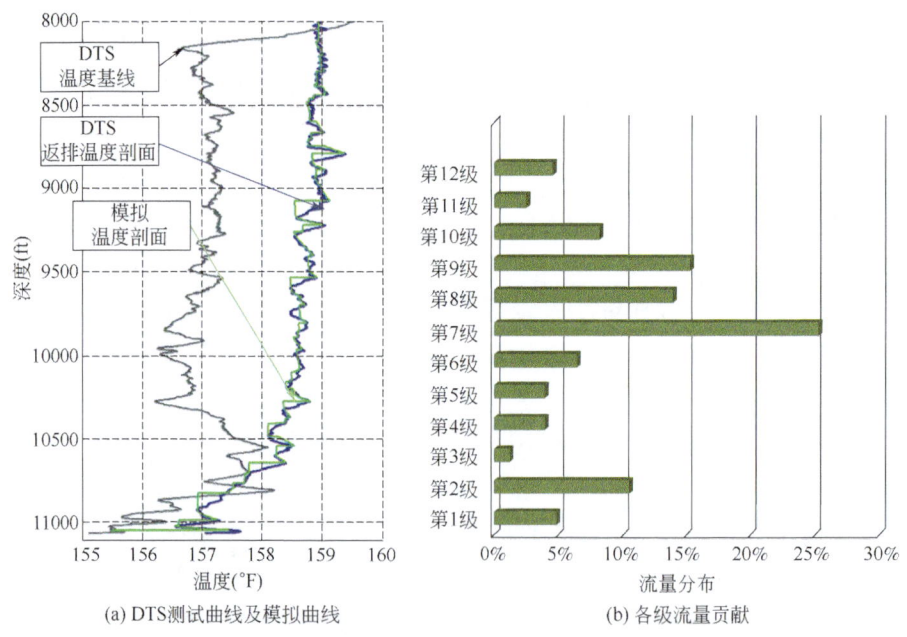

(a) DTS测试曲线及模拟曲线　　(b) 各级流量贡献

图 7.20　DTS 获得的流量分布(据 Gorgi 等,2019)

# 习　　题

砂岩储层中一口直井进行基质酸化，施工数据见表 7.2，计算表皮系数随时间变化。地层数据为：$p_i = 4200\text{psi}$，$B_o = 1$，$\phi = 0.25$，$C_t = 5 \times 10^{-5}\text{psi}^{-1}$，$h = 56.5\text{ft}$，$K = 150\text{mD}$，$S = 45$，$r_w = 3.14\text{in}$，$u = 0.8\text{cP}$。

表 7.2　某井酸化施工数据（据 Economides 等，2013）

| 时间（min） | 排量（bbl/min） | $p_{wf}$（psi） | 时间（min） | 排量（bbl/min） | $p_{wf}$（psi） |
| --- | --- | --- | --- | --- | --- |
| 1 | 2.92 | 5138 | 29 | 4.1 | 5931 |
| 2 | 3.52 | 5501 | 30 | 4.08 | 5958 |
| 3 | 3.5 | 5809 | 31 | 4.1 | 5927 |
| 4 | 3.17 | 5835 | 32 | 4.2 | 5814 |
| 5 | 2.9 | 5920 | 33 | 4.18 | 5832 |
| 6 | 3.34 | 6155 | 34 | 4.09 | 5914 |
| 7 | 3.5 | 6341 | 35 | 4.07 | 5931 |
| 8 | 3.68 | 6290 | 36 | 4.2 | 5781 |
| 9 | 3.9 | 6040 | 37 | 4.34 | 5611 |
| 10 | 4.07 | 5803 | 38 | 4.24 | 5621 |
| 11 | 4.12 | 5736 | 39 | 4.04 | 5594 |
| 12 | 4.09 | 5722 | 40 | 4.06 | 5548 |
| 13 | 4.12 | 5696 | 41 | 4.04 | 5554 |
| 14 | 4.15 | 5674 | 42 | 4.09 | 5497 |
| 15 | 4.19 | 5658 | 43 | 4.18 | 5418 |
| 16 | 4.21 | 5636 | 44 | 4.24 | 5341 |
| 17 | 4.21 | 5605 | 45 | 4.23 | 5340 |
| 18 | 4.17 | 5610 | 46 | 4.27 | 5307 |
| 19 | 4.37 | 5540 | 47 | 4.3 | 5259 |
| 20 | 4.62 | 5337 | 48 | 4.34 | 5205 |
| 21 | 4.6 | 5321 | 49 | 4.29 | 5257 |
| 22 | 4.55 | 5388 | 50 | 4.36 | 5174 |
| 23 | 4.49 | 5440 | 51 | 4.39 | 5115 |
| 24 | 4.5 | 5418 | 52 | 4.41 | 5065 |
| 25 | 4.51 | 5406 | 53 | 4.42 | 5050 |
| 26 | 4.54 | 5383 | 54 | 4.8 | 4912 |
| 27 | 4.6 | 5307 | 55 | 4.75 | 4924 |
| 28 | 4.21 | 5741 | | | |

# 参考文献

耿宇迪, 宋志峰, 鄢宇杰, 等, 2017. 新型示踪剂产能监测技术研究及应用. 长江大学学报（自科版）, 14（23）: 83-86, 7.

刘能强, 2008. 实用现代试井解释方法. 5版. 北京: 石油工业出版社.

王路伟, 高翔, 崔海平, 2019. 油田水力压裂裂缝的放射性示踪实验研究. 同位素, 32（5）: 349-354.

赵政嘉, 顾玉洁, 才博, 等, 2015. 示踪剂在分段体积压裂水平井产能评价中的应用. 石油钻采工艺, 37（4）: 92-95.

孟令韬, 鲍文辉, 郭布民, 等, 2022. 示踪剂技术在压裂效果评价中的研究进展. 石油化工应用, 41（3）: 1-4, 23.

Barree R D, Mukherjee H, 1996. Determination of Pressure Dependent Leakoff and Its Effect on Fracture Geometry. Paper SPE 36424 presented at the 71st Annual Technical Conference and Exhibition held in Denver, CO, USA, October 6-9.

Castillo J L, 1987. Modified Fracture Pressure Decline Analysis Including Pressure – Dependent Leakoff. Paper SPE 16417 presented at the SPE/DOE Low Permeability Reservoirs Symposium held in Denver, Colorado, May 18-19.

Duthie L S, Saiood H A, Al-Anizi A A, et al, 2020. A Comparative Review of Production Logging Techniques in Open Hole Extended Reach Wells. Paper SPE 202298 presented at the SPE Asia Pacific Oil & Gas Conference and Exhibition originally scheduled to be held in Perth, Australia, October 20-22.

Economides M J, Nolte K G, 2000. Reservoir Stimulation. 3rd ed. Chichester: John Wiley & Sons Ltd.

Economides M J, Hill A D, Ehlig-Economides C E, et al, 2013. Petroleum Production Systems. Upper Saddle River: Prentice-Hall.

Fahim M, Keshka A, Marzooqi A A, et al, 2011. A Unique Stimulation Approach to Enhance Production Efficiency of Horizontal Wells in Heterogeneous Carbonate Reservoirs. Paper SPE 141238 presented at the SPE Middle East Oil and Gas Show and Conference held in Manama, Bahrain, September 25-28.

Farran H, Harris J, Jabri A A, et al, 2005. An Integrated Approach for Evaluating and Characterizing Horizontal Well Inflow and Productivity in Heterogeneous Carbonate Reservoirs. Paper IPTC 10492 presented at the International Petroleum Technology Conference held in Doha, Qatar, November 21-23.

Goode P A, Thambynayagam R K M, 1987. Pressure Drawdown and Buildup Analysis of Horizontal Wells in Anisotropic Media. SPE Form Eval, 2: 683-697.

Gorgi S, Joya J F, Al-Ebrahim A, et al, 2019. Case History: Real-Time Fiber-Optic Technology Maximizes Tight Carbonate Formation Returns in Kuwait, Multistage Acid Fracturing Diagnostics, Post-Treatment Flowback Allocation, and Production Profiling. Paper IPTC 19178 presented at the International Petroleum Technology Conference held in Beijing, China, March 26-28.

Griffin L G, Wright C A, Demetrius S L, et al, 2000a. Identification and Implications of Induced Hydraulic Fractures in Waterfloods: Case History HGEU. Paper SPE 59525 presented at the SPE Permian Basin Oil and Gas Recovery Conference, Midland, Texas, March 21-23.

Griffin L G, Wright C A, Davis E J, et al, 2000b. Surface and Downhole Tiltmeter Mapping: An Effective Tool for Monitoring Downhole Drill Cuttings Disposal. Paper SPE 63032 presented at the SPE Annual Technical Conference and Exhibition, Dallas, Texas, October 1-4.

Hill A D, Zhu D, 1994. Real-Time Monitoring of Matrix Acidizing Including the Effects of Diverting Agents. Paper SPE 28548 presented at the SPE Annual Technical Conference and Exhibition, New Orleans, Louisiana, USA, September 25-28.

Inda Lopez A, Inda Herrera L A, Soto Lopez E O, et al, 2014. Unlocking the Potential of Mexican Offshore Fields Through Real-Time Optimized Placement of Carbonate Acidizing Treatments. Paper SPE 169410 presentated at the SPE Latin American and Caribbean Petroleum Engineering Conference held in Maracaibo, Venezuela, May 21-23.

Jupe A, Cowles J, Jones R, 1998. Micposeismic Monitoring: Listen and See the Reservoir. World Oil, 219 (12): 171-174.

Katashov A, Belova A, Husein N, et al, 2022. Tracer-Based Technology for Evaluation the Productivity of Frac Ports and the Contribution of Near and Far Zones of Fractures During Hydraulic Stimulation. Paper OTC-31957 presented at the Offshore Technology Conference held in Houston, TX, USA, May 2-5.

Kuchuk F J, Lenn C, Hook P, et al, 1998. Performance Evaluation of Horizontal Wells. Paper SPE 39749 presented at the SPE Asia Pacific Conference on Integrated Modeling for Asset Management held in Luala Lumpur, Malaysia, March 23-24.

Mukherjee H, Larkin S, Kordziel W, 1991. Extension of Fracture Pressure Decline Curve Analysis to Fissured Formations. Paper SPE 21872 presented at the Rocky Mountain Regional Meeting and Low-Permeability Reservoirs Symposium held in Denver, Colorado, April 15-17.

Nolte K G, 1986. A General Analysis of Fracturing Pressure Decline with Application to Three Models. SPE Form Eval, 1 (6): 571-583.

Paccaloni G, 1979. Field History Verifies Control, Evaluation. Oil & Gas Journal, 77 (46): 61-65.

Prouvost L P, Economides M J, 1989. Applications of Real-Time Matrix-Acidizing Evaluation Method. SPE Prod & Oper, 4 (4): 401-407.

Paccalonl G, Tambini M, 1993. Advances in Matrix Stimulation Technology. JPT, 45 (3): 256-263.

Qamber A, Hassan M, Ali A, 2019. The Application of Chemical Tracer Monitoring in Multi Stage Acid Frac Wells in the Mature Bahrah Field, North Kuwait. Paper SPE 198037 prepared for presentation at the SPE Kuwait Oil & Gas Conference and Show held in Mishref, Kuwait, October 13-16.

Rutledge J T, Phillips W S, 2001. High-Resolution Microseismic Imaging of a Cotton Valley Hydraulic Fracture. Paper SEG-2001-0404 presented at the 2001 SEG Annual Meeting, San Antonio, Texas, September 9-14.

Woodroof R A, Asadi M, Leonard R S, et al, 2003. Monitoring Fracturing Fluid Flowback and Optimizing Fracturing Fluid Cleanup in the Bossier Sand Using Chemical Frac Tracers. Paper SPE 84486 prepared for presentation at the SPE Annual Technical Conference and Exhibition held in Denver, Colorado, USA, October 5-8.

Zhu D, Hill A D, Morgenthaler L N, 1999. Assessment of Matrix Acidizing Treatment Responses in Gulf of Mexico Wells. Paper SPE 52166 presented at the 1999 SPE Mid-Continent Operations Symposium held in Oklahoma City, OK, USA, March 28-31.